사제 영성

사제 정체성과 양성 사이

Tra Identità e Formazione. La spiritualità sacerdotale
by Maurizio Costa, Edizioni ADP(Apostolato della Preghiera)

사제 영성: 사제 정체성과 양성 사이

교 회 인 가 • 2025년 8월 1일
제1판 제1쇄 • 2025년 9월 30일

지은이 • 마우리치오 코스타
옮긴이 • 최정훈
펴낸이 • 최준규
펴낸곳 • 가톨릭대학교출판부
등 록 • 제300-1989-1호(1989년 1월 13일)
주 소 • 03083 서울시 종로구 창경궁로 296-12
전 화 • 02-740-9718
전 송 • 02-745-9793
전자우편 • cukpress@catholic.ac.kr
홈페이지 • http://press.catholic.ac.kr
인쇄제작 • 재영아트

ISBN 978-89-7108-400-7 93230

값 24,000원

마우리치오 코스타 지음 / 최정훈 옮김

Tra identità e formazione

La spiritualità sacerdotale

사제 영성

사제 정체성과 양성 사이

가톨릭대학교출판부

목 차

● 들어가는 글 _*11*

1. 논의의 대상과 범위 _*11*
2. 사제 영성의 접근 방법론 _*19*
   2.1. 교리·영성·사목의 관계 _*20*
   2.2. 문제 제기 방식에 관한 필수적 기초 요소 _*24*
   2.3. 용어 '정체성' _*25*

● 제1부 ● 사제 영성의 기초 _*31*

○ 들어가며 _*33*

제 1 장 • 사제 영성의 두 원천 _*36*

1. 성품성사 _*37*
   1.1. 방법에 관한 기초 자료 _*38*
   1.2. 내용에 관한 기초 자료 _*40*
2. 교구 입적과 성직 자치단/축성 생활회 소속 _*45*
3. 결론 _*47*

제 2 장 • 직무 사제직의 기초적 차원 _50
1. 삼위일체적 차원: 기원 _52
2. 그리스도론적 차원: 근거 _54
2.1. 성서적 맥락 _55
2.2. 조직신학적 맥락 _58
3. 성령론적 차원: 영적 실현 _69
4. 교회론적 차원: 목적 _71
4.1. 서론 _71
4.2. 교회 '안에서'와 교회 '앞에서' _72
4.3. 서품 직무가 먼저인가, 그리스도교 교회 공동체가 먼저인가? _72
4.4. 교회를 대신하여(in persona Ecclesiae) _75
4.5. 교회를 위한 봉사 _75
4.5.1. 직무 사제직과 보편 사제직(공동 사제직/신자들의 사제직) _76
4.5.2. 친교의 교회를 향한 서품 직무 _84
4.5.3. 선교(사명) 교회를 향한 서품 직무 _95

● 제2부 ● 사제의 영성 생활 _99

○ 들어가며 _101

제 1 장 • 성품성사에 기초한 사제의 영성 생활 요소 _106
1. 머리이시자 목자이시며 신랑이신 그리스도를 닮음 _106
2. 목자의 사랑(caritas pastoralis) _116
3. 직무 수행 _120
3.1. 일반적인 사제 직무 _120

3.2. 말씀 직무자 _*126*

3.3. 성사 직무자 _*134*

3.4. 교회 공동체의 권한을 지닌 지도자이며 교육자 _144

4. 복음적 근본주의와 사제 생활의 통합 _148

4.1. 서론 _*148*

4.2. 생활의 일치 _*149*

4.3. 복음적 권고 _*157*

4.3.1. 서론 _*157*

4.3.2. 순명 _*159*

4.3.3. 사제 독신 _*181*

① 이론적 전망 및 역사적 전망 _*182*

② 본질, 목표, 동기 _*187*

③ 사제 독신에 대한 교회법과 사제의 정체성 _*190*

④ 사제 독신과 축성 생활자의 정결 서약 _*196*

⑤ 사제의 독신에 관한 장상과 평신도의 책임 _*200*

4.3.4. 가난 _*201*

① 몇 가지 전제 _*201*

② 가난에 대한 기본 태도 _*205*

③ 사제 가난의 중심, 토대, 차원, 동기 및 기준 _*208*

④ 사제 가난의 표현, 특징, 실천 _*213*

⑤ 결론 _*218*

제 2 장 • 교구 입적 또는 성직 자치단/ 축성 생활회 소속에 기초한 사제의 영성 생활 요소 _*220*

1. 서론 _*220*

2. 입적 _*223*

3. 개별 교회 안 사제의 친교 _226
3.1. 전제 _226
3.2. 용어와 언어 표현의 용법 _229
3.3. '친교' 공동체와 '신비' 공동체인 교회 내 수도 생활 _233
3.4. 친교는 무엇을 의미하는가? _235
3.5. 무엇이 친교를 방해하고 손상시키는가? _236
3.5.1. 개별 교회, 사제단, 수도 생활에 관한 축소된 신학적 관점 _237
3.5.2. '평행 교회'의 개념과 생활 방식 _243
3.6. 결론 _249
4. 교회 내 사제의 '풍부한 관계망 _250
4.1. 관계 _251
4.2. 소속 _253

● 제3부 ● 사제의 영적 양성 _261

○ 들어가며 _263

1. '사제의 영적 양성' 표현 _266
1.1. '양성' _267
1.2. '사제 양성' _278
1.2.1. 통시적 관점 _280
1.2.2. 공시적 관점 _284
1.3. '사제의 영적 양성' _287
1.3.1. '영적 양성'을 이해하는 두 가지 근본적인 방법 _288
1.3.2. 영적 양성의 중심성 _291

2. 통합적 사제 양성: 어떻게 실행하는가? _298
2.1. 두 가지 중요한 전제 _299
2.2. 통합적 사제 양성을 위한 기준 _301
2.3. 통합 양성의 이해를 돕기 위한 인상적인 이미지 _303
2.4. 통합 양성의 잘못된 형태 혹은 환원적 형태 _305
2.4.1. 경험주의적 오류 _305
2.4.2. 합리주의적 오류 _306
2.5. 일반적인 긍정적 지침 _308
3. 통합적 사제 양성: 누가 수행하는가? _309
3.1. 하느님 _310
3.2. 사제 후보자 _312
3.3. 교육자 _313
3.3.1. 주교 _314
3.3.2. 신학교 교장 _319
3.3.3. 영성 지도자 혹은 영성 지도 신부 _322
3.3.4. 부교장, 교수, 생활 지도자 _333
4. 사제의 영적 양성의 특별한 시기, 내용, 도구, 형태 _341
4.1. 구체적인 생활 계획 _342
4.2. 신학교 내 소통의 형태 _346
4.3. 영성 지도의 실제 _349

● 나오는 글 _359

○ 참고 문헌 _365
○ 옮긴이의 글 _373

/들/어/가/는/ /글/

1. 논의의 대상과 범위

사제 영성이라는 주제는 교회의 대학과 신학교의 학문 체계 안에서 보통 성품성사를 다루는 교의신학이나 윤리신학에 위치한다. 또한 영성신학에서도 이 주제를 다루는데, 더 정확하게 말하면, 신분에 따른 영성 생활 부분에서 축성 생활자 영성과 평신도 영성과 함께 연구한다. 이 책은 그레고리오 대학교 산하 영성 대학원의 강좌 내용을 편집한 것인데, 이 강좌 수강생 대부분을 차지하는 학생 신부들의 상황이 분명하게 반영되어 있다. 세계 각지에서 온 신부들은 사제직에 관한 문제를 이미 살펴보기는 했지만, 많은 경우 상당히 다르고도 통일적이지 아니한 관점에서 다루었다. 또한 이들 가운데 적지 않은 이들은 미래에 사제가 될 젊은이들의 양성자나 영적 지도자가 될 운명이었으며, 이미 적은 나이가 아님에도, 자신이 앞으로 교구에서 맡게 될 임무의 근거를 알고 싶어 했다. 지금은 함께 수업을 받고 있지만, 이제 곧 세상 곳곳으로 흩어질 동료 사제들과의 일치에 대한 갈망이 있었다. 이들 각자는 세상으로 나아가서 주님께서 주신 사제직이라는 선물의 위대함을 교회 안에서 더 효과적으로 증언해야 했다.

이러한 상황에서 사제직과 성품성사가 더 밀접하게 관련하는 교리적 요소를 확인해야 한다는 인식이 생겨났다. 무엇보다도 사제직에 관한 교리를 종합하고 통합한 교회 교도권의 가르침에서 이를 확인하려 했다. 제2차 바티칸 공의회를 시작으로 사제직에 대해 깊고 풍부한 연구가 진행되었는데, 이 연구는 신학자와 사목자 양편에서 수행되었다. 물론 이들 대부분은 문헌의 숙고와 연구가 다양한 사람들을 만나는 일상생활의 사목 체험과 분리되지 않도록 주의하였다.

다른 한편, 수업을 받는 학생들과 그들이 각자 자기 교구에 돌아가서 맡게 될 사명을 위해 '양성적 가치'와 더 의미심장한 '영성의 중요성'과 관련된 요소를 강조해야 한다는 점이 더 분명해졌다.

이러한 이유로, 우리는 영성신학 영역에서 이 주제를 논의할 것이다. 그래서 독자들은 영적 체험을 중심에 놓는 영성신학의 기초적인 범주를 항상 염두에 두어야 한다. 이는 삶-인간-성령(실재성, 실존적 차원, 역동성, 역사성, 구조에 대한 인간의 우선성, 다시 말해서 사제직에 대한 사제의 우선성, 신앙과 성령의 활동과 같은 초자연적 차원의 우선성 등의 관점을 따르는 모든 것과 함께)으로 구성된다. 영성신학의 기초적인 주제들과, 사제직과 성품성사에 관한 교의-성서신학의 깊고 구체적인 연구에 관심을 두지만, 이러한 연구를 '적어도 일부만' 전제해야 한다. '적어도 일부만'이라고 한 이유는, 사제 영성의 요소와 특징은 엄격하게 교리적(성서적이든, 교의적이든) 질문이나 혹은 엄격하게 사목적인 질문을 철저하게 거부하기 때문이다. 이 문제를 충분히 이해하려면, 그 근거와 실존적 목적뿐만 아니라, 양성 과정을 통해 생성되는 과정을 검토하고 분석해야 한다. 한쪽에는 사제 '정체성'(근거), 그리고 '정체성'과 밀접하게 연결되는 직무적 '사목 활동'(목적)에 관한 질문이 있고, 다른 한쪽에는 '양성'에 관한 질문이 있으며, 이 사이에서 사제 '영성'을 다루게 될 것이다.

여기에서는 주교나 부제가 아닌 신부의 모습에 대해서 살펴볼 것이다. 물론, 사제직을 논할 때, 주교와 부제를 제외할 수 없고, 특별히 주교는 더욱 그러하지만, 모든 서품 직무를 다루지는 않을 것이다.

이 연구가 사제 개인(혹은 예비 사제)의 성화 여정(聖化旅程)에 도움을 주고, 직무 사제직을 올바르고 정당하게 평가하도록 기여하며, 사도적 관점에서 사제의 사목 활동의 근거를 제공할 것이라 어느 정도 확신한다.[1)]

---

1) 사제 양성에 관한 참고 문헌은 매우 방대하다. 여기에서 있는 다양한 문헌 중에 여기에서 많이 인용되는 것만을 제시한다.

공의회 문헌: 「사제의 생활과 교역에 관한 교령」, 「사제 양성에 관한 교령」, 「교회 헌장」 28항; 제2차 주교 시노드(1971) 최종 문서 *Ultimis Temporibus. Il Sacerdozio ministeriale*(1971.11.30.); 요한 바오로 2세, 「현대의 사제 양성」(1992.03.25.); 교황청 교육성, 「신학교 양성자의 양성에 관한 지침」(1993.11.04.); 교황청 성직자성, 「사제의 직무와 생활 지침」(1994. 성목요일).

A. Favale, *Il ministero presbiterale: aspetti dottrinali, pastorali e spirituali*, Roma, 1989(이하 Favale); G. Pittau / C. Sepe(ed.), *Identità e missione del sacerdote*, Roma, 1994(이하 *IMS*); T. Citrini, *Discorso sul sacramento dell'ordine*,

사제 영성에 관한 "역사적 배경"은 세세하게 다루지 않으려 한다. 역사적 배경을 철저하게 다루면 이 책의 목적에서 멀어지게 되고, 강조하고 싶은 내용에 적합하지 않게 될 것이다. 세기에 걸쳐 다양한 시대와 지역에서, 사제 영성이 구체적으로 실현되고 경험되는 양식을 연구하는 역사-실존적 관점보다는, 사제의 영적 성숙을 위하고, 더 나아가 더욱 효과적인 사목 활동을 위하여 사제 생활의 실존, 본성, 구성 요소, 형태에 관한 질문으로 시작하는 교의적 관점 혹은 이론-관념론적 관점에 우선권을 줄 것이다. 물론 문제, 요소, 기초적인 정보를 바라보는 몇 가지 전망에 주목할 것이며, 최근 30년의 연구, 곧 공의회와 공의회 이후 시기의 연구만 참조한다.[2)]

첫 번째로 흥미롭고 결실이 풍부한 전망은 '성서-신학적' 전망이라고 부를 수 있는 것이다. 성서-신학적 전망의 연구자들은 성서 시대와 사도적 전승에 주목한다. 성서 특히 신약성서를 사

Milano, 1975(이하 Citrini).
방대한 참고 문헌과 개별적 질문들을 위해서, 논의 중에 종종 제시할 참고 문헌 외에도, 책 마지막에 제시할 참고 문헌과 파발레(Favale)가 참고한 문헌들을 참조하는 것이 유용할 수 있다. Favale: p.16(n.2); p.221(n.75. 교구 성직자 영성에 대한 설명); pp.246~247(nn. 2, 3, 4. 1998년까지 시노드 문헌, 교황 문헌, 공의회 이후 주교회의 문헌에 대한 설명); pp.369~370(1989년까지 발표된 "서품 직무에 관한 문헌 개관" 목록).

2) 90년대에 신부상(象)의 모습에 대한 신학적 연구를 특징짓는 역사적 흐름과 문제, 역사적 자료에 대해서 요약 분석하고, 특별히 신부상(象)이 유럽 사회에 미친 영향에 관해서 분석하는데, 주로 몇몇 연구에 의존한다. 이 주제를 깊게 연구하고 싶은 이들은 다음 연구를 확인하기 바란다. S. Dianich, "Ministero pastorale", *Nuovo Dizionario di Spiritualità*(*NDSp*), Milano, 1985, pp.954~971; F. Brambilla, "La teologia del ministero: stato della ricerca", in Aa.Vv., *Il prete. Identità del ministero e oggettività della fede*, Milano, 1990, pp.51~112; T. Citrini, "Modelli del ministero nella storia della chiesa, *ibid*., pp.119~131; G. Colombo, "Il prete. Identità del ministro e oggettività della fede", *ibid*., pp.13~50; R. Tura, "Ordine", in *Dizionario Teologico Interdisciplinare*(*DTI*), Tornio, 1977, pp.629~644.

제 영성 차원으로 다시 읽는 것은 직무 사제직의 그리스도론적 차원을 더욱 명확하게 설명하고, 교회론적 차원을 축소하지 않으면서도, 교회의 구원 사명에 핵심적이며 결정적인 것이 그리스도론적 차원임을 드러내는 데 적지 않은 공헌을 했다. 특별히 탁월한 주석은 공통 사제직과 직무 사제직의 차이와, 사도 전승, 교회 내 직무에 관한 모든 문제의 토대를 더 분명히 밝히는 데 큰 공헌을 했다.[3)]

두 번째 전망은 교의신학적 전망으로 규정할 수 있다. 이 전망은 마지막 계시 이후로 오늘날까지, 오랜 세기에 걸쳐 사제 생활과 직무에 관한 지식을 풍요롭게 형성한 여러 자료를 정리하려 한다. 특히 사제의 정체성과 직무 사제직에 대한 트리엔트 공의회와 제2차 바티칸 공의회 관점의 관계가 주요 관심사였다.[4)] 최근 10년 동안 교의신학적 전망에서 몇몇 성찰의 특권적 지평을 확인할 수 있었다. 이 지평에서 오늘날 사제상에 관한 신학 연구와 논의가 이루어졌고, 신앙에 부합하는 자료를 영성적으로 해석하는 이론이 구체화되었다. 세베리노 디아니치는 존재론적 전망, 그리스도론적 연역 전망, 교회론적 연역 전망 등 세 가지 주요

---

3) 직무 사제직의 교의적-영성적 문제들을 성찰하는 데 도움을 주는 성서 연구자들 가운데, 반호예(Vanhoye)와 그의 여러 히브리서 연구를 언급하고 싶다. 그는 교회 사제직의 토대로서 그리스도 사제직이라는 주제를 연구하는 데 평생을 바쳤다. 특별히 다음 연구를 참조할 수 있겠다. “Il sacerdozio della Bibbia”, in *IMS*, pp.13~25; *Cristo è il nostro sacerdote*, Torino, 1970; *Sacerdoti antichi e nuovi sacerdote*, Leumann(Torino), 1985(edizione originale in francese, Paris, 1980); *Vivere nella Nuova Alleanza*, Roma, 1995. 다음은 사제 영성에 대한 어려운 저서와 이론을 요약하고 종합했을 뿐만 아니라, 어렵지 않으면서도 유익한 연구들이다. P. Grelot, *Le ministère de la Nouvelle Alliance*, Paris, 1967; Favale, pp.17~56; U. Vanni, “La figura dela sacerdote-presbitero nel Nuovo Testamento”, in *IMS*, pp.26~36.

4) Cf. F. Brambilla, “La teologia del meinistero:stato della ricerca”, in Aa.Vv., *Il prete. Identità del ministero e oggettività della fede*, pp.51~112.

전망 또는 지평을 구별했다.[5] 이론적으로는 충분히 구분할 수 있지만, 사실 실제 삶에서 어떤 것도 순수한 상태로 존재하지 않고, 대부분 서로 뒤섞여 나타난다.[6]

세 번째 노선은 체험-신학적 전망으로 명명할 수 있는데, 역사적이고 구체적 상황 성찰에서 출발하여,[7] 오늘날 직무 사제직에 관한 다음과 같은 몇몇 신학적 질문을 던진다.[8]

1) 직무 사제직을 존재론적 범주에서 서술할 수 있는가? 기능

[5] Cf. S. Dianich, "Ministero pastorale", *op. cit.*, pp.956~958.

[6] 디아니치(Dianici)가 세 전망을 아주 명료하게 드러낸 것을 아주 높이 평가하고, 오늘날 사제 문제에 직면하는 방식을 이해하기 위한 관점으로서 이 전망을 지성적으로 파악하는 연구는 지지하지만, 그가 첫 번째와 두 번째 전망을 비판적으로 평가하고 세 번째 전망을 선호한 것은 선뜻 동의하기 어렵다. 사실 이미 이해한 것처럼, 교회론적 차원을 강조했던 디아니치의 입장은 쉽게 사제상의 기능주의적이고 환원주의적 관점으로 귀결될 것이다. 그는 역사-현상학적으로 분석하고, 다양한 신학자의 사상과 입장을 해석하는 과정에서, 자기 입장을 유리하게 하기 위해 자료를 억지로 맞추거나 자기 관점을 투영하지 않고, 명확한 설명과 진리에 대한 존중을 매우 잘 결합하였다.

[7] 이와 관련하여 흥미롭고 유익한 연구로는 T. Citrini, "Modelli del ministero nella storia della chiesa", *op. cit.*, pp.119~131. 치트리니(Citrini)는 교회 안에 이어져 내려오고, 때로는 동시에 나타나기도 하는 몇 가지 사제 모델의 현상학적 특징을 기술한다. 선교하는 사제, 사목하는 사제, 교계제도적 혹은 '디오니시우스적' 사제〔옮긴이 주: 중개자 역할〕, 엄밀하게 전통적인 사제, 수도승 사제 모델을 구분하면서, 각 모델의 중요하고 두드러진 특징을 스케치한다. 마지막으로 사제와 문화의 관계 문제, 부제 역할 문제, 사제 모델의 세속화 문제를 분석하며 마무리한다. 그의 연구에 조금은 동의하기 어렵더라도, 한 번 읽어볼 것을 권장한다. 신학자나 다른 학자가 어떻게 사제상을 일관되게 제시하는지 식별하고 평가하는 데 도움이 될 것이고, 더 나아가 영적 도움을 주도록 부르심을 받았고 사목 직무에서 협력해야 하는 사제가 진정성 있는 삶을 살아가는지 판단하는 데에도 그러할 것이다.

[8] Cf. R. Tura, "Ordine", *op. cit.*, pp.629~644(특히 p.641과 각주 3 그리고 참고 문헌 p.644); Favale, pp.65~75, 특히 p.16 각주 2. 여기에서 훌륭한 참고 문헌 목록을 제공한다; .T. Sanchez, "Il sacerdote oggi", in *IMS*, pp.5~7; Giovanni Paolo II, "Allocuzione ai partecipanti al Simposio internazionale su *Pastores dabo vobis: il sacerdote oggi* (28 maggio 1993)", in *IMS*, pp.9~12.

적 범주에서 서술할 수 있는가? 이론적으로 세 가지 대답이 가능하다. 오직 존재론적 범주로, 오직 기능론적 범주로, 존재론적이고 기능론적 범주로 서술할 수 있다.

2) 직무 사제직을 수도승 유형, 주로 예배 유형의 사제직으로 설명할 수 있는가? 구체적인 일상 속에 펼쳐지고, 열려 있으며, 사목적이고 사명적 유형의 사제직으로 설명할 수 있는가? 이 경우에도 이론적으로 가능한 대답은 세 가지라는 것이 분명하다.

3) 직무자와 공동체는 어떤 관계를 맺는가?[9]

4) 서품받은 직무자 개인이 실현하는 직무 사제직은 사회에서 강조하는 요소와 역사·환경·문화적으로 다양한 상황에 영향을 받는가?

5) 사제 정체성의 그리스도론적 차원과 교회론적 차원 사이에 충돌이 있는가? 그리스도에 우선권을 두어야 하는가 아니면 교회

---

[9] 성체성사에 대한 공동체의 권리와 성찬례를 주재하는 직무에 대한 공동체의 권리에 관한 질문, 즉 사제 독신과 여성 사제직 문제를 초래하는 질문은, 직무와 공동체의 관계라는 더 넓은 맥락에서 연구해야 한다. Cf. F. Brambilla, "La teologia del ministero: stato della ricerca", *op. cit.*, pp.52~112; 이 논문은 먼저 스힐레벡스(Schillebeecks), 큉(Küng), 모잉트(Moingt) 등 서품 직무에 대한 공동체의 권리 문제에 대해 옹호하는 몇몇 현대 신학자의 입장을 짧고 명료하게 제시하고, 그다음에 교황청 신앙교리성의 입장을 제시한다. 균형이 잘 잡혀 있는 이 논문은, 공동체와 직무의 관계가 교회-공동체와 직무 사이의 유사성과 구체적 차이를 정확하게 드러내야 한다고 주장한다. 구체적 차이는 "서품"이나 사회적 "신분"의 관점에 있지 않고, 신앙의 관점과 서품 직무의 "성사적" 관점과 "하강적" 관점(직무는 높은 곳에서 오지만, 공동체 안에 자리한다)에 있다.

에 두어야 하는가? 이는 직무 사제직의 사목적 의미가 무엇이며, 사제의 직무 수행에 미치는 실질적 영향이 무엇인가에 대한 질문이다.

이는 오늘날 논의되고 있는 문제를 다루게 한다. 위의 신학적 질문에 대답하는 방식에 따라, 다음과 같은 논쟁적 질문에 대한 해결책이 다르게 제공될 것이다. 직무 형태의 다양성,[10] 교회적 독신, 무엇보다도 독신에 대한 심리학적 관점 문제,[11] 세상과 더욱 실질적으로 접촉하기 위한 사제의 사회적 직업 활동,[12] 직무에 대한 공동체의 권리, 은사와 직무자 임무 구별과 분리(독신 참조), 즉, 직무는 신분인가 기능인가에 대한 질문, 여성의 직무 역할, 즉 여성 사제 문제, "유기 사제직"의 가능성 등이 현재 논의되고 있는 문제이다.

1971년 시노드 최종 문헌은 이러한 질문이 실질적인 문제라 말하며, 이에 응답했지만, 「현대의 사제 양성」 이후,[13] 오늘날까지도 교도권은 항상 소위 "개방"적인 대답을 거부하였다.[14]

제2차 바티칸 공의회는 몇 가지 이정표를 세웠다. 우선 수도승 관점을 사제 직무와 구분했다. 그러나 이 구분은 때때로 완전

---

10) Cf. T. Citrini, "Modelli del ministero nella storia della chiesa", *op. cit.*, pp. 113~131.

11) 드류버만(Drewermann)의 연구가 이 문제에 대한 논쟁을 일으켰다.

12) 예를 들면, 노동 사제, 이탈리아와 남미에서 정치에 참여하는 사제의 모습은 이러한 문제를 숙고하게 했다. 카밀로 데 토레스(Camillo de Torres)나 에르네스토 카르데날(Ernesto Cardenal)과 해방신학 등이 대표적이다.

13) 참조: 예를 들면, 요한 바오로 2세의 교황 교서 *L'ordinazione sacerdotale*(1994. 05.22.).

14) Cf. R. Tura, "Ordine", *op. cit.*, p.641.

하게 세속화되려는 열망으로 철저하게 '신성을 제거'(desacralizzazione)하려는 것으로 받아들여졌고, 이를 인정해야 한다. 둘째, '봉사'(diaconia, 권위=봉사)의 개념과 '일치의 유대'(vinculum unitatis)로서 권위의 의미를 확인하고 발전시켰다. 셋째, 교회 일치 차원을 특별히 강조했다. 정교회와 관련해서는 일방적인 보편주의적 교회론과 균형을 맞추기 위해서 개별 교회를 재평가했다. 개신교와 관련해서는 성령론적 차원과 종말론적 차원, 교회의 삶 안에서 말씀의 의미를 중요하게 고려하며 재평가하였다. 네 번째는 강조점의 이동이다. 이전에는 조금 일방적인 방식이 강조되었던 미사 참례에서 사명의 구현으로, 예배/의례 참여에서 모든 유형의 사도직 수행으로 강조점이 변화했다.

제2차 바티칸 공의회 이후 최근 30년 동안, 즉 공의회 이후 첫 번째 시기라고 불리는 최근에 직무 사제직에 관한 문제는, 「현대의 사제 양성」 3항이 말하듯, 사제의 정체성에서 사제 양성 과정과 사제 생활 방식으로 관심이 이동했는데, 이 사실은 점점 더 중요해졌다.

2. 사제 영성의 접근 방법론

사제 영성 연구에서 확인되는 차이는 대부분 의심할 여지 없이 다양한 신학자에 따른 주제 접근 방법론의 차이에 달려 있다.

이미 강조한 바와 같이, 오늘날 사제상에 관하여 다양한 분석 전망으로 신학적 성찰이 이루어진다. 사제 영성의 주제는 계시 메시지에 대한 다양한 신학적 선택지와 해석이 있으며, 이는 필연적으로 사제 영성의 어느 한 측면을 특히 강조하는 다채로운 관점으로 이어진다. 그러나 이렇게 다양한 전망 아래에서, 많은 경우 '교리(교의) · 영성 · 사목의 관계'를 이해하는 방식이 중요하고, 본질적인 영향을 미친다. 그래서 사제 영성의 올바른 접근법을 논하면서, 첫 번째로 이 관계를 다룰 것이다.

2.1. 교리 · 영성 · 사목의 관계

논의를 시작하며 교황청 교육성 문헌의 도움을 받아, 지금 설명하려는 관계의 의미를 밝히며 논의를 시작해 보자. 「신학교 양성자의 양성에 관한 지침」(*Direttive sulla preparazione degli educatori nei seminari*) 46항에서는 신학생 양성에 있어 교수 임무에 대한 자격 요건에 관하여, 다음과 같이 말하고 있다.

> 교수들은 완전하고 건전한 교리를 전달하는 일에 특별히 관심을 기울여야 하는 한편, 더욱 심오한 문제들과 있을 수 있는 문제들에 대한 충분한 연구를 소홀히 하지 말아야 한다. 교수들은 그리스도교 신비를 깊이 내면화하도록 이끌어 줄 인문학과 철학, 신학에 대한 충분하고 완전한 역량을 전반적으로 신장시켜 사목을 준비시킬 임무가 있다.[15]

이 짧은 본문은 교리적 역량의 성장, 진리와 내적 동화, 사목

15) 「신학교 양성자의 양성에 관한 지침」 46항.

직무 수행에 목적을 두는 것 등 교리·영성·사목으로 정의할 수 있는 세 가지 기초적 실재를 강조한다. 문헌에서 이를 강조한다는 것을 두 가지 점에서 확인할 수 있다. 첫 번째는 위의 인용된 글 다음에 바로 이어지는 단락(46항)에서 볼 수 있는데, 방금 신학생에게 필수적이라고 말한 '교리의 습득 – 진리의 내면화 – 다른 이에게 전달'이라는 과정을 교수에게도 똑같이 요구한다. 둘째, 교육자 양성의 기초적 방침을 다루는 53~56항을 보면 알 수 있는데, 교리적 준비(53~54항)와 영적 준비(55항)와 사목적 준비(56항)의 순서로 제시한다. 다시 한번 교리-영성-사목의 삼중주가 드러난다. 초기 양성이 이루어지는 신학교 시기에 교실에서 이루어지는 '교리 공부'에서, 본당이나 사도직 안에서 실현되는 '사목적 활동'으로 전환할 때, 때때로 영성의 중개 작업 없이 이루어지는 경우가 있다. 교리와 교의에서 곧바로 사목으로 나아가며, 배운 것을 즉각적으로 사목에 적용한다. 신학교에서 공부를 하는 것과 주님의 포도밭에서 사도적 활동을 수행하는 것 사이의 관계를 이해하고 살아가는 데 어떤 영성적 관점이 내포되어 있는가? 많은 경우 "외적인" 영성적 관점이 내포되어 있다. 이는 수행해야 할 기도와 덕, 피해야 할 악덕, 준수해야 할 규칙, 실천해야 할 금욕 등 "외적인" 요소를 중요하게 여기는 영성 생활의 축소된 관점이다. 이 관점에서는 부사나 형용사보다 동사와 명사가 더 중요해진다. 다시 말해서, 성령에 이끌리는 삶에 어울리는 생활 방식, 태도, 내적 성품보다 '무엇'과 그 무엇의 '행위'를 더 중요하게 여긴다. 깨달은 진리를 진실로 내면화하지 않을 때, 사도 생활과 영성 생활, 직무 수행과 성화를 이원론적으로 이해하는 위험에 떨어지게 된다. 또한 사제의 근본 문제인 삶의 일치를 정치적 '균형' 문제로 보거나, 처음부터 양극으로 분리되어 존재한 사목 직무와 거룩함의 상호 영향 문제로 보고 이 문제를 해결하려고 시도할 것이다.

학교, 책, 성경 등에서 배운 진리를 마음속에 내면화하는 과정을 생략한다면, 사제의 활동은 '영성적'이 되지 못하고, 그에게 맡겨진 사람들 '마음'에 도달하기 어려울 것이다. 그런 사제의 사목은 그것 자체로 좋고 칭찬할 만한 활동의 총체로 축소되고, 결국 효과적이지 못할 것이다. 왜냐하면, 내면화되지 못한 활동은 '하느님의 활동'이 아니라 '하느님을 위해 수행한 활동'이기 때문이다. 하느님께서는 사제를, 당신 백성을 복음화하고 성화하고 인도하기 위한 도구로 사용하시며, 사제를 통해 당신 스스로 활동하셔야 한다.

기본 태도를 어떻게 취하느냐에 따라 태도가 달라진다는 것은 강론을 준비하는 사람의 예로 생각해 볼 수 있다. 사목을 지성적으로 익힌 교리의 직접적 적용으로 이해하고 실행하는 사제는 제일 먼저 다음과 같은 질문을 할 것이다. "이번 주일 복음에서 무엇을 말해야 하고 어떻게 표현해야 할까?" 반면, 사목 활동을 마음에서 시작하는 "내면의 전달"로 이해하는 사제는 다음과 같은 첫 질문을 던질 것이다. "이 복음은 나에게 무엇을 말하는가?" 말씀을 마음속에 내면화하는 노력이 먼저이고, 이를 전달하는 강론에 대한 고민은 그다음이다.

교의와 영성과 사목의 관계를 올바르게 설정하는 것은 이 연구의 방법론적 기초가 된다. 왜냐하면 이는 사제 정체성 문제에서 영성이 중요하다는 것을 인정하기 때문이다. 곧, 세 요소의 관계 설정은 지켜야 하고 수행되어야 하는 '법'이 아니라, (의도와 사목적 행위의 선택을) '사목적'으로 식별하며 평가하는 중요한 기준이다. 또한 이 기준은 반드시 '영성적'이 되어야 한다. "사실 사제의 정체성은 그리스도를 통해 사회-종교 맥락에서 모든 사람에게 다다르려 하시는 하느님의 구원 의지에 부합한다. 모든 것은 이 지평에서 시작해야 하고, 하느님의 섭리적 계획을 실현하기 위해 노력해야 한다."[16]

교리-관념적 단계에서 영적 단계를 "우회"하여, 사목-수행적 단계로 바로 나아가는 사제는 합리주의와 법리주의의 암초를 피하기 어려울 것이고, 관료주의와 활동주의를 극복하지 못하며, 영성적으로 주님 뜻에 따라 진정으로 효과적인 활동을 수행하기 어려울 것이다.[17]

---

16) Giovanni Paolo II, "Allocuzione ai partecipanti al Simposio internazionale su *Pastores dabo vobis: il sacerdote oggi*", *op. cit.*, pp.9~10.

17) 이 주제와 관련하여 아주 유익하고 아무리 강조해도 지나치지 않은 파발레의 저서는 3부로 구성되어 있는데(1부 사제란 누구인가? 교의적 측면; 2부 사제는 누구에게 봉사하는가? 사목적 측면; 3부 사제는 어떻게 살아야 하는가? 영성적 측면), 이러한 관점에서 2부와 3부를 바꾸는 편이 더 적절하지 않았을까 생각한다. 사제 직무를 설명하고, 이어서 사제 영성을 제시한 교령 「사제품」과 연속성을 가지려던 저자의 의도는 이해한다. 「사제품」에 따르면, 사제의 인격, 삶, 영성 모두는 사제 직무를 통해 규정되고, 본질적으로 사제 존재 자체를 구성하는 사제 직무에 맞추어져 있다. 그러나 이러한 그의 선택이 직무에 대한 축소적 해석의 문을 열거나, 적어도 이를 정당화하지는 않는지 의문을 제기할 수 있다. 왜냐하면, 직무를 "영성적인 것"과 관련한 단순한 활동으로 축소해서 해석하기 때문이다. 사제가 살아가고 활동하는 방식(3부)과 상관없이 그는 정말로 봉사자가 될 수 있는가(2부)? 실천과 봉사의 영성은 "행한 것"에서 오는가 아니면 집행자가 행하는 방식에서 오는가? 영성은 차원인가 아니면 수행하고 실천하는 것들의 총체인가? 신앙에서 수행하는 방식과 유형을 먼저 선택하지 않고, 구체적이고 실제적으로 '무엇인가'를 선택할 수 있을까?

2.2. 문제 제기 방식에 관한 필수적 기초 요소

사제 영성이라는 주제의 접근 방법과 다양한 질문을 제기하고 체계화하고 위계화하는 방식의 다원주의는 합법적이고 매우 바람직하지만, 몇 가지 기초 요소는 절대로 제외할 수 없는 것 같다. 영성신학은 직무 사제직을 다음 요소들과 함께 다루어야 한다.

1) **초자연적인 신앙의 빛 안에서, 그리고 하느님 말씀에서 시작하여**

서품 직무의 기원은 하느님이며, 단순히 교회의 사회학적 결과물이 아니라는 것과, 예수 그리스도께서 명확한 목적과 초자연적 인호로 사제 직무의 근거가 되는 성품성사를 세우셨으며 긍정적으로 원하셨다는 사실을 기억해야 한다. 서품받은 직무자는 사람이 뽑은 것도 아니고, 단순하게 사람과 공동체의 대표자로 여길 수 없다. 그들은 하느님께서 교회를 통해서 근본적으로 선택한 사람이다.

2) **하느님의 구원 의지의 안에서**

이미 말한 바와 같이, 사제직과 사제 영성의 모든 측면은 하느님의 구원 의지에서 시작해야 하고, 이 지평에서 연구할 때 의미가 있다.

3) **교회 교도권의 가르침을 경청하며**

사제상에 관한 교회의 공식 가르침과 교도권의 가르침 안에는 당연하게도 다양한 접근 방식이 있다. 요한 바오로 2세의 「현대의 사제 양성」과 「교회법」을 예로 들 수 있다. 둘 다 권위 있고 근본적으로는 일치하지만, 두 문헌 사이에 얼마나 많은 차이가 있는가!

2.3. 용어 '정체성'

방법론적 관점에서 올바르게 나아가려면, '정체성'이라는 용어를 잘 이해하는 것이 필요하다. 그래야 오해와 몰이해를 피할 수 있을 것이다. 사제 영성에 관한 질문을 언급할 때, 경험상 명료화해야 할 필요가 있는 단어 중 하나가 바로 '정체성'이다. 이 용어 뒤에 일반적으로 정체성의 해로운 문제 제기가 감추어져 있음을 부정할 수 없다. 해로운 문제 제기는 실제로 사제 삶에 결정적인 영향을 미친다. 아마도 사제들은 이 위험을 무시했고, 그래서 여기에 무방비 상태였기 때문이다.

정체성이라는 주제로 되돌아가는 것은 반드시 25년 전으로 되돌아가는 것을 말하지 않는다. '최근 10년 동안, 정체성의 개념을 세우는 여정의 길을 걸었고' 새로운 확신이 무르익어 갔으며, 그것을 이해하는 방식이 점점 더 정화되어 갔다. 이러한 관점에서 형용사 '영성적'에 주목하고 싶다. 이 형용사는 많은 경우 이 연구에서 다루는 명사 '정체성'을 동반하고 특정한다. 게다가, 이 형용사는 정체성 문제가 주체성 과정과 다르다는 것을 알려 준다. 주체성 과정의 관점에서는 정체성 문제를 내면 깊은 곳에서 자아를 인식하여 '거기에서 출발할 자료'를 발견하는 것으로 본다. 사실 오늘날 많은 이가 이런 식으로 정체성을 해석하고 이해한다. 반면, 정체성은 '키워야 할 선물' 더 나아가 하느님으로부터 받아야 하고, 그것이 스스로 성취되는 선물로 보아야 한다. 하느님께서 주셨으며, 하느님께서 약속으로 선물하셨기 때문이다. 받은 것이기 때문이다. 정체성은 자신의 행동을 이끄는 인식한 정보라기보다는 완전하게 인식할 수 없고, 앞으로 나아가야 하는 도착점이다.

사제로서, 수도자로서, 평신도로서, 가정 내 어머니로서, 약혼자로서, 여성으로서, 베네딕토회 회원으로서, 가르멜회 회원으로서, 주임신부로서, 예수회 회원으로서의 정체성 등, '교회 안 정체성 문제'가 1960년대에 다양한 역사적·문화적·인간학적·신학적 사건 및 자료와 관련하여 어떻게 탄생했는지 기억하는 것은 도움이 될 것이다. 우리 모두는 적어도 몇 가지 요소와 내용을 느껴 본 적이 있다. 한편으로 인간과 역사의 가치를 강조하는 혁신을 가져온 제2차 바티칸 공의회를 경험했고, 다른 한편으로 인문학, 사회학, 심리학, 특별히 심층심리학, 정신 분석적 심리학의 유입을 실감했다. 그사이에는 점점 더 빨라지는 시대의 가속화를 겪었다. 더 자주 "새로움"에 직면하며, 사람들 속에는 걱정과 불안, 전례 없이 억압적인 긴장이 팽창하고, 사회 안에서는 삶의 복합성과 다원적 관점을 인정해야 하는 문화적 요청이 커진다. 그래서 제2차 바티칸 공의회 이전에 양성된 그리스도인은 이에 준비가 덜 되었다고 느끼고 내적 안정감을 잃으며 산산이 부서졌다고 느낀다. 결국 계속해서 자신에게 묻게 되는 지점에 이른다. "그래서 나는 누구인가?"

'정체성 약화' '정체성 상실' '정체성 위기'에 대해 말하게 된다. 하지만 그 바탕에 무엇이 있는가? 해결책은 어떻게 구할 수 있을까? 때때로 정체성을 회복하려고 조처하다가 오히려 상황이 더 어려워지는 경우가 있다. 그 조처가 환원적이기 때문인데, 이는 지난 수십 년 동안 잘못된 정체성을 만들어 낸 환원적 조처와는 정반대 편에 있는 것이다. 다시 말해서, 정체성 위기의 원인은 정체성을 이해할 때, 주관성과 역사적 역동에 대한 이해를 무시하고, 오직 "객관적" 및 이념적 가치, 보편적 규범과 원칙을 일방적으로 강조한 것에 있다고 분석하면서, 주관적이고 상황적인 관점을 일방적으로 강조한다. 이 방식은 똑같이 환원적이다. 실제로 심리학적·사회학적·교육학적 관점을 통해 인간학적 특징을 고찰하면서 시작한다. 이러한 고찰은 한편으로는 역사적 및 역동적 차원과 다원주의를 다시 찾게 하지만, 다른 한편으로 그것을 절대화하면, 가치의 영역을 사회적·문화적·환경적 가치의 영역으로 제한하기가 쉽다. 이러한 방식에서는 하느님과의 만남, 더 정확히 말하면, 계약의 하느님, 우리 주 예수 그리스도의 아버지이신 하느님, 육화한 하느님의 말씀과의 만남이 중요하지 않게 되며, 심지어 극단적 세속주의에서는 이 만남조차 배제한다. 그러면서 존재론적이고 신학적이며 도덕적인 초월적 가치의 절대성을 무너뜨린다. 시대와 타자성의 의미는 회복했지만, 신비적 인간이 다다를 수 있는 무한함에 비하면 굉장히 얕고 좁은 지평에 초월적 가치를 가두어 버렸다.

이러한 고찰이 정체성 문제를 직면하게 도와주고, 편파적인 방식으로 문제를 이해하는 위험에서 벗어나게 할 수 있다고 생각하기에 이 고찰에 좀 더 머물고 싶다. 편파적인 방식의 예를 들자면, 사제 정체성을 사제의 외적 행위를 연역적으로 이끄는 규범으로 보는 방식, 혹은 사제의 자아를 적절하고 철저하며 한 번에 모든 것을 남김없이 알게 해 주는 자료나 자료 복합체로 보면서, 이 자아가 항상 신비로 남는다는 것을 잊게 하는 방식이다.

동시에 이러한 고찰은 우리가 질문하고 있는 사제의 영적 정체성을 연구하는 의미를 명료화하는 데 도움을 준다.

그렇다고 우리를 다른 이와 구별하는 식의 '특정 차이점'을 연구하는 것처럼 고찰하지는 않을 것이다. 이러한 관점은 우리를 다른 이들과 분리하는 차이점에 주목하면서 추상주의와 왜곡의 위험에 떨어질 수 있다. 결론적으로 교회가 제2차 바티칸 공의회부터 끈질기게 권고했던 친교의 영성과 태도를 더욱 어렵게 만든다. 그럼으로써 정체성은 '자아'에 속하는 어떤 '무엇'으로 축소되고, 실제 자아가 되지 못할 것이다. 실제 자아는 항상 실존적이어야 하지, 결코 어떤 '무엇'이 아니다! 구분하는 연구는 내면생활의 일치에 관한 연구를 위태롭게 할 것이며, 교회의 그리스도인이 되는 것을 마치 외부와 단절된 자족적 분파에 들어가는 것처럼 여기게 할 것이다.

그러나 '정체성 담론', 혹자는 산산이 조각난 내면에 대한 반응이기에 '상실된 정체성 회복 담론'이라고 말하는 담론을 다루면서, 우리의 존재를 하느님께로 가는 여정을 밝히는 이미 잘 닦인 길이나, 단순히 실행하고 실천하는 것으로 충분할 외적 규범이라 정언적 방식으로 선언하는 것은 옳지 못하다. 규범은 영성적이 되기도 하지만, 근본적으로는 규범은 항상 규범이다.

사제 정체성을 말하면서, 이제 사제와 관련한 두 가지 다른 실재를 이해할 수 있다.

1) '사제는 그 자체로 어떤 존재인가.' 사제를 실제로 구성하는 것. 사제는 사람이고, 세례받은 자이며, 발전시켜야 하는 은사

로 교회 안에서 특정한 봉사를 하도록 부르심을 받았으며, 그것으로 자신의 특정 성소에 응답하는 신앙인이다. 사제가 된다는 것을 추가된 것, 그리스도인이 되는 것 위에 겹쳐 쓰는 무엇으로 이해해서는 안 된다. 이것은 그리스도에 대한 신앙으로 그리스도인 되는 성소 안에 있는 특정한 결정이다.

2) '구체적인 차이' '사제라는 존재의 특징' 사제를 평신도나 수도자와 구분하는 것. 보편 사제직을 직무 사제직과 구분하는 것. 이런 의미에서 정체성은 사제가 아닌 이들과의 차이점과 대비 속에서 이해된다.

실제적인 사제 영성이나 양성을 다룰 때, 일반적인 그리스도인 영성이나 그리스도인 양성을 무시하고 제외할 수 없다. 이러한 이유를 잘 이해하기 위해서 이러한 구분을 항상 염두에 두어야 한다. 게다가 이는 사제의 수많은 위기와 어려움이 어디에 숨어 있는지 알게 한다. 사제 정체성 위기는 신앙의 위기나 심리학적 차원의 정체성 위기라기보다는 인간성의 위기라고 말할 수 있다.

다른 한편, 평신도 신앙인 상과 축성 생활자 상과 다른 사제 상의 특수성을 인정하여, 성직자의 세속화 또는 평신도의 성직화로 교회의 다양한 성소를 일률적으로 만들지 않아야 한다.[18] 그러나 인간 정체성과 비교하여 그리스도인 정체성의 경우와 비슷하게, 이 특수성-정체성은 '무엇'이나 '논리적 내용'/진리나 특정

---

18) 참조: 「사제의 직무와 생활 지침」 16~19항.

'도덕 법칙'에 놓여서는 안 된다. 삶의 유형, 기준, 태도, 자신만의 그리스도인이 되기를 살아가는 방식에 놓여야 한다. 이 방식은 그리스도와 관계 맺는 방식, 즉 성품성사에 의해 결정된 방식에 뿌리내린다.

사제 영성의 기초에서 시작하여, 사제 정체성 차원을 고찰하고(제1부), 그것을 통해 사제 영성의 구성 요소를 알게 될 것이다(제2부). 그리고 미래 사제의 양성 과정에서 동화를 증진시키는 수단(제3부)을 숙고해 볼 것이다. 이 성찰의 여정을 시작하기 전에, 이 작업에 빚을 진 많은 분께 깊은 감사를 표하고 싶다. 지도해 주신 교수님들과 이 연구에 영감을 주고 뒷받침이 되어 주었던 모든 연구와 논문의 저자분들께(참고 문헌과 각주에 모든 분을 기록하지 못했지만, 그분들의 영향은 사제 생활 첫 시기부터 나의 마음에 각인되었다!) 감사를 드린다. 또한 특별하게 중요한 분들을 기억하지 않을 수 없다. 그분들은 스승이기 이전에 증거자였다. 부모님과 '따뜻한' '사제직에 대한 감각'을 알게 해 주신 어린 시절의 선생님들을 기억한다. 삶에서 만난 수많은 성인 사제와, 주님께서 사제직으로의 그리고 사제직 안의 여정에 보내 주신 생활 지도 신부님과 영성 지도 신부님들도 기억한다. 이 모든 분을 기억하며 감사를 전한다. 집필 막바지 때 너그러움과 깊은 인내로 훌륭하게 교정·편집 작업을 도와준 클라라 미나 여사님에게도 감사를 드린다.

● 제1부 ●

사제 영성의 기초

• 들어가며

제2부에서 다룰 내용이며, 이 작업의 핵심인 사제 영성의 자료 및 본질적 요소와 내용을 다루기 전에, 사제 영성의 기초가 되는 토대를 세심하고도 면밀하게 살펴보려 한다. 먼저 사제 영성의 원천과 기원을, 그다음으로 사제 영성의 목적과 의미와 중요성을 부여하는 첫 번째 원인을 볼 것이다. 직무 사제직의 기원, 본성, 의미, 목적, 사제 정체성에 대해 구체적으로 연구하면서, 사제들은 자신을 고유한 거룩함으로 부르시는 하느님께, 어떻게 고유하고 적합한 방식으로 응답해야 할지 잘 알게 될 것이다. "사제는 어떻게 살아야 하는가?"라는 질문의 답을 찾기 위해서는, 먼저 "사제는 누구인가?"라는 질문을 던져야 한다. 영성적 측면은 교리적 측면을 기반으로 형성된다. 그래서 직무 사제직, 서품받

은 직무자, 정체성, 사제의 근본적인 사명에 관한 하느님의 계획을 이해하는 것은, 사제에게 정말로 중요한 일이다.[1] 다음과 같은 방식으로 살펴볼 것이다.

1) '**원천으로 돌아가기**'

① 모든 신부 각자의 삶의 '시작'부터 존재한 원천이며, 그를 '단순히 그 자체로'(simpliciter o tout court) 사제로 형성해 왔고, 지금도 형성하고 있는 원천.

② '특정한' 사제로 형성해 왔고, 지금도 형성하고 있는 '시작'부터 존재한 원천. 즉, 교구, 성직 자치단과 축성 생활회, 특별 권한을 얻은 단체로부터 부여받은[2] 명확하고 특정한 모습을 지닌 사제를 형성하는 원천.

2) '**직무 사제직의 기초적 차원을 면밀히 분석하기**'

기초적 차원은 사제 정체성, 사제의 사명을 더 자세하게 파악하고, 사제 직무의 기원과 근거와 목적과 실현에 대해서 명확하게 설명할 것이다.

이에 따라 제1부의 구조는 두 장으로 이루어진다. 첫 번째 장

---

1) 이 책에서 의미하는 '정체성'에 관해서는 '들어가는 글'의 2.3.을 참조하라. 사제의 거룩함에 관한 논의는 거룩함의 보편적 부르심을 전제한다. 사제 성화는 기초로 남아 있는 모든 이의 성화에 '어떤 것'을 첨가한 것, 혹은 '더 거룩한 것'으로 보는 것이 아니라, 주님의 특정 부르심에 응답하며 거룩함을 실현하고 발전시키는 특별한 '방식'으로 보아야 한다.

2) "무소속 즉 떠돌이 성직자들은 결코 용인되지 아니한다"(「교회법」 제265조).

은 ‘사제 영성의 두 원천’을 다룬다. 첫 번째 원천은 ‘성품성사’이고, 두 번째 원천은 교구 ‘입적’이나 성직 자치단, 축성 생활회의 ‘소속’이다. 두 번째 장은 ‘사제 정체성의 기초적 차원’이다. 삼위일체적 차원, 그리스도론적 차원, 교회론적 차원, 성령론적 차원 등 네 차원을 살펴볼 것이다.

제1장 • 사제 영성의 두 원천

사제 직무의 기원과 본성과 사제 정체성을 다룰 때, 사제 영성에 대한 논의는 보통 성품성사에 의지한다. 반면, 개별 교회 입적이나 성직 자치단, 축성 생활회 소속은 가려진 채로 남겨져 있다. 서품받은 직무자의 실제 모습에서 입적과 소속을 순전히 법적이고 부수적인 자료로만 판단하는 것이다. 이런 방식의 논의는 개념의 혼돈을 유발한다. 그러면 사제 정체성 관점에 보편적이지 않은 요소를 투영하거나, 사제 정체성 관점을 제한하며, 결과적으로 서품 직무를 수행하는 특정한 삶의 방식을 "정통적이지" 않다고 간주하거나 배척할 위험을 낳는다.

반면에, 두 가지 원천을 설정하고, 이를 분명하게 구분하는 것은 매우 의미 있고 중요한 작업이다.

더욱이 이 설정은 사제 직무의 은사를 교구 세속성의 은사와 동일시하지 않도록 한다. 결과적으로 축성 생활 신분을 세속적 본성의 신분으로 만들 위험을 극복하게 한다. "축성 생활의 신분은 본성상 성직자도 아니고 평신도도 아니다"(「교회법」 제588조 1항).

게다가 영성적 관점과 사제의 구체적 정체성 관점에서 별 의미 없는 것으로 여겨질 수 있는 사제 유형에 관한 논의에 주목한다.

마지막으로, 이 구분은 사제단의 성사적 단일성을 획일성으로 오해하지 않도록 한다. 사제 영성의 다원주의와 그에 따른 사제 사목의 다원주의가 자동적으로 교회와 사제의 일치/친교를 훼손한다고 오해할 때, 사제 영성과 사목을 획일화하려고 시도할 것이다. 두 원천을 잘 구분할 때, 이러한 위험에서 벗어난다.

1. 성품성사

성품성사를 포괄적이고 조직적으로 다루지는 않을 것이다. 사제 영성에 관한 이번 연구를 진행하기 위해서, 성품성사의 성서적이고 역사적인 분석과 교의신학의 이론적 논의를 반드시 전제해야 한다. 오늘날 이 문제에 대한 정확하고 전문적인 작업이 부족하지 않다는 사실은 큰 위안이 된다.

그렇다 하더라도 기초 자료 몇 가지를 기억하는 것은 필수적이다. 이는 직무 사제직의 기초적 차원을 분석하는 다음 장(제2장)에서 재검토할 것이다. 기초 자료는 방법에 관한 것과 내용에 관한 것으로 구성된다.

1.1. 방법에 관한 기초 자료[3)]

우선, 제2차 바티칸 공의회의 연속선상에 있는 오늘날, 성품성사와 거기에서 비롯하는 직무에 대해 전반적으로 다룰 필요가 있다. 주로 사제 서품에 주목하는 것은 영성적으로 정당하기는 하지만, 사제 서품의 부분성을 항상 인식해야 하고, 그래서 사제 서품을 이론적이고 역사적으로 사제직을 선행하는 여러 가지 중 하나로 보아야 한다. 서품에는 영성적으로 미치는 실질적 영향과 결과가 있다. 예를 들어, 한편으로는 주교와의 관계, 다른 한편으로는 부제와의 관계에 대한 논의는 순수하게 이론적이거나, 순수하게 규율적이거나 순수하게 사목적이기보다, 지극히 영성적이다. 마음 깊은 곳에서 그리고 내면의 체험 속에서 살아내야 할 관계이기 때문이다.

또한 방법론적 관점에서 볼 때, 성품성사는 전체 교회론의 관점에서 논의해야 한다. 전체 교회론은 다음과 같이 더 세밀하게 볼 수 있다.

1) '**신비적 교회**' **관점**: 이 관점에서 신앙 관점의 필수성을 확인한다.

2) '**친교의 교회**' **관점**: 이는 역동적 교회 공동체 관점이다. 우선 그리스도와 그리스도 사제직의 관계에 관한 모든 문제를 다루

---

3) 방법에 관한 고찰을 심화시킬 수 있는 참고 문헌을 제시한다. 짧지만 정확하며, 특별히 방법에 관한 관점에서 아주 대표적인 소책자이다. T. Citrini, *Discorso sul sacramento dell'ordine*, Padova/Milano, 1975.

고, 그다음으로 교회 안에 존재하는 다양한 삶의 신분과 카리스마의 관계에 대한 문제를 논의한다.

3) '**세상 안에서의 교회**' **관점**: 유일한 구원 경륜 안의 전체적 관점으로 교회와 세상의 관계를 분석하고, 부분(교회, 세상)보다 전체(유일한 구원 경륜)가 우선한다는 것을 인식하며, 결론적으로 「기쁨과 희망」이 올바르게 말하듯, 성성(聖性)과 세속성에 대한 변증법적 관점과 '세상 앞에' 있기보다 '세상 안에' 위치하는 관점을 깨닫게 된다.

4) '**사명 교회**' **관점**: 더 정확하게 말하자면, '완전한 직무적 교회' 관점이며 동시에 '완전한 카리스마적 교회' 관점이다. 서품 직무를 순수하게 기능적인 관점이나 카리스마와 제도의 대립 관점으로 보는 견해를 극복해야 한다. 요한 바오로 2세도 '직무적 카리스마'[4]를 언급한다. 이 표현은 서품 직무가 순전히 제도적·행위적·운영적 영역에 국한될 수 없으며, 카리스마적 영역과 '존재' 영역에 자리 잡아야 함을 드러낸다. 여기에서 사제 사명과 활동과 직무의 영성적 관점, 카리스마들 가운데 직무(서품 직무 포함)로 규정된 것들, 성품성사에 관한 순전히 기능주의적 관점이나 권력 담론만 강조하는 치우친 관점의 극복 등과 같은 주제를 다룬다. 성품성사를 권력으로 보는 관점은 영성적으로 매우 위험한데, 이는 결국 서품받은 직무자들의 사목을 허약하게 하고, 사목

[4] Giovanni Paolo II, "Allocuzione ai partecipanti al Simposio internazionale su *Pastore dabo vobis: il sacerdote oggi*", *op. cit.*, p.9.

을 하느님 성령의 숨보다는 사회학주의, 심리학주의에 물들게 할 것이기 때문이다.[5)]

1.2. 내용에 관한 기초 자료

사제 영성과 관련이 있는 몇 가지 주요 진술 및 주장을 논문 형식으로 수집하고 기억할 수 있다.

1) '성품성사'는 교회 안에 '특별한 직무를 수여한다.'

2) 이 '직무는 성령의 은사(카리스마)를 통해 하느님에게서 비롯된다.' 그것은 아래에서, 즉 공동체에서 발생한 산물이 아니며, 위에서, 즉 하느님 아버지께서 보내신 그리스도에게서 오는 것이다. 그리스도는 교회의 창설자이며 머리가 되시고, 성령 안에서 하느님의 구원 사업을 계속 이어 나가신다. 사제 직무는 인간 구원을 위한 그리스도의 중개와 관련된다.

3) 이 '직무는 교회보다 앞서서, 혹은 나중에 생겨난 것이 아니라, 교회의 구성 요소로서 교회와 함께, 교회를 위해 발생한다.' 사제 직무는 교계적 친교를 위한 다양한 과제를 수반한다.[6)]

---

5) 사제 영성에서 '카리스마'와 '직무'라는 용어는 이 모든 논의를 마친 뒤에 더욱 명료해질 것이 분명하다. 특히 카리스마와 직무의 관계는 사제 영성의 그리스도론적 차원과 교회론적 차원의 관계를 다루고 난 뒤, 더욱 잘 파악될 것이다.

6) 참조: 「현대의 사제 양성」 16항.

4) 따라서 '이 직무는 삼위일체적·그리스도론적·교회론적·성령론적 등 기초적 차원을 지닌다.'

5) '이 직무는 사제적 차원을 지닌다.' 즉, 그리스도의 사제직에 '비추어' 또 그리스도의 사제직에서 '출발하여' 이해해야 한다. 그래서 성품성사를 받는 이들은 '사제'라는 새로운 칭호를 받았다고 할 수 있다.[7] 그리스도의 사제직에 참여하는 근본적인 방식은 두 가지가 있다. 세례에서 비롯하는 신자들의 사제직(일반 사제

---

[7] '사제'(sacerdote)는 신부(presbitero)에게 적용되는 용어인데, 오늘날에도 저서에 따라 넓은 의미로 이해하거나 좁은 의미로 이해한다(R. Tura, "Ordine", *op. cit.*, 637b e 636b). 넓은 의미에서는 서품받은 직무자 신부의 온 생애와 모든 사명을 암시한다(「사제의 직무와 생활 지침」 6항. "그리스도론적 차원은 〔…〕 사제이시며 스승이시고, 당신 백성의 성화주이시며 목자이신 그리스도와 사제를 존재론적으로 결합시켜 주는 성사에서 직접 흘러나온다"). 좁은 의미로는 인도하고 돌보는 권한 및 말씀을 선포하는 권한과 구분되는 거룩하게 하는 권한을 말한다〔왕이며 예언자이시고, '사제'(성화하시는 분)이신 그리스도에 참여〕.
오늘날에는 '사제'의 의미를 넓은 의미로 이해하려는 경향이 있다. 이와 반면, 성품성사에 대한 트리엔트 공의회의 관점이 이어지던 시기에는 직무 사제직의 환원적 관점이 널리 퍼져 있었는데, 사제직을 가시적인 공적 전례, 특히 거의 독점적으로 성체성사에만 연결했다. 제2차 바티칸 공의회 이후에 나타난 성품성사의 새로운 관점에 힘입어 '사제직'에서부터 '직무'와 '사명'으로 관점 이동이 일어났다('거룩한 권한'(sacra potestas)에서 직무와 카리스마에 대한 논의로 방향을 바꾸게 한 교회 일치 운동의 영향뿐만이 아니라, 부제품을 진정한 성품성사로 자리매김하는 것을 통해 이러한 관점 전환이 이루어졌다. 성체성사와 화해 성사는 오직 "두 번째 품"인 사제와 부제를 구별하는 특정 직무로 보아야 하고, 그 성사 자체가 서품에서 나오는 직무는 아니다. 만약 그렇지 않다면, 부제는 서품받은 직무자가 아닐 것이다!). 이러한 관점 변화는 당연하게 사제직의 지평을 넓혔고, 왕직·예언자직·사제직이라는 고전적 세 가지 임무가 서품을 통해 어떻게 사제에게 수여되었는지 이해하도록 도와주었다. 복음화 활동도 빼놓을 수 없다. 신약성서 맥락의 사제직에서 보게 되겠지만, 복음화 활동은 공동체 인도와 사목 활동과 마찬가지로 사제의 필수적인 활동이다. 그리스도의 사명은 하나이며 나누어질 수 없기에, 사제에게서 하느님 말씀과 그리스도교 공동체 다스림을 제외하고, 오직 혹은 주로 성찬례와 예식과 같은 전례하고만 연결한다면, 그러한 관점은 환원주의적 형태일 것이다. 이러한 관점은 사제-신부를 '주교품의 협력자'로 강조하는 것과 사제 서품 예식을 통해서도 강조된다.

직)과 성품성사에서 기인하는 직무 사제직을 구분하고, 그리스도의 유일한 사제직에 참여하는 서로 다른 두 방식은 상호 올바르게 결합하여야 한다. 그래서 모든 그리스도인의 정체성이 밝혀지는 것처럼, "사제와 사제 직무의 특정한 정체성도 삼위일체 하느님의 친교의 신비를 사명으로 알고 살아가는 교회의 신비 안에서 드러난다."[8]

사제 정체성과 사제 직무의 본성에 대해서 다음과 같은 명제를 말할 수 있다.

1) 사제는 "지극히 거룩하신 삼위일체로부터 흘러나오는 복잡하고 풍요로운 상호 관계망 안에" 놓여 있다. 이 관계망은 "그리스도 안에서, 하느님과의 일치를 이루고 또한 온 인류와 일치를 이룬다는 것을 나타내는 표지이자, 도구인 교회의 친교 안에서 연장되는[9] 것이다." '사제 정체성의 특징은 본질적으로 관계적이다.' 우선 거룩하신 세 위격과, 육화한 말씀이신 그리스도와, 교회와 관계를 맺는다. 또 교회 안에서 주교와, 다른 사제들과 관계를 맺으며 하느님 백성 전체에 봉사하고, 교회가 모든 인간을 하느님께로 이끌도록 도와주는 방식으로 온 인류와 관계를 맺는다.

2) "이러한 맥락에서 볼 때 교회를 친교로 보는 교회론은 사제의 신원과 사제의 본래적인 품위, 그리고 이 세상과 하느님의 백성 가운데서 수행해야 할 사제의 성소와 사명이 무엇인가를 이

[8] 「현대의 사제 양성」 12항.
[9] 같은 곳.

해하는 데 결정적인 역할을 하게 됩니다. 그러므로 설사 교회가 사제의 신원을 규명하는 데 가장 중요한 위치를 차지하지 않는다 하더라도 교회에 대해 알아보는 것은 중요한 일입니다. 신비인 교회는 본질적으로 예수 그리스도와 깊이 연결되어 있습니다."[10]

3) "사제란 신원은 새롭고 영원한 계약에서 유일한 최고 사제이신 예수 그리스도에게서 비롯되고, 그분께 특별한 방법으로 차여하고, 그분의 뒤를 잇는다는 데에 그 참다운 의미가 있습니다. 사제란 대사제이신 그리스도께서 생생하게 투영된 살아 있는 모습입니다."[11]

4) 그런데 "그리스도의 사제직이 바로 모든 그리스도인들의 사제직, 그중에서도 특히 사제들의 사제직의 유일한 원천이자 그 무엇으로도 대치될 수 없는 참된 원형"이고, "그리스도와의 관계에 대하여 알아보는 것은 사제직의 실체를 이해하는 데 절대적으로 필요한 열쇠"[12]이기에, '성품성사를 통해서 특정한 방식으로 그리스도를 닮는다는 것'이 어떤 의미인지 물어야 한다. 그리스도를 닮기 때문에, '사제'(sacerdote)라는 새로운 칭호를 부여받는 것은 정당하다. 직무 사제직은 서품받은 직무자를 특징짓는 요소이며, 교회와 세상 속에서 그리스도의 얼굴을 드러내는 특별한 방식이 되어야 한다.[13]

10) 같은 곳.
11) 같은 곳.
12) 같은 곳.
13) Cf. Citrini, p.27.

5) 사제를 특징짓는 직무 사제직으로 사제는 교회 "안에" 머무르면서도, 교회 "앞에" 놓인다. 사제는 성품성사에서 비롯하는 직무 사제직을 통해 교회의 머리이시고, 목자이시며, 신랑이신 그리스도의 역할을 한다.[14]

6) 서품받은 직무자의 정체성, 즉 성품성사를 통해 사제로 축성받는 데에서 가장 핵심적인 요소는 교회의 머리이시고, 목자이시며, 신랑이신 그리스도에 대한 닮음(configurazione)이다.[15]

사제가 그리스도 및 교회와 맺는 관계에 대해서는, 나중에 사

[14] Cf. S. Agostino, *Sermo 340*, 1; *PL* 38, 1483.

[15] 성사적 인호와 특별한 서품 직무에 관한 교리는 다음 참조: S. Dianich, "Ministero pastorale", *op. cit.*, pp.954~971; 사제의 "고유한 특성"과 관련한 사제 정체성의 몇 가지 "정의"는 다음 참조: "사제를 대사제이며 착한 목자인 그리스도와 결합시키는 독특한 존재론적 결속 관계"(「현대의 사제 양성」 11항). 「사제의 직무와 생활 지침」은 이 결속 관계가 "성품성사를 통하여" 설정된다고 말한다; "사제는 성품성사를 받음으로써 축성되어 성부께로부터 예수 그리스도를 통하여 파견된다. 그리고 사제는 특별한 방법으로 당신 백성의 머리이시며 목자이신 예수 그리스도를 닮게 되어, 성령의 힘을 받아 교회에 봉사하고 세상의 구원을 위하여 살고 일할 수 있게 되는 것이다"(「현대의 사제 양성」 12항); "사제는 교회 안에서 그리고 교회를 위하여, 머리이시며 목자이신 예수 그리스도를 성사적으로 대신하는 사람이다. 〔…〕 한마디로, 사제들이 존재하고 행동하는 이유는 세상에 복음을 선포하고, 머리이시며 목자이신 그리스도의 이름으로, 그리스도를 대신하여 교회를 건설하기 위한 것이다"(「현대의 사제 양성」 15항). 「사제의 직무와 생활 지침」은 2항에서 이를 반복한다. "사제 정체성은 그리스도의 사제직에 특별히 참여함으로써 형성된다. 이 때문에 성품성사를 받은 사람은 교회 안에서, 그리고 교회를 위하여 사제이신 그리스도의 참되고 투명하며 살아 있는 모상, '머리이시며 목자이신 예수 그리스도를 성사적으로 대신하는 사람'이 된다"; "우리의 정체성은 궁극적으로는 아버지 하느님의 사랑에서 비롯한 것입니다. 직무 사제직을 받으면서, 성령의 활동으로 성부께서 파견하신 대사제이며 착한 목자이신 성자와 성사적으로 결합한다." 「현대의 사제 양성」 18항. 「사제의 직무와 생활 지침」 3항 참조; "사제는 성품성사로 축성되면서, 교회의 머리이시며 목자이신 예수 그리스도를 닮게 되고, '영적 힘'을 선물받게 된다. 영적 힘이란 예수 그리스도의 권위에 참여하는 것을 말한다. 예수 그리스도께서는 바로 이 권위로 당신의 성령을 통하여 교회를 이끌어가신다." 「현대의 사제 양성」 21항. 「사제의 직무와 생활 지침」 3항 참조; 「사제 생활과 교역에 관한 교령」(*PO*) 2, 12항.

제 정체성의 기초 차원을 논의할 때, 명료하게 설명할 것이다. 지금은 성품성사에서 비롯하고, 그래서 교구 사제이든, 수도 사제이든 모든 사제에게 유효한 사제 영성의 몇 가지 기초 자료를 간단하게 살펴보았던 것으로 충분하다.

이제는 두 번째 원천을 고찰할 것이다. 이 원천에서 사제의 구체적인 영성을 형성하는 자료와 요소를 얻는다. 모든 사제는 교구 사제 혹은 성직 자치단 / 축성 생활회의 일원으로 부르심이라는 특수성에 따라 구체적인 영성을 살아갈 것이다.

2. 교구 입적과 성직 자치단 / 축성 생활회 소속

사실 이 두 번째 원천인 입적/소속은 첫 번째 원천인 성품성사와 분리되지 않는다. 사실, 각각의 사제는 성품성사로 말미암아 사제단(Ordo Presbyterorum) 즉, 참다운 가족과 신앙의 일치에 들어가게 된다. 사제가 부여받은 동일하고 유일한 성사 덕분에 사제들이 형성하는 이 집단 혹은 단일체는 신비적 특성을 보인다. 목자의 사랑, 직무, 형제애의 유대는 사제를 하나로 묶어 준다. 그런데 이 유대는, 아래에서 즉 사회학적 또는 법적인 요소에서 기인하지 않고, 성사의 은총에서 비롯한다.[16] 그러나 주교단의 경우와는 달리, 보편적 사제단의 존재를 말하는 것은 적절하지 않은 것 같다.[17] 구체적인 사제단에 속하는 것은 언제나 개별 교회의 맥락 안에서 이루어지기 때문이다. 개별 교회에 소속함은

16) 참조: 「사제의 직무와 생활 지침」 25항; 「현대의 사제 양성」 31, 74항.
17) 「사제의 직무와 생활 지침」 25항.

카리스마적 또는 법적 성격의 다양하고 특수한 형태(성직 자치단이나 수도 생활과 같이)에 따라서 이루어진다. 이러한 특수한 형태는 엄밀하게 보면 성품성사에 달려 있는 것은 아니다. 실제로 「교회법」은 "어느 성직자든지 어떤 개별 교회나, 성직 자치단 또는 이 특별 권한을 가지는 어떤 축성 생활회나 단 또는 동일한 특별 권한을 사도좌로부터 얻은 성직자 공립 단체에 입적하여야 한다. 따라서 무소속 즉 떠돌이 성직자들은 결코 용인되지 아니한다"[18]라고 규정한다.

개별 교회에 입적하는 것이 개별 교회의 구체적인 사제단에 소속하는 유일한 방법은 아니다. 이 문장은 다음을 함축한다. 첫째, 사제단에 소속하는 것은 성품성사와 밀접하게 연관되며, 개별 지역 또는 개별 교회에 있는 모든 사제는 사제단에 소속하게 된다. 둘째, 개별 교회에 입적하는 것은 교구 신부에게 법적으로 인증된 유대이지만, 이는 사제의 영적 삶에도 중요하고 의미가 있고(특정 성직 자치단이나 축성 생활회에 소속하는 것이 그의 영성을 결정하는 것과 비슷하다),[19] 성품성사에서 기인하는 사제 정체성의 교회적 차원에 관해 말하는 것을 정확하게 설명해 준다.

개별 교회에 입적하거나 성직 자치단 / 축성 생활회에 소속하면서, 주교, 다른 사제들과의 관계를 포함한 교회 내 일련의 모든 관계가 발생한다. 이 관계는 성직 수행을 위해 교리적으로나 사목적으로 중요할 뿐만 아니라, 사제 자신의 성화를 위해, 그리고 이 성화를 통해 더 예리하고 효과적인 사목 활동을 위해 영성적으로 중요하다. 다시 말해서, 개별 교회에 소속하는 것과 헌신하

18) 「교회법」 제265조.

19) 참조: 「현대의 사제 양성」 17, 31항; 「사제의 직무와 생활 지침」 26항.

는 것 그리고 성직 자치단/축성 생활회에 소속하는 것이 단지 조직적이고 규율적인 근거로 야기되는 법적 가치만이 아니라, 영성적 가치를 지닌다고 여겨야 한다.[20)]

그러한 이유로 제2부에서는 이 주제를 다시 가져오며 더 자세히 분석할 것이다. 더 나아가, 영적 가치이면서[21)] 각각의 개별 교회가 받은 영적 선물이자 카리스마로 보아야 하는 "교구성"(diocesanità, 교구 정체성)을 강조할 것이다. 수도 사제들이 자신들의 공동체의 카리스마와 설립자의 은총과 관련하는 것과 비슷하게, 교구에 입적된 사제들은 교구적 카리스마를 발전시키고 거기에 참여해야 한다. 따라서, 축성 생활회나 사도 생활단에 따라 사제직의 형태와 표현이 다양한 것처럼, 교구 사제성(교구 사제 정체성) 또는 교구성(교구 정체성)의 해석과 구체적인 삶의 방식 또한 다양하다. 예를 들어, 밀라노 교구 사제의 교구성을 살아가는 구체적인 방식은 로마 교구나 파리 교구에 입적하여 살아가는 사제의 교구성과 다르다. 이처럼 교구성에 따라 교구 영성의 다양한 형태가 형성되며, 서로 다른 교구의 교구성을 동일시하지 않아야 한다. 즉 밀라노 교구 사제의 암브로시우스성(性)과 로마 교구 사제의 로마성(性)은 다르다.

3. 결론

사제의 영성적 태도는 생활과 직무 안에서 한결같이 두 원천

---

20) 「현대의 사제 양성」 17, 74항.

21) Cf. Favale, pp.237~245.

을 향해야 한다. 첫째는 성품성사이고, 둘째는 개별 교회에 입적 혹은 성직 자치단이나 축성 생활회 소속이다.

두 원천이 각각 어떤 삶을 살도록 하는지 올바로 구분하면서, 영감을 끌어낼 수 있어야 한다. 이는 이미 이번 장 서두에 언급한 것들 외에도, 사제에게 다음을 허락할 것이다.

1) 사제성과 서품 직무의 양식에 대한 편협한 시각에서 벗어나게 한다.

2) 자신의 개인적 사제 생활을 모든 사제에게 공동으로 적용되는 사제성에 투사하는 위험을 극복하게 한다.

3) 성품성사를 바탕으로, 교구 사제단에 진실로 소속하여, 사제단의 다른 일원과 일치를 이루며 살게 한다.

4) 사목 활동의 관점에서든, 성덕을 향한 여정의 관점에서든, 사제 정체성의 다양한 표현 차이를 "우열 관계"(magis et minus)가 아니라, 더욱 풍요롭고 참다운 친교와 형제애 측면에서 유익한 것으로 여기게 한다.

5) 개별 교구 입적 이후와 이전에, "즉각적인 방식으로"[22] 보편 교회에 소속되어 있다는 것을 진정으로 내면화하게 한다.[23]

[22] Congregazione per la Dottrina della Fede, *Communionis notio*, Lettera ai Vescovi della chiesa Cattolica su alcuni aspetti della chiesa intesa come comunione(28 maggio 1992), n.10.

왜냐하면, "사제는 서품식 때 영적인 선물을 받으면서, 제한되고 한정된 사명이 아닌, 세상 끝까지 구원을 전하는 매우 폭넓고 보편적인 사명을 수행할 준비를 할 수 있게 되기"[24] 때문이다.

---

23) 「현대의 사제 양성」 32, 18항; 「사제의 직무와 생활 지침」 14항.
24) 「사제의 생활 교령」 10항.

제2장 • 직무 사제직의 기초적 차원

제2장에서는 사제 영성의 기초에 관한 논의를 심화하여, 관계적 관점에서 사제 정체성을 매우 명확하게 밝힐 것이다. 성품성사가 부여하는 은총과 지울 수 없는 인호는 사제의 관계를 맺는 성격을 낳는다.[25]

사제 정체성에 가장 중심이 되고, 가장 중요하며, 가장 근본적인 것은 바로 그리스도론적 차원이다.[26] 하지만 만약 "지극히 거

---

25) 이번 장을 잘 이해하기 위해서 「현대의 사제 양성」 12~18항과 「사제의 직무와 생활 지침」 3~19항과 Citrini, §§.1. 3~6, 13~15, 18~37, Favale, pp.15~92를 주의 깊게 읽을 것을 권장한다.

26) "사제 정체성, 사제상, 사목성은 그리스도론에 뿌리박고 있다. 〔…〕 그리스도의 위격은 사제 생활과 사명에 의미를 주고, 이해하기 위한 필수적 기준점이다." Giovanni Paolo II, "Allocuzione ai partecipanti al Simposio internazionale su *Pastore dabo vobis: il sacerdote oggi*", *op. cit.*, p.10; "그리스도에 대해서 알아보는 것은 사제의 실체를 이해하는 데 절대적으로 필요한 열쇠가 된다." 「현대의 사제 양성」 12항; "교회가 사제 정체성을 규명하는 데 가장 중요한 위치를 차지하지는 않는다 하더라도, 교회에 대해 알아보는 것은 중요한 일이다. 신비인 교회는 본질적으로 예수 그

룩하신 삼위일체에서 비롯하여, 그리스도 안에서 하느님과 일치를 이루고, 온 인류가 서로 일치를 이룬다는 것을 나타내는 표지와 도구인 교회가 친교를 이루면서 연장하는 복잡하고 풍요로운 상호 연결의 관계"[27]를 생각하지 않고는 직무 사제직의 본질과 차원을 규명할 수 없다. 성품성사로 서품받은 이는 그리스도의 사제직에 특별하게 참여하게 되고, 성품성사를 통해서, "교회 안에서, 그리고 교회를 위하여, 머리이시며 목자이신 예수 그리스도를 성사적으로 대신하는 사람이 된다."[28] 성령의 성사적 활동으로 부여된 지울 수 없는 은총과 인호를 통해서 직무자는 그리스도를 존재론적으로 닮는다.[29] 한편으로 사제는 성령과 접촉하며 삼위일체와 관계를 맺고, 다른 한편으로 교회와 관계를 맺는다. 다시 말해서, 우선 첫 번째 원천이 되는 삼위일체와 관계를 맺고, 그 이후에 그분의 존재와 활동의 선물을 첫 번째로 받는 교회와 관계를 맺는 것이다.

요한 바오로 2세의 말씀으로 요약할 수 있다.

"사제는

- 성품성사를 받음으로써 축성되어

리스도와 깊이 연결되어 있다. […] 사제는 새롭고 영원한 계약을 맺으신 유일한 대사제이신 예수 그리스도에게서 비롯하고, 그분께 특별한 방법으로 참여하고, 그분의 뒤를 잇는다는 데에 참다운 의미가 있다. 사제란 사제이신 그리스도께서 생생하고 투영된 살아 있는 표상이다." 「현대의 사제 양성」 12항; C. Sepe, "Identità sponsale ed eucaristica del presbitero uomo di Dio che si offre alle anime", *IMS*, pp.236~238; Favale, pp.77~85, 특히 p.84.

27) 「현대의 사제 양성」 12항.

28) 같은 문헌, 15항.

29) 「사제의 직무와 생활 지침」 5항.

- 성부로부터 파견되었고
- 당신 백성의 머리이시며 목자이신 그리스도를 통하여, 특별한 방법으로 그리스도를 닮게 되어,
- 성령의 힘을 받아 살아가고 일할 수 있기 위하여
- 교회와 세상 구원을 위해서 봉사한다."[30]

여기에서 사제 정체성의 네 가지 차원을 볼 수 있다. 이 네 가지 차원을 통합적이고 조화롭게 이해하는 것은 매우 중요하다. 그러면, 참되고, 건설적이며, 많은 열매를 맺게 하는 사제 영성의 기초를 마련하게 될 것이다.

1. 삼위일체적 차원: 기원
2. 그리스도론적 차원: 토대
3. 성령론적 차원: 영적 수행
4. 교회론적 차원: 목적

1. 삼위일체적 차원: 기원

삼위일체적 차원에 대해서는 길게 설명하지 않을 것이다.[31] 단지 몇 가지 주요 요점을 제시하며 요약한다.

1) 삼위일체적 차원은 "사제이시며, 스승이시고, 당신 백성의 성화주이시며 목자이신 그리스도와 사제를 존재론적으로 결합시

30) 「현대의 사제 양성」 12항.

31) 「사제의 직무와 생활 지침」 3~5항.

켜 주는 성품성사에서 직접 기인한다."[32]

2) 서품받은 직무자는 성품성사로 인해 성부와 성자와 성령과 특별한 관계에 놓이게 된다.

① 성부와 관계: 성부께서는 영원한 대사제이신 성자를 파견하신 것처럼, 사제를 파견하신다.

② 머리이자 목자이신 성자와 관계: 성자는 세상을 구원하시기 위해서 아버지께서 파견하신 분이시며, 사제가 교회와 인류의 유익을 위한 성사가 되기 위해 닮아야 하는 분이시다.

③ 성령과 관계: 성령은 도유를 통해 사제를 머리이시자 목자이신 그리스도와 일치시키고, 사제에게 사랑의 원리인 목자의 사랑을 실질적으로 수행하게 한다. 목자의 사랑은 인류에 대한 성부의 사랑의 표지로서 서품받은 직무자의 정체성이 흘러나오는 최종적 원천이 된다.

사제 정체성의 삼위일체적 차원에 대한 고찰은 자신을 파견된 자로서 이해하는 데에 도움을 준다. 이러한 사제의 특성은 이미 신약성서와 교회 전체 역사에 걸쳐서 일관되게 존재했고 제2차 바티칸 공의회가 특별히 강조한 선교적 직무 모델과 관계된다. 제2차 바티칸 공의회는 지역/개별 교회에 많은 중점을 두었지만, 선교적 모델도 함께 강조했다. 선교 모델로서 사제 직무는 복음화, 유랑, 순회, 보편주의, 공동체 초월을 우선시한다. 이러한

32) 같은 문헌, 6항.

사제상은 공동체에 뿌리내리지 않고, 유랑하는 이방인을 나타낸다.[33]

3) 그리스도는 교회와 세상을 향한 구원의 근거이시고, 사제는 그리스도를 통해, 그리스도 안에서, 그리스도의 성사가 되기 때문에, 이 특별한 칭호로 구원의 삼위일체적 역동에 들어간다. 특별한 칭호를 얻는 이유는 말씀 직무와 성사 직무 수행으로 부르심을 받았기 때문이다. 그리스도를 닮고, 특별히 그분 사제직에 참여하는 사제는, 그리스도께서 그러하셨듯이, 이 말씀 직무와 성사 직무를 통해 자기 자신과 인류의 성화를 수행한다.[34]

4) 따라서 사제는 삼위일체와 관계를 살아내야 할 필요성이 생긴다. 삼위일체와 관계는 사제의 존재와 직무의 영속하고 근원적인 실재이다. 이것은 지속적인 경배와 사랑의 정신으로 교회에 이익을 주며, 사제 생활의 관상적 차원이다.

2. 그리스도론적 차원: 근거

그리스도론적 차원이 가장 중심적이고, 가장 우선적이며 가장 근본적이라는 사실을 앞에서 이미 강조했다.[35]

다양한 이유나 방법, 관점을 통해서 또는 그것들 아래에서 서

---

33) Cf. T. Citrini, "Modelli del ministero nella storia della chiesa", *op. cit.*, p.113.

34) 참조: 요한 27,11.21; 1코린 1,1; 2코린 1.1; 요한 20,21.

35) 참조: 각주 26번.

품받은 직무자, 직무 사제직에게 그리스도와 관계가 중요하고 무엇보다 우선함을 잘 인식하게 된다.[36)]

2.1. 성서적 맥락[37)]

성서에서 사제직에 대해 분석할 때 첫 번째로 드러나는 즉각적인 사실은 그리스도교 사제직이 구약성서의 사제직과 전혀 혹은 거의 관련이 없다는 것이다. 구약성서에서 나타나는 사제직은 근본적으로 이교 세계에 존재했던 사제직 개념과 연결되어 있으며, 중재와 봉사보다는 문화, 예식 및 외적 기능(마법적·의술적 또는 법률/제도적 질서로 보이는 다른 기능들도)과 명예, 즉 하느님과의 특별한 관계로 인해서 다른 사람보다 높아지는 것에 중점을 두었다. 그러나 신약성서에서 깊은 단절이 일어난다. 신약성서의 그리스도교 사제직은 너무나 새로워서 사제직이 아닌 것 같았다! 오해가 생기지 않도록 사제에 관한 고대 용어를 제거하고, 사제직과 예배에 대한 관점을 새로운 범주로 구축하는 데까지 나아간다.

---

36) 그리스도론적 차원이라는 주제를 깊이 있게 탐구하기 위해서, 다음을 참고할 수 있다. 「사제의 직무와 생활 지침」 6~7항; 「현대의 사제 양성」 13~15, 21~23항; C. Sepe, "Identità sponsale ed eucaristica del presbitero uomo di Dio che si offre alle anime", *op. cit.*, pp.235~239; J. Sanchez, "Il sacerdote oggi", in *IMS*, pp.5~7; Giovanni Paolo II, "Allocuzione ai partecipanti al Simposio internazionale su *Pastores dabo vobis: il sacerdote oggi*", *op. cit.*, pp.9~10; A. Vanhoye, "Il sacerdozio nella Bibbia", *op. cit.*, pp.13~25, soprattutto pp.16~25; U. Vanni, "La figura del sacerdote-presbitero nel Nuovo Testamento", *op. cit.*, pp.26~36; A. Aranda, "Sacerdozio universale e sacerdozio ministeriale", in *IMS*, pp.37~61; Favale, pp.17~92, 특히 pp.17~27, pp.75~85; Citrini, §§. 4, 5, 9, 25~32, 49~55.

37) 이 문제를 다루기 위해서, 참고 문헌에서 인용된 반호예(A. Vanhoye)와 반니(U. Vanni)의 연구와 파잘레(Favale), pp.16~58의 설명을 활용하였다.

새로움의 근원은 마치 두 개의 얼굴을 가진 동전과 같다. 한편으로 그리스도의 사제직이며, 다른 한편으로는 모든 삶이 전례가 되고, 삶의 전례가 예배가 된다는 사실이다.

① 그리스도의 사제직

히브리서는 첫 번째로 그리스도론을 다루는 문헌인데, 사제적 그리스도론을 다룬다는 점에서 중요하다. 완전한 의미에서 하느님과 인간 사이에 '유일한 사제' '유일한 중개자'가 있다. 하느님과 진정한 관계를 맺으려면, 그리스도를 통해야 한다. 또한 그리스도는 '유일한 제물'이다. 구약에는 친교의 제물, 계약의 제물, 속죄의 제물, 감사의 제물 등 다양한 제물의 유형이 있는데, 그리스도의 제물은 이 모든 제물을 종합한다. 히브리서 저자에 따르면, 그리스도는 수난과 죽음, 부활을 통해 완전한(consummatur) 사제가 되었다. 그러나 그의 온 생애는 사실 하느님과 인간 사이의 유일한 중개자, 유일한 구세주, 양을 위해 목숨을 바치는 목자, 모든 사람의 구속을 위해 모든 이의 종이 되게 하는 사제적 도유로 특징지어진다. 그리스도의 사제직은 결코 '명예로운 사제직'이 아니라 봉사를 위한 사제직이며, 교회의 직무 사제직도 마찬가지이다. 그리스도 사제직의 또 다른 중요한 새로움은, 사제 축성이 사제와 사람들의 분리를 강조했던 이전 시대의 사제직과는 달리, 성부께서 축성하셨기 때문에, 사제직이 인류, 죄 많은 인류와 완전히 연대하는 태도를 수반한다는 것이다.

또한 그리스도의 사제직 즉 신약의 사제직은 참여의 문이 열려 있다. 그리스도의 사제직에 참여함은 두 가지 방식으로 이루어진다. 첫째는 전례에 참여하기 전 삶 안에서 사제직을 수행하는 세례받은 모든 이의 사제직이고, 둘째는 직무 사제직, 즉 새롭고 영원한 계약의 직무자의 사제직이다. 그것은 신자가 그리스도교 예식에 참여할 때만 이루어지거나, 혹은 주로 그때 이루어지는 것도 아니다. "그리스도께서 어떤 의례적인 예식으로 자신을 봉헌하지 않으셨고, 하느님과 친교 및 모든 사람 사이의 친교를 확립하기 위해 자신의 삶을 봉헌한 것처럼"[38] 삶에서 이루어진다. "자신의 삶을 바치는 것은 그리스도의 필수적인 사제적 중재 없이는 불가능하다."[39] 보편 사제직의 행사가 가능해지려면, "그리스도인들이 그리스도의 사제적 중재를 자신들의 삶에 받아들이게 하는 새 계약의 직무"[40]가 필요하고, "그리스도의 종들과 하느님 신비의 관리자들"[41]이 필요하다. "그리스도교 공동체는 〔…〕 사제적 중재를 실현하고 전달하며 이 임무에 전적으로 헌신하는 그리스도의 직무자가 필요하다."[42] 그리고 「사제의 직무와 생활 지침」에 명시된 바와 같이, "직무 사제직의 특수성은, 모든 신자가 직무 사제직의 수행으로 가시화되는 그리스도의 중개와 통치에 충실할 수 있도록, 보편 사제직에 대한 '우월성'에 기초한 것이 아니라 모든 신자를 섬기라고 부름을 받은 그 직무에 따라 정의된다."[43]

---

38) A. Vanhoye, "Il sacerdozio nella Bibbia", *op. cit.*, p.23.
39) *Ibid.*
40) *Ibid.*
41) 1코린 4,1.
42) U. Vanni, "La figura del presbitero nel Nuovo Testamento", *op. cit.*, p.27.
43) 「사제의 직무와 생활 지침」 6항.

② 삶의 예배

신약성서에서 도출한 '삶이 예배'라는 의미는 구약성서나 소위 이교도들의 종교에서 사제직을 이해하는 방식에 비하면 엄청나게 새로운 것이었다. 사실 이는 영예가 아닌 봉사의 사제직을 요구하며, 결과적으로 그리스도의 직무자들을 가리키는 새로운 용어를 찾아야 할 필요성을 제기한다. 그리스도의 직무자들은 활력을 불어넣는 사도들의 활동과 연속성 안에서, 성령의 특별한 카리스마에 힘입어, 안수를 통하여, 공동체가 참여하는 그리스도 사제직에 봉사한다. 즉 세례받은 이들의 보편 사제직에 봉사하도록 임명되었다. 역사 초기에는 '원로'(anziano)라는 용어가 두드러지게 나타났으며, 다음에는 '사제'(presbitero), 그리고 마지막으로 '직무 사제'(sacerdote ministeriale) 혹은 '서품받은 직무자'(ministro ordinato)라는 용어가 등장했다.

2.2. 조직신학적 맥락

직무 사제직에 대해 말하기 위해서 '직접적으로는 교회론적 관점'(직무 사제직이 보편 사제직과 어떻게 구별되며 어떤 관계를 맺는가?)에서 보아야 하는 것이 옳다면, '근본적으로는 그리스도론적 관점'에서 살펴야 하는 것도 옳다. 사실, 위에서 제기한 질문에 답하기 위해서는 기원으로 거슬러 올라가야 한다. 사제적 백성인 교회의 신비로, 더 거슬러 올라가면 그리스도의 사제직까지 가야 한다. 사제 정체성을 파악하기 위해서 그리스도의 유일한 사제직에서 시작해야 하고, 그다음 직무 사제직을 말하기 전에 보편 사제직을 다루어야 한다. 이 방식을 통해서, 그리스도 사제직에 토대를 두고 보편 혹은 공동 사제직에 봉사하도록 예정된 위계적 직무 사제직을 잘 이해할 수 있다.

그러므로 사제의 정체성을 철학적 자연주의적 개념이나 사제직, 제물, 예언 등 관념적 개념에서 출발하여 설명하는 것은 의미가 없다. 그리스도에서, 그리스도의 사제직에서부터 시작해야 한다.

성품성사가 부여하는 직무는 성령의 선물인 카리스마의 표현이며, 따라서 하느님한테서 오고, 그리스도에게서 비롯되는 다른 카리스마와 같은 것이지, 단순히 사회학적인 교회의 산물이 아니다. 그것은 민주주의적으로 아래에서 태어나는 것이 아니라 위에서부터 비롯하며, 공동체를 위해 생겨났지만, 공동체를 토대로 태어난 것이 아닌 그리스도에게서 태어난다.

사제직은 다른 카리스마와 마찬가지로, 교회의 친교를 목적으로 삼는다. 그래서 성품성사로 받은 "능력"은 그리스도교 공동체를 건설하는 데에 봉사하고, 신자 각각이 공동체 안에 더욱 깊고 온전하게 자리 잡는 데 맞추어져 있다.

서품 직무는 "아버지께서 나를 보내신 것처럼 나도 너희를 보낸다"[44]라는 말씀처럼 그리스도께서 받으시고, 사도들에게 연장된 사명에서 비롯한다. 이것은 특별히 그리고 근본적으로 그리스도의 사명에 참여하는 것이다. "이 사명은 유일하며 나눌 수 없는 것이다. 이를 완전하게 적절히 표현할 수 있는 인간의

44) 요한 20,21.

말이나 개념은 없다. 그리스도에게 적용되는 그 유명한 삼중 사명조차도 그러하다. 예언직·사제직·왕직인 삼중 사명은 중요한 몇 가지 측면을 강조하지만, 한 측면은 다른 측면들과 상호 내재하고 순환하며, 그래서 다른 측면들과 종합할 때 절정을 이루게 된다."[45]

평신도, 곧 세례받은 이의 사제직에 관해서는, 예언직·사제직·왕직 등 삼중 역할(triplice funzione)에 대해 말하고, 서품받은 직무자들의 사명의 관해서는, 근본적으로 하나인, 예언직·사제직·왕직 등 삼중 직무(triplice munus)에 대해 말하는데, 이는 사제/목자이신 그리스도라는 관점에 따른 사목적 차원에서 잘 종합된다. 사제/목자라는 그리스도는 착한 목자라는 성서적 이미지에서 드러나는데, 특별히 요한 복음 10장에서 잘 나타난다.

그리스도론적 차원은 사제가 '그리스도를 대신하여'(In persona Christi) 행동하며, '그리스도의 권한'(potestas Christi)을 구현한다는 사실로 표현한다. 그리스도의 권한이란, 가르치고, 축성/사죄하고, 다스림으로 봉사하는 '직무'(ministerium), 즉 그러한 봉사를 뜻한다. 그렇다면, '그리스도를 대신하여'(in persona Christi)[46]는 정확하게 무엇을 의미하는가?

서품받은 직무자가 마치 부재하신 그리스도를 대신하는 것, 그래서 자신을 그리스도의 자리에 두면서, 그리스도를 대체하려

45) Favale, pp.17~18.

46) 「교회 헌장」 10, 21, 25, 27항; 「전례 헌장」 33항; 「사제 생활 교령」 2, 6, 12항; 요한 바오로 2세, *Lettera Domenicae Ceane*(1980.02.24., *EV* VII, 193); 「사제의 직무와 생활 지침」 7항; 「현대의 사제 양성」 15, 18, 20항.

는 목적으로 그리스도를 대신한다는 뜻이 아니다. 예수님은 육체적 부활로 인해 대리자, 대체자 또는 계승자가 필요하지 않다. 그분은 부재하신 하느님을 대신하기 위해 오신 것이 아니라, 아버지께서 사람들 가운데 온전히 현존하시게 하도록 오셨다.[47]

예수 그리스도께서는 세상 끝 날까지 우리와 함께 있으리라고 말씀하셨고,[48] 서품받은 직무자들이 주님과 함께 머무르면서,[49] 사제적 함의를 지니는 주님의 구원적 현존과 구원적 중재를 가시화하고 실현하기를 바라신다. 그래서 서품받은 직무자도 마찬가지로 사제적 함의를 지니게 된다. 그리스도께서는 당신이 성부의 성사였던 것처럼, 사제들이 당신의 성사가 되기를 바란다. 그의 유일한 사제직과 유일한 희생 제사와 유일한 구원 사명의 중개자가 되기를 원하시며, 단지 성부와 인간 사이를 단순히 연결해 주는 자(intermediatore)가 아니라, 예수님처럼 중개자(mediatore)가 되기를 원하신다.[50] 서품받은 직무자는 그리스도를 대신

---

[47] Cf. Favale, p.38.

[48] 참조: 마태 18,20.

[49] 참조: 마르 3,13.

[50] 연결해 주는 자와 중개자의 구분을 설명하기 위해서 예수 그리스도와 모세의 차이를 보는 것이 유용하다. 성부를 보여 달라고 요구하는 필립보에게 예수님께서 말씀하신다. "나를 본 사람은 아버지를 본 것이다. 어떻게 '우리에게 아버지를 보여 주십시오'라고 묻느냐? 내가 아버지 안에 있고 아버지께서 내 안에 있다는 것을 믿지 못하느냐?"(요한 8,10). 예수께서는 성부의 구원적 사랑의 표징이자 도구이기에 중개자이다. 그리스도 안에서 제자들은 진정한 하느님 아버지를 체험한다. 반면, 모세는 하느님과 백성을 연결해 주는 사람이다. 사실 이스라엘 백성은 시나이 산에서 모세가 경험한 주님 체험을 경험하지 못했다. 그들은 단순히 모세를 경험한 것이다. 중재자는 오직 한 분이시다. 그러나 그리스도 안에서 교회도 그리스도의 성사로서 중개자이다. 교회 안에서 사제는 '그리스도를 대신하여' 행동할 수 있는 권한을 주시는 유일한 사제이신 그리스도의 성사(표징이자 효과적인 도구)로서 중개자이다. 사제는 그리스도의 대체자(sostituto)가 아닌 대리인(rappresentante)이다. 그리스도를 대리하지만 대체할 수 없다!

하여(in persona Christi) 행동하도록 불리었기 때문에, 자신의 전 존재와 인격으로 표지가 되는 인격-표지가 되며, 그리스도의 살아 있는 도구인 중개자이다. 사실 절대적인 의미에서 하느님과 인간 사이의 유일한 중개자는 예수 그리스도뿐이신데, 사제가 중개자라고 하는 것은, 중개자이신 그리스도의 현존을 가시화하는 의미에서 그렇다. 서품받은 직무자는 예수님께서 구원하시고 거룩하게 하시는 힘으로 교회와 세상에 현존하신다는 것을 보증한다.[51)]

사제가 그리스도를 대신하여 활동하고, 그것으로 그리스도의 구원 중재를 가시화하도록 부르심을 받았기 때문에, 그리고 이 그리스도의 구원 중재는 사제적이기 때문에, 서품받은 직무자 역시 사제이며 '사제적'이란 예언직, '사제'직,[52)] 왕직의 삼중 '직무'를 통해서, 신자들의 보편 사제직에 봉사하는 것이다. 그러나 그리스도가 '사제이지' '사제를 하는 것'이 아닌 것처럼(그래서 결국 그리스도의 모든 지상 활동이 사제적 활동이 되고, 모든 이의 성화와 성부에 대한 찬미의 원천인 구원의 중재 활동이 된다), 사제의 사제성(sacerdotalità)은 존재에 있지, 활동에 있지 않다. 그래서, 이미 앞에서 언급한 바와 같이, 서품받은 직무자의 사제직에는 기능주의가 있다 하더라도, 사제는 인격-표지, 즉, 그의 모든 인격과 존재를 지닌 표지이다. 그러나 이것이 무엇을 뜻하는지 잘 이해할 필요가 있다.

이미 성서적 맥락에서 논의하였듯이, '사제직' 개념은 사소하

51) Favale, p.80.

52) '사제적'(sacerdotale)이라는 형용사를 의도적으로 두 번 강조하였는데〔옮긴이 주: '사제직'이라 번역했지만, 원문은 사제적(sacerdotale)이라는 형용사로 표기되었다〕, 이미 지적한 바와 같이, 이 용어가 두 가지 다른 의미로 사용할 수 있다는 점에 주목하기 위해서이다. 첫 번째는 더 넓고 포괄적인 의미로, 두 번째는 더 좁고 규정된 의미로 사용했다.

지 않은 문제를 유발하며, 구약의 사제직과 신약의 사제직, 그리스도의 사제직, 그리스도 안에서의 사제직과 교회에 참여하는 그리스도인의 사제직, 하느님 백성으로서 교회의 사제직과 구별하면서 균형을 잘 잡아야 한다. 그다음, 교회 안에서 공통 사제직과 직무 사제직을 구분해야 한다. 또한 삼중 '직무'를 포괄하는 완전히 광범위한 의미의 '사제직'은, 왕직과 예언직의 수행과 구별되는 특별한 실재인 사제직과 구분해야 하며(왕, 예언자 사제와 구별되는 성화자 사제), 사제의 사제직은 주교의 사제직과 구별되고,[53] 부제가 있다는 사실도 잊지 않아야 한다! 그러나 지금 우리가 무엇을 이야기하고 싶은지를 명확히 하고, 성서적 맥락에서 다룬 고찰을 염두에 두면서, 이러한 논의가 우리가 흔히 '성직자'(prete)라고 부르는 이들에게 사제(sacerdote)라는 용어를 사용하는 것을 주저하게 해서는 안 된다.

하지만, 신부는 특별하게 머리이신 그리스도를 대신하여 행동한다. 서품 직무는 사실 교회와 세상 안에서 그리스도의 특별한 얼굴을 드러낸다. 이는 머리이시며 목자이시고 신랑으로서 교회 앞에 공식적으로 계신 그리스도의 표지이다.

제2차 바티칸 공의회(「사제의 생활과 교역에 관한 교령」 2, 6, 12항;

---

53) 치트리니(T. Citrini)가 그의 저서 *Discorso sul sacramento dell'ordine*(성품성사에 관한 논의)의 논제 22번에서 제시한 종합적 언급을 공유한다. 117쪽에서 언급하고, 118~121쪽에서 내용을 전개하였다. "사제직은 그리스도교 전통 안에서 항상 주교직과 유사한 직무로 여겨졌으며, 그것은 또한 '사제적'이라는 특성을 공유하는데, 이는 '사제적' 특성이 성체성사의 주재를 가능하게 한다는 뜻이다. 사제와 주교의 구체적인 차이는 아마도 사제의 본질적인 비완정성과 종속성에 있을 것이다. 권한에 관해서는 사제는 주교가 하는 일을 모두 수행할 수 있는 것처럼 보이지만, 그것은 종속된 협력자의 위치에서만 가능하다."

「교회 헌장」 28항)는 사제가 교회의 "머리이며 목자이신 그리스도로서"(in persona Christi capitis et pastoris) 활동한다는 점을 확인하면서, 사제 직무의 구체적인 그리스도론적 차원을 강조하고자 했지만, '머리'는 '몸'을, '목자'는 '양 떼'를 직접적이고 본질적인 상관관계 안에서 상기시키기에, 교회에 대해 언급하지 않을 수 없다. 따라서 이러한 관점에서 서품 직무는 본질적으로 교회와 관련하며, 사제의 사명과 직권이 교회(위계적 교회든 하느님 백성으로의 교회이든)에서나, 공동체에서 기인하는 것이 아니라, 오직 그리스도로부터 비롯한다는 것은 분명하다.[54]

물론 사제가 그리스도의 축성과 사명에 참여한다는 것을 특별한 방식으로 지칭하기 위해서, '머리' '권위' '목자'와 같은 용어를 사용하는 것은 오해의 소지가 될 수 있으며, 사제 자신과 공동체의 사목적 및 영성적 생활에 위험할 수 있다. 예를 들어, 성직주의는 교회 안에서 사제의 권위와 주재를 제대로 이해하지 못한 데서 비롯한 결과일 수 있다. 그러나 이러한 오류에 떨어질 것을 두려워하여 '권위'와 '머리'를 말하지 않는 것도 똑같이 위험하다. 적어도 공동체가 자신을 스스로 자족할 수 있다고 여기게 되고, 그리스도의 인격 및 교회의 머리이신 그리스도와의 유대를 기억할 필요성을 잊어버리는 위험에 떨어지게 된다. 교회는 머리이신 그리스도 없이는 몸도 역시 존재하지 않으며, 따라서 아무것도 아닌 것이 된다.

이러한 것들을 신앙의 관점에서 바라보아야 하며, 이 용어에 순수하게 사회학적 의미가 아니라 그리스도 의도에 따른 영적 의

54) Cf. Citrini, §.4, pp.25~28.

미를 부여해야 한다. "물론, 주교와 사제는 '교회의 머리에' 있지만, 이는 그들이 머리이신 그리스도의 이름으로 행동할 수 있다는 사실에서 그런 것이지, 그렇다고 해서 그들이 '교회의 머리'라는 의미는 아니다. 이 미묘한 차이는 굉장히 중요하다."[55] 제2차 바티칸 공의회가 주장하는 것처럼, 사제와 주교가 교회의 머리이신 그리스도를 대신한다고 말하는 것과 자신들이 교회의 '머리'라고 말하는 것은 전혀 다른 것이다. 후자는 그릇되었다. 오직 그리스도만이 교회의 머리이시지만, 그분은 자신의 대체자가 되려거나, 그분의 유일한 권위를 약화시키지 않으면서, 그리스도의 현존과 구원 사명을 실현할 사람들에게 성품성사를 통해 성령의 선물로 그분의 유일한 중재와 효능을 보장하기 원하셨다.

'머리'이신 그리스도란, 그리스도께서 성령의 선물을 통해 교회 전체를 지탱하고 생명을 주는 원천이자 근원이시며, 자신의 생명을 바치면서 이를 이루신다는 것을 의미한다. 그리스도는 양을 위해 목숨을 버리는 목자인 것처럼, 봉사를 받는 '머리'가 아닌 봉사하는 '머리'이다. 바로 이러한 관점에서 사제와 주교가 공동체에 대해 갖는 모든 주재(主宰)나 권위를 이해해야 한다. 만약 신자 공동체와 비교해 직무자에게 '더한 것'이 있다면, 즉 우위성이 있다면, 그것은 바로 봉사와 자기 목숨을 바치는 데에 있다.

이러한 고찰은 사제가 그리스도의 권한을 실현하는 것이 무슨 의미인지 더욱 잘 이해하게 한다. 그리스도의 권한은 가르치

---

55) H. Legrand, "I ministeri nella chiesa locale", in B. Lauret / F. Refoulé(ed.), *Iniziazione alla pratica della teologia*, Brescia, 1986, vol.3 - Dogmatica II, p.249.

고, 성화하고, 인도하는/다스리는 봉사(직무)이다.

사제는 세례받은 사람으로서, '공동체 안' 다른 모든 신앙인처럼, 그리스도의 권한의 대상이지만, 서품받은 직무자로서, 성품성사에 힘입어, ① 공동체 '앞에' 있으며, ② 같은 권한의 주체이다.

① 물론 결코 공동체 '밖'이 아니라 항상 공동체 '내부'에 있는 '앞'이다. 따라서 교회는 위계적이며, 모두가 같지 않은 공동체이다. 왜냐하면 그리스도께서는 교회 안에 현존하시지만, 머리이자, 목자이며, 신랑으로서 그의 몸과 양 떼와 신부인 교회 앞에 있다는 교회-그리스도의 변증법이, (거의 수평적 수준이라고 할 수 있는) 교회 내 공동체-직무의 변증법 안에서 '표지로서'(=표지 차원에서) 존재하기 때문이다.[56] 서품받은 직무자가 직무를 수행할 때, 성 아우구스티누스의 '당신을 위해'-'당신과 함께'의 변증법과 유사한 '앞'과 '안'의 변증법이 있다. "나는 여러분을 위해 주교이고, 여러분과 함께 그리스도인입니다. 주교는 맡은 직분의 이름이며, 그리스도인은 은총의 이름입니다. 주교는 위험의 이름이고, 그리스도인은 구원의 이름입니다."[57] 여러 가지 위험 중에는 "직무자가 되는 법을 너무나 잘 습득하여, 더는 그리스도인이 되는 법을 거의 알지 못하는"[58] 위험도 있다. 이러한 직업적 왜곡은 결국 사제의 인격을 훼손하고 성직주의의 문을 열게 될 것이다.

② 그리스도께서는 당신의 성사이자, 살아 있는 도구인 사제

[56] Cf. Citrini, pp.29~32.

[57] S. Agostino, *Sermo* 340, 1: *PL* 38,1483.

[58] Citrini, p.32.

를 통해서 당신의 권한을 지속적으로 행사하시며, 교회의 친교와 일치를 촉진하신다. 즉 공동체를 건설하기 위해 자신의 '힘'을 계속해서 행사하며, 예언자이자 성화자이고 당신 백성의 인도자가 되신다. 이러한 이유로, 서품받은 직무자의 활동과 임무를 사제 정체성의 그리스도론적 차원에 비추어 설명하기 위해 복음화/전례의 거행/공동체의 지도와 인도(또는 말씀/성사, 특히 성체성사/사목적 동반과 관련한 다양한 봉사) 등 셋으로 나누어진 도식을 활용한다. 이러한 활동은 교회 친교에 봉사하는 그리스도의 성사인 사람들에 의해 수행되기 때문에, 권한 즉 그리스도의 권한을 가진 사제들이 그리스도의 뜻에 따라 행사한다. 그리스도의 뜻은 실제 역사적 상황에서 교회적·위계적 공동체와 개인에게 진정한 선이 무엇인지 파악하며 식별해야 한다.

이러한 활동 가운데, 적어도 시간상 우선성을 누리고, 많은 경우에, 사목적 헌신에 있어서도 우선성을 차지하는 것이 바로 '말씀 선포'이다. 특히 '선교 지역'이라고 할 수 있는 곳이나 선교적 방식의 과업이 더 긴급하게 요구되는 곳에서는 더욱 그러하다. 말씀 선포는 일치와 친교에 봉사해야 하고, 그러한 만큼 교도권과 권한을 가져야 한다.

그러나 가치 질서에 있어서는 '성체성사의 거행'이 우선성을 가지는데, 이는 성체성사가 탁월한 교회 친교의 성사이며, 말씀 선포와 다양한 봉사 사이에 위치한 교회의 모든 활동의 절정이자 근원이고, 도착점이자 출발점이기 때문이다.

교회 내에서 서품받은 직무자의 봉사는 다양하고 다채롭다. 하지만, 이 모든 것은 모두 성체성사와 그리스도의 권한과 연속성 안에서 이루어져야 한다. 그리스도의 권한은 말씀 선포와 성체성사의 주재에서 행사되는 것과 독립적이거나 병행되는 것으로 나타나지 않는다.

이 지점에서 서품 직무가 교회 내적인 의미만을 지니는지, 즉 교회의 테두리 안에서 제한적 활동을 위한 것인지 질문할 수 있다. 분명히 대답은 '아니오'이다. 서품받은 직무자도 선교적이어야 한다고 말해야 한다. 교회 구성원 각자는 각자가 받은 은총과 은사에 따라 자신의 임무를 수행한다. 평신도는 평신도로서, 수도자는 수도자로서, 사제는 사제로서 그 역할을 감당하는 것은 사실이다. 하지만, 모두에게 교회 선교에 대한 책임이 있다는 것도 사실이다.

또한 서품받은 직무자에게 있어, 평신도에게는 합법적이고 때로는 의무적일 수 있는 '세속적' '속된' '현세적' 성격의 선택에 제한되고 배제다면, 이것은 그 선택 자체 때문이 아니라, 서품받은 직무자가 이루어야 할 친교, 즉 복음을 중심으로 한 친교를 방해하거나 불가능하게 만드는 구체적인 역사적 상황 때문이다. 비록 이러한 선택이 다른 어떤 것(예를 들면 정치적 정당)을 중심으로 일치와 친교를 만들어 낼 수 있을지라도 말이다. 사실, 그리스도께서 모든 시대의 모든 사람을 구원하고 모든 분열을 배제하는 친교를 이루기 위해 아버지에게 권한을 받으셨던 것처럼, 사제는 오직 하느님의 말씀과 복음을 중심으로 하는 일치에 관해서만, 그리고 사목적이고 구체적인 선택이 복음과 일치하는지, 반대로 화해할 수 없는 차이, 즉 불일치가 있는지에 대한 평가에 있어서 그리스도의 권한을 받는다. 다시 한번 강조하지만, 그리스도론적 차원이 서품받은 직무자의 권한 행사를 규제하고 뒷받침이 되는 유일한 기준은 아니지만, 첫 번째 기준이다.

3. 성령론적 차원: 영적 실현

비록 함축적인 방식이기는 했지만, 성령론적 차원을 앞의 두 요소에서 이미 확인하였다. 특히 그리스도론적 차원인 두 번째 요소를 다룰 때 이 차원을 볼 수 있었다.

사실 그리스도는 성령의 은사를 통하지 않고는 서품받은 직무자 안에 현존하지 않는다.[59)]

사제 서품에서, 직무자는 성령의 인장을 받고, 성사적 인호가 새겨진다. 성사적 인호는 사제가 머리이신 그리스도를 닮게 하고, 그리스도를 대신하여 행동할 수 있게 한다. 그리고 사제는 성품성사 안에서 성령의 기름 부음으로 인해 권한을 가지고 행동할 수 있는 능력을 받는다. 그 권한은 그리스도의 권한이며, 머리이시며 목자이신 그리스도의 예언자직·사제직·왕직 등 삼중 직무이다.

성령께서는 사제에게 삼중 임무를 주신다. 권한과 함께 하느님 말씀을 선포하고 설명하는 예언자적 임무,[60)] 전례 특히 성찬례 거행을 통해서 성화하는 임무,[61)] 그에게 맡겨진 공동체와 사

---

59) 제2차 바티칸 공의회에서는 서품받은 직무자와 관련하여 성령의 역할에 대해서 여러 번 확인하였다(「교회 헌장」 21항; 「주교들의 사목 임무에 관한 교령」(이하 「주교 교령」) 2항; 「사제 생활 교령」 2, 7, 12항). 사제 정체성의 성령론적 차원에 관한 연구는 다음을 참조: 「사제의 직무와 생활 지침」 8~11항; Favale, pp.82~83; L'Educazione Cattolica e Altre, *Nuove vocazioni per una nuova Europa*, n.18.

60) 참조: 「사제의 직무와 생활 지침」 9항.

61) 참조: 같은 문헌, 10항.

람들을 주님께서 원하시는 일치 안에 머물게 하도록 다스리는 임무[62]를 주시는 분이 성령이다.

마지막으로, 사제 직무는 성령의 활동과 현존으로 영적 차원을 획득하며, 거룩하게 될 수 있다. 그래서 서품받은 직무자 안에서 그리스도 사제직이 참으로 실현되는 것은, 오직 성령 안에서 살아갈 때만, 오직 영성적이 될 때만 가능하다.

사제 영성에 대한 논의에서 성령론적 요소, 혹은 성령론적 차원은 매우 특별하게 중요하다. 성령론적 차원을 바탕으로, 서품받은 직무자의 영성에 대한 논의를 접목할 수 있고 또 그래야만 한다. 이에 대해서는 제2부에서 더 자세하게 설명할 것이다.

지금은 사제의 생활과 직무의 영성-성령론적 차원이, 영성 없이는 참된 사목 활동이 있을 수 없음을 이해하는 데에 필수적이라는 것을 명심하면 된다. 성령이 없다면 역사에 그리스도도 없다. 말씀이 성모님의 태 안에서 육화하신 것은, 성령의 활동을 통해서이며, 세례로 하느님의 자녀가 되는 것, 즉 하느님의 독생자를 닮는 것은, 성령의 선물을 통해서이다. 성찬례에서, 성체 형상 안에 현존하는 그리스도의 몸과 피, 영혼과 신성을 주재하고, 죽음, 부활, 승천을 통하여 구원 사명을 완성하는 것을 관장하는 분은 바로 성령이시다. 마찬가지로 서품받은 직무자가 머리이시며 목자이신 그리스도의 표지와 성사가 되게 하고, 사제의 활동이 하느님과 인간 사이의 유일한 사제이자 중개자이신 유일한 구세주의 구원 사업을 실현하고 확장하는 것으로 만드는 분 역시 성

62) 참조: 같은 문헌, 11항.

령이시다. 성서 연구나 교의적 및 도덕적 교리를 현실에 '적용'하는 데 그치고, 영성을 '우회'하는 사목은 아무 열매 맺지 못하는 결과로 스스로에게 벌을 내릴 것이다. 이는 결국 서품받은 직무자 자신에게도 해악이 된다.[63]

4. 교회론적 차원: 목적

4.1. 서론

서품 직무의 교회론적 차원도 그리스도론적 차원을 다루는 과정에서 이미 언급되었다. 성령론적 차원보다 더 그러한데, 단순히 간접적이고 함축적으로뿐만 아니라, 더 직접적이고 명확하게 언급하기 때문이다. 이는 너무나 당연하다! 오늘날 현실 속에서 교회 없이 그리스도는 존재하지 않는다.

서품받은 사제의 신비적 실재, 즉 사제 자신의 존재의 '원리와 기초'가 되는 머리이시고 신랑이시며, 목자이신 그리스도의 인격과 구원 활동은 반드시 그리스도의 몸이며, 신부이고, 양 떼인 교회를 포함한다. 사제는 성사적 축성과 도유로 표시된 그의 전 존재의 '목적'이자, 사명 또는 직무 등 모든 활동의 '대상'인 교회와 초월적이고 본질적으로 관련을 맺고 있다, 직무 사제직의 '원리와 기초'와 '목적' 그리스도론적 차원과 교회론적 차원이 성령 아래에서 통합되는 곳은 바로 구체적이고 포괄적인 사제의 인격이

63) 참조: 같은 문헌, 19~22항.

다.[64)]

4.2. 교회 '안에서'와 교회 '앞에서'

직무 사제직이 교회를 향해 지니는 본질적인 목적은, 다양한 직무와 봉사를 수행하는 종이자 사제인 그리스도를 통해서 그리고 그 안에서, 사제를 교회와 특별하고 새로운 관계에 놓으며, 새로운 차원으로 교회 신비에 편입시키는 것이다. 사제는 단지 그리스도의 몸이자 신부인 '교회 안에' 있는 것뿐만 아니라, 그리스도와 마찬가지로 신비-친교-사명 교회의 종이자 신랑으로서,[65)] 교회에 파견되고, 교회를 통해 온 세상에 파견된 자로서,[66)] 그리고 권위 있는 인도자이자, 봉사하는 직권자로서[67)] "교회 앞"에 있다.[68)] 물론 이것은 이미 앞에서 언급했듯이 결코 공동체 '밖'에 있지 않고, 항상 공동체 '안'에 위치한 '앞'이다.

4.3. 서품 직무가 먼저인가, 그리스도교 교회 공동체가 먼저인가?

사실, "요한 바오로 2세가 치트리니의 논문[69)]을 인용하여 말

---

64) 일반적인 사제 정체성의 교회론적 관점은 참조: 「사제의 직무와 생활 지침」 12~32항; 「현대의 사제 양성」 16~18항.

65) 참조: 「사제의 직무와 생활 지침」 13항; 「현대의 사제 양성」 16항.

66) 참조: 「사제의 직무와 생활 지침」 14~15항.

67) 참조: 같은 문헌, 16~19항.

68) Cf. S. Agostino, *Sermo 340*, 1: *PL* 38, 1483; 「사제의 직무와 생활 지침」 12항; 「현대의 사제 양성」 6항; 시노드 「건의안」 7항.

한 것처럼,[70] 서품 직무는 교회와 함께 발생하고" "서품 사제직이 교회보다 먼저 있었을 것으로 생각해서는 안 된다." "그것은 교회의 구성 요소로서 교회와 함께 발생한다. 교회보다 먼저 있는 것이 아니라, 전적으로 교회에 봉사하기 위한 것이다. 그렇다고 서품 사제직이 교회 공동체보다 나중에 생겨난 것도 아니다. 교회 공동체가 이미 세워져 있었던 것처럼 여겨서는 안 된다."[71] 이것은 교회가 형성되는 역사적/발생적 순서뿐만 아니라, 존재론적 질서, 즉 구체적으로 실존하는 교회의 구조적 질서에도 똑같이 적용된다.

그리스도교 공동체가 서품 직무에 앞서며, 절대적이고 독립적인 것으로 생각할 수 없다. 그 이유는 공동체(=불린 이)와 비교해 직무자(=부르는 이)는 적극적이고 구성적인 기능이 있기 때문이다. 그래서 서품 직무는 나중에 "추가"되는 어떤 것이자, 공동체로부터 발생하는 것으로 생각할 수 없다. 이러한 고찰에서, 성품성사를 아래에서 기인하는 사회학적 개념으로 이해하거나, 서품받은 직무자의 모습을 '교회의 이름으로' 활동하는 사람으로 바라보는 특정한 환원적 견해들이 잘못되었음이 분명하게 드러난다. 서품받은 직무자는 성령의 인도와 감도 아래 '그리스도의 이름으로' 활동하는 사람이다. 교회가 위계로 이해되든, 하느님 백성으로 이해되든, 혹은 믿는 이들의 공동체로 이해되든, 사제는 자신의 사명과 권한을 근본적으로 '교회로부터'가 아니라, '그리스도로부

---

69) Cf. Citrini, §.3, pp.18~21.
70) 「현대의 사제 양성」 16항.
71) Citrini, p.18.

터' 얻는다. 성소는 위로부터의 선물로서, 그리스도에게서 탄생한다. 물론 성소는 일반적으로 주교와 주교가 임명한 직무자, 공동체, 당사자의 식별이 요구된다는 것은 사실이지만 말이다. 이처럼 사제 지원 양식의 문제는 직무 은사의 존재론적 기원 문제와 다르다. 직무의 존재론적 기원에 대한 문제가 그 식별의 기원과 혼동되어서는 안 된다.

그러나 공동체 이전에 직무 사제직을 생각할 수도 없다. 서품 직무를 낳는 성품성사는 주님의 제자로 구성된 그리스도교 공동체를 낳는 세례성사를 전제한다. 더욱이, 직무와 은사는 항상 공동체를 위해 존재한다는 것을 기억해야 한다. 그렇다면, 교회가 없는 서품받은 직무자는 과연 의미가 있을까? 그의 전 인격과 모든 사명 및 직무는 교회에 대해 '기능적'(funzionali)이며, 본질적으로 '교회를 위한'(in funzione della chiesa) 것이다. 그러나 기능을 올바르게 이해해야 한다. 기능은 한편에 그리스도와 성령을, 다른 편에 교회를 두고 그 사이를 연결하는 실재가 아니라, 그리스도의 중개로 이해해야 한다. 그리스도는 인간의 유익을 위해 존재하시기 때문에, 하느님과 인간의 중간 존재로 생각해서는 안 되며, 사람이며 동시에 하느님이시고, 단순히 중간에서 연결해 주는 자(intermediatore)가 아닌 중개자(mediatore)이시다. 그래서 서품 직무자의 사제적 중재는 그리스도와 교회 사이 중간에 놓여 있지 않다. 사제는 교회 안에서, 교회를 위하여 그리스도를 대신하여 활동한다. 사제 직무는 자신의 본질적인 대상이며 목적인 교회와 관계를 맺는다는 사실로 인하여, 그리스도의 중개, 사제이신 그리스도, 사제 직무의 '원리와 기초'와 관계를 지속한다.

4.4 교회를 대신하여(in persona Ecclesiae)

이제 서품받은 직무자가 '교회를 대신하여' 행동한다는 이 표현을 잘 이해할 수 있다. 이 표현에 따르면, 사제는 신랑과 나눠질 수 없이 일치된 신부이자 머리와 분리될 수 없이 결합한 몸인 교회를 대표한다는 것은 사실이다.[72] 그러나 이것은 그리스도를 대신하여 행동한다는 사실에 종속되어 있으며, 그분과 일치 없이는 절대로 일어나지 않는다. 더욱이 교회를 대표한다는 것이 "교회를 대체하여(a posto della chiesa) 행동한다거나, 공동체로부터 직무자로서의 위임이 주어진다는 뜻이 아니라, 사제가 표지이자 도구로 작동해야 한다는 뜻이다. 사제 안에서 사제를 통해서 교회는 구원의 선포를 효과적으로 현실화하고 실현한다."[73]

4.5. 교회를 위한 봉사

서품 직무는 교회를 목적과 대상으로 두고 있으면서, 본질적으로 교회에 봉사한다. 이 사실에서 직무 사제직이 교회 안에서 정확하게 무엇에 봉사하는지, 그리고 교회 안에 존재하는 무엇과 주로 관계를 맺는지 더욱 명확하게 규명하도록 요청한다.

이러한 고찰은 세 가지 근본적인 문제를 숙고하게 한다.

---

72) 참조:「전례 헌장」 33항;「교회 헌장」 23항;「사제 생활 교령」 2항;「교회 헌장」 28항;「사제 생활 교령」 6, 12항.

73) Favale, pp.83~84.

1) 직무 사제직과 보편 사제직(공통 사제직, 신자들의 사제직)과의 기본적인 관계

2) 서품 직무와 교회적 친교와의 관계: 친교-교회에서 서품 직무

3) 서품 직무와 교회의 사명(선교)과의 관계: 사명(선교)-교회에서 서품 직무

4.5.1. 직무 사제직과 보편 사제직(공동 사제직/신자들의 사제직)[74]

직무 사제직과 보편 사제직의 관계에 대한 문제가 그리스도론적 차원의 관점에서 보는 문제인지, 교회론적 차원의 관점에서 보아야 하는 문제인지 폭넓은 논쟁이 이루어질 수 있다. 예를 들어, 「사제의 직무와 생활 지침」 6항은 그리스도론적 차원에서 이 관계를 밝히고 있고, 반호예(Vanhoye)[75]도 그리스도와의 유대를 강조한다. 반면, 요한 바오로 2세는 주로 교회론과 관련하여 고려한다. 더 정확하게는 친교의 교회론과, 곧 서품 직무가 봉사하는 바로 그 교회의 목적과 연결 지어 숙고한다.[76] 이러한 차이점

---

74) 직무 사제직과 보편 사제직의 관계는 특별히 제2차 바티칸 공의회 이후에 많은 연구와 논문에서 다루어진 주제였다. 참고 문헌은 굉장히 광범위한데 그중 독자들이 더 쉽고 직접적으로 접근할 수 있는 문헌과 연구를 추려서 소개한다. 「교회 헌장」 10항; 「사제 생활 교령」 2항; 「현대의 사제 양성」 13, 17항; 「사제의 직무와 생활 지침」 6항; Citirini, §.10, pp.56~64; Giovanni Paolo II, "Allocuzione ai partecipanti al Simposio su *Pastores dabo vobis: il sacerdote oggi*(29 maggio 1993)", *op. cit.*, pp.10~11; A. Aranda, "Sacerdozio universale e sacerdozio ministeriale", *op. cit.*, pp.37~61(특별히 유용한 참고 문헌을 찾아볼 수 있는 p.39 nota 12); Favale, pp.85~92.

75) Cf. A. Vanhoye, "Il sacerdozio nella Bibbia", *op. cit.*, pp.13~25, 특히 pp.21~24.

은 근본적으로 이 문제를 어떤 관점에서 접근하느냐에 달려 있다. 서품 직무 기원 관점에서 접근하는가, 혹은 목적 관점에서 접근하는가? 각 사제직의 작용인(causa efficiens)에서 시작하는가, 혹은 사제직의 두 유형과 그 둘의 상호 관계가 교회 안에 갖는 목적과 의미에서 시작하는가? 직무 사제직이 신자들의 보편 사제직과 어떻게 구별되고 어떻게 관계를 맺는지에 관한 질문이 '즉각적으로는' 교회론적 관점에서 설명되지만, '보다 근본적으로는' 그리스도론적 관점에서 고찰되어야 한다. 사실 이 질문에 온전히 답하기 위해서는, 사제적 백성인 교회의 신비를 넘어 근원으로 거슬러 올라가야 한다. 그러면 교회 안에 두 가지 방식의 사제직을 설립하는 그리스도 사제직이라는 신비에 도달하게 된다. 이 두 방식은 본질적으로 구별되지만, 동일한 그리스도의 사제직에 참여하는 두 가지 방식이다.

공의회 문헌과 공의회 이후 문헌에서는 대체로 세 가지 요소, 즉 직무 사제직과 보편 사제직의 공통점, 차이점, 그리고 둘의 상호 관계를 다루고 있다.

1) 두 가지 유형의 사제직에는 공통점이 있다.

- 두 사제직 모두 그리스도의 유일한 사제직에 참여한다.

- 두 사제직 모두 성사적 은사, 즉 성령의 도유로 교회에 존재한다. 성령은 도유를 받아들인 사람들을 성자 안에서 자녀로 삼

76) Giovanni Paolo II, "Allocuzione ai partecipanti al Simposio su *Pastores dabo vobis: il sacerdote oggi*(29 maggio 1993)", *op. cit.*, pp.10~11; 「현대의 사제 양성」 17항; 치트리니 역시 직무 사제직과 보편 사제직의 관계 문제를 주로 교회론적 관점에서 고찰하는 듯하다. Cf. Citrini, §.10, pp.56~64.

을 뿐만 아니라, 유일한 사제이시며 중개자이신 예수 그리스도 안에서 사제가 되게 하는 지울 수 없는 표지(성사적 인호)로 표시한다.

- 두 사제직 모두 서로와 관계된다. 즉 본성적으로 서로 연관되어 있으며 상호 관계 속에서만 존재하고 존속한다.

- 두 사제직 모두 교회의 본질적인 요소이다. 두 사제직의 본질은 오직 상호 구별과 관계 안에서 실현되고 표현되며, 이 상호 관계에서만 교회 안에서 그리스도 사제직의 단일성과 친교-단일체와 교회의 실존-존재가 유지된다.

2) 두 가지 유형의 사제직에는 차이점이 있다.

- 두 사제직이 참여하는 것에는 차이가 없다. 즉, 두 사제직이 존재하게 하는 유일한 근원인 그리스도의 사제직에 관해서는 차이점이 없다.

- '정도가 아니라'(non gradu tantum). 곧, 참여 정도의 차이는 없다.[77] 주교직·사제직·부제직 사이의 차이처럼 두 사제직을 강도로 구분하지 않는다.

- 본질적으로(essentialiter), 즉, 본성에 차이가 있는데, 구체적으로 다음과 같이 설명할 수 있다.

① 세례와 성품이라는 두 성사에서 비롯하는 두 가지 성사적

[77] 〔옮긴이 주〕 코스타 신부는 "non gradu tantum"을 '정도의 차이는 없다'로 번역하면서, 두 사제직이 참여 정도에 차이가 없다고 여기지만, 사실 이 문구는 '정도만이 아니라'의 의미로 번역한다. 곧 사제직의 두 유형은 참여 정도에서도 차이가 있다고 여기는 것이 일반적이다.

인호의 차이. 두 성사로 인하여 교회에 두 개의 인호가 존재하게 되며, 따라서 서품받은 직무자는 세례받은 사람으로서 마땅히 받아야 할 것을 아무것도 잃지 않고, 성품성사를 통해 새로운 중개 능력을 받는다. 이 능력을 통해 사제는 교회의 머리이자 목자이며 신랑이라는 새로운 자격으로 그리스도와 영원히 결합한다.

② 결론적으로, 그리스도의 사제직에 연결되고, 참여하는 두 가지 다른 방식의 차이. 두 가지 다른 방식에 따라, 그리스도의 사제직에 참여하는 사람은 두 가지 다른 근본적인 능력을 부여받는다. 이는 그리스도와 성령 안에서 중재자로서 존재하고, 활동할 수 있는 능력이다.

③ 따라서 단순히 각자의 고유한 기능 차이로만 구분되는 것은 아니다. 물론 이 문제를 논의할 때, 종종 두 사제직의 차이를 "그리스도께서 중개자로서 수행하시는 성화 직무, 교도 직무, 사목 직무라는 세 가지 기능으로 이해하는 그리스도의 삼중 직무(tria munera Christi)"[78]의 관점에서 설명하는데 머물러 있다는 것은 사실이다.

직무 사제직과 보편 사제직의 차이점을 구체적이고 도식적으로 다음과 같이 제시할 수 있다.[79]

---

[78] A. Aranda, "Sacerdozio universale e sacerdozio ministeriale", *op. cit.*, pp.50~51.
[79] Cf. Citrini, p.56ss.

보편 사제직	직무 사제직
직무자가 아님 (1)	직무자 (1)
목적 질서에 속함 (2)	수단 질서에 속함 (2)
교회 안에서 '연속함'과 관련함	교회 안에서 '강함'과 관련함
그리스도의 사제직에서 비롯하여, 성부께 나아가는 길을 실질적으로 열어 준다. (3)	그리스도의 사제직에서 비롯하여, 성부께 나아갈 가능성을 열어 주는 '기능'(=봉사)을 한다. (3)
세례에 연결되어 있으나, 인호로 적절하게 규정되지 않는다. (4)	성품성사에 연결되어 있으며, 인호로 적절하게 규정된다. (4)

(1) 평신도의 직무성(ministerialità)에 대해서 말할 수 있으려면, 직무성을 잘 이해해야 하며, 서품받은 직무자의 직무성과 관련하여 단일한 의미로 이해하면 안 되는 것 같다. 사실, 서품받은 직무자의 직무성은 그들의 사제성(sacerdotalità)과 관련하며, 거기에 영향을 미치지만, 평신도 사제직에 대해서는 똑같이 말할 수 없다. 마찬가지로, 보편 사제직을 근거로 삼아, 세례받은 이가 지닌 사도직 책임을 정당화하고 표현하는 것에 주의를 기울여야 한다. 사도직이란, 단순히 영혼을 돕는 일반적인 역할을 뜻하는 것이 아니라, 본래 말씀을 선포하고 신앙 공동체를 형성하며 '사도적 방식으로'(ad modum apostolorum) 특별하게 수행하는 것을 말하기 때문이다. 신자들의 사도적 결실은 사랑의 확산성과 풍요로움이라는 차원에서, 교회의 비가시적 영적/카리스마적 영역에서 이루어진다. 이는 서품받은 직무자의 경우처럼, 구조, 가시적 제도, 목적을 이루기 위한 실질적 준비와 관련하는 제도적/카리스마 영역에서 이루어지는 것과 다르다. 그렇다면, 어떤 의미에서 그러한가? 앞서 언급했듯이, 두 사제직은 모두 같은 그리스도의 사제

직에서 유래하지만, 그 방식은 다르다. 직무 사제직은 그리스도의 사제직에서 비롯하는데, 이는 기능적, 즉 신자들이 아버지께 나아갈 가능성을 열어 주는 봉사(직무)를 하기 때문이다. 보편 사제직도 그리스도의 사제직에서 비롯하는데, 이는 성부께 나아가는 길을 실제로 실현하는 것이기 때문이다. 따라서 신자들의 사제성은 단순히 '다른 사람들을 위한 것'(=영혼을 돕는 일반적인 역할의 사도직)이기보다는, 근본적으로 "하느님을 위한 것"이다.

(2) 방법론적 접근 관점에서, 직무 사제직을 다룰 때 보편 사제직을 먼저 다루는 것이 왜 중요하고 필수적인지 목적과 수단의 차이를 보면 쉽게 이해할 수 있다. '목적은 첫 번째 원인이다'(Finis prima causa est). 그리고 수단은 목적에 이르게 할 때에만 비로소 수단으로서의 의미를 지닌다.

(3) 직무 사제직과 관련하여, '~을 위하여'(essere in funzione di, 문자 그대로 직역하면 '~의 기능을 함'_ 옮긴이 주)와 '기능주의'(funzionalismo)가 무엇을 의미하는지 이해하는 것은 중요하다. 직무 사제직이 오로지 기능으로만 구성된다는 의미도 아니고, 신앙인들이 아버지께 나아갈 수 있도록 봉사(기능)하는 것이 성품성사를 받은 주체에게 부수적인 것이라는 의미도 아니다. 또 사제가 '되는 것'이 아니라 '하는 것'처럼 여기면서, 혹은 사제를 하나의 직업이나 업무처럼 여기면서, 사제가 '존재'가 아니라 '행위'에 속하는 것을 의미하는 것도 아니다. 이는 성품성사를 통해 사제가 되는 것이 그리스도를 닮게 하는 성사적 인호를 수반하며, 그래서 존재론적이고 카리스마적이라는 점을 고려하지 않은 것이다.

사제의 전 존재와 교회 안에서의 모든 활동이 보편 사제직의 수행을 위하고(in funzione) 봉사한다는 의미에서 직무 사제직은 '기능적'이다. 즉, 직무 사제직은 보편 사제직을 돕고 증진하기 위한 수단이지, 그 자체로 궁극적 목적이 아니다.[80)]

(4) 직무 사제직은 성품성사의 인호를 통해서 적절하게 규정된다. 직무 사제직은 직무의 질서에 속하기 때문이다. 서품받은 직무자가 대죄 중이더라도, 직무 사제직을 효과적으로 행사할 수 있다. 예를 들면, 대죄 상태에 있는 사제의 축성은 유효하며, 신자들이 그들의 사제직을 수행하도록 효과적으로 도울 수 있다. 물론, 자신은 세례받은 이로서 보편 사제직을 수행하지 못하더라도 말이다. 반면에, 보편 사제직은 세례성사의 인호에 의해 적절하게 규정되지 않는다. 보편 사제직은 은총의 질서에 속하기 때문이다. 그가 실제로 보편 사제직을 수행하면서, 성장하기 위해서는 믿음과 사랑이 필요하다. 믿음과 사랑 없이는 세례성사의 인호만으로 아버지께 나아갈 수 없고, 성숙에 다다를 수 없다.

그래서 '세례받은 자들의' 사제직이라기보다, '믿는 이들의' 사제직이라고 말하는 것이 더 정확하다. 세례받은 이들 모두가 필연적으로 하느님 은총 안에 있고, 믿음과 사랑을 지니는 것이 아니다. 믿는 이들의 사제직은 오직 성부와 친교로 나아가는 데에 실질적 준비가 되어 있는 세례받은 자만이 수행한다. 즉 믿음과 사랑을 살아가는 세례 받은 자들만 수행할 수 있다.

---

80) 이런 관점에서 홀로 미사를 거행함이 가질 수 있는 다양한 의미의 가치를 분석하는 것은 흥미로울 수 있다.

이러한 관점에서, 신자들의 사제직을 지칭하는 데 사용하는 '보편'(universale)이라는 형용사는 어떻게 이해해야 하는지 알 수 있다. 보편이 뜻하는 '모든 이'(tutti)는 성부와 친교를 이루기 위해서 실질적 준비가 되어 있는 사람만을 뜻한다. 반면 '공동'(comune)이라는 관형사는 사제직이 교회의 모든 이에게 열려 있으며, 단지 성품성사를 받은 이에게만 유보된 것이 아니라는 뜻한다. 또한 성부께 나아가는 것은 그리스도 및 그분의 사제직과 친교를 이루는 형제자매들과 이루는 친교에서만 실현됨을 의미한다. 성부께 나아감은 오직 사제이신 그리스도와 친교 안에서만 가능한데, 신자들의 사제직이 그리스도의 유일한 사제직에 참여하기 때문이다. 그래서 '공동'이라는 관형사는 사제직이 구성원 각각의 개인적인 것이기 이전에 하느님 백성 전체의 것임을 기억하게 한다.

3) 보편 사제직과 직무 사제직 사이에는 상호 관계가 있다.

이 관계가 본질적으로 '다른 존재를 위한 것'(esse ad aliud)이라는 앞에서 언급한 내용을 외에 추가할 내용이 그리 많은 것 같지 않다.

그러나 분명히 할 필요가 있는 점은, 직무 사제직은 보편 사제직과 관계를 맺는데, 그 이유는 직무 사제직은 보편 사제직을 증진하는 데에서 의미를 갖기 때문이다. 마찬가지로 보편 사제직 역시 직무 사제직과 관계를 맺는데, 그 이유는 보편 사제직이 충만하게 존재하고 수행되기 위해서는 모든 생명과 은총의 기원이며 원천이며 머리이신 그리스도로부터 선행하는 은총이 필요하기 때문이다. 따라서 둘은 각각 서로에 대해 우선성을 가지지만 당연히 다른 측면에서 그러하다. 보편 사제직은 본질적이고 궁극적인 관점에서 우선성을 가지고, 직무 사제직은 기능적인 관점에서 우선성을 갖는다. 그래서 두 사제직 사이에 조화와 협업이 필연적으로 요구된다.

단지 시간적 관점으로 바라보아도, 두 사제직 사이에 상호 우선성을 발견할 수 있다. 한편으로 세례성사는 성품성사보다 앞선다. 그러나 다른 한편, 종은 봉사를 받는 이보다, 부르는 이는 불린 이보다, 수단은 목적보다 시간상 앞선다. 이는 그리스도교 공동체인 교회가 먼저인지, 아니면 서품 직무가 먼저인지에 대한 문제에 관하여 앞에서 말했던 내용을 다른 관점에서 다루고 있을 뿐이다.[81]

4.5.2. 친교의 교회를 향한 서품 직무

방금 언급한 보편 사제직과 직무 사제직 사이의 조화와 협업의 필요성에 대한 논의는 서품받은 직무자와 교회적 친교(comunione ecclesiale)의 관계를 더 명확히 할 것을 요구한다. 서품 직무가 교회적 친교에서 차지하고 있는, 그리고 차지해야만 하는 자리와, '교회적 친교 안에서' 그리고 '교회적 친교를 위해' 수행해야 하는 역할에 대해 더 분명하게 질문하려 한다.

친교로서의 교회를 향한 서품 직무에 대해 성찰하는 것은 "제2차 바티칸 공의회 문헌에서[82] 이미 강조한 '친교'(koinonia) 개념

[81] 참조: 이 장의 4.2.

[82] 「교회 헌장」 4, 8, 13~15, 18, 21, 24~25, 48항; 「계시 헌장」 10항; 「사목 헌장」 32항; 「일치 교령」 2~4, 14~15, 17~19, 22항.

이 교회 신비의 심오한 핵심을 표현하는 데 매우 적합하며 쇄신된 가톨릭교회의 교회론[83]을 위한 해석적 관점이 될 수 있다"[84]는 점을 기억할 때 더욱 중요하고 시사적이다. 실제로 요한 바오로 2세가 「현대의 사제 양성」에서 제시한 사제직의 본질과 사명에 대한 가르침은 친교의 교회론 틀 안에 형성되어 자리 잡고 있다. 친교가 "사제의 정체성, 본래의 존엄성, 하느님 백성과 세상에서 부르심과 사명을 파악하는 데 결정적이다"[85]라고 단언할 정도이다.

잘 알다시피, 이 친교는 1993년 5월 28일 신앙교리성의 서한이 가르치는 바를 전제한다. 이 서한에 따르면 친교는 다음과 같다.

1) 친교는 이중 차원을 함축한다. 즉, 수직적 차원(그리스도와 함께, 그리스도 안에서, 삼위일체 하느님과 함께) 및 수평적 차원(신자들 사이에서 사람들과 함께)을 포함한다.

2) 친교는 첫째로 하느님의 선물이며, 위에서 온 것이다. 그런 것으로 인식해야 한다.

3) 두 차원 사이의 관계 안에서 친교는 교회의 성사적 본성을 표현하는 방식으로 실행해야 한다.

---

83) Cf. Sinodo dei Vescovi, II Assemblea straordinario(1985), *Relatio finalis*, II, C, 1.
84) Congregazione per la Dottrina della Fede, *Communionis notio*, *op. cit.*, n.1.
85) 「현대의 사제 양성」 12항.

4) 친교는 유기적 공동체 안에서 가시화되어야 한다(3항).

5) 친교는 가시적인 동시에 비가시적이다. 친교의 신비는 성사로서의 교회론(4항)과 연결하여, 그리스도의 몸으로서의 교회론(5항)과 더 잘 통합해야 한다.

6) 친교는 다양성 속의 일치(15~16항)를 수반하며, 성체성사 안에서(신앙과 세례를 넘어서), 주교 안에서, 그리고 더 심오하게는 베드로와 함께하며, 베드로 아래 있는 주교단의 일치 안에서, 교황직(11~14항, 16항) 안에서 일치의 뿌리를 발견한다.

7) 그래서 친교는 "개별 교회의 일치를 손상하지 않을 뿐만 아니라, 오히려 이 일치에 친교의 내적 다양성을 부여하는 데 기여하는"(16항) 초교구적 성격을 지닌다.

그리스도, 성부와의 '수직적인 친교'에 대해서는 지금 말하지 않을 것이다. 이미 삼위일체론 차원과 그리스도론적 차원을 설명할 때, 어느 정도 이야기했고, 사제 영성을 고찰하는 제2부에서 이 주제를 재개할 것이다. 지금은 수평적 친교로 볼 수 있는 교회적 친교를 숙고할 것이다.

서품 직무와 교회적 친교

앞에서 보았듯이, 서품 직무는 머리이시며 목자이신 그리스도를 닮게 하는 성품성사로 인해서, 다른 모든 은사 및 직무와 마찬가지로 교회의 친교에 기능하고 봉사한다. 머리이시며 목자이신 그리스도의 표지가 되는 것에서 교회의 친교 차원을 향하는 서품 직무의 목적이 비롯한다. 성품성사에서 부여되는 '권한'은 그리스도교 공동체를 건설하고, 각 사람을 교회 안에 온전히 포함하는데 봉사한다. 교회의 친교를 향한 이 서품으로부터('완전한 단체'로서의 교회 구조로부터가 아니라), 서품받은 직무자의 권위 있고 공식적인 인호 또한 발생한다.

서품받은 직무자는 교회적 친교를 잘 돌봐야 하고, 점점 더 증진하도록 봉사해야 한다. 교회 친교는 한편으로 그리스도의 신부인 교회 자체이다. 교회는 그리스도와 갈라질 수 없는 일치를 이룬 신부이기 때문이다. 성사적 인호는 사제를 머리이시자 목자이신 그리스도와 닮게 하기에, 그는 교회와 일치해야 한다. 다른 한편으로, 교회적 친교는 건설해 가야 할 건물입니다. 이 살아 있는 친교의 모든 부분과 요소가 조화를 이루고 '일치를 회복'해야 한다. 이는 "하나의 양 떼와 하나의 목자"[86]가 있기 위해서, 그리고 "그들이 모두 하나가 되게 해 주십시오. 아버지, 아버지께서 제 안에 계시고 제가 아버지 안에 있듯이, 그들도 우리 안에 있게 해 주십시오"[87]라는 성부께 드리는 예수님의 기도를 완성하기 위해서이다.

그래서 서품받은 직무자와 교회적 친교가 어떤 관계를 맺는지 살펴볼 때, 다음 두 가지를 구분해야 할 필요가 있다. 첫 번째는 사제가 보편 교회와 직접적이며 개인적으로 혼인과 같은 친교를 맺는다는 사실에서 비롯하는 관계이며, 두 번째는 사제가 머

86) 요한 10,16.
87) 요한 17,21.

리와 목자로서 행하는 활동으로 교회의 친교와 건설을 도모한다는 사실에서 발생하는 관계이다. 교황, 주교단, 자신이 속한 주교, 다른 사제들, 평신도 신자 및 축성 생활자들과 특별한 유대를 형성하는 것뿐만 아니라, 그리스도교 공동체 안에 존재하는 다양한 직무, 카리스마, 생활 형태 및 사도직, 더 나아가, 하나의 살아있는 조직으로서 구성하는 다양한 모든 것이 조화롭게 일치를 이루도록 이끄는 것을 포함한다. 이런 방식으로 모든 신자는 공동체 안에 온전히 포함되어 있다고 느끼고, 소외되거나 주변으로 밀려난다고 여기지 않게 될 것이다. 서품받은 직무자 자신도 이러한 친교 공동체의 일부라는 사실을 잊어서는 안 된다. 사제는 '교회 안에'도 있지 않으면서, '교회 앞에' 있는 것이 아니다.

직무 사제직은 교회적 친교에 봉사하도록 요청되는데, 이는 여러 수준에서 이루어진다. 위에서 아래로, 보편적인 차원에서 개별적 차원으로 진행하면서, 다음과 같이 구분할 수 있다.

1) **보편 교회**

주님의 제자들이 이루는 보편 공동체는 사람, 집단, 시대, 장소의 특수성과 다양성 속에서 현존하고 활동한다.[88)]

2) **개별 교회**

개별 교회 안에 모든 요소를 갖춘 보편 교회가 존재한다. 보편 교회와 개별 교회 사이의 관계에서 한 가지 명심해야 한다. 「교회 헌장」의 정식인 "개별 교회들 안에 또 그것으로부터 보편 교회가

---

88) Congregazione per la Dottrina della Fede, *Communionis notio*, *op. cit.*, n.7.

존재한다"(ecclesia in et ex ecclesiis, 23항)와 "보편 교회 안에 또 그것으로부터 개별 교회들이 존재한다"(ecclesiae in et ex ecclesia)[89]라는 다른 정식과 분리될 수 없다는 것이다. "보편 교회는 개별 교회들의 총합이나 개별 교회들의 연합으로 생각될 수 없다."[90] 만약 '교회들의 친교'라는 용어로 '보편 교회의 친교'를 말하려고 한다면, '친교'라는 용어가 한 가지 뜻만 가지고 있지 않다는 것에 주의해야 한다. 이는 가시적이고 제도적인 차원에서, 교회 일치를 약화할 위험이 있다. 특히 개별 교회를 그 자체로 완전하고 자족적인 주체로 과장하여 이해하는 경향이 있는 경우, 개별 교회는 보편 교회와의 실질적인 친교를 해치고, 그 생명력 있고 가시적인 중심인 교황과의 친교를 약화하는 결과를 초래한다.[91] 사실 "보편 교회와 개별 교회 사이의 관계의 본성은 신비적이며, 순수하게 인간적 집단에서 볼 수 있는 전체와 부분 사이의 관계와는 비교할 수 없다"[92]는 점을 고려해야 한다.

3) 사제단

사제단은 사제적 친교의 특권적 장소이다. 성품성사에서 비롯하는 교구 사제단은 교구 내 모든 사제에게 친교의 장이며, 교구 사제와 수도회 및 사도 생활단 사제 모두에게 공통으로 해당한다. 이러한 교구 사제단에서 가장 우선적으로 요구되는 것은 직무 수행에서의 일치이다. 각 사제가 맡은 역할과 직무가 다를지

89) Giovanni Paolo II, *Discorso alla Curia Romana* (1990.12.20.).
90) Giovanni Paolo II, *Discorso ai Vescovi degli Stati Uniti* (1987.09.16.)
91) Congregazione per la Dottrina della Fede, *Communionis notio*, *op. cit.*, n.8.
92) *Ibid.*, n.9.

라도 그러하다. 또한 교구 사제단은 단순한 협력 관계를 넘어 형제애의 분위기를 조성하여야 한다. 그럴 때, 교회 건설을 위해서 서로 존중하고 돕는 분위기가 더 쉽게 형성된다.

사제단은 교구 내 다양한 수준의 구조와 조직 안에서 구체적으로 실현된다. 지역별로 나누어진 교구의 기초적 구조(구역, 지구, 사목 단위, 본당)나 운영 및 사목 활동에 참여하고 공동 책임을 나누는 구조(사제 평의회, 다양한 수준의 사목 평의회, 지역이나 권역 수준에서 주교와 직접 협력하는 각종 직책과 사목 행정 기구) 등에 따라 사제적 형제애의 친교 형태도 다양하게 나타난다. 또는 자신들이 속한 단체(수도회, 사도 생활단, 성직 자치단)의 형제 사제들과 친교를 실현하고, 각 수도회의 다양한 구조(예를 들어 회, 관구, 개별 공동체, 특정 사도직 분야)에 따라 실현한다. 더 구체적으로, 사제적 친교의 장은 사제들의 형제적 유대를 드러내는 다양한 공동생활의 형태에서도 실현될 수 있다. 단순하고 직접적인 '하나의 식탁'의 형태에서부터 시작하여, 주거 공간을 함께 사용하는 더 복합적이고 체계적인 형태로 표현되기도 한다. 그러나 영혼을 구원하는 사목 직무의 필요성과 그들이 살아갈 삶의 방식을 선택할 자유의 필요성은 구분해야 한다. 모든 사제가 수도회의 축성 생활에 부르심을 받지 않았고, 일정한 자율성을 가지고 더 근본적인 사명을 위해 기본적인 생활 방식을 선택할 권리가 존중되어야 한다.[93]

4) 지역 수도원, 본당, 평신도 단체

사제 공동체는 교회 안에 자리하기에 교회성이 부여된다.

---

93) Cf. Diocesi di Milano, Sinodo 47°, Milano, 1995, pp.488~491.

사제는 성품성사로 인해서, 우선적으로 보편 교회라는 교회 현실 혹은 교회적 친교 수준에 속하게 된다. 그리고 역시 성품성사로 다른 방식과 다른 책임 정도로 친교를 증진하도록 부르심을 받았다.

네 번째 수준(지역 수도원, 본당, 평신도 단체)에 속하는 것과 세 번째 수준(사제단)에서의 특정한 방식은 개별 교회에 대한 소속과 헌신에서 비롯한다. 사제가 교구에 입적하거나 수도회나 사도 생활단에 소속하여 개별 교회에서 봉사할 때 구체적으로 세 번째, 네 번째 수준이 실현된다.

이 책의 제2부에서는 사제 영성이 다양한 소속 관계에서 명확한 위계질서를 요구하며, 친교의 사람으로서 올바른 위치를 정립해야 함을 더욱 구체적으로 설명할 것이다. 사제는 교회에서 만나는 사람들과 다양한 공동체 안에서 친교의 사람이 되어야 한다. 지금은 서품받은 직무자, 특히 신부가 직무를 통해 증진해야 하는 교회적 친교의 특징과 요소에 대한 몇 가지 기본 진리를 살펴보는 것으로 충분할 것이다.

사제 직무가 증진해야 하는 친교의 특징과 요소

사제가 증진해야 하는 친교는 무엇보다 '보편적 친교'이다. 사제는 모든 신자와 다르지 않게, 성품성사를 통해서도 보편 교회에 직접적으로 속해 있으며,[94] 보편적이고 거대한 구원 사명을

---

[94] 참조: 「사제의 직무와 생활 지침」 14항; Congregazione per la Dottrina della Fede, *Communionis notio, op. cit.*, n.10.

부여받았다. 그래서 모든 사제적 직무는 그리스도께서 사도들에게 맡기신 거대한 보편적 사명에 참여한다. 사실 사제는 성품성사와 그것으로 받은 직무를 통해서 주교단과 연결되어 있고, 모든 교회의 유익에 봉사한다.[95)]

사제가 성품성사의 효력으로 봉사하는 친교는 '유기적 친교'이다. 그리스도의 몸인 교회 안에서 "각 구성원은 자기 자신의 독특한 역할과 특유한 성소를 충만하게 살아가면서, 공동체에 이바지한다(1코린 12,12 이하 참조)."[96)] 세례받은 모든 이들의 동등한 존엄성과 평등주의적 민주주의 정신의 이름으로 교회 안의 모든 다양성을 제거하려는 것은 심각한 오류이다. 이것은 결국 공통 사제직과 직무 사제직 사이를 구분하는 교리와 교회 안에 존재하는 머리이시자 목자이신 그리스도 권위, 교회의 위계적 구성을 오해하고, 실제로 이를 부정하게 될 것이다. 「교회 헌장」 2장('하느님의 백성')의 이름으로 3장('교회의 위계 조직')을 부정하는 일은 있을 수 없다. 또한 '하느님 백성'이 '교회의 위계 조직'보다 앞에 배치되었다고, 교회의 위계 조직인 3장의 내용을 무시하는 것도 옳지 못하다! 서품받은 직무자가 공동체의 주재에 대해 잘못 이해하여, 자신에게 맡겨진 양 떼 위에 군림하는 나쁜 목자가 되었다면, 이러한 권위주의와 성직주의에 반대하는 것은 정당하다.[97)] 반대로, 사제의 임무와 평신도의 임무를 구분하지 못하면서, 사

95) 참조: 「사제 생활 교령」 10항; 「사제의 직무와 생활 지침」 14항; 「현대의 사제 양성」 32항.

96) 「사제의 직무와 생활 지침」 18항.

97) 참조: 루카 22,24~27; 1베드 5,1~4.

제를 평신도화하거나, 평신도를 성직자화하는 민주적 사고방식과 사회-정치적 의식에 맞서는 것 또한 정당하다.

교회적 친교는 또한 '교계적 친교'인데, 객관적 의미뿐만이 아니라 주관적 의미에서도 그러하다. 다시 말해서, 교계적 친교란, 위계적 조직인 교회를 성장시키는 것이 사제들의 임무라는 것(객관적 의미)을 뜻하기도 하고, 사제가 교회적 친교를 위한 봉사를 절대 홀로 행하지 않고, 항상 체계화된 직무 기관 안에 들어가 행한다는 것(주관적 의미)을 말한다. 사제들은 '직무적 친교'를 이룬다. 그러나 이것은 위계적 성격을 지닌다. 이는 성품성사의 본질적 유일성(unicità)에서 비롯한 하나의 친교이지만, 주교품·사제품·부제품과 같이 성품성사가 포함하는 또는 수용할 수 있는 다양한 등급 안에서 이루어지는 일치성(unità)이다. 첫 두 등급에서는 비슷한 형태로 특정한 유형의 직무적 친교가 형성된다. 바로 주교단과 사제단이다. 두 그룹 속에서 이루어지는 친교의 공통점은 위계적 구조를 따른다는 것이다.

① 주교단의 경우

제2차 바티칸 공의회 이후에[98] 주교단은 본질적으로 공동체적이며, 주교단은 각 주교에게 없는 직무의 가능성을 가지고 있다. 예를 들면, 교회 신앙에 대한 무류성의 보장은 각 주교가 아닌, 전체 주교단에 해당한다. 하지만 주교로서의 축성의 힘으로, 그리고 주교단의 으뜸과 또 그 구성원들과 이루는 교계적 친교를

---

98) 특히 「교회 헌장」 사전 설명 주석.

통해서 주교단의 일원이 된다.[99] 주교단의 으뜸이 없이는 주교단이 존재하지 않으며, 그래서 주교단이 존재하기 위해서는 교황직이 필수적이다. "주교단은 필연적으로 언제나 그 단장과 함께 이해되며, '그는 주교단 안에서 그리스도의 대리자로서 또 보편 교회의 목자로서 자신의 임무를 온전히 보존한다.'"[100]

② 사제단의 경우

사제단의 경우, 교회적 친교는 위계적 성격이 더 분명하게 드러난다. 사실, "교황과 주교단과 친교를 이루지 않는 사제직이란, 특히 서품식 때 '각별한 존경과 순명'을 바칠 것을 서약했던 자신의 교구 주교와 친교를 이루지 않는 사제직이란 진정 있을 수 없다."[101] 신부는 본질적으로 "두 번째 차원의 사제직"을 지니고 있다. 사제품은 필수적으로 주교품에 협력한다.[102] 그래서 사제직은 본질적으로 충만하지 못하고 주교직에 의존한다는 점에서 주교직과 구별된다. 주교직의 지시에 따라 협력자로서 활동하고, 사제 서품에 한정하여 허가한 임무를 수행한다. 대부분의 임무는 위에서부터의 어떤 승인이 없다면, 유효하게 수행할 수 없다.[103] 사제가 주교직과 유대를 이루는 것이 필수적이라면, 다른 한편으로, 주교들 역시 사제들의 협력과 도움이 필수적이라고 여기는 것이 옳다.[104]

---

99) 같은 문헌, 사전 설명 주석 2항.
100) 같은 문헌, 사전 설명 주석 3항; 같은 문헌, 22항.
101) 참조: 「현대의 사제 양성」 28항; 「사제의 직무와 생활 지침」 22항.
102) 「교회 헌장」 28항: "신부들은 주교 품계에 섭리된 협력자들이며〔…〕."
103) Cf. Citrini, pp.117~121.
104) 「교회 헌장」 28항: "신부들은 주교 품계에 섭리된 협력자들이며, 주교 품계에 도움이 되는 도구로서〔…〕."

또한, 사제직의 본성은 사제의 교회적 친교가 위계성을 띠게 한다. 각 사제는 성품성사에 의해서 구체적으로 사제직에 속하게 되고, 이 사제직으로 다른 구성원들과 "사도적 사랑, 직무, 형제애로 형성된 특별한 유대"[105]로 결합한다. "주교단의 경우와는 달리 보편적 사제단의 존재를 긍정할 신학적 근거는 전혀 없는 것처럼"[106] 보인다. 반면, 주교단과 비슷한 점도 있는데, 주교단이 자신의 으뜸인 로마 교황 없이는 존재하지 못하는 것처럼, 사제단도 자신의 으뜸인 주교 없이는 존재하지 못한다. "신부들은 주교 품계에 섭리된 현명한 협력자들이며, 주교 품계의 도움과 도구로서 하느님의 백성에게 봉사하도록 부름을 받아, 맡겨진 직무는 다르지만, 자기 주교와 더불어 하나의 사제단을 구성한다."[107]

사제가 증진해야 하는 친교의 지평에는 교회적·사제적·유기적·위계적 차원 외에도, 선교적 친교가 있다. 지금 서품 직무와 교회의 선교적 성격의 관계에 대한 논의를 시작한다.

4.5.3. 선교(사명) 교회를 향한 서품 직무

그리스도의 사제직에 사명이 본질적이기 때문에, 서품 직무에 선교의 차원은 필수적이다. "주님께서 나에게 기름을 부어 주시

105) 「사제 생활 교령」 8항; 「현대의 사제 양성」 17항; 「사제의 직무와 생활 지침」 25항. 참조: 「교회 헌장」 28항; 「교회법」 제275조 1항.
106) 「사제의 직무와 생활 지침」 25항.
107) 「교회 헌장」 28항.

니 주님의 영이 내 위에 내리셨다. 주님께서 나를 보내시어 가난한 이들에게 기쁜 소식을 전하게 하셨다."[108]

교회 전체는 본질적으로 선교 사명이 있으며, 그리스도교 공동체의 모든 구성원도 그러하다. 그래서 서품받은 직무자들도 그들이 받은 세례로 인하여 선교사로 부름을 받아 '보내졌고' '파견되었다.' 사제는 교회의 일원으로서 교회 '안에' 있기에 선교사이지만, 성품성사를 통해 새로운 칭호를 받아 교회 '앞에' 있는 선교사이기도 하다. 복음을 온 세상 모든 이에게 선포하도록 보내지고 파견된 이들이다. 사실 제2차 바티칸 공의회가 언급하듯, "사제들이 서품에서 받은 영적 은혜는 한정되고 제한된 어떠한 사명이 아니라, '땅끝에 이르기까지'(사도 1,8) 광대하고 보편적인 구원 사명을 위하여 사제들을 준비시키는 것이다. 어떠한 사제 직무든, 그리스도께서 사도들에게 맡기신 사명의 보편성에 참여하기 때문이다."[109] 「현대의 사제 양성」은 이에 덧붙여 「사제 생활 교령」의 내용[110]을 인용한다. "사제들의 직무는 바로 이러한 본질을 갖고 있기에, 사제들은 깊은 선교 정신과 '진정한 가톨릭 정신 즉 자기 교구, 자기 나라, 또는 자기들의 전례라는 테두리를 뛰어넘어 전 교회가 바라는 바를 채워 주고자 끊임없이 노력하면서 이 세상 끝날 때까지 온 세계의 복음을 선포하고자 만반의 준비를 하는 정신'이 마음 구석구석에 배어 있어야 할 뿐만 아니라, 그런 정신으로 고취되어야 한다."[111]

---

108) 루카 4,18.

109) 「사제 생활 교령」 10항; 「현대의 사제 양성」 18, 32항; 「사제 생활 교령」 4항; 「선교 교령」 23항; 「사제의 직무와 생활 지침」 14~15항.

110) 「사제 양성 교령」 20항.

111) 「현대의 사제 양성」 18항.

선교(사명)는 사제의 본질적 차원이다. 사제는 서품을 통해 보편적 선교'에' 불리었으며, 성품성사는 우선적으로 그리고 근본적으로 보편적 선교를 '위한' 것이다. 즉, 서품으로 사제 존재가 되고, 선교는 그 존재를 따르는 행위다. 그러나 선교적 부르심이 그를 사제로 만든다는 말 역시 옳다. 선교적 부르심은 그의 존재보다 먼저 있었으며, 그의 "활동/행위"보다 그의 "존재"와 먼저 연관된다.[112] 제2차 바티칸 공의회는 '선교사'적 사제 모델을 '목자'적 사제 모델보다 중요하게 보는 것 같다. 선교사가 되는 것은 당연히 모든 사제에게 세상 끝까지 나아가 모든 민족에게 복음을 선포하는 책임을 요구한다. 하지만, 특별히 어디든 기꺼이 파견될 근본적으로 열려 있고 준비된 마음(disponibilità)과 그리스도께서 친히 "파견한 사람"으로서 맡겨진 봉사는 무엇이든지 수행하는 능력을 요구한다.

선교는 실질적으로 몇몇 사제들에게만 유보된 특별한 직무가 아니라, 사제의 기본적인 특성과 자세라는 것을 지적하고 싶다. 이는 사제가 보편적 차원에 기꺼이 봉사하도록 '준비'(disponibilità) 시키고 '개방'시키며, "선교적 관점에서 자신의 직무를 수행하는데 '능력'"을 갖추게 한다. "단지 자기가 속한 교구만이 아니라, 보편 교회라는 넓은 지평"을 "열망"하게 한다. 마지막으로 자기에게 맡겨진 모든 신자에게 선교의 공동 책임을 가르치는 "교육자"가 되게 한다. "신자들에게 선교지에 있는 교회의 상황을 알려 주고, 선교를 위해 기도하고 실질적인 도움을 제공하도록 초대한다."[113] 이런 활동 가운데, 그는 교회의 선교적 노력에 사제

112) Cf. Coletti, *Il dono di essere preti*, Milano, 1990, pp.36~39.

113) Giovanni Paolo II, *Angelus* del 3 giugno 1990, in *Osservatore Romano*, 4~5

로서 참여한다. 실제로 제한된 장소에서 소임을 수행하고, 항상 같은 장소에 고정되어 머물러 있더라도 말이다.

---

giugno, oppure in D. Coletti, *Il dono di essere preti*, *op. cit.*, p.85.

● 제2부 ●

사제의 영성 생활

• 들어가며

제2부에서는 '사제의 영성 생활'의 세부 사항과 요소, 본질적 내용에 대해 확인할 것이다.

우선, 이 제목의 '영성 생활'은, 그리스도인의 삶에서 영적인 실천이나 '영적인 것들'에 국한된 것이기보다는, 성령 안에서 살아가는 삶 전체를 의미한다. 즉 성령으로 활력을 얻고, 거룩함과 완전한 사랑으로 나아가는 그리스도인의 실존 자체이다.[1] 이때 강조점은 자신의 전 생애를 종합적이고 통합적인 관점에서 바라보는 것이며, 그의 존재와 활동을 하나로 통합하고 생명력 있게

[1] 참조:「현대의 사제 양성」19항.

만드는 마음이다. 이러한 의미에서 영성 생활은 사제의 인격과 관련된 모든 것과 연관이 있으며, 단지 특정 부분이나 분야만 관련된 것은 아니다. 예를 들면, 최근의 교도권 문헌이나, 사제직에 관한 연구에서 인격 양성, 지성 양성, 사목 양성과 구분되는 실재인 영성 생활이나 영적 양성을 말하는데, 여기서는 이보다 넓고 전반적인 의미를 지닌다.

제목에 사용된 용어인 '사제'(sacerdote)는, 명확하게는 '신부'(presbitero)를 의미하기 때문에, '영성 생활'은, 거룩함으로 부르심을 받은 모든 이[2]의 영성 생활이 아니라, 신부들의 영성 생활을 뜻한다. 성품성사와 교구 입적 / 수도회 등록으로 공식적으로 부여받은 새로운 칭호와 고유한 방식으로 거룩함에 부르심을 받은 이들이 살아가는 생활에 대해 다룰 것이다.

어떻게 보면, 제2부 전체는 다음 내용의 명료화와 확장으로 볼 수 있을 것이다.

① 제1부에서 다루었던 내용

② 특히 성령론적 차원에서 논의한 내용

1) 사제 영성은 근본적으로 사제가 되어 가면서 실현된다. 즉, 사제라는 자신의 정체성을 더욱 실현해 가는 것이다. 제1부에서는 이러한 사제 정체성에 관해서 설명했다. 이제 문제는 특정 시간과 장소에서 받은 성품성사와 개별 교구(또는 수도회)에 입적을 영적 경험과 영성 생활의 차원으로 가져오는 것이다. 영성 생활은 마음속까지 내면화하는 여정 없이 실현될 수 없고, 그래서 내

[2] 참조: 「교회 헌장」 5장.

적 스승이신 성령의 활동 없이 불가능하다. 정체성을 영성 생활의 차원으로 가져올 때만이, 사목 임무와 사제의 사명, 즉 사제의 '활동'과 '수행'이 그의 '존재'와 '마음'에서 터져 나올 수 있다. 그래야만, 사제 활동이 그 대상이 되는 개인이나 공동체의 '마음'에 이를 수 있다.

사목은 영적으로 고양된 내면에서 시작하고 나아가야 한다. 그렇지 않으면 사제 존재를 직무의 외적이고 행정적인 측면과 동일시하게 될 것이며, 결국 그의 사목은 실패로 끝맺을 것이다. 이러한 사제직은 스스로 목숨을 끊는 격이다. 사제가 갈수록 더 숨 가쁘게 몰아붙이는 리듬 속에서 끊임없이 계속되는 임무와 주도적 역할 속에 매몰된다면, 삶의 의미와 질은 필연적으로 떨어지게 될 것이다.

2) 주님의 성령은 예수님 '위에' 내리시고, 예수님을 '가득 채우셨으며' 그분의 축성과 사명의 원천이시고, 하느님 백성 전체와 모든 세례받은 이의 원천이시다. 이와 똑같은 성령이 사제 '위에' 내리시고, 그를 '가득 채우셨으며' 성품성사를 통하여 새로운 칭호를 얻은 사제의 축성과 사명의 원천이 되시고, 동시에 사제의 거룩함과 사명의 원천이 되신다.

사제가 머리이시며 목자이신 그리스도를 닮게 하시고, 하느님 백성의 유익을 위하여, 그를 하느님 백성의 머리와 목자로 세우신 분이 바로 성령이시다. 마치 세례 때 세례자가 성부의 아들이신 예수님을 닮게 하시어, 하느님의 아들이며 교회의 일원이 되게 하신 분이 성령이신 것과 같다.[3)]

성덕으로의 부르심에서 시작하여, 이를 완성하고, 궁극적 완덕에 이르는 사제의 성화 여정의 주체이자 주인공은 바로 성령이시다. 사제의 성화 성소를 규정하기 위한 필수 요소를 몇 가지 확인할 수 있는데, 이는 사제에게 고유한 '축성'과 연결되어 있다. 모든 요소가 같은 방식으로 연결된 것은 아니다. 어떤 것은 성품성사에서 직접 유래하고, 다른 어떤 것은 교구 입적이나 축성 생활회에 소속함에서 기인하는 것들이다. 후자는 궁극적 뿌리는 아니지만, 더욱 구체적인 세부 사항과 관련된다.

'성품성사에서 비롯하는 내용과 요소'는 다음과 같이 발전시킬 수 있다.

① 머리이시자 목자이시며 신랑이신 그리스도를 닮음

② 목자의 사랑

③ 직무 수행

④ 사제 실존과 복음적 근본주의

반면, '교구 입적이나 축성 생활회 소속에서 유래하는 내용과 요소'를 다룰 때, 영성 생활적 시각에서 다음을 특별하게 숙고할 것이다.

① 개별 교회 입적과 소속의 의미와 가치

② 수도자이든 교구이든 모든 사제가 서약해야 하는 개별 교회 안 사제적 친교의 의미

③ 다양성 안에 일치라는 원리의 가치

④ 「상호 관계」(*Mutua Relationes*)의 문제들

---

3) 참조: 「현대의 사제 양성」 19항.

⑤ 교구 사제이든 수도 사제이든 그들 안에 설립해야 할 소속과 품계에 관한 문제들

사제의 영성 생활에 관한 이러한 세부 내용을 다루기 위해서, 제2부는 두 개의 장으로 나눌 것이다.[4]

- 제1장: 성품성사에 기초한 사제의 영성 생활 요소
- 제2장: 교구 입적과 축성 생활회 소속에 기초한 사제의 영성 생활 요소

[4] 사제 영성을 명확하게 설명하는 주요한 교도권 문헌 목록. 「사제 생활 교령」 12~17항; III Sinodo dei Vescovi(1971), *Ultimis Temporibus*, Parte Seconda, I, nn.3~4 & II, nn.1~3; 「현대의 사제 양성」 19~34항; 「사제의 직무와 생활 지침」 34~68항.

제1장 • 성품성사에 기초한 사제의 영성 생활 요소

1. 머리이시자 목자이시며 신랑이신 그리스도를 닮음

성품성사는 수품자가 사제이신 그리스도를 닮게 한다. 그러나 사제는 더 근본적으로 세례를 통해 그리스도를 닮는다는 것을 잊어버려서는 안 된다. 두 성사 모두 인호를 새기고, 두 인호 모두 그리스도를 닮게 하지만, 그 형식은 다르다. 세례는 하느님의 아들 그리스도와 닮게 하고, 그리스도의 신비체인 교회 안에 편입시키는 데 반해, 서품은 교회의 머리이시자 목자이시며 신랑이신 그리스도를 닮게 한다.[5] 그러므로 성품성사로 인해서 신부는 교회 '안'에 있으면서 동시에 교회 '앞'에 있다. 아우구스티누스 성

[5] 머리이시자 목자이시며 신랑이신 그리스도를 닮음에 대한 교도권 문헌 목록. 참조: 「사제 생활 교령」 12, 14항; 「현대의 사제 양성」 20~22항; 「사제의 직무와 생활 지침」 38~42항; 제1부 2장 2. 특히 각주 36의 참고 문헌 목록.

인은 "나는 여러분을 위해 주교이고, 여러분과 함께 그리스도인입니다"라고 말한 바 있다.[6]

이와 비슷하게 바오로 성인은 교회를 보는 두 가지 방식, 즉 이중 교회론을 말한다. 신비적으로 그리스도와 자신을 동일시하는 교회[7]와 목자를 향한 양 떼, 머리를 향한 몸, 신랑을 향한 신부와 같이 그리스도를 향한 교회[8]로 보는 것이다.

그래서 사제는 교회 안에 있으면서, 동시에 교회 앞에 있다. 교회 '안'에 있지 않고도 교회 앞에 있을 수 있는 것처럼 여기지 않아야 한다. 사제가 되기 위해서 그리스도인이라는 것을 잊은 신부는 더 이상 사제가 아니거나, 가면을 쓰고 흉내만 내는 사제로 살아갈 것이다.

따라서 사제 영성에 관해 이야기할 때는, 세례를 통해 그리스도를 근본적으로 닮아야 한다는 점을 항상 기억해야 하며, 그 후에야 성품성사를 통해 그리스도를 닮는다는 것이 어떤 의미인지 구체적으로 설명할 수 있다. 그리스도를 닮음에는 머리, 목자, 신랑 등 세 가지 요소가 있다.

세례에서 유래하는 그리스도를 근본적으로 닮음에 대한 보다 심층적 연구를 위해, 세례성사에 관한 연구나 '닮음'에 대한 연구, 특히 '그리스도 추종'에 대한 연구를 참조한다.[9] 여기에서는 그리

---

[6] S. Agostino, *Sermo* 340, 1: *PL* 38, 1483.

[7] 참조: 사도 9,5; 22,8; 26,14~15; 1코린 12,12~30; 로마 12,4~8; 에페 4,4~7.

[8] 참조: 에페 5,25~33.

[9] P. Adnès, *Sequela e imitazione di Cristo nella Scrittura e nella Tradizione*, dispense ad uso degli studenti, PUG, Roma, 1993; D. Bonhoeffer, *Sequela*, Brescia, 1971; L. Di Pinto, "Seguire Gesu secondo i Vangeli sinottici", in *Fondamenti biblici della teologia morale*(Atti della XXII Settimana Biblica), Brescia, 1973. pp.187~251; Id., "'Seguitemi, vi farò pescatori di uomini'(Mc 1,16-20)", in

스도를 닮음을 규명하는 데 특별히 도움이 되는 몇 가지 성서적 개념과 인간학적 범주를 기억하는 것으로 충분하다. 즉 '그리스도와의 인격적 만남' '그리스도와의 친교' '그리스도 안에 머무르고 우리 안에 그리스도께서 머무심' '그리스도 추종과 모방' '믿음' '신앙' '그리스도의 부르심에 분명하게 응답하기' '그리스도와의 우정' '마음을 다해 그리스도 안에 뿌리내리기' 등을 전제한다.

다른 한편, 사제가 그리스도를 특별하게 닮는 것에서 일어날 수 있는 여러 가지 위험도 경계해야 한다. 첫째는 그리스도와 일치가 세례의 틀 안에 한정되는 위험이고, 둘째는 직무를 오직 그리스도론적으로만 일방적으로 해석하여 마치 그리스도를 닮는 것에서 모든 것이 완성된다고 여기면서 교회론적 측면을 무시하는 위험이다. 셋째는 절대적이고 비(非) 관계적 용어로 서품 직무의 존재론적 측면을 강조하는 위험인데, 사제를 규정하기 위해서 사제와 그리스도의 관계를 언급하는 것만으로 충분하다고 여기며, 다른 사제와의 관계나 직무의 교회론적 대상이 사라지고 좌절된다. 넷째는 사제 영성에 대한 개인주의적이며 주관주의적 시각의 위험이다. 이는 위계적이며 '디오니시우스적' 사제, 구약이

Seguimi! (Parola Spirito e Vita, 2), Bologna, 1980, pp.83~104; Id., "Un tema di teologia morale biblica. Rilievi esegetico-teologici sull'etica del discepolo, specialmente in Marco", in J. Fuchs, *Essere del Signore. Un corso di teologia morale fondamentale*, PUG, Roma, 1981, pp.46~66; T. Goffi, "Sequela/Imitazione", in *Nuovo Dizionario di Teologia Morale* (=*NDTM*), Milano, 1990, pp. 1212~1222; C.M. Martini, *Sequela Christi*, Roma 1990; D. Mongillo, "Sequela", in *NDSp*, Roma, 1979, pp.1431~1443; A. Schulz, *Discepoli del Signore*, Torino, 1968(trad. ridotta dall'originale *Nachfolge und Nachahmen*, München, 1962); R. Schnackenburg, *L'esistenza cristiana secondo il N.T.*, Roma, 1971; *Seguimi!* (Parola Spirito e Vita, 2), Bologna, 1980; Aa.Vv., "Sequela Christi e imitazione", in *Dizionario degli Istituti di Perfezione* (=*DIP*), Roma, 1988, VIII, pp.1286~1314.

나 이교 세계의 사제처럼 제의적 사제와 같은 모델을 피하려다가 수도승 모델에 떨어지게 한다. 수도승 모델은 교구 사제를 수도회 혹은 심지어 평신도 운동에서 영성을 구걸하도록 만든다.[10)]

그리스도를 닮음(configurazione)은 한때 '또 다른 그리스도'(alter Christus)라는 정식으로 표현하였고, 제2차 바티칸 공의회 이후 지금은 '그리스도를 대신하여 행동하는'(agire in persona Christi)으로 표현하기를 선호한다. 이는 사제의 교회 직무 수행과 사도적 활동에 대한 언급 없이, 사제의 고유하고 특별한 그리스도를 닮음을 규정할 수 없다는 사실을 잘 이해하게 한다.[11)] 직무를 통한 성화에 대해 논의할 때 보게 되겠지만, 직무는 사제라는 인물의 정체성에 결정적이다.[12)] 또한 '그리스도를 대신하여 행동하는 것'은 '그리스도를 위해 일을 할' 때뿐만 아니라, 앞에서 이미 말했던 것처럼 '그리스도의 일'을 수행할 때, 즉 그리스도의 살아있는 '도구'로 자신을 그리스도께 바칠 때 성화한다는 것을 알려준다.[13)]

「현대의 사제 양성」은 교회의 머리이시자 목자이시며 신랑이신 그리스도에 대한 독특한 닮음의 세 가지 측면을 각각 명확하

10) Cf. T. Citrini, "Modelli del ministero nella storia della chiesa", *op. cit.*, pp. 113~131.

11) 이와 관련하여, 공의회의 신학자들과 해설자들이 강조한 바와 같이, 「사제 생활 교령」의 제목은 의미심장하다. "직무와 사제 생활에 관하여"이지, "사제 생활과 직무에 관하여"가 아니다. 제2장 "사제 직무"에서 제3장 "사제 생활"로 나아가는 이 문헌의 구성도 제목에 부합한다.

12) Cf. G. Colombo, "Il prete. Identità del ministero e oggettività della fede", p.28.

13) G. Colombo, "Il prete. Identità del ministero e oggettività della fede", pp.51~56.

게 설명한다.[14] 반면, 전통적으로 사제 영성을 설명할 때, 특히 에즈라기 34장, 시편 22(23), 요한 복음 10장과 21장, 베드로의 첫째 서간 5장 등의 성경 본문에 근거하여, 목자이신 그리스도를 닮는 것이 전개되었던 것 같다. 그러나 이것은 때로 심각한 오해와 위험이 있음을 인정해야 한다. 목자이신 그리스도를 닮는 것을 강조하면, 사제 생활의 영적 차원을 '우회'하여 곧바로 사목적 차원으로 나아가려 하는 위험에 떨어질 수 있다. 심지어 사제에게는 사목과 영성이 완전히 같은 것이라 확언하고, 이 둘을 분리(분리하는 것은 옳다)하는 것뿐만 아니라, 구분(구분은 잘못된 것이다)마저도 부정하는 데에 이른다. 신랑이신 그리스도를 닮음과 머리이신 그리스도를 닮음은 이보다 훨씬 덜 다루어졌다. 따라서 지금은 이 두 가지 측면에만 주목할 것이다.

첫 번째는 '신랑이신 예수 그리스도를 닮음'이다. 예전에는 창세기 1~2장, 호세아서 1~2장, 아가서 등 구약성서 본문과 함께, 아주 분명하게 혼인 영성의 근거를 제공하는 신약성서 본문을[15] 혼인이나 관상 생활적 신비주의에 유효한 것으로만 해석했던 것 같다. 하지만, 교회론의 확장과 제2차 바티칸 공의회의 혼인 신학의 연구, 공의회 이후 요한 바오로 2세의 교도권으로 수행된 신학으로 인간학적 분야에서 발전된 성(sessualità)과 혼인성(sponsalità)에 대한 숙고의 재해석, 최근 수십 년간 이루어졌던 교회 독신에 대한 논쟁 등을 통해, 이 성서 본문들이 더욱 생생한 교회론적 관점에서 서품받은 직무자에게도 의미가 있음이 드러났다.

---

14) 「현대의 사제 양성」 21~22항.

15) 마태 9,15; 22,1~14; 25,1~13; 요한 2,1~11; 3,29; 2코린 11,2; 에페 5,23~32; 사도 19,7~8; 21,2.

과거에도 이러한 성서 본문이 언급되었지만, 성소의 확신과 충실성의 맥락에서만 언급되었다. 그러나 오늘날 혼인 영성에 대한 성서 본문을 읽을 때, 정서적 요소를 강조해야 한다. 정서적 요소는 그리스도를 위한 사랑의 관계에서, 특히 그리스도 안에서 이루어지는 교회와 그에게 맡겨진 사람들을 위한 사랑의 관계에서 일어나는 사제의 영적 체험의 표지이다. 사제는 당신의 신부를 위한, 구체적으로 교회와 교회의 모든 일원을 위한 그리스도의 감미롭고, 충실하며, 질투심 많은 사랑을 증언해야 한다.

일부 개별 교회의 사목자들은 지역 교회인 교구에 대한 주교의 종신성을 정당화하는 데 사용하는 서품 직무의 혼인적 차원을 본당에 대한 본당 신부의 종신성을 정당화하기 위해서도 사용하였다. 그러나 이러한 사제들은 독신 생활을 그리스도교 삶의 혼인적 차원을 효과적으로 제시하며, 혼인한 이들이 결혼 생활을 잘할 수 있도록 도와주는 직무-예언자적 표지로서 여기지 못한다. 또 반대로 신앙인 부부의 결혼 생활과 증거가 직무 사제직을 살아가는 이들을 성화하는 데 도와준다는 것도 깨닫지 못한다. 이를 받아들이지 않는 적지 않은 사제들은 개인 혹은 공동체적 축성 생활자들이 그리스도교적 생활의 혼인 차원을 효과적으로 증거하도록 부르심을 받았다는 사실을 이해하지 못하고, 오히려 반대로 이해한다. 그들은 혼인적 차원이 오직 결혼한 이들에게만 해당한다고 생각할 것이다! 이들에게 내적이고 영적인 체험이 부족하다는 것은 분명하다. 오직 이러한 체험만이 그리스도인 삶의 혼인적 차원을 평범하고 일상적인 발전 속에서 더욱 깊이 이해할 수 있도록 해 줄 것이다.

두 번째 측면은 '머리이신 그리스도와의 닮음'[16]이다. 이 요소가 이전에는 다루어지지 않았다고 여긴다면 잘못된 생각이다. 교회는 사제의 주재(主宰, presidenza)에 대해 항상 언급했었다. 그러나 그것은 주로, 아니 어쩌면 오로지 교회법적 관점에서 해석되었고, 만약 영적인 관점에서 이해되었다 하더라도, 위계적으로 구성된 교회를 제정하려는 그리스도의 뜻에 순종한다는 차원에서 이루어졌다. 사제의 주재를 영적 체험으로 경험하지 않았고, 그리스도의 교회 안에서 그분의 주재에 대한 참여의 표현으로 받아들여지고 사랑받지 못했으며, 또 사랑해야 할 것으로 인식하지 않았다. 머리이신 그리스도를 닮음은 성서적 범주보다 사회적 범주에서, 영적 관점보다 교회법적 관점으로 해석되었고, 봉사보다는 권력으로, 교회를 향한 사랑 가득하고 겸손한 헌신보다는 우월성과 명예로 여겨졌다. 이는 너무나 쉽게 권위주의와 성직주의로 이어졌으며, 이러한 경향은 아직 완전히 사라지지 않았다. 또한 책임 회피라는 다른 양상으로도 이어졌다. 책임 회피는 거짓 겸손과 피해자 의식이라는 가면 뒤에 숨은 게으름이다.

사제가 주재를 올바르게 이해한다면, 종이신 그리스도[17]를 더욱 닮게 되고, 덕을 실천하게 되며, 그것으로 성숙한 사랑을 키우고, 모든 악의 근원인 교만을 부수어 버릴 것이다. 또한 사제는 양 떼의 모범이 되어, 이를 통해 양 떼가 세상에 봉사할 때, 사람 위에 군림하는 태도가 아니라, 하느님 뜻에 따라 선한 마음으로

---

16) 사제의 주재에 관한 교회의 최근 연구에 대해서는 다음 글 참조: C.M. Martini, *Presiedere alla carità*, Lettera del Giovedì Santo 1986, Milano, 1990, pp.1~20(혹은 in Id., *Coena Donimi*, Milano, 1998, pp.97~110); G. Colombo, "Il prete. Identità del ministro e oggettività della fede", *op. cit.*, pp.13~50, 특히 pp.33~38, pp.40~47.

17) 참조: 마르 10,41~45; 마태 20,24 이하; 루카 22,24~27.

자신해서 그들의 온전한 해방을 증진하려는 참된 사제적 태도를 취할 수 있도록 이끌 것이다.[18] 공동체에서 사제의 주재는 사명의 관점에서 보고, 사명을 위한 것으로 보아야 한다. 그리고 사명적 관점에서 주재는 전례의 주례(主禮)와 결합해야 한다. 사명적 관점의 주재와 전례의 주례는 서로를 가리키며, 하나가 다른 것에 독립적인 것으로 이해할 수 없다. 사제에게 사명과 성찬례는 본질적으로 일치한다. 이 점을 인식하지 못하면, 사제는 자신을 가르침의 원천으로 생각하려는 유혹에 빠질 수 있다. 사실 사제는 가르침의 해석자에 불과하다. 사제의 가르침과 주재는, 예수님께서 제자들의 발을 씻어 주신 이야기[19]와 루카 복음서에서 성체성사를 제정하신 직후 권위와 교회 안에서 가장 높은 사람에 대해서 하신 말씀[20]에 비추어 보아야 한다. 이 두 본문은 교회의 사명, 그리고 특히 신부의 사명이 절대적이지 않고, 상대적이라고 말한다. 교회의 가르침은 오직 복음과 그리스도에서 오는 것이다. 그리스도만이 유일하고 참된 주님이다. 사제가 자신을 스스로 주님이자 가르침의 절대적 원천으로 여기고, 자신이 완전히 자족적이고 자립적인 권위라고 생각할 때, 신앙의 객관성에서 벗어나 성직주의로 떨어지게 될 것이다.[21]

머리이신 그리스도를 닮는 것은 목자이며 신랑이신 그리스도를 따르는 것과는 다르다. 교의적 원칙을 지성적으로 명확하게 알려 주고, 그 외에도 환경적 조건과 선행하고 동반하는 내적 태

---

18) 참조: 1베드 5,2~3.

19) 요한 13,2~16.

20) 루카 22,25~27.

21) Cf. G. Colombo, "Il prete. Identità del ministero e oggettività della fede", *op. cit.*, p.40.

도에 특별히 관심을 갖고 보살펴야 한다.

앞에서 말한 것에 덧붙여서, 주재 직무를 잘 수행하기 위해서 사제에게 요구되는 것 중에 베드로의 첫째 서간에 숨어 있는 마음의 태도가 특별히 중요하게 보인다. "그대에게 맡겨진 양 떼를 잘 돌보시오. '억지로 하지 말고 하느님에 따라 자진해서 하십시오.'"[22] "억지로 하지 말고, 〔…〕 자진해서"라는 태도를 제시하는데, 이는 부담에 짓눌리지 않고, 희생자나 순교자처럼 행동하지 않으면서, 주재 활동을 수행하는 것이다. 또 사랑으로, 사랑과 함께, 그리고 기쁨과 자비와 감미로움으로 수행하는 마음이며, 그리스도의 명령에 순종하면서 솟아나는 내적 힘으로 주재하는 태도를 말한다. 주재는 사제의 선택이 아니라, 주님의 명령이며, "부정한 이익을 탐내서 하지 말고, 좋은 마음으로"[23] 기쁘게 수행해야 하는 사명이다. 또한 이 태도는 겸손한 사람의 영적 기쁨과 평화이다. 그들은 자신이 그리스도로부터 파견되었고, 그리스도께 의존하고 있음을 먼저 느끼면서, 다른 이들이 예수님의 주재와 주권과 다스림을 받아들이고, 자기 중심성에서 벗어나 당신께로 이끄시는 그리스도께 순종하도록 도와준다.[24] 그러므로 '머리이신 그리스도를 대신하는' 수행은 자신에 갇혀 있고, 자신의 신앙을 구축하는 주관주의적 영혼을 정화한다. 이는 사제 자신을 위해서나 그가 파견된 사람들을 위해서나 큰 가치를 지닌다.

머리이신 그리스도를 닮음은 특별히 사제가 사람들을 위에서 군림하지 않고, 그들 안에서, 그들과 함께 머물게 한다. "하느님

---

22) 1베드 5,2.
23) 같은 곳.
24) "양 떼의 모범이 되십시오"(1베드 5,3).

의 양 떼를 잘 치십시오. 여러분에게 맡겨진 이들을 지배하려 하지 말고, 양 떼의 모범이 되십시오."[25] 사람들과 함께 머무르는 것이란, 그들의 문제를 가지고 와서, 믿음과 희망 속에서 내 것으로 짊어지고, 그것을 해석하면서 그들의 길을 밝혀 주는 것이다. 사람들과 함께 머무름은 바오로 사도가 코린토인들에게 했던 것과 같은 질투하는 사랑의 열매이기도 하다.[26] 이것은 신앙 안에서 일종의 삼투 현상을 일으켜서, 우리의 세속화된 도시가 절실하게 필요로 하는 삼투를 통한 복음화를 촉진한다.

신자 공동체를 주재한다는 것은 사람들에게 받을 수 있는 능력도 포함한다. 오늘날 사제는 그가 도와주려는 사람들로부터 도움받는 법을 배우고, 그가 섬겨야 하는 사람들에게서 섬김을 받는 법을 배우는 것이 그 어느 때보다 중요하다.

앞에서 언급한 사명과 성찬례의 연관성 때문에, 머리이신 그리스도를 닮음은 전례에서 거행에 대한 심오한 지혜를 요구한다. '머리이신 그리스도를 대신하여' 수행함은 전례 규정의 법-제도적 수준을 '온 마음으로' 받아들임을 의미한다. 따라서 교회의 제도적 차원을 이해하는 데 있어, 실질적인 정서적 교육이 필요하다는 점은 아무리 강조해도 지나치지 않다. 일반적으로 법적·전례적 규범에 대해서도 마찬가지이다. 그러나 안타깝게도, 규범에 대해 거부와 반발의 태도가 일반적으로 관찰되며, 때로는 체계적이고 지속적으로 나타난다.

그러나 특별히 공동체에서 사제의 주재는 일치와 친교에 대

25) 1베드 5,2~3.
26) 참조: 2코린 11,1.

한 열정을 전제한다. 그리스도께서 그에게 맡기신 임무는, 진리를 수호하고 전파하는 것뿐만이 아니라, 일치를 증진하는 것이며, 어쩌면 그것이 더 중요하다.[27] 일치를 이루기 위한 주재는 근본적으로 사제의 임무인데, 사랑 안에서, 사랑을 위해, 사랑을 향한 주재가 그리스도의 임무였으며, 지금도 그리스도의 임무이기 때문이다. 그래서 목자이시고 신랑이신 그리스도를 닮음은 목자의 사랑을 요구한다. 목자의 사랑이라는 사제 영성 생활의 내적이고 통일적인 원리는 별도로 다루는 것이 적합할 것이다.

2. 목자의 사랑(caritas pastoralis)

제2차 바티칸 공의회 이후 사제의 생활을 특징짓는 것이 목자의 사랑이라고 수도 없이 반복했다. 그러나 때로는 서품받은 직무자의 이 특별한 덕목을 마치 외부에서 작용하는 힘인 것처럼 이해하는 위험이 있다. 목자의 사랑이 그리스도를 닮음과 깊은 관계를 맺고 있음을 깨닫지 못하고, 따라서 사제 존재를 구성하고 설립하는 순간인 사제 축성과의 밀접한 연관성을 가지며, 결국 사제 정체성과 직결된다는 것을 파악하지 못한다. 또한, 때때로 목자의 사랑을 오로지 교회론적 관점으로만 해석하거나, 아니면 적어도, 주된 관점으로 두면서, 목자의 사랑을 지나치게 축소하여 바라보는 위험도 있다.[28]

---

27) 참조: 요한 17.

28) Cf. Colombo, “Fare la verità nel ministero nella carità pastorale”, in F. Brovelli / T. Citrini(ed.), *La spiritualità del prete diocesano*, Milano, 1989, pp.306~321; Id.,

'목자의 사랑'은 어떤 내용을 담고 있는가? 우리는 이를 잘 알고 있고, 요한 바오로 2세도 「현대의 사제 양성」에서 우리에게 반복해서 말씀하신다. 목자의 사랑이란, 성령의 거저 주시는 선물에 대한 자유롭고 책임 있는 응답으로, 교회에 자신을 내어 주는 것이다. 이 선물은 사제를 사람들을 위해서 자신의 생명을 내어 주신 그리스도와 일치시키며, 또한 아버지께서 사람들을 너무나 사랑하셔서 외아들을 내어 주신 그 사랑의 가시적 성사가 되게 한다.[29)]

'목자의 사랑'은 무엇보다도 '자신을 내어 줌'과 관련된다. 양떼를 향한 그리스도의 사랑을 드러내고 현존시키는 것은 단지 우리가 무엇을 하느냐에만 달려 있지 않다. 또 다른 이들을 위해 시간과 돈을 쓰는 것에만 달려 있는 것도 아니다. 중요한 것은 다른 사람을 위해 하느님께 자신을 내맡김이다. 더 정확하게는 '자신을 온전히 내어 줌'이라 할 수 있다. 목자의 사랑은 사제가 다른 사람들에게 외적으로 행동하고 대하는 방식뿐만 아니라, 사제의 생각, 의지, 그리고 '내면으로 느끼는' 방식 전체에 스며들고 영향을 미친다. 정서도 깊이 관련되며, 내면으로부터 활력을 얻는다. 또한 사제의 미래 역시 여기에 포함되는데, 그가 자신의 모든 존재를 하느님과 타인을 위해 내어 주기 때문이다.

목자의 사랑의 뿌리이자 종합은 자신을 온전히 내어 줌인데, 그 '대상'은 교회와 교회를 통해 이 사랑을 받는 온 세상이다. 목자의 사랑은 교회에 향한 사제의 사랑과 봉사의 원천이자 기준이며, 척도이고, 충동이다. 주교와의 관계에서 시작하여, 다른 사제

"Il prete. Identità del ministero e oggettività della fede", *op. cit.*, pp.28ss.

29) 참조: 요한 3,16.

들과의 관계, 모든 신자와의 다양한 관계에 이르기까지 사제의 교회 내 모든 활동과 관계에도 영향을 미친다.

사제는 목자의 사랑을 수행하면서 머리이시자 목자이며 신랑이신 그리스도'를 향한' 사랑과 봉사와 깊은 관계를 맺고, 심지어 그전에도, 그리스도'의' 사랑과 봉사와 강하게 연결되어 있다. 그리스도의 사랑이 모든 직무 활동을 형성하고, 그러한 활동이 그리스도의 사랑의 증거와 성사가 되기 때문이다. 사제의 '목자의 사랑'은 '사제 안'에 있고 '사제로부터 나온' 것이기 이전에 '그리스도 안'에 있고 '그리스도로부터 나온' 것이다.

무엇보다도 '목자의 사랑'은 성체성사와 특별한 유대를 맺는다. 사랑의 특별한 원천이 성품성사라면, 이 사랑의 매우 충만한 표현과 지속적이고 대체 불가능한 양분은 성체성사이다. 그러한 이유로 성체성사가 사제 생활의 중심이자, 사제의 영성 생활 전체의 초점이라는 것은 옳은 말이다.

그러므로 사제는 목자의 사랑으로 인간을 위한 하느님의 도구가 된다. 여기에는 한편으로 그리스도 및 성부와의 수직적 관계가 있고, 다른 한편으로 인간과의 수평적 관계가 있다. 따라서 「현대의 사제 양성」에서 언급한 것처럼, 목자의 사랑은 "사제가 벌이는 다양하고 수많은 활동을 통합할 수 있게 하는 역동적인 내적 원리이다. 목자의 사랑으로 사제의 내적 생활과 직무 활동과 책임 등 많은 외적 활동이 일치를 이루기 위한 근본적이고 영원한 바람인 동시에 복잡, 분열, 분산이라는 두드러진 특징을 지닌 사회·문화적 환경과 교회 환경에서 그 어느 때보다 절실하게 시급한 요구의 답을 찾을 수 있다."[30]

그러므로 사제는 목자의 사랑으로 삶의 통합을 실현한다. 이는 '그리스도를 대신하여' 행동하고 그리스도에 순응하는 것에서 출발하여 진정으로 활동 중의 관상가가 되게 한다. 「현대의 사제 양성」에서는 「사제 생활 교령」을 인용하며 다음과 같이 말한다. "이렇듯 모든 사제는 나름대로 그리스도를 대신하기 때문에, 그들에게는 특별한 은총이 주어진다. 바로 이러한 은총을 통해서 사제들은 자신에게 맡겨진 백성과 하느님의 모든 백성에게 봉사하면서, 그만큼 자신이 대신하고 있는 그리스도의 완전하심에 더욱 가까이 나아갈 수 있게 된다. 또한 이러한 은총을 받았기에, 사제가 지닌 인간적인 나약함 역시 우리를 위하여 '거룩하시고 무죄하시고, 순결하시고, 죄인들과 구별되시는'(히브 7,26) 대사제가 되신 그리스도의 거룩하심으로 치유된다."[31]

이러한 논의는 직무 수행이라는 세 번째 요소의 문을 열어 준다. 직무 수행은 성품성사에서 비롯하며, 머리이시며 목자이시고 신랑이신 그리스도를 닮음과 연결되어 있고, 사제의 영성 생활의 특성을 부여한다.

그러나 세 번째 요소를 다루기 전에, 「사제의 직무와 생활 지침」에서 지적한 바와 같이, 오늘날 강렬한 활동주의의 압박 속에서 목자의 사랑이 "이른바 '기능주의'에 의하여 그 의미를 상실당할 위험"[32]에 직면해 있음을 주목하고 싶다. 사제 존재는 '사제를 하는 것'이나 몇 가지 특정 봉사와 임무의 수행으로 축소할 수 없다는 점을 이미 강조한 바 있다. 사제 정체성과 직무에 대한 이러한 축소된 개념은 결국 사제를 내면적으로 공허하게 하고,

---

30) 「현대의 사제 양성」 23항.
31) 「사제 생활 교령」 12항; 「현대의 사제 양성」 20항.
32) 「사제의 직무와 생활 지침」 44항.

성품성사를 통해 받은 직무 은사에 부합하지 않게 살아가고 활동하도록 부추길 것이다. 종종 목자의 사랑에 대한 언급은 직무 사제직에 대한 기능적 관점에 반대되는 경우에 사용된다. 이것을 통해 사제의 특정한 '기능'이나 '권한'만이 문제가 아니라, 목자의 사랑으로 형성된 사제의 내밀한 구조와 정체성이 중요하다는 것을 일깨운다. 영원한 목자이신 그리스도께서 성령을 통해 사제에게 내려 주시고, 양 떼를 위해 목숨을 바치도록 부추기는 이 목자의 사랑이 무엇보다 중요하다.

3. 직무 수행

3.1. 일반적인 사제 직무

교도권의 최근 문서[33]는 직무 수행이 사제 영성과 거룩함의 원천으로서 중요하고 중심적 역할을 한다는 점을 크게 강조하지 않는다. 단지 일부 신학 학파와 영성 학파에서만 강력하게 강조하고 있다.[34] 왜 그럴까? 가톨릭 정통 교리가 위태로워진 걸까?

---

33) 직무 수행 안에서 사제의 영성 생활에 관한 주제에 대해서는 다음의 교회 문헌 읽기를 추천한다.「사제 생활 교령」 12~13항; III Sinodo dei Vescovi, *Ulitimis Temporibus. Il sacerdozio ministeriale*, Parte seconda. I. 1. 3;「현대의 사제 양성」 24~27항;「사제의 직무와 생활 지침」 45~56항.

34) 예를 들면, 밀라노의 북이탈리아 학파: G. Moioli, *Scritti sul prete*, Milano, 1990; G. Colombo, "Il prete. Identità del ministero e oggettività della fede", *op. cit.*, pp.13~50; Id, "L'esercizio del ministero: via fondamentale della spiritualità presbiterale", in F. Brovelli / T. Citrini(ed.), *La spiritualità del prete diocesano, op. cit.*, pp.297~305; T. Citrini, "I principi della spiritualità del presbitero diocesano", in *Ibid.*, pp.278~296. 사제의 직무 수행과 거룩함의 관계에 관해서는 Cf.

그렇지 않다고 생각한다. 그보다는 교육학적 문제와 관계된 것이다. '사제는 직무 수행으로 성화된다'라는 오래된 원리가 실제로 교육할 때 잘못 전달될 수 있다는 느낌을 받는다. 경험에 따르면, 사제 생활에 그토록 중요한 이 영적 원리는 실제로 자주 두 가지 다른 의미를 갖는다. 양성자가 이해하는 것과 신학생이나 젊은 사제와 같이 양성 받는 이가 이해하는 것이 다르다. 전자의 경우, 적어도 일부 양성자는 '직무를 통해 자신을 성화한다'라는 언어적 표현에 일반적으로 영적 체험이 담겨 있음을 알고, 직무를 내적 경험에서 출발하는 영적 활동으로 옳게 파악한다. 반면, 후자의 경우, 적어도 상당수의 신학생이나 젊은 신부들은 이 말을 자신의 활동주의를 정당화하는 유용한 개념으로 받아들인다. 그들은 직무를 '순수 행위'의 관점에서 해석하며, 성스러운 것에 관한 활동이라면, 그리고 사제에게 한정된 고유한 활동이라면(하지만 실제로는 거의 일반적인 본당 사목 활동에 해당하지만), 사제의 활동은 거의 사효적(ex opere operato)으로 자신을 성화한다고 여긴다. 여기에서 사제직에 관한 내면주의적 입장이나 협소한 관점으로 빠지는 것은 놀라운 일이 아니다. 이것은 불안을 느끼는 사람들의 방어기제이다. "오! 나는 고해성사를 보고, 거룩한 미사를 거행하고, 성경 말씀으로 강론을 하고 있어. 난 잘하고 있어!"

제2차 바티칸 공의회 이후, 「사제 생활 교령」을 비롯한 공의회 문헌과 연속선상에서, 사목 직무가 사제의 삶과 영성의 주요 원천으로 여겨졌지만, 교도권은 사제 직무 성소를 임명하기 위해 '사도적 모델'을 선택하였다. 사도적 파견과 사목 직무, 선교와 사

Favale, pp.285~320.

목은 하나이고 분리할 수 없는 사제 실존에 속한다.[35] 따라서 같은 현실의 두 차원 사이에 대립은 있을 수 없다. 선교적이지 않은 사목자, 즉 '사도적 사명'을 무시하거나, 심지어 배제하는 사목은 사제 직무의 축소적 관점이며, 사목적이지 않은 선교성도 마찬가지로 편협하고 불완전한 관점이다. '사도적 사명'에 대한 올바른 평가와 결론이 없으며, 사도적 사명에 올바르게 향해 있지 않은 사목은 직무의 의례화(ritualizzazione)와 평신도를 무시하는 성직주의로 이어질 것이다. 마찬가지로 사목성이 부재한 사제직의 선교적 해석은 사제를 개인주의적 형태의 생활이나 평행 교회를 이루는 단체를 선택하게 할 것이다. 두 경우 모두 언제나 교회 친교를 훼손한다.

사명과 축성

성품성사는 수품자에게 구체적이고 특정한 '사명'을 부여한다. 사제는 사명의 수행 없이 자신의 실현, 성화, 완전함을 달성할 수 없는 존재로 세워졌다. 사제의 영성 생활과 직무 수행(활동이 아닌 직무로 표현한다. 활동은 직무여야 한다) 사이에는 긴밀한 관계가 있다.

사명은 사제 축성에 부가적으로 덧붙여지는 것이 아니다. 사제의 축성과 사명을 완전히 다른 두 현실로 생각하면서, 처음에는 나뉘어 있지만, 나중에 하나로 통합되어야 하는 것처럼 여길 수 있다. 그러나 사명은 사제 축성의 본질적이고 결정적인 목적이다. 사제는 사명을 위해서 그리고 직무를 위해서 축성된다. 따

[35] Cf. D. Coletti, *Vivere da prete*, Casale Monferrato, 1991, pp.95~96.

라서 사제는 주교의 인도 아래에서 주교와 사제단과 친교를 이루며 날마다 수행하는 바로 그 행위로 완전함을 이루어야 한다. 이미 언급한 바와 같이, 「사제 생활 교령」의 제목은 "사제 직무와 생활에 관한 교령"[36]이다. 디에고 콜레티(D. Coletti)가 지적했듯이, 제목에서 용어가 쓰인 순서는 "'직무'의 봉사 수행이 사제의 '생활'을 인도하는 요소이자, 확인하는 기준"[37]임을 암시하는 것 같다.

사제의 직무 수행은 다른 사람들의 유익을 위해서만이 아니라, 자신의 영적 성장을 위한 것이기도 한데, 사제의 거룩함이 이 직무를 효과적으로 수행하는 데 크게 공헌한다. 직무의 수행 없는 거룩함도 없지만, 내적 생활 없는 진정성 있고 효과적인 직무 수행도 없다. 내적 생활에서 직무로, 직무에서 내적 생활로의 움직임은 원처럼 양방향으로 진행한다. 무엇이 먼저일까? 거룩한 사제란, 자신의 삶에서 이 둘 사이에 이전과 이후와 같은 시간적 우선성이 없고, 상호 침투와 지속적인 변증법적 관계를 세울 수 있는 사람일 것이다.

이 관계를 실현하기 위한 기초와 조건

요한 바오로 2세는 「현대의 사제 양성」에서 사제의 영성 생활과 직무 수행 사이의 밀접한 관계를 확인하는 데 주의를 기울일

---

36) 〔옮긴이 주〕「사제의 생활과 교역에 관한 교령」으로 번역된 한글판에서는 '생활'이 '교역(직무)'보다 앞서 있지만, 공의회 문헌 원문은 "Decretum de Presbyterorum Ministerio et Vita"로서, '직무'가 '생활'보다 앞서 있다.

37) D. Coletti, *Vivere da prete*, Casale Monferrato, 1991, p.47.

뿐만 아니라,[38] 이 관계의 기초와 조건을 강조한다. 이는 활동 영성을 사제 정체성에 가장 적합한 방식으로 실현하기 위함이다.

기초

기초는 세 가지로 요약할 수 있다. 성품성사 예식, 목자의 사랑, 그리고 말씀, 성사, 사랑의 봉사로 표현되는 삼중 직무의 영적 구조이다.

성품성사의 기초에 세례성사가 있고, 서품받은 직무자 영성의 기초에는 단순한 그리스도인 영성, 즉 주님의 제자 영성이 있다. 이와 마찬가지로, 이 모든 것의 기초에는 잊어서는 안 될 영성의 중요한 측면들이 있다. 각 측면은 논문 한 편, 어쩌면 책 한 권 이상을 채울 수 있을 만큼의 분량일 것이다. 그중에 특별히 활동 영성, 노동 영성, 봉사 영성, '활동 중 관상' 영성의 측면이 있다.

조건

이미 언급한 바와 같이, 모든 조건은, 사제가 축성과 그리스도를 닮음을 통해 예수 그리스도의 직무자가 되었다는 것을 점점 더 깊이 인식하는 것으로 귀결한다.

더 구체적으로 설명하자면, 자신이 그리스도의 살아 있는 도구라는 인식은, 직무 행위의 목적을 더 의식적이고 자유롭게 받아들일 때 성숙한다. 이 목적은 사제의 직무 행위를 통해서 교회

---

38) 「현대의 사제 양성」 24, 25, 26, 72항 등.

가, 그리고 그리스도께서 이루고자 하는 것이다.

또한 각자에게 주신 은총에 대해 감사하고 기뻐하는 것은 사제 영성 생활에 도움을 줄뿐더러, 사실 사제 영성 생활의 근본이다. 그리스도께서는 각 사람에게 고유한 은총을 주시며, 거저 받은 은총을 완전하게 거저 주는 방식으로 자신의 임무를 수행하도록 부르셨다.

삼중 '직무'(예언자 · 사제 · 왕)의 영적 특수성

마지막으로, 직무 수행과 사제의 영성 생활 사이의 긴밀한 관계의 조건과 요구, 양식, 열매를 더 잘 보장하기 위해서는 사제의 생활에서 실현되는 '예언자직' '사제직' '왕직' 등 삼중 '직무'의 '영적 특수성'을 심화시키는 것이 매우 중요하다,

이 점은 「사제 생활 교령」 13항[39]과 「현대의 사제 양성」 26항[40]에서 명시적이고 직접적인 방식으로, 간략하고 간결하게 다루어졌지만, 교황 문헌의 다른 부분에서도 간접적으로 반복되고 있다. 「사제의 직무와 생활 지침」에서 광범위하고 체계적으로 다루어졌으며,[41] 사제 직무에 관한 제3차 주교 시노드(1971)[42] 문헌에서는 무엇보다도 '복음화와 성사'의 측면에서 말하면서, 예언자적 '직무', 사제적 '직무'와 관련하는 측면을 강조하지만, 그리스도교 공동체의 활력과 다스림에 관련한 왕적 '직무'의 내용은

---

39) 참조: 「사제 생활 교령」 13항.
40) 참조: 「현대의 사제 양성」 26항.
41) 「사제의 직무와 생활 지침」 45~56항.
42) Cf. III Sinodo dei Vescovi, *Ultimis Temporibus. Il sacerdozio ministeriale*, Parte seconda, I, 1.

다소 그늘에 가려져 있다.

3.2. 말씀 직무자[43)]

사제의 예언자적 역할에 관해서 많은 글이 있다. 여기에서는 각주에서 제시한 참고 문헌, 특히 마르티니 추기경의 생각을 위주로 참조할 것이다. 성서 전문가이며, 진정한 영적 스승인 마르티니 추기경은 하느님 말씀과의 접촉이 사제의 영적 직무와, 더 일반적으로 사제의 전반적인 영성 생활에 미치는 영향과 영적 의미에 매우 민감하다. 사제에게 「계시 헌장」을 읽고, 연구하고, 묵상하는 것을 아무리 권장해도 충분하지 않다. 무엇보다도 제6장 '교회 생활과 성경', 그 안에서도 21항과 25항이 중요하다.

사제 생활에서 종종 빠질 수 있는 위험을 명심하는 것도 중요하다. 말씀 직무에 대해 말할 때 혹은 말씀 직무자와 복음 선포자로서의 사제를 말할 때, 종종 단순한 말씀 전달과 순수한 사목

43) 구체적인 교도권 문헌들: 「계시 헌장」 무엇보다도 제4장; 「사제 생활 교령」 4, 13항; III Sinodo dei Vescovi, *Ultimis Temporibus. Il sacerdozio ministeriale*, Parte seconda, I, 1. a). b). c); 「현대의 사제 양성」 26항; 「사제의 직무와 생활 지침」 45~47항; C.M. Martini, *In principio la Parola*, Lettera per l'anno pastorale 1981-1982, Milano, 1981; Id., *La Parola di Dio e gli Esercizi Spirituali*, in Aa.Vv., *L'ascolto della Parola di Dio negli Esercizi*, Torino-Leumann, 1973, pp.25~38, oppure in C.M. Martini, *Parola di Dio e vita dell'uomo*, Roma, 1980, pp.113~123; Id., "In religioso ascolto della Parola di Dio e proclamandola con ferma fiducia", in *Per una santità di popolo*, Bologna, 1986, pp.607~624; B. Calati, "Parola di Dio", in *NDSp*, pp.1134~1151; M. Costa, "Parola di Dio ed Esercizi Spiritual", in *Presenza Pastorale* 42(1972), pp.701~716; Id., "Gli 'Esercizi Spirituali' del Card. Martini", in *La Civiltà Cattolica* 140(1989), pp.140~153; Favale, pp.113~138, 290~293; D. Coletti, *Vivere da prete*, *op. cit.*, pp.51~59.

적 담론으로 분석하기에 그친다. 고전적인 삼중주인 '전달-수용-반환'에 대한 광범위한 사색과 성찰을 했지만, 실천적 행위에서는 실존적으로 '반환'에 대해서만 많은 관심을 두고 있다. 우리에게 전승되었고, 후에 사제가 전달하고 전승해야 하는 것을 영적으로 깊이 이해하는 것 즉 '수용'에는 전혀 관심이 없거나, 적어도 불충분하고 불균형적인 방식으로 다룰 뿐이다.

하느님 말씀 자체를 심화하는 것이든, 말씀을 경청하는 것이든 기껏해야 전제되고 당연한 것으로 치부된다. 복음을 선포하는 사제들의 직무인 예언자적 '직무'를 다룰 때, 사목 활동에 스며들어 의미를 부여하는 근본원리로 돌아가지 않는다. 단지 복음화의 형식, 내용, 전달 방법을 분석할 뿐이다. 또한 복음 선포가 그 선포가 전달되는 사람들과 맺는 관계, 그리고 교회 특히 교도권과 맺는 관계를 강조할 뿐이다. 교계적 친교 속에서 선포가 수행되어 가톨릭 신앙을 권위 있게 표현하고, 교회의 신앙을 공적으로 증언해야 하는 필요성을 확인하기 위해서이다. 또 직무자는 하느님 말씀에 충실하기 위해서 자기 자신과 자기 생각에서 벗어날 줄 알아야 하며, 예언자적 '직무'를 행사하면서, 수행하고 덕을 입증해야 함을 강조한다. 이 모든 것은 올바르고 신성한 것이다. 그러나 오늘날 사제에게 다른 무엇보다 더 중요한 것은 다음 세 가지 중요한 실재에 대해서 명확하게 아는 것이다. 이 세 가지는 핵심적인 역할을 한다. 1) 하느님의 말씀, 2) 말씀을 들음(또는 세워질 신앙 공동체 또는 신자 개인 등 말씀의 듣는 이), 3) 말씀 직무 또는 전달(또는 말씀 직무자, 말씀을 전수하고 전달하도록 불린 사제) 그리고 이 세 실재가 서로 어떻게 관련을 맺는지 분명히 알아야 한다. 몇 가지 가설이 있다.

1) 우선, 말씀의 전달자로서의 사제를 중심에 둘 수 있다. 그렇다면, 사제는 말씀의 수신자인 공동체나 신자들을 인도하고 다스리기 위해 말씀을 '사용할 것이다.' 이는 말씀의 본질을 존중하지 않는 것이다. 사제는 말씀에 봉사해야 하고, 말씀은 절대로 인간이 사용할 수 있는 대상으로 환원될 수 없다. 게다가 말씀의 직무자인 사제가 말씀을 전하는 목적이 신자들의 들음이라는 것을 잊게 될 것이고, 사제가 먼저 유순한 청자(聽者)가 되어야 훌륭하고 유능한 말씀의 직무자가 될 수 있다는 사실을 망각하게 될 것이다. 하느님과 그분의 말씀을 자기 생각에 맞게 도구화하거나 말씀의 창조적인 힘과 효과를 불신하는 것은 옳지 않다. 이 세 요소 중에 '말씀'이나 '말씀을 듣는 것'보다 '전달'을 우선시하는 사제는 적어도 펠라지우스주의와 활동주의의 위험에 노출되어 있으며, 이는 종종 사람들에게 성직주의와 권력의 교묘한 형태로 인식될 것이다.

2) 두 번째는 말씀이 전달되는 청자(聽者), 즉 신자들을 최우선에 둘 수 있다. 말씀의 전달 행위는 근본적으로 교육 행위이며, 교육에서 교육자보다 학습자를 중심에 두어야 한다는 사실에 근거한 입장이다. 그러나 이 경우도 하느님 말씀의 본질이 존중되지 않는다. 말씀은 사용할 수 있는 것이 아니라 먼저 섬김을 받아야 하는 실재이다. "한처음에 말씀이 사셨다."[44] 더 나아가, 말씀을 듣는 것은, 말씀을 들음의 다양한 유형과 정도, 듣는 이의 마음에 유익하고 깊이 있게 전해지는 데 필요한 태도와 조건, 역

[44] 마르티니 추기경의 두 번째 사목적 서간(1981-1982)의 제목이다.

동과 발전의 구조 등 모든 측면을 고찰하면서, 하느님 말씀 자체의 본성으로 규정되어야 한다. 사실 하느님 말씀은 단순히 인간의 말을 들을 때 발생하지 않는 특별한 무언가를 가지고 있다. 만약 말씀이 아니라 청자가 첫 자리에 놓인다면, 공동체나 신자 개인은 듣는 태도가 아니라, 지배하는 태도를 갖게 될 것이다.

3) 반면에, 올바른 설명은 하느님 말씀 자체를 중심에 두면서 성찰의 요점으로 삼는 것이다.

우선, '하느님 말씀'이 의미하는 바를 잘 밝혀야 한다. 다양한 의미뿐만 아니라 그 의미 사이의 연관성도 파악해야 한다. '하느님 말씀'의 의미를 광범위하고 완전하게 이해하기 위해서 마르티니 추기경의 말을 빌려 다음과 같이 말할 수 있다. '하느님 말씀'이란, 첫째, 거룩한 삼위일체의 두 번째 위격인 '영원한 말씀'이고, 둘째, '육화한 말씀의 위격'이며, 셋째 '예언자적이고 사도적 설교' 즉 그리스도를 모셔 오는 말씀인 '계시 전체', 넷째 계시를 포함하고 있으며, 하느님 자신이 저자로서 영감을 받은 말씀인 '성경', 다섯째 최고의 효능을 발휘하는 성사 수준, 교황, 공의회, 주교들의 승인을 받은 교도권 수준, 설교와 교리교육의 수준 등 다양한 수준에서 '수 세기에 걸쳐 교회 안에 울려 퍼지는 말씀', 여섯째 신자가 믿음에 대한 응답으로 아버지께 돌아가기 시작할 때 '각 사람 마음에 흡수된 하느님의 말씀'에 이르는 모든 의미를 포함한다.[45]

---

[45] Cf. C.M. Martini, *La Parola di Dio e gli Esercizi Spiritual*; Id., "In religioso ascolto della Parola di Dio e proclamandola con ferma fiducia", *op. cit.*

규범적이며 창조적인 역할을 하고, 순수 이성적이고 역동적 차원을 지닌 말씀은, 육화한 말씀이자 계시자이며 창조주이신 말씀인 그리스도 안에서 완전한 종합을 찾게 된다. 또한 말씀은 항상 성령과 함께 항상 결합되어 있어서 특별한 힘과 효능을 지니고 있다. 말씀은 모든 신자의 영성 생활과 마찬가지로 사제 영성 생활의 근본적인 핵심이며, 그에 따라 모든 면에서 섬기고 증언해야 하는 실재이다. 말씀을 듣는 이들에게는 무엇보다도 개인적이고 내적인 준비(관대함, 신뢰, 가난, 열린 자세, 내적 자유, 수용성, 집중하는 노력, 헌신, 신앙의 순명 등)와 외적-환경적 조건(사막, 침묵, 고독, 믿음, 희망, 사랑, 기도 등의 분위기)에 대한 세심한 배려가 요구된다. 그러면서 말씀이 귀(혹은 눈)에서 '마음'으로 이르는 여정을 걸을 수 있으며, 이로써 인격의 중심에 이르게 된다. 그리하여 온갖 거부 반응이나 방어기제, 다양한 어려움을 극복할 수 있으며, 결국 위로부터 이 말씀을 보내신 성부께서 바라시는 열매를 맺을 수 있게 되는 것이다. 말씀 직무자에게 남겨진 역할은 말씀에 대한 이 전체 의미를 고려한 한 가지 행동으로서 이는 두 단어로 요약할 수 있다. 곧 봉사와 증거이다.

봉사

말씀은, 앞서 살펴보았듯이, 다양한 의미를 지니며, 여러 가지 의미가 서로 밀접하게 연결된 실재이다. 그래서 말씀에 대한 봉사는 구체적으로 다음과 같이 정의된다.

① **하느님의 말씀이신 그리스도를 향한 봉사**

말씀 직무자는 세례자 요한과 같이 말씀의 '목소리'이지 말씀이 아니다. 말씀 직무자는 그리스도와 듣는 사람의 인격적 만남이 듣는 사람 마음속에서 이루어지도록 도와주는 사람이다. 그래서 직무자는 단순히 말씀을 보여 주는 스크린 역할을 하기보다는, 말씀과 만나게 하는 촉매 역할을 해야 한다.

② **기록된 말씀을 향한 봉사**

말씀 직무자는 말씀의 '봉사자'(종)이다. 말씀을 '이용'하는 것이 아니라 말씀에 '봉사'한다는 것이 모든 사제의 좌우명이 되어야 한다. 사제는 '충실한 봉사자'이다. 사제는 자기 생각을 성경 본문에 투영하고, 말씀, 말씀의 경청, 말씀의 전수 사이에 존재하는 가치의 위계를 뒤집으려는 유혹을 자연스럽게 느끼게 되는데, 말씀에 충실하려는 노력은 이러한 유혹을 극복하도록 도와준다. 또한 사제는 '신뢰하는 봉사자'이다. 이사야 예언자(55,10~11)와 스스로 자라는 씨앗의 비유(마르 4,26~29)가 상기시키듯, 말씀의 본성적인 힘을 신뢰하는 사제는 "내가 모든 것을 해야 하고, 모든 것은 다 나에게 달려 있다"라고 생각하는 사람들의 걱정을 극복하게 한다. 그리고 사제는 '스승'이다. 기도를 시작하게 하고, 말씀에 대한 내면적 경청을 일깨우는 스승이다.

③ **교회의 다양한 수준에서 공명하는 살아 있는 말씀을 향한 봉사**

봉사는 성사-전례 수준, 교도권 차원, 교리-강론 수준, 개인 동화 수준 등 다양한 수준에서 이루어진다. 이러한 다양한 봉사는 자기 자신 그리고 수여 받은 서품과 일관성을 갖고자 하는 사제에게 힘을 준다. 한편으로는 교회 감각과 객관적이고 보편적인 가치에 대한 세심한 교육을 받게 하고, 다른 한편으로는 성령의 봉사자, 즉 영적 식별의 사람이자 영적 식별의 교육자가 되도록 한다. 그러므로 사제는 봉사의 '특전적 장소' 즉 화해의 성사와 영성 지도를 위한 특별한 관심과 함께 시대의 징표와 역사에 주의를 기울여야 한다.

증거

말씀 직무자는 자신이 먼저 선포하는 말씀을 듣는 사람이 되어야 하며, 말씀을 전달하기 전과 전달하는 행위 중에도 들어야 한다. 이것은 말씀의 전달자인 직무자가 말씀이 되는 지점까지 말씀을 내면화하는 과정을 수반한다.

그러나 특히 사제의 말을 듣는 사람들이 기대하는 것은 "저 사제는 그것을 믿는구나!"라고 말하게 하는 탐구와 신앙에 대한 진지하고 진정한 태도이다. 요한 복음사가의 예시는 방금 말한 것을 무슨 의미인지 밝혀 줄 수 있다. 요한은 자신이 목격 증인이라고 분명하게 소개하지만, 그의 글은 기록 이상의 것이며, 믿는 이의 증언이다. 요한은 역사의 예수와 신앙의 그리스도, 나자렛 예수와 그리스도교 공동체에 다양한 방식으로 현존하는 주님 그리스도 사이에 존재하는 관계를 강조하는 데 관심이 있다. 그는 교회를 그리스도와 연결하는 선을 추적하는 데 주의를 기울이는데, 이는 질료적 연속성을 입증하는 것뿐만 아니라, 정체성을 드러내려는 것이다.[46] 요한에게 증언이란 과거에 배운 교훈을 단지 성실하고 정확하게 반복하는 것이 아니라, 이런저런 말을 했고, 이런저런 행위를 했던 바로 이 나자렛 예수가 오늘날에도 살아 계시며, 우리와 동시대 사람이라는 것을 말하는 것이다. 한마디로 역사의 예수와 믿음의 예수는 동일하고 똑같은 인격이시며, 인간 예수는 오늘날 살아 계신 참하느님이시라는 것, 말씀은 오늘날에도 여전히 현재 살아 움직이신다는 것이다.[47]

말씀 직무자로서의 사제에 대해 너무 간략하게 언급하여 내용이 매우 부족하지만, 사제의 영성 생활에서 정말 중요한 이 요소에 대한 준비와 양성이 얼마나 중요한지 깨닫게 하는 데에는 충분하다.

가깝고 즉각적인 양성과 먼 양성 모두 필요하다. 두 경우 모두에서 영적 체험이 학문이나 교양과 관련된 준비보다 우선적 역할을 한다. 물론 이는 건전한 성서-신학적 준비, 심리학적 준비, 교육학적 준비, 사회학적 준비가 필요하다는 사실을 배제하는 것은 아니지만, 이것들은 부차적인 것이다. 말씀의 대상자는 사람이며, 실존적이고 구체적 일상 문제를 가진 온 인류라는 것, 그리고 하느님의 말씀은 하느님에 대한 인간의 말이라기보다 인간에 대한 하느님의 말씀이라는 사실을 잊지 않아야 한다!

---

[46] Cf. O. Cullmann, "L'Evangile Johannique et l'Histoire du Salut", in *New Testament Studies*, 1965, p.116.

[47] Cf. M. Costa, "Parola di Dio ed Esercizi Spirituali", *op. cit.*, p.712.

3.3. 성사 직무자[48)]

사제는 말씀 선포를 통해 성화하도록 부르심을 받았다. 더욱이 사제의 영성 생활은 전례 거행, 특히 성사를 집전하고 성무일도를 드리면서 형성되고 일관성을 갖추어야 한다. 복음화는 그 자체로 목적이 아니라, 본래 전례 거행과 성사를 향해 있고, 특히 성찬례에서 완전한 충만함에 도달하기 때문이다.[49)]

앞에서 말씀과 성령의 관계에 관한 주제를 깊게 발전시키지 않은 것과 마찬가지로, 여기에서도 말씀과 성사의 관계나 전례와 개인 기도의 연결에 관한 주제를 설명하는 데 많은 지면을 할애하지 않을 것이다.

여기에 또 다른 범위를 한정하는데, 전례의 모든 영역과 '거룩하게 하는 직무'를 말하는 모든 것을 고찰하지는 않을 것이다. 예를 들어, 서품받은 직무자가 교회에 직접적으로 유익을 주는 직무인 성무일도에서 자신의 성화 원천을 어떻게 찾는지, 또 세례성사, 견진성사, 병자성사를 통해 직무 수행과 영성 생활의 깊은 일치를 살아가고 증언하도록 어떻게 부르심을 받았는지에 대해서 분석하지 않을 것이다. 단지 성체성사와 화해의 성사에만 관심을 집중할 것이다.

---

48) 이 항목에 대해서 참조할 교도권 문헌은 다음과 같다. 「사제 생활 교령」 5, 13항; III Sinodo dei Vescovi, *Ultimis Temporibus. Il sacerdozio ministeriale*, Parte seconda, I, 1; 「현대의 사제 양성」 26항; 「사제의 직무와 생활 지침」 48~54항. 그리고 Cf. Favale, pp.146~175.

49) Cf. CEI, *Evangelizzazione e sacramenti*, n.48.

성찬례와 사제의 영성 생활

사제의 영성 생활은 모든 성사, 특히 각 성사의 구체적이고 고유한 은총을 통해 특별한 함의를 얻는다. 사제의 영성 생활이 모든 성사의 여러 특징과 요구로 형성되고 구조화되는 것은 사실이며,[50] 성체성사에서 매우 특별하게 확인된다.

성체성사는 교회 생활과 사명의 중심이며, 모든 교회 구성원 생활의 중심이지만, 사제의 생활과 사명에는 더욱 특별한 방식으로 그러하다. 성찬례는 그리스도를 닮음, 관상적 삶의 차원, 기도와 하느님과의 친교, 목자의 사랑, 따라서 교회와 세상에서 사도적 봉사의 '원천이자 작용인'이기 때문에, '모든 생활과 행위의 원천이자 절정'(fons et culmene totius ejus vitae et activitatis)이다. 하지만 그뿐 아니라, 사제 직무의 핵심이자 형상적 원인이며 결정적 중심이다. 일상생활, 기도, 사제의 모든 다양한 활동은 어떤 의미에서 성찬례로 내부로부터 조명되고 활력을 얻으며, 그 동일한 실재의 성사가 된다. 성체성사는 그 실재의 표지이고 효과적인 현존이다. 즉 다음의 실재를 드러낸다.

① 성자 안에서 자신을 기꺼이 내어 주시고, 우리에게 성자를 주시는 하느님 사랑

② 온 인류에 대한 당신의 무력하고 전적이며 보편적 사랑의 증거로서 자신의 몸과 피를 끝까지 주시는 그리스도의 사랑

③ 그리스도의 죽음과 부활의 신비 안에서 유일한 구속 희

50) 「현대의 사제 양성」 26항.

생 제사로 '완성'하시고 완전한 실현하시는 그리스도의 사제직

따라서 "성체성사는 사제직의 시작이며 중간이고 끝"[51]이며, "거룩한 희생 제사를 영속시키기 위해 축성된 사제는 가장 분명한 방식으로 자신의 정체성을 드러낸다."[52]

사제직에 관한 교리와 사제 영성에 대해 수많은 질문을 제기할 수 있고 여러 측면에서 논쟁의 여지가 있지만, 성체성사 차원의 중심성과 필요성은 분명하게 고정되어 있다. 사제직은 언제나 그리고 모든 면에서 성체성사를 향해 있고, 성체성사를 위한 것이며, 사제직과 성체성사는 초월적으로 연결되어 있다. 인간의 폐에 공기가 있고 물고기에게 물이 있다면, 성직자에게는 성체성사가 있다. 목자의 사랑이 사제의 모든 생활과 행동을 통합하는 원리라고 할 수 있다면, 사제가 거행하고 살아가는 성체성사도 그러하다고 더욱 강력하게 말할 수 있다.

제자들의 발을 씻기시는 예수님의 일화[53]를 생각하고, 특히 최후의 만찬 담화와 공관복음의 다락방 사건과 함께 수난을 준비하는 맥락에서 이를 묵상한다면, 성찬례의 중심성은 분명해 보인다. 공관 복음의 다락방 사건은 성찬례 제정, 특히 '새로운 계명'(mandatum novum)[54]과 예수님께서 권위가 곧 섬기는 것임을 말씀하신 겸손에 대한 가르침이 잘 드러난다.[55]

사제 영성 생활의 성체성사적 차원에 대한 숙고에서 사제들을

---

51) 「사제의 직무와 생활 지침」 48항.

52) 같은 문헌.

53) 참조: 요한 13,1~15.

54) 요한 13,34.

55) 참조: 루카 22,24~27.

거룩하게 하고, 사제 실존에 의미를 주기 위해 수행하는 다양한 처방과 권고가 자연스럽게 도출한다. 하루와 일상 직무의 중심인 매일 미사의 거행, 참된 신앙을 더욱 품위 있고, 거룩하고, 참여적이며 투명하고, 분명하게 드러내는 전례 거행을 위한 내적·외적인 모든 요소에 관한 관심과 돌봄, 전례 규범을 포함한 전례 거행의 구조와 말, 몸짓, 의식(儀式) 및 기도의 구조와 체계를 존중하고 발전시킬 수 있는 '전례적 지혜' 정기적인 성체 조배와 찬양과 감사 제사인 미사를 그날에 연장하여 살아가는 성무일도 바치기 등이다.

화해 성사와 사제의 영성 생활

우선, 신학적 및 방법론적 특성의 몇 가지 일반적 논의에 집중하는 것이 유용하다. 그래야만 나오는 주장을 더 잘 설명할 수 있고, 또한 화해의 성사에 관한 문제를 다루는 방식에 대해서 더 잘 이해할 수 있기 때문이다. 그런 다음, 두 번째 단계에서는 성사 직무자인 고해 신부의 영성에서 주요한 몇 가지 측면을 강조하고 명확히 할 수 있다.

화해 성사의 문제를 분석할 때는 관계의 양쪽 편을 다루기 위해서 먼저 고해 신부와 참회자의 관계에서 출발하는 것이 중요하다. 처음에는 전체를 보고, 그다음으로 부분을 다루는 것이다.

또한 성사 안에서, 그리고 고해 신부와 참회자라는 두 인격체 안에서, 본질적인 것과 '더 나은 것을 위한'(ad melius) 것 사이의 구별을 명확하게 하는 것이 중요하다. 교의신학이나 엄격한 결의론과 도덕신학이 아니라 영성 신학에서 다룰 때는, 이미 당연시하고 이미 획득한 성찬례의 타당성에 관한 담론보다, 성찬례의 열매에 관한 담론에 더 관심을 가져야 한다. "무슨 문제가 있는가?"라고 최소주의적 관점으로 질문하는 이들은 다음 내용을 이해할 수 없고, "어떻게 하는 것이 더 좋은가?"라는 건설적인 관점의 질문을 해야 한다. 이러한 이유로 이상적인 고해 신부의 모습을 제시할 것이다. 이는 성사 직무자가 점진적으로 다가갈 수 있고 또 그래야만 하는 영적 여정의 목표가 된다.

방법론적 관점에서는 항상 다음의 요소들을 통합하는 것이 중요하다.

① 그리스도교 삶에 존재하는 다양한 형태의 회심들 사이의 통합: 고해성사를 다른 성사들과 분리하지는 않아야 한다. 고해성사로 논의를 제한하더라도, 고해성사를 바치는 순간은 지속적 회심이라는 그리스도인의 전체 여정의 '원천이자 절정'(fons et culmen)이고, 회개의 '강력한 순간'(momento forte)이다. 그리스도인 삶은 지속적 회심의 여정이기에, 고해성사는 '연속하는 시간'(tempo continuo)에 맞추어져 있다.

② 성사 안의 화해의 다양한 측면들을 통합: 하느님과의 화해, 자기 자신과의 화해, 이웃과의 화해, 교회와 화해, 창조물과 화해 등의 다양한 측면을 통합한다.

③ 신학적 차원과 인간학적 차원의 통합: 화해의 성사를 실천할 때, 신학은 물론이고 심리학, 교육학, 사회학 등 인문 과학도 작용한다. 신학 영역에서는 교의신학, 도덕신학, 영성신학, 사목신학이 연관된다.

④ 다양한 문제의 개인-인격적 수준과 공동체적 수준의 통합:

개인과 교회는 대립하지 않고 상호 보완한다. 죄가 그러한 것처럼, 화해도 이 두 가지 차원을 입고 있다.

마지막으로, 미사 시작 예식 때의 소위 '신심 고해'라 하는 참회 예식을 고해성사와 동등하게 취급하지 않게 하도록, 대죄와 소죄 사이에 존재하는 유비를 고려해야 한다. 적어도 고해의 완전성(integrità), 통회(Contrizione), 결심(proposito)에 부여해야 할 비중은 경우마다 달라진다.

이러한 전제들은 고해 사제에 대한 첫 번째 결론으로 이끈다. 성사 직무자는 통합 능력을 개발해야 하고, 따라서 서로 긴장 관계에 있는 양편을 일치하는 원리로서 식별과 분별의 능력을 키워야 한다. 이를 통해 우리는 화해의 성사가 그 집전자의 사제 영성 생활 전체에 얼마나 중요하고, 얼마나 넓혀 주는지, 그리고 이를 더 깊이 추구하도록 요구하는지 이해할 수 있다.

화해 성사의 직무자인 사제는 '그리스도를 대신하여 수행한다.'

수행한다: 고해는 활동이고, 일이다. 성사를 관리하는 것과 집전하는 것(ministrare)은 봉사하는 것이다. '봉사하다'(servire)는 능동형 동사이다. 고해가 영적 활동이라면, 활동 영성 및 노동 영성과 관련해 말한 것과 똑같이 말해야 한다는 것은 분명하다.

그리스도를 대신하여: 고해 사제가 수행하는 활동은 우선적으로 그리스도의 활동이다. 화해 성사의 직무자는 능동적 주체이기 전에 화해 성사를 받는 사람이다. 고해는 사제가 받아들이는 것이며, 수동적인 현실이다. 성사 직무자로서 사제는 그리스도의

도구, 즉 '움직여지는 움직이는 자'(movens motum)이며, 먼저 움직여졌기 때문에 움직일 수 있는 존재이다. 수동성으로 움직이는 능동성이다. 고해 사제는 그리스도의 대체자가 아니라, 그리스도를 드러내고, 현존하게 하는 그리스도의 성사이다.

그리스도의 '도구'가 되는 것을 다음과 같이 더 구체적으로 말할 수 있다.

① 사제는 교육자이신 그리스도의 도구이자 예수님 교육학의 도구가 된다. 따라서 화해 성사를 하느님의 교육학으로 보고 거행하는 것이 중요하다. 하느님께서는 화해의 성사로 당신 아들인 참회자와 하느님의 교육학의 도구인 고해 사제를 교육하신다. 마르티니 추기경은 사목 교서 「하느님께서는 당신의 백성을 교육하신다」(*Dio educa il suo popolo*) 전반에 걸쳐 하느님의 교육학을 언급하며,[56] 이러한 교육학의 원칙을 매우 잘 표현한다.

② 사제는 심판자이신 그리스도의 도구가 된다. 화해 성사의 '심판적' 차원을 잊지 않아야 한다. 그러나 동시에 그리스도 심판의 가치와 의미를 올바르게 해석하는 법도 잘 알아야 한다. 화해 성사의 심판은 하느님의 정의에 거스를 수 없는 '자비의 법정'이

---

56) C.M. Martini, *Dio educa il suo popolo*. Programma pastorale diocesano per il biennio 1987-89, Milano, 1987. 제1부에서 마르티니 추기경은 하느님께서 당신의 백성과 자녀들이 교육 여정을 걷게 하셨음을 언급하며, 교육 여정의 기본 원칙을 설명한다. 그는 이 원칙을 11개로 종합한다. "교육 과정은 다음과 같다. 1. 개인적 교육과 공동체적 집단 교육, 2. 점진적 교육, 3. 질적 단절과 도약의 교육, 4. 갈등적 교육, 5. 활기찬 교육, 6. 계획적이고 해방적 교육, 7. 역사 안에 들어온 교육, 8. 여러 협력자의 도움으로 구현된 교육, 9. 예수님의 삶에서 모범적인 방식으로 성취한 교육, 10. 성령의 활동을 통해 '인간 내면' 안 마음에 기록된 교육, 11. '구세주의 어머니' 마리아의 신앙 여정 안에서 표현된 교육." *Ibid.*, n.24.

다. 그러므로 이 '자비의 법정'에서는 겉모습이 아니라 하느님의 진리로 판단한다. 최후의 심판 때에 모든 구원 역사를 관통하는 하느님의 위대한 식별이 완성되는데, 화해 성사는 이러한 하느님의 구원적 최후 심판을 선취하는 순간으로 보아야 한다. 결론적으로 고해성사는 인간 편에서 행하는 영적 식별의 순간이며, 고해 사제가 죄를 알고, 판단하고, 사죄하는 것은 영적 식별이라는 하나의 역동의 여러 단계로 보아야 한다.

③ 사제는 영혼의 의사인 그리스도의 도구가 된다. 화해 성사의 영적-치유적 측면을 잊어서는 안 된다. 그리스도께서는 지속적으로 사람들을 치유하셨으며, 복음에 나타나는 신체의 치유 기적은 분명 예언적 표지였다.

화해 성사를 통한 성화 직무로부터 사제의 영성 생활을 위한 몇 가지 결론이 도출된다. 요약하면 사제는 '그리스도를 입어야 한다'라고 말할 수 있다. 이제 다시 한번 '그리스도를 닮음'이라는 주제로 되돌아온다. 특히, 이 경우에는 인간의 형제인 그리스도, 자비롭고 충실하며 동정심 많은 대사제,[57] 잃어버린 양을 찾기로 한 목자,[58] 잃어버린 아들을 보고 가엾은 마음이 들어 달려가는 자비로운 아버지,[59] 건강한 사람이 아니라 병자를 위해 온 의사,[60] 강도에게 반죽음당한 이를 보고, 마음 아파하고, 가엾이 여겨, 도우러 오는 착한 사마리아 사람,[61] 당신의 백성과 모든 일원

57) 참조: 히브 2,17~18; 4,15.
58) 참조: 루카 15,4~7.
59) 참조: 루카 15,11~32.
60) 참조: 마태 9,12.
61) 참조: 루카 10,30~37.

의 교육자,[62] 외양이 아니라 진리에 따라 심판하시는 산 이와 죽은 이의 심판자,[63] 파스카적 기쁨 속에서 사도들에게 죄 사함을 위한 성령의 선물을 전달하는 살아 있는 말씀을[64] 닮는 것이다.

이 모든 것은 성사를 거행하는 데 필수적인 대화와 영적 식별에 필요한 것 외에도, 그리스도를 향한 이중의 수동성을 수반한다. '고해성사 직무를 수행하기 이전에' 요구되는 수동성과 '수행할 때' 요구되는 수동성이다.

한편으로는 화해 성사의 도구이자 종이 되기 '이전에' 직무자 자신이 성사적 화해의 '신실한 참회자로서 고해성사의 수혜자가 되어야 할' 필요가 있다. 그렇게 사제는 "죄인들에게 하느님의 연민을 증거하는 사람"[65]이 될 수 있다. 화해의 성사는 다음과 비슷하다. 지도하기 전에, 또 지도하면서, 지도받을 것을 요구하는 영적 지도, 적극적이고 책임감 있는 순명의 능력과 긍정적인 경험을 요구하는 다스리는 기술, 하느님으로부터 교육받고, 전달의 대상이 되는 경험을 전제하는 신앙의 교육과 전달[66]이다. 고해하는 기술은 주로 고해를 수행하면서 습득한다. 따라서 "참된 신앙과 신심으로 영감을 받아, 정기적으로 참회의 성사에 의지할"[67] 필요가 있다. 이 필요성은 사제의 생활과 폭넓은 직무 수행을 위해 사제가 정화되고 투명해져야 한다는 일반적이고 간접적인 이

---

62) Cf. C.M. Martini, *Dio educa il suo popolo, op. cit.*

63) 참조: 마태 25,31~46.

64) 참조: 요한 20,22~23.

65) 「현대의 사제 양성」 26항.

66) 참조: 마르티니 추기경은 사목 서간을 통해서 교육과 전달의 주제를 다루었다. *Dio educo il suo popolo* (biennio 1987-89), *op. cit.*; *Effatà "Apriti"*, Lettera per il programma pastorale "Comunicare", Milano, 1990.

67) 「현대의 사제 양성」 26항.

유에서만 비롯하는 것이 아니라, 고해 자체가 효과적인 양성 학교라는 직접적인 이유에서 비롯하기도 한다. 신학적으로든, 인간학적으로든, 지적인 양성보다, 직접 경험을 통한 교육이 고해 사제로 양성하는 데 더 효과적이다. 하지만 지성 양성이 결코 무시되어서는 안 되며, 평생 끊임없이 이루어져야 한다는 것도 분명하다.

다른 한편으로, '고해성사를 수행하는 것과 동시에' 사제는 자신이 '거룩한 직무자'로서 수행하는 바로 그 활동의 '수혜자'로 느껴야 한다. 고해성사는 참회자를 위한 선물일 뿐만 아니라 직무자의 믿음, 희망, 사랑을 위한 선물이기도 하다. 고해성사는 사제에게 성화의 원천이 된다. 고해 사제 안에는 그가 살아가고 수행하는 임무에 의해 깨어나는 내적 제자가 있다. 사제는 성품성사에 힘입어 자신이 수행하는 직무로 점점 더 주님의 제자가 되어가는 영성을 갖게 된다. 단지 개인적 거룩함에서 직무로의 움직임〔묵상한 것을 다른 이에게 전하는(contemplata aliis tradere) 모델에 따라 '존재'에서 '활동'으로 나아감〕이 있을 뿐만이 아니라, 오히려 직무에서 개인적 거룩함으로의 움직임〔활동 중의 관상가(contemplativus in actione) 모델에 따라 '활동'에서 '존재'로 나아감〕이 더 중요하다.

몇 가지 실천적 결론

그러므로 화해 성사의 직무자는 하느님을 향해서든 자신이 도와주어야 하는 사람들을 향해서든 수용적이고 근본적이며 기초적인 겸손을 유지해야 하며, 고해하는 사람들의 말을 경청하는 법을 배우고, 자신이 봉사해야 하는 사람들로부터 봉사를 받는 법도 배워야 할 필요가 있다. 이는 결국 참회자뿐만 아니라 고해 신부 자신에게도 더 큰 유익이 될 것이다. 이러한 태도는 사제를 더 사제 본질에 가깝게 하고, 자신을 '하느님 아버지'가 아니라, 그리스도의 손에 들려 있는 도구로 만들 것이다.

고해를 드리는 때에 갖는 근본적인 수동적 태도는, 직무를 의무와 과제로 살아가기 이전에, 자신과 모두를 위한 은총과 은사로 살아가게 이끌 것이다.

마음에 받아들이고 내면화한 이 은사는 사제에게 내면에서 우러나오는 힘이 될 것이다. 화해의 성사를 단순하고 형식적으로 '타인을 제자리에 놓는 것'으로 실행하는 것이 아니라, 기도로 살아가려는 충동이며, 내면으로 전달하고, 복음화하며, 기쁜 소식을 전달하고, 진정한 기쁨과 영적 위로(심리적인 것만이 아니라)를 증거하며 전하는, 그래서 결과적으로 새 인간의 양심을 형성하는 원동력이 될 것이다.

3.4. 교회 공동체의 권한을 지닌 지도자이며 교육자

사제 성화의 원천은 '통치 직무'(munus regendi)를 수행이다. 자신에게 맡겨진 양 떼의 유익을 위해 머리이시자 목자이신 그리스도의 역할을 수행함으로써 공동체와 구성원 개개인을 돌보는 것이며, 항상 주교와의 친교 안에서 매우 다양한 방식으로 표현된다.[68]

---

68) 신부가 사제직을 수행할 때, 성사적으로 충만한 주교의 사제직과 반드시 일치해야

이 통치 직무의 구체적인 내용과 공동체와 개인을 향한 사제의 돌봄을 표현하기 위해 교도권 문헌[69]은 다양한 동사와 용어를 사용한다. 「사제 생활 교령」에서는 모으다, 생명을 불어넣다, 건설하다, 각자 자기 성소를 계발하다, 사랑을 실천하고 그리스도께서 우리를 자유롭게 해 주신 자유를 행사하도록 돕는다, 모든 사람을 돌보되 특히 가장 약한 이와 가난한 이, 병자와 죽어가는 이들을 돌보다, 사명과 봉사를 격려한다 등의 표현을 사용한다.[70] 「현대의 사제 양성」에서는 모으다, 이끌다, 조정하다, 주재하다, 안내하다, 사제로서 행하다, 건설하다, 개개인과 다양한 소명에 관심을 갖는다 등의 표현을,[71] 「사제의 직무와 생활 지침」에서는 공동체를 보살피다, 사랑을 증거하다, 생명을 바치는 목자가 되다, 공동체를 위해 존재하고 살아가다, 인도하다, 섬기다, 공식적으로 수호하다, 교정하다, 용서하다, 위로하다, 형제애를 촉진하다 등의 표현[72]이 사용되었다. 가끔은 통치 직무가 말씀과 성사에 직접적으로 관련되지 않은 모든 사목 활동을 포괄적으로 담는 용어로 보는 것은 아닌지 의문이 제기될 수 있다.

사제를 공동체와 신자 개인의 인도자로 설명하는 교도권 문헌은 '권한'에 대해서 많이 언급하지 않는데, 그 이유는 무엇일

한다. 하지만 이 사실 때문에 신부의 사제직이 주교의 사제직에서 비롯하고 파생한다고 여겨서는 안 된다. 치트리니(Citrini, pp.117~121)가 언급한 사제와 주교 차이를 참고하라.

69) 공동체의 인도자로서 사제에 관한 참고 문헌으로 다음 참조: 「사제 생활 교령」 6, 13항; 「현대의 사제 양성」 26항; 「사제의 직무와 생활 지침」 55~56항; Favale, pp. 176~208, 308~312.

70) 참조: 「사제 생활 교령」 6항.

71) 참조: 「현대의 사제 양성」 26항.

72) 「사제의 직무와 생활 지침」 55항.

까? 아마도 권한에 대한 오해를 두려워하기 때문인가? 아니면 실제로 사제는 성사로 인한 권한이 없다고 생각하기 때문인가? 진정한 그리스도교 공동체의 권위 있는 지도는 복음을 선포하고, 성찬례를 주재하며, 다른 성사를 거행하는 것 못지않게 사제가 사제 축성으로 인해서 권한을 부여받은 활동이다. 그러나 사제는 항상 협력자로서 이를 수행한다. 주교의 지시에 따라 순명하는 위치에서 '두 번째 직위 사제'(sacerdos secundi ordinis)로서 이를 수행할 뿐이다. 사제는 주교처럼 직무에 관한 충만함을 가지지 못하기 때문에, 항상 본질적으로 주교에 의존할 수밖에 없다. 그러나 사제에게 직무를 수여하시는 분이 바로 그리스도이시기 때문에, 사제직은 주교의 사제직에서 유래하고 비롯하지 않는다. 이 사실은 주교가 사제들을 처분할 전권이 아니라, 존중의 의무를 규정한다. 그것이 사제 성소의 원천인 그리스도를 존중하고 그리스도에 순종하는 표징이 될 것이다.

「사제 생활 교령」은 하느님 백성을 '통치하고 돌보는 직무'(munus regendi et pascendi)가 사랑과 믿음과 희망을 수반한다고 강조한다. 양 떼를 위해 자신의 목숨을 바치는 착한 목자의 사랑과 일치하는 목자의 사랑의 삶, 교사로 불림을 받고, 신앙의 교사로 사명을 온전히 수행할 수 있게 하는 신앙의 정신, 백성을 인도하도록 부르심을 받아, 그 백성 안에서 위로의 직무를 발휘할 수 있도록 하는 희망은 통치 직무에 수반한다. 또한 강력한 수덕 실천의 필요성도 언급하는데, 영혼의 목자에게 적합한 몇 가지 특성을 강조한다.[73)]

73) "사제는 공동체의 지도자로서 영혼의 목자에 어울리는 수덕을 쌓는다. 곧 자신의 편

요한 바오로 2세 역시 「현대의 사제 양성」에서, '다스리는 직무'와 관련한 임무가 사제에게 강력한 영성 생활을 요구한다고 말한다. 영성 생활은 활동을 위한 준비이며, 직무 수행의 내적 동반이다. 더욱 구체적으로, "성실하고, 말과 행동이 일치하고, 지혜로울 뿐만 아니라, 모든 이를 포용할 수 있는 능력과 친절한 태도 및 본질적인 것을 끝까지 지켜나가는 꿋꿋함과 지나치게 주관적인 견해들을 떨쳐 버릴 수 있는 자유로움을 갖추고, 사리사욕을 멀리하고, 인내로우며, 매일의 임무에 기쁨을 느끼고, 단순하고 가난한 사람들에게서 드러나는 은총의 숨겨진 손길에 대한 신뢰(티토 1,7~8 참조)"[74] 등 일련의 품성과 덕을 나열한다.

마지막으로, 「사제의 직무와 생활 지침」은 사제가 하느님 백성의 좋은 인도자가 되기 위해서 특별히 영성 생활의 네 가지 핵심에 주의를 기울여야 한다고 상기시킨다. 첫째, 시대의 징표에 대한 영적 식별과 관심, 둘째, 우리 시대의 사회적, 문화적 및 과학적 자료에 대한 숙고와 더불어 신학적 및 사목적 문제에 대한 탐구, 셋째, 교회와 함께 느끼기, 넷째, 교황부터 평신도에 이르기까지 모든 사람과의 친교의 유대 안에서 일하는 능력이다.[75]

의를 물리치고, 자신이 아니라 많은 사람에게 유익한 것을 찾아 그들이 구원을 받게 하며, 사목 활동을 더욱 완전하게 수행할 수 있도록 언제나 더더욱 앞으로 나아가며, '불고 싶은 데로 부는' 사랑의 성령의 인도를 받아 필요하다면 새로운 사목의 길에 기꺼이 들어서야 한다." 「사제 생활 교령」 13항.

[74] 「현대의 사제 양성」 26항.

[75] 참조: 「사제의 직무와 생활 지침」 56항.

4. 복음적 근본주의와 사제 생활의 통합

4.1. 서론

이미 확인했듯이, 사제의 영성 생활에 관한 모든 고찰의 시작은 성품성사이다. 이 성사를 통해 부어지는 성령은 사제의 일상 실존과 복음적 근본주의에 새로운 색채를 부여한다. 사제는 세례성사로 인해서 이미 복음적 근본주의와 묶여 있지만, 성품성사의 성령으로 새로운 특징을 부여받는 것이다.[76]

그리스도를 따르라는 근본적이고 포기할 수 없는 요구는 세례를 통해서 부여받는다. 사제는 교회 '안에서' 다른 신자들과 다르지 않은 한 명의 신자로서 이러한 의무를 지닌다. 그런데 성품성사는 이 요구를 새롭게 부과한다. 머리이시며 목자이시고 신랑이신 그리스도를 닮고, 목자의 사랑으로 불타오르며, 서품 직무의 권한을 부여받은 사람으로서 교회 '앞에' 있도록 한다.

사목 생활을 위해서, 그리고 결론적으로 사제의 영성 생활을 위해서, 다양한 덕과 윤리적 요구가 결정적으로 중요하다.

「사제의 직무와 생활 지침」은 특히 기도의 실천을 강조한다.[77] 요한 바오로 2세는 「현대의 사제 양성」에서 믿음,[78] 겸손, 지혜, 자비[79]를 언급한다. 「사제 생활 교령」에서는 고행,[80] 성령

---

[76] 참조: 「교회 헌장」 5장의 거룩함으로의 보편적 부르심.

[77] 「사제의 직무와 생활 지침」 38~42항.

[78] 참조: 신비로서의 교회에 대해서 다루는 「현대의 사제 양성」 73항.

[79] 「현대의 사제 양성」 27항. 이를 알아채기가 어렵지 않은데 요한 바오로 2세는 이 세 가지 덕이 사제에게 중요하다고 강조하기 때문이다.

[80] 「사제 생활 교령」 12항.

에 대한 순응,[81] 무엇보다 먼저 하느님의 뜻의 성취를 추구하는 태도,[82] 주님께서 가장 기뻐하시는 것이 무엇인지에 대한 영적 식별[83]을 상기시키며, 특히 생활의 일치[84]에 주목한다. 이 세 교회 교도권 문헌은 모두 복음적 근본주의라는 특전적 표현을 다루는 데 지면을 충분히 할애하고 있다. 이 특전적 표현이란, 복음적 권고의 실행, 특별히 순명·정결·청빈이라는 세 가지 고전적인 복음적 권고의 실행을 말한다.

사제에게 요구되는 수많은 덕과 윤리적 요구를 모두 다룰 수 없기에, 생활의 일치와 세 가지 복음적 권고에만 관심을 기울일 것이다. 복음적 권고와 관련하여, 각각의 세부적인 문제에 들어가기보다는 몇 가지 일반적 설명으로 만족할 것이며, 교도권 지침에 비추어, 개인적 탐구를 위한 몇 가지 방법론적 노선만 확인할 것이다.

4.2. 생활의 일치

「사제 생활 교령」이 승인된 1965년에는 이미 사목자에게 '생활의 일치'가 성취해야 하고 항상 더 성숙시켜야 할 기초적 현실로서 인식했었다. 직면해야 할 다양한 임무들, 해결해야 할 다양하고 시급한 문제들, 또 쉽게 분산되는 마음 앞에서 생활의 일치

81) 같은 문헌, 12, 15항.
82) 같은 문헌, 15항.
83) 같은 곳.
84) 같은 문헌, 14항.

가 중요했다. 오늘날 특히 서구 세계에서는 점점 더 커지는 단편화와 내면성의 부족이 인간 영혼의 성숙 과정을 더욱 어렵게 만드는 것처럼 보이는 이 시점에, 사제는 생활의 일치와 그의 모든 존재를 통합할 수 있는 원칙을 찾아야 한다는 필요성이 더욱 강하게 느껴진다.

그러나 생활의 일치는 단지 한 시대의 역사적 상황하고만 연관된 문제는 아니라, 모든 시대의 문제이다. 사제가 자신의 모든 실존 전체에 걸쳐 살아가도록 부름을 받은 다양한 측면과 차원과 연결되어 있기 때문이다. 사제가 인간적이고 영적으로 성숙하려면, 실제 삶을 구성하는 요소들을 통합하고, 조화시킬 수 있는 능력이 있어야 하고, 가능한 모든 양극화를 넘어서야 한다. 특별히 사제에 의한, 사제 안의 내적 생활과 외적 행동 사이의 조화가 요구된다.

또한 이것은 진행 중이고, 발전 중인 일치이기에, 사제는 항상 양성 과정에 놓여 있다. 따라서 사제가 영성 생활의 완전한 성숙에 도달하게 하는 양성과 수단에 대한 주제를 제3부에서 다룰 것이다.

이러한 맥락에서 '통합적 양성'을 말할 것인데, 이를 달성해야 할 어떤 목표로서보다는 목표에 이르는 방법으로서 말할 것이다. 즉 "무엇"보다는 "어떻게"에 대해 논의한다. 학생 입장보다는 양성자의 입장에서, 받는(또는 도착한) 양성보다는 건네주는(또는 출발하는) 양성의 편에서 다룰 것이다. 그러나 지금 여기에서는 사제 생활의 일치가 무엇으로 구성되어 있는지를 확인하려 한다.

생활의 일치를 말할 때, 통합에 대해서도 말할 수 있다. 그런데, 어떤 것들 사이의 통합을 말하는가?

양성과 관련하여 통합을 말하는 경우, 기본 혹은 초기 양성(강력한 시기)과 지속 양성(계속하는 시기) 사이의 생활의 통합과 일치를 생각할 수 있다. 즉 사제직을 '향한' 양성과 사제직 '안에서의' 양성의 통합과 일치이다. 또는 인성, 영성, 지성, 사목 양성과 같이 다양한 양성 차원의 통합을 생각할 수도 있다.

반면에 당사자와 직접적으로 관련하여 통합을 말한다면, 즉 생활의 일치를 성숙시키고 더욱 조화롭고 통합된 사람이 되어야 하는 사제의 통합인 경우, 내적 생활과 외적 활동, '영성' 생활과 '사도적' 생활, 신앙과 사명, 하느님과의 관계와 인간과의 관계, 사제 정체성과 사제직의 그리스도 중심적 차원과 교회적 차원 사이의 조화를 생각할 수 있다.

사제에게는 두 개의 문제가 발생하는데, 이는 교차하는 이중 질문으로 표현될 수 있다.

① 사제가 실제로 살아가는 사제 영성이, 사제가 직무 사제 정체성과 그 정체성이 요구하는 바를 온전히 존중하면서 영혼을 섬기고 돕는 직무를 살아가게 하려면, 어떻게 해야 하는가?

② 교회와 세상 안에서 영혼을 섬기고 돕는 직무를 계획하고 행사하는 방식이 참으로 깊은 영성을 반영하고, 증진하며, 발전시키고, 북돋울 수 있게 하려면, 어떻게 해야 하는가?

이분법을 피하면서, 사제의 모든 활동에 깊은 '종교적'-'영적'-'관상적' 차원을 부여하고, 사제의 모든 영적 체험에 참된 사도적 방향과 의미를 줄 수 있는 해결책은 최소한 두 가지 방법을 통해 모색할 수 있다.

1) 가장 우선하면서 근본적인 방법은 무엇보다도 통합해야 할 양편을 이해하는 세심한 영적 식별의 수행을 통해서 행하는 것이다. 이 둘을 완전한 균형을 이룬 저울의 두 판으로 보지 않는다. 그러면 이 둘을 한 쪽이 올라가면 다른 쪽이 내려가는 반비례 도식으로 이해하게 된다. 그러면 저울의 바늘이 가운데에 오게 하려고 타협의 중간점(Quid medium)을 찾으려 한다. 이는 통합을 균형으로 보는 것이다. 그러나 그보다는 오히려 하나는 원둘레에 외접하고 다른 하나는 원둘레에 내접하는 두 개의 다각형으로 보아야 한다. 이 두 다각형의 변의 수를 점차 나란히 늘리면, 이 둘은 가운데에 있는 원둘레를 향하지만, 결코 완전히 도달하지는 못한다(상호 한계와 현실화 도식; 조화로서의 통합). 두 번째 도식은 한 편을 다른 편과 완전히 독립된 현실로 이해하여, 마치 하나가 다른 하나 없이 선재(先在)할 수 있는 것처럼 생각하지 않게 하며, 따라서 '부분' 이전에 '전체'를 보도록 한다. 통합된 전체에서 시작하여 양편으로 다시 내려가고, 종합에서 분석으로, '경험'과 구체적 체험에서 '이해'와 지성적 성찰로 나아간다. 사제 영성 생활은 궁극적으로 언제나 구체적인 현실 안에서 실현되고, 거기에서 판가름 난다.

2) 다른 방법은 통합 원리의 확인을 통해서 이루어진다. 양편을 통합된 전체보다 선재(先在)하는 것으로 가정하기 때문에 생활의 통합을 위해서는 통합 원리가 필요하다고 가정한다. 곧 통합은 일치를 말하고, 그래서 일치 원리가 필요하다고 말한다. 「사제

생활 교령」 14항과 「사제 양성 교령」과 같은 공의회 문헌과, 「현대의 사제 양성」, 「사제의 직무와 생활 지침」과 같은 공의회 이후 문헌은 이러한 관점을 지니고 있다. 그러나 이 문헌들 사이에도 차이는 있다.

① 「사제 생활 교령」은 "생활의 일치는 단순히 교역 활동의 외적 정리나, 비록 도움이 된다 하더라도, 신심 실천만으로는 이루어질 수 없다"라고 말한 후, "그리스께서는 〔…〕 언제나 교역자들에게 그 생활 통합의 원리와 원천"(14항)이라고 긍정적 방식으로 언급한다. 사제의 영성 생활과 사도적 생활의 통합 원리는 근본적으로 추상적 원리가 아니라 '매우 정확한 위격'인 그리스도이시다. 그러므로 그리스도는 공식적으로 하느님의 사업을 실현하기 위해 보내졌고, 세상에서 아버지의 뜻을 완수하는 이들의 모범이자, 자신에게 맡겨진 양 떼에게 자신을 온전히 내어 주는 착한 목자로서 간주한다. 그래서 사제는 '사목 활동을 수행하면서' 사제적 완전의 끈을 찾을 것이다. 이 끈 없이는 생활의 일치도 없다. 이제, 이것은 사제의 전체 생활의 중심이자 뿌리인 '성찬의 희생 제사'에서 흘러나오는 '목자의 사랑'에게서 도움을 받을 것이다. 그렇다면 사제의 생활을 통합하는 원리는 그리스도(위격)일까 아니면 목자의 사랑(덕)일까, 아니면 성체성사(성사)일까? 「사제 생활 교령」의 선택은 '그리스도의 인격과 신비'에 기울어져 있는 듯싶다. 사실 "제단에서 이루어진 것을 자기 것으로 삼으려는" 것이 사제 영혼의 임무임을 상기시킨 후, 덧붙여 "사제들이 묵상과 기도를 통하여 그리스도의 신비 속으로 언제나 더욱 깊이 파고들지 않으면 결코 이루어질 수 없다"[85]라고 말한다.

② 「사제 양성 교령」에서 모든 양성은 사목적 목적을 지닌다는 원리에 따라 사제 생활을 통일하는 원리를 '사목성'으로 보는 것 같다. "영적, 지적, 규율 등 사제 양성의 모든 측면은 완전히 조화를 이루며 사목 양성이라는 목적을 지향해야 한다."[86]

③ 이러한 생각은 「현대의 사제 양성」에서 요한 바오로 2세에 의해 더욱 명확하게 드러난다. 사제가 생활을 성숙시키고 통합하는 과정에서 '목자의 사랑'의 역할을 강조한다. "머리이시며 목자이신 그리스도를 닮은 사제의 영성 생활을 북돋아 주고 이끄는 내면적 원리이자 덕은 목자의 사랑이다."[87] 교황은 이어지는 단락에서 이 덕이 "우리의 사고방식과 행동 방식, 사람들을 대하는 방식을 결정하여 준다"[88]라고 말하며, 같은 항 마지막 부분에서 "목자의 사랑"이야말로 "사제가 벌이는 수많은 다양한 활동들이 통일성을 이룰 수 있도록 힘을 불어넣어 주는 내적 원리이다"[89]라며 논의를 마무리한다.

④ 또한 「사제의 직무와 생활 지침」은 성체성사와 목자의 사랑이 사제 생활의 중심이고 근본이라는 것을 확인한다. 그러나 이 문헌이 「사제 생활 교령」 5항과 13항을 각주에서 언급하면서 "성체성사의 중심성, 목자의 사랑, 사제 삶의 일치 사이에는 긴

---

85) 「사제 생활 교령」 14항.
86) 「사제 양성 교령」 4항.
87) 「현대의 사제 양성」 23항.
88) 같은 문헌, 23항. 요한 바오로 2세는 서울 논현동 본당 성시간 강론(1989.10.07.)에서도 이 내용을 인용한다.
89) 같은 곳.

밀한 유대가 존재하며, 사제는 자신이 특별히 부름 받은 거룩함의 여정을 위한 결정적인 지침을 이 관계 안에서 발견한다"[90]라고 확언한 것은 중요한 의미가 있다. 이 문장은 생활의 일치 문제가 해결된 것이 아니라, 단지 더 깊은 무언가에 미뤄졌음을 보여 준다.

⑤ 마지막으로 요한 바오로 2세의 훈시(1993년 5월 28일, 「현대의 사제 양성」에 관한 국제 심포지엄 참가자를 위한 담화)의 한 구절을 인용할 수 있다. 교황은 '생활의 일치'에 대해 정확하게 언급하지 않았지만, 이를 암시하며 다음과 같이 표현한다. "하느님의 뜻에 대한 순종적 동의와 목자의 사랑이라는 기초 위에, 사제의 영성 생활과 지치지 않는 직무 활동이 일치로 결합된다."[91] 이 표현은 그렇게 만족스럽지는 않다. 왜냐하면 여기에서는 양편("사제의 영성 생활"과 "활동")이 일치보다 선재하고, 일치는 그다음에 결합되어("결합된다") 구축한 것처럼 표현했다. 더욱이 하나의 기초("기초 위에")에서 출발했지만, 이도 이중적이다("하느님의 뜻에 대한 순종적 동의"와 "목자의 사랑"). 본문의 문장을 구조적으로 분석해 보면, 영성 생활은 하느님의 뜻에 대한 순종적 동의와 연결되고, 직무 활동은 목자의 사랑과 연결되는 것으로 보인다. 생활의 일치 문제는 해결된 것이 아니라, 단순히 미뤄 두었을 뿐이다. 기초적 수준에서 "하느님의 뜻에 동의"와 "목자의 사랑", 더 나아가 "사랑"과 "목자의" 사이의 존재하는 이원론을 어떻게 풀어가야 할지는 항상 남아 있다. 직무

[90] 「사제의 직무와 생활 지침」 48항.

[91] Giovanni Paolo II, "Allocuzione ai partecipanti al Simposio internazionale su *Pastores dabo vobis: Il sacerdote oggi*", *op. cit.*, p.11.

수행은 기도, 하느님 말씀 듣기, 성찬례 거행 등과 같은 영성 생활의 과제이며 영성 생활의 성장과 발전의 순간이다. 그리고 직무 수행을 단순히 영성 생활의 '파생적'인 것만은 아니다(엄격한 의미의 영성 생활에서 부분적으로 옳지만). 그렇게 바라볼 때, 한편으로 목자의 사랑이 하느님과의 일치, 하느님 뜻에 대한 순응, 자신을 사제로 축성하신 하느님께 대한 충실함과 관련한 영성적 문제이며, 다른 한편으로 기도와 전례와 영성 생활의 수행이 하느님 백성과 세상을 향한 근본적인 봉사이자 다양하게 영혼을 돕는 사제의 직무와 관련한 문제라는 것을 이해할 수 있을 것이다.

교도권 문헌은 생활의 일치 문제에 대답하기 위해 제시한 방법이 불완전하다는 것을 강조했을 뿐이다. 이제 그리스도의 위격과 신비, 목자의 사랑, 성체성사, 하느님의 뜻에 대한 순종적 동의 등 중요한 역할을 하는 이 다양한 측면과 요소를 상호 작용하는 것으로 생각할 필요가 있다. '내적인 것 / 외적인 것' '수단/목적' '존재/행위' '인격/구조' '대신덕/윤리덕' '신앙/성사/도덕' 등의 요소는 정신적 틀과 변증법적 구조에 따라 상호 작용한다. 그리고 이는 성사, '또는' 보다는 '그리고'의 우선성, '저울의 도식'보다는 '다각형의 도식'의 우선성이라는 맥락에서 이해해야 한다.

한마디로 생활의 일치 문제는 지속적인 영적 식별의 과정을 벗어나서는 해결할 수 없다. 마지막 말은 사랑과 일치의 원리이신 성령께 달려 있다. 각 개인은 성령의 행위를 조심스럽게 찾아내야 한다. 실제 역사적 상황에서 출발하여, 보편적 원리의 빛으로 비추어 읽어야 한다. 보편적 원리의 빛은 성품성사로 세워진 사제직에 관한 신학에서 유래할 것이다. 그렇지만, 생활의 일치는 수행해야 할 과제이기 전에, 겸손하게 구하고 감사하게 받아야 할 선물이라는 것을 잊어서는 안 된다.

4.3. 복음적 권고

4.3.1. 서론

교도권이 복음 삼덕을 강조하는 것은 고리타분하다고 생각할 수 있다. 사제의 영성 생활을 수도자들의 영성 생활에서 유래했다고 보는 개념은 낡은 유산처럼 보일 수 있다. 아마 많은 사람이 이와 비슷한 해설과 견해를 들어봤을 것이다.

사제의 영성 생활을 위해서 고전적인 세 복음적 권고의 실천을 지지하고 장려하고자 하는 교도권의 관점은 적어도 세 가지 이유가 있다.

① 순명·정결·청빈이라는 복음적 권고가 수도자에만 배타적으로 유보된 소유물로 여겨져서는 안 되기 때문이다. 모든 사람은 이에 부르심을 받았으며, 따라서 사제 또한 세례를 통해 복음적 권고에 부르심을 받았다.

② 복음 삼덕은 서로 긴밀하고 조화롭게 배치되어 있고 인간 인격의 근본적이고 중심적인 측면을 건드리고 있기 때문이다.

③ 문헌이 드러내고자 하는 바와 같이, 성품성사를 받은 사람을 위한 특수한 복음 삼덕이 사제의 직무 수행과 목자의 사랑, 그래서 전체 영성 생활에 색조와 효능을 주기 때문이다.

이러한 점은 매우 중요하고도 민감하다. 순명, 더 나아가 정결에 관한 내용을 정서적/영적 차원이 아닌 법적/교회법적 차원에서만 받아들이고 동화하려는 경우가 자주 있기 때문이다. 아마도 현대 문화의 영향 때문이 아닐까 생각한다. 복음 삼덕의 가치로부터 도전을 받는다고 느끼는 현대 문화는 복음 삼덕을 비판하고 진부한 것으로 만들면서 스스로를 방어한다. 모든 사제에게는 교회적 순명과 독신을 마치 바퀴 사이의 막대기로, 또 고통스러운 요구로 살아갈 위험이 있다. 요한 바오로 2세는 「현대의 사제 양성」에서 복음 삼덕이 사제가 인간학적 차원이나 세례의 차원뿐만 아니라, 무엇보다도 가장 진정한 사제 정체성에 따라 실현될 수 있도록 어떻게 도움을 주는지 보여 주고자 한다. 교구 사제가 복음적 권고를 준수하는 것과 관련하여 제기된 광범위한 문제를 설명하려면 오랜 시간이 필요하다.[92] 이미 언급했듯이, 복음 삼덕 각각에 대해서는 몇 가지 일반적인 설명만으로 만족하고, 교도권이 제시한 관점에 비추어 개인적인 심화 연구를 위한 몇 가지 방법론적 노선만 설명할 것이다. 특별히, 세심한 경계가 필요하다는 것을 강조하고 싶다. 사제 직무에 대한 새로운 관심은 사제 영성에 있어서 강점이 되는데, 반대로 복음적 근본주의와 그 특전적 표현인 복음 삼덕의 실천을 '우회'하는 핑계가 되지 않아야 한다. 또한 직무에 대한 관심이 복음 삼덕의 측면들을 약화하

---

92) 이 문제에 대해 처음으로 접근하는 이들을 위해 유용하고 명확하다고 생각하는 다음 연구를 참조한다. H.U. von Balthasar, *Gli stati di vita del cristiano*, Milano, 1985, pp.231~285; D. Nowak, *I consigli evangelici nel cammino spirituale proprio del sacerdote*, Excerpta ad dissertationem ad Doctoratum in Facultate Theologiae apud Institutum Spiritualitatis PUG, Roma, 1993; C. Pozo, "Sacerdocio ministerial y radicalismo de los consejos evangelicos", in *Seminarium* 32 (1992), pp.550~560.

지 않도록 주의해야 한다. 이러한 복음 삼덕 없이는 사제의 영성 생활은 실패할 것이고, 사제 직무는 전혀 열매를 맺지 못하는 활동주의로 전락할 것이다.

4.3.2. 순명

1) 교구 사제의 순명에 대한 성찰을 올바른 방식으로 진행하기 위해서는 모든 신자에게 공통적으로 유효한 순명 권고를 볼 필요가 있다. 다음은 이에 관한 몇 가지 일반적 내용이다.[93]

① '하느님의 뜻을 행하는 것'과 '순명하는 것'의 구별. '신앙에 대한 순명'과 그리스도교적 순명 사이의 구별, 그리스도교적 순명과 서품 예식에서 주교에게 약속하는 순명 사이의 구별

② 그리스도인의 순명의 덕에 대한 성찰과 관련한 올바른 방법론적 접근의 필요성

---

93) 독자는 사제적 순명에 관한 우리의 성찰에 특별히 참고한 문헌과 연구를 확인할 수 있다. 「사제 생활 교령」 15항; 「현대의 사제 양성」 27~28항; 「사제의 직무와 활동 지침」 61~66항; Favale, pp.330~342; D. Nowak, *I consigli evangelici nel cammino spirituale proprio del sacerdote, op. cit.*; M. Balaz, *Il rapporto "Vescovi-Presbiteri"*, Excerpta Theseos ad Doctoratum in S. Theologia, Roma, 1996; I. de Celaya, "Libertad y obediencia en la formacion sacerdotal", in F. Mateo Seco, ed., *La formacion de los sacerdotes en las circunstancias actuates*, Pamplona, 1990, pp.671~713; G. Ghirlanda, "L'obbedienza dei chierici nel nuovo Codice", in *Rassegna di Teologia* 24(1983), pp.520~539; J. Zenz, *Spirituality of obedience for diocesan priests in Vatican II*, Excerpta ex dissertatione ad Doctoratum in Facultate Teologiae apud Inst. Spiritualitatis PUG, Roma, 1984.

– ‘부분’ 즉 권위와 순명을 개별적이고 분리하여 다루기보다는, ‘관계’ 즉 둘 사이의 관계를 우선적으로 고려하면서 성찰한다.

– 순명의 구체적인 실행과 실행 방식에 관한 ‘수덕-실천적 고찰’보다는 ‘존재론적 고찰’(그 자체로 고찰한는 순명)과 ‘신학적 고찰’(하느님과의 관계에서 고찰하는 순명)에 우선성을 부여한다.

– 순명은 ‘사회학적 관점’보다는 ‘신학적이고 신앙적 관점’으로 숙고해야 한다. 당연히 순명을 오늘날에 맞추어 쇄신해야 하고, 적응시켜야 하며, 구체화해야 한다. 그러나 쇄신하고 적응시키고 구체화할 것이 분명하지 않으면, 유행을 따르게 되고, 특정한 대중적 순응주의의 노예가 될 위험이 있으며, 이는 순종하는 사람의 진정한 영성화 과정을 도울 수 없다.

– ‘순명이 신앙의 행위’라는 것을 기억해야 한다. 순명을 방어적으로 ‘정당화’하기보다는 ‘진’(眞)이며 ‘선’(善)일 뿐 아니라, ‘미’(美)라는 높고 긍정적인 가치로 제안해야 한다. 순명은 인간의 지성과 의지뿐만 아니라 인간의 정서를 끌어당기고 긍정적으로 자극할 수 있는 가치이다. 더욱이 신앙의 행위로서 순명을 단순히 이성과 관련지을 뿐 아니라, 특히 그것을 구체적으로 세우고, 충분히 정당화하는 카리스마적 요소와 관련해야 한다. 카리스마적 내용이란, 예를 들어 축성 생활회 회원을 위한 그 회의 은총이나 창립자의 카리스마, 혹은 교구 사제를 위한 성품성사와 입적과 같은 것이다. 순명이 신앙의 요소라는 사실을 감안할 때, 그 문제를 일방적이며 축소적으로 사회화/학적·합리주의적 방식으로 다루는 접근을 주의해야 한다. 이러한 접근은 지금 당장은 아니더라도, 적어도 머지않은 미래에 권위와 제도에 거슬러 거부하고 반발하는 반응을 초래할 수밖에 없다.

– 그리스도의 교회에서 순명이 취할 수 있는 다양한 양식을 인정할 용기를 가져야 하며, 순명 자체와 구체적 상황에서 순명이 취하는 행위와 양식을 혼동하지 않아야 한다. 그리고 '자신의' 순명을 교회의 다른 구성원들의 순명에 투사하면 안 된다. 특히 축성 생활회 회원의 수도자적 순명을 교구 사제의 순명에 투영하거나 동일시하는 것은 오류이며, 그 반대로 교구 사제 순명을 수도자적 순명에 투영하는 것도 마찬가지이다.

2) 교회 문헌에서 언급하는 사제 순명의 동기를 아무리 자세히 성찰해도 지나치지 않을 것이다. 사제 생활의 특별한 색채와 구체성과 관련한 그리스도교적 순명을 다룰 때, 사제 순명의 동기는 그 토대와 신학적 의미를 제공한다. 일반적으로는 그리스도교적 순명의 그리스도론적·구원론적·교회론적 차원을 강조한다면, 사제의 순명에 대해서 교도권 문헌들은 주로 두 가지 동기를 제시한다. 첫 번째는 그리스도론적 동기이고, 두 번째는 교회론적 동기이다. 순명은, 정결과 청빈이라는 다른 두 복음적 권고와 더불어, 복음적 근본주의의 특권적 표현이기에, 순명의 동기들은 복음적 근본주의를 정당화한다.

「현대의 사제 양성」은 성품성사로 인하여 사제에게 요구되는 복음적 근본주의와 순명 사이의 긴밀한 연관성을 결정적으로 언급한다(27항). 이를 근거로, 사제 순명의 두 가지 그리스도론적 동기를 말할 수 있다. 한편으로 사제는 교회 '안에' 있기 때문에, 순명하도록 부르심을 받았다. 모든 신자는 세례를 통해 성부의 뜻을 순명하는 그리스도를 따르고 순응하도록 부르심을 받았는데, 사제도 교회 안에서 그러하다. 다른 한편으로 사제는 교회 '앞에'

있기 때문에, 순명한다. 사제는 성품성사를 통해 머리이시며 목자이시며 신랑이신 그리스도를 닮기에 교회 '앞에' 있다. 따라서 사제 순명에는 구원적 가치가 있으며, 「사제 생활 교령」[94]과 「사제의 직무와 생활 지침」[95]은 이를 특별히 강조한다. 「사제의 직무와 생활 지침」은 순명을 단순히 "사제가 지녀야 할 아주 중요한 가치"로 정의하면서 "그리스도의 사제직의 핵심 자체"[96]라고 언급할 뿐만 아니라, "성사가 근본적으로 요구하는 것"[97]이라 논리적으로 결론을 내리면서, 결국 사제 존재의 핵심이라고 말한다. 아버지께 대한 그리스도의 순명이 희생 제사에 구원적 가치를 부여했듯이, 마찬가지로 사제의 순명은 그의 직무를 효과적으로 만들 것이다. 그래서 사제의 순명은, 그리스도론적 차원에서, 순명하시는 그리스도'처럼' 그리고 그분 '안에서' 실현되면서, 육화하신 말씀과 같은 마음을 지니고, 말씀의 구원 의지에 일치하고 순응하려고 애쓰게 되는 것뿐만이 아니라, 보다 적절하게 구원론적이고 교회론적 차원에서, 목자의 사랑의 특권적 표현으로 인간에게 자신을 개방할 것이다. 이 문제의 핵심은 성부의 '구원' 의지와, 당신의 백성이자 양 떼이며 신부를 위해 성부께 자신을 희생제물로서 온전히 바치시는 머리이자 목자이시며 신랑이신 그리스도에 대한 순응에 달려 있다. 그리스도의 순명이 그러하듯이, 사제의 순명은 단지 '아버지를 위한' 순명, 즉 영원한 희생과 예배의 표현으로서 아버지를 향한 수직적 관계 안의 순명일 뿐만 아

[94] 참조: 「사제 생활 교령」 15항.
[95] 참조: 「사제의 직무와 생활 지침」 61항.
[96] 같은 곳.
[97] 같은 곳.

니라, '사람을 위한' 순명, 즉 사람들과의 관계 안에서의 순명이기도 하다. 그래서 이 구원적 행위는, 성부에 대한 순명을 통하여 우리를 구속하신 그리스도의 희생과 연속성을 지녔으며, 따라서 구속의 핵심이 된다. 구속은 그리스도의 파스카적 신비에서 절정에 이르지만, 그리스도께서 육화하신 순간부터 그분의 전 생애를 포함한다.

「사제 생활 교령」 15항과 「사제의 직무와 생활 지침」 61항이 주로 그리스도론적 관점에서 논지를 전개했다면, 「현대의 사제 양성」의 순명에 관한 본문[98]은 주로 교회론적 관점에서 제시한다. 이 두 관점이 절대로 대립하여서는 안 된다. 사실, 사제 순명의 동기를 오직 '그리스도에게의 순응'에만 두는 것은 축소적이다. 그리스도에게의 순응을 영원한 대사제이신 그리스도를 닮고 따르는 것으로 이해할지라도 말이다.[99] (머리이시며, 목자이시고, 신랑이신 그리스도, 즉 본질적으로 신비체와 양 떼와 신부와 관련하는 그리스도를 닮음과 그분에 순명을 통해서, 세상의 구원자이신 그리스도를 닮기 때문에, 순명의 교회론적 지평이 열리는

---

98) 참조: 「현대의 사제 양성」 28항.

99) 사제 순명의 그리스도론적 차원을 오로지 그리스도의 십자가 희생에서 동기를 찾으려는 입장은 분명히 축소적이다. 십자가 희생은 확실히 그리스도 순명의 절정이지만, 그리스도 순명의 전부는 아니다. 또한 순명을 오직 사제에게 유보된 덕이며, 성품성사에만 의존하는 것으로 보는 것도 마찬가지로 축소적이다. 순명을 복음적 권고, 즉 그리스도의 복음적 근본성을 표현하는 것으로 보아야 한다. 머리이시고 목자이시며 신랑이신 그리스도를 따르고, 그분과 존재론적으로 닮으려는 것이다. 반대로, 모든 세례받은 사람들이 공통적으로 받은 거룩함으로의 부르심과 그리스도를 따름에 순명의 근거를 두려는 입장도 역시 축소적이다. 마치 순명이 성품성사와 관계없이 세례성사에만 바탕을 둔다고 여긴다. 그래서 머리이시며 목자이고 신랑이신 그리스도를 닮는 것에 특별한 의미를 두지 않는다.

것을 거의 잊고 있다.) 이와 마찬가지로, 사제 순명의 동기가 모든 의미와 효과가 비롯하는 그리스도의 순명이라는 지평에 놓이지 않는다면, 이 역시 축소적이다. 또한 사제의 순명은 오늘날 널리 퍼진 사고방식인 "그리스도는 맞지만, 교회는 아니다"에 영향을 받을 수 있다. 이러한 사고방식은 육화의 법칙과는 달리, 내밀주의적이고 개인주의적인 그리스도론으로 이끈다. 그러나 다른 한편으로 사제 순명에 동기를 부여할 때, 교회 중심주의를 경계해야 한다. 이는 사제 생활을 성직주의나 바리사이적 율법주의의 입장과 동일시하여, 아무 열매도 맺지 못하게 한다.

「사제의 직무와 생활 지침」은 "순명의 덕(!)"은 "본질적으로 (성품)성사에 의해 요구된다"라고 말한 다음, "그리고 교회의 위계적 구조에 의해"[100]라고 덧붙인다. 순명은 항상 육화된(구체적으로 실현된) 것이다. 구체적으로, 사제가 순명하시는 그리스도 안에서 결합하는 것은 교회 안에서, 그리스도께서 위계적으로 구조화되기를 원하셨던 이 교회 안에서 일어난다. 물론 하느님에게, 그리고 하느님을 위해 순명하지, 법적으로 권한을 가진 장상이나 하느님의 뜻을 중재하는 사람들의 '아름다운 얼굴'에 순명하는 것은 아니지만, 순명은 항상 사람의 매개를 통해 이루어진다.[101]

---

100) 「사제의 직무와 생활 지침」 61항.

101) 순명과 관하여, '순명은 장상과 관련한 것'이나 '순명은 언제나 권한이 있는 다른 사람과의 관계로 생각해야 한다'와 같은 표현에 주의해야 한다(D. Bertrand, *Un corps pour l' Ésprit*, Paris, 1974, p.155). 이러한 표현은 '장상과 관련한 것' 또는 '다른 직권자와의 관계'를 형상적 의미(장상으로서, 직권자로서, 공식적으로 '권한'을 행사하는 사람으로서)로 이해할 때에 참이다. 그러나 질료적 의미에서(나의 장상, 권한을 가진 사람) 이해한다면, 사실이 아니다. 왜냐하면 이들과 순명의 관계가 아닌 많은 관계를 가질 수 있기 때문이다. 즉 그 관계는 그리스도와 아버지 사이의 관계, "아버지는 나보다 더 크시다"라고 하신 말씀의 표현— 육화가 아니다. 아랫사람은 장상과 형제애, 조언, 우정, 대화, 사랑, 우호적 공동생활 등의 관계를 맺을 수 있고, 그러한

「교회 헌장」은 성품성사로 인하여 사제가 "주교의 첫 번째 협조자"가 되고 "주교의 권위 아래서 자기에게 맡겨진 주님 양 떼의 일부를 거룩하게 하고 다스린다"라고 확언한 후, 다음과 같이 덧붙인다. "신부들은 이렇게 주교의 사제직과 사명에 참여하므로 주교를 참으로 자기 아버지로 알아 존경하는 마음으로 순종하여야 한다."[102] 그래서 사제 순명의 원인으로 채택한 것은 오늘날 교회에서 그리스도의 축성과 사명에 참여이다. 사제가 성품성사를 통해 직접 참여하는 것은 자신을 축성한 주교의 사제직이 아니라, 예수 그리스도의 사제직이다. 그러나 사제의 참여는 종속적 수준에 있고, 주교의 참여에 비하면 세례자의 경우와 같이 본질적이지 않다. 주교와 사제들은 축성과 사명에서 일치하지만, 수준은 다르다. 이러한 축성과 사명의 일치에서 오는 친교는 교회론적으로 사제 순명에 동기를 부여한다.[103]

축성의 일치, 특히 사제 순명의 기초적 동기인 사명의 일치는 「사제 생활 교령」 7항, 「사제의 직무와 생활 지침」 61항, 「현대의 사제 양성」 28항에서 다시 한번 강조된다. 공의회 이후, 때때로 친교의 목적을 강조하면서, 친교의 개념과 순종의 개념을 혼동하게 했고, 이는 둘 모두에게 해를 끼쳤다. 이러한 위험을 피하

관계를 갖는 것이 바람직하다. 그런데 이 모든 것을 '순명'이라고 부르는 것은 혼란스럽게 하고, '순명'의 참되고 특별한 의미를 잃어버리게 할 것이다. 장상과 아랫사람 사이의 관계를 규정하는 모든 것을 '순명'이라는 용어로 환원하는 것은 과거에도 과장을 낳았고, 오늘날에도 그렇다. 이러한 이유로, '주교-사제'의 관계를 순명과 혼동하는 「교회 헌장」 28항과 「사제 생활 교령」 7항을 일부 주석은 우리에게 적절하지도 정확하지도 않은 것으로 보인다.

102) 「교회 헌장」 28항.

103) Cf. P. Cornialdesi, *Il consiglio di ubbidienza nella spiritualità del presbitero diocesano.* Tesi «ad licentiam» presso l'Istituto di Spiritualità della PUG, ad modum manuscripti, Roma, 1998, pp.37~38.

기 위해, 일치의 유대이자 친교의 힘인 순명이 교황과 주교를 통해 그리스도로부터 내려오는 유일한 사명의 통로인 순명과 동일하다는 점을 강조해야 한다. 그래서 순명 안에서, 순명을 통해서 축성과 사명 사이의 근본적인 통합이 이루어진다. 파발레가 지적한 대로 "사제들이 주교와 협력하도록 이끄는 것은 어떤 법적 구속보다 서품의 은총에 대한 충실함의 요구이다. 그러나 이러한 협력은 성령께서 하느님의 교회를 다스리기 위해 목자로 세우신 이들의 지시와 권고에 순명할 때에만 실현할 수 있다. 〔…〕 이는 교회적 사명의 일치를 요구하며, 공동 활동의 일치로 나타나야 한다."[104]

3) 사제의 순명은 축성자의 순명이나 일반 신자의 순명 등 다른 모든 순명과 마찬가지로 수덕적, 신비적, 사도적/사명적, 공동체적으로 구분되는 '네 가지 수준'을 제시한다.

이 네 가지 수준을 각각 자세하게 분석하기보다는, 하나의 순명으로 어떻게 통합할 수 있는지 기억하는 것이 중요하다. 이는 분리되고 병치된 네 가지 순명이 아니라 단일 실재의 네 가지 측면으로 보아야 한다. 당연히 이 네 가지 측면은 다른 신분 영성에 따라 뉘앙스와 통합하는 방식이 다르다. 수도승 생활에 강조하는 순명의 수덕적-희생적 차원의 의미가 사도 생활단이나 사제의 영성 생활에서 같은 방식, 같은 강도, 같은 가치를 갖는다고 생각할 수 없다. 마찬가지로, 수도 생활에서 순명의 공동체적 차원은 재속회 회원이나 교구 사제에게 적절하고 특정한 순종과 비

104) Favale, p.332.

교하여 다른 의미를 지니고, 더 크게 강조될 것이다.

머리이시며 목자이시자 신랑이신 그리스도께서는 십자가의 결정적 희생에 이르기까지 성부의 뜻에 따르며, 세상을 구원하시기 위해 성부로부터 파견되셨다. 이러한 그리스도를 닮게 하는 성품성사는 사제 영성에서 순명의 선교적-사도적 차원이 매우 특별한 깊이와 중요성을 갖게 한다. 사실 모든 순명은 — 심지어 관상가들의 유순한 순명과 수도자/양성 중인 이들의 수덕적 순명도 포함하는 — 성부의 '구원' 의지에 대한 그리스도의 완전한 참여에 근본적으로 접목되기 때문에 항상 사도적이지만, 사제의 순명은 더 엄격하고 구체적인 의미에서 사도적이다. 사제의 순명은 주교나 장상으로부터 명령을 받고, 그것으로 그리스도의 구원 사명에 구체적으로 참여하게 되는 특전적 통로이다. 사명은 아버지로부터 그리스도에게, 그리스도로부터 교회에, 그리고 주교에게, 그다음으로 사제에게 내려오는데, 주교와 장상은 거울과 같은 방식으로, 사제에게 사명을 주면서, 자신의 통치와 권한의 행사를 사명의 통로로 만든다. 즉 순명과 통치는 사명의 통로가 되는 곳에서 서로 만난다. 이는 오늘날 사제 영성에 있어서 그 어느 때보다 중요하고 시의성이 있다. 제2차 바티칸 공의회는 사제의 사목적 차원뿐만이 아니라, 사명적 차원을 강력하게 강조했고, 「현대의 사제 양성」과 「사제의 직무와 생활 지침」은 「교회 헌장」과 「사제 생활 교령」의 가르침을 고집스럽게 받아들이면서 사제 영성의 특권적 측면인 목자의 사랑과 직무를 통한 성화를 강조하기 때문이다.

사제 생활에서 순명의 네 가지 측면을 종합하고 통합할 때, 공동체적 차원에 작지 않은 중요성을 부여해야 한다. 앞에서 이미 보았던 것처럼, 순명과 친교를 혼동하면서, 오직 친교만 보존하기 위해 순명의 내용을 비워 내거나, 반대로 순명을 보존하기 위해 친교를 희생하지 않아야 하고, 수도회, 특별히 수도승회처럼 순명의 공동체적 차원을 가시적으로 강조하지 않지만, 교구 사제에게도 순명과 친교 사이의 긴밀한 연결이 있어야 한다. 오직 성부와 그리스도와의 수직적 관계에서뿐만 아니라, 교회 내, 그리고 교회의 유익을 위한 친교의 영성 틀 안에서 순명을 고려하고 살아간다. 무엇보다도 순명을 통해서 주교와의 일치와 협력의 관계가 표현되고 실현되며, 교회 안에서 그리고 사람들 사이에서 친교를 위해 필요한 직무의 일치를 보존하고 강화하는 것 역시 순명이다.[105] 그러나 사제가 자신의 순명을 통해 친교에 봉사하고 공동선을 촉진하는 것에 대해, 의사 결정권에 참여라는 엄격한 의미의 통치 참여적 관점이나, 권위를 '공동으로'(in solidum) 행사하는 (그래서 심지어 순종을 파괴할 수도 있는) 관점으로 이해해서는 안 된다. 그보다는 자신의 능력과 '두 번째 직위'(secondi ordinis)인 사제직의 본질에 따라 공동선을 증진하는 것으로 보아야 한다. 그래서 사제는 보편 수준이든 개별 수준이든 교회 통치의 중앙집권주의를, 변두리에서 수행하는 사도적 사명에 도움이 되는 것으로 생각해야 한다. 이 점을 강조할 필요가 없다고 생각하지만, 당연히 이 중앙 중심적 통치는 절대적이고 독재적인 방식이 아니라, 보편 교회와 개별 교회 사이의 '상호 내재성'의 원리[106]와 보조성의 원리가 지시하는 올바른 한계 내에

105) Diocesi di Milano, *Sinodo 47°*, cc.476, §.1; 499, §.3.

106) Cf. Congregazione per la Dottrina della Fede, *Communionis notio, op. cit.*, n.9; Giovanni Paolo II, *Discorso alla Curia Romana*(1990.12.20.), n.9; 제2차 바티칸

서 균형 있고 억제된 방식으로 행사해야 한다. 중앙 권한을 모두 없애고자 하는 것은 사제의 생활을 수도승에게 더 적합한 좁은 범위에서 영성을 재설계하는 것과 같다.

이러한 순명의 개념은 오늘날 널리 퍼진 민주주의 정신과 반대되며, 하느님의 뜻을 매개하는 인간에게 의존을 용납하지 않는다. 그러나 사실 교회에 더 큰 역동과 변화 가능성을 허락하고, 교회의 개혁과 쇄신의 길을 열어 주는 것은 바로 순명이다. 이것은 오늘날의 사제에게도, 어쩌면 과거보다 훨씬 더 시급하게, 순종을 신앙의 문제로 기억하는 데 도움이 된다. 심지어 특별한 경우에는 은총의 사건이기도 하다. 다른 유형의 순명과 달리 그것은 성사적 사건, 즉 성품성사에서 비롯했기 때문이다. 특히 순명하는 아랫사람과 명령하는 장상 모두에게 필요한 것은, 자신과 상대를 순명하는 그리스도와 명령하는 그리스도로 이해하면서, 아랫사람을 그리스도 대신에 '그리스도의 자리'(loco Christi)에 순명하도록 이끄는 깊은 신앙 정신이다. 오직 신앙이 부족하고 세속주의의 노예가 된 사람만이, 장상이 그리스도를 대리한다는 사실을 마치 은유인 것처럼 여기면서 조롱할 수 있다.[107] 사제 순명은 신앙을 벗어나 생각할 수 없다. 그러나 순명이 신앙의 행위를 수반한다는 사실이 무슨 의미인지 잘 이해해야 한다. 장상(교황, 주교, 본당 신부 등)을 그리스도의 대리자로 받아들이고, 장상 안에서 그리스도를 보는 것은 받은 명령이나 맡겨진 사명의 '내용'

공의회, 「주교 교령」 11항.

107) Cf. P. Huizing / W. Bassett, "L'avvenire della vita religiosa", in *Concillum* 10 (1974), p.18[1164].

이 신앙의 영역이며, 무류성을 지닌 진리를 의미하거나 함축하지 않는다. 믿음은 '인격'에 관한 것이지 반드시 '내용'에 관한 것이 아니다. 즉, 장상에게 '나를 위한' 하느님의 권위가 있다는 것을 믿는 것이다. 이를 믿는다고 해서 장상의 모든 결정이 자동적으로 옳고 현명한 것은 아니다. 그것은 '나를 위해, 나에게 상대적으로 더 나은' 결정이 될 수 있지만, 그 자체로 더 좋고, 더 옳으며, 더 현명한 결정은 아니다. 만약 어떤 결정이 이론적으로 덜 좋은 결정이라면, 이론적으로 덜 좋은 것으로 남는다. 그러나 합법적 장상이 나에게 죄가 아닌 것을 명령하고 그것이 그의 권한 범위 내에 들어간다면, 사제는 자신의 의견을 포기하고 실제로 그것이 자신에게 더 낫다고 생각하면서 장상의 의견을 따라야 한다. 지혜와 순명의 차이를 이해하지 못하거나, 단지 장상의 명령이 자신의 의견보다 덜 좋거나 그렇게 보인다는 사실 때문에 순명을 할 의무가 없다고 생각하는 사람은 현실에 대한 명확한 관점을 가지고 있지 않으며, 적지 않은 인간 현실의 모호함과 양면성을 이해하고 있지 못하는 것이다.[108)]

이러한 이유로, 순명의 사명적이고 공동체적 차원을 지키고 촉진하기 위해서는 신앙의 정신과 더불어, 사제의 큰 겸손도 필요하다. 곧, 사제는 순명의 신비적 차원을 증진하면서도, 수덕적 차원에도 세심한 주의를 기울이며 끊임없이 실천해야 한다. 수도승이나 축성 생활자가 아니라고 해서 순명 자체에 내재하는 자기 비움(kenosis)의 측면을 배제하는 것은 아니다. 즉 사제 역시 권력에 대한 의지와 갈망에 압도되지 않도록 경계해야 한다. 언제나

---

108) 참조: 바오로 6세, 「복음의 증거」 28항.

그러했지만, 오늘날의 세속적 사고는 권력 의지에 광범위하게 젖어있는데, 순명은 이에 거슬러 저항하고 정화하는 힘이 된다. 그러므로 사제는 순명의 사명적-사도적 차원에서 출발하여, 친교적-공동체적 차원의 지평에서, 목자의 사랑과 직무를 통한 성화의 빛으로, 순명의 신비적이고 수덕적인 차원의 의미를 회복하고, 발전시켜야 한다. 그럴 때, 사제는 머리이시며 목자이시고 신랑이신 그리스도를 닮은 사람으로 살아갈 수 있을 것이다.

지금 다양한 유형의 순명이나 여러 가지 순명이 아니라, 하나의 순명을 다루고 있다. 그래서 순명의 여러 측면이나 수준을 언급했던 것이다. 물론, 권한을 행사할 때 못지않게 순명을 행사할 때 발생하는 객관적 어려움 중 하나는 서로 다른 측면에 통일성을 부여하는 것이다. 현시대가 더욱 완전한 자유를 향해 끊임없이 나아가는 여정인 한, 긴장이 발생한다는 점을 받아들일 필요가 있다. 무엇보다도, 아직 양성 과정에 있는 청년들과 서품을 받은 지 얼마 되지 않은 사제들은 완벽주의적 경향을 피하도록 도움을 받아야 한다. 그렇지 않으면, 이는 결국 권위에 거슬러 위험스러운 반발을 일으키면서, 기관 내 정서적 통합을 위태롭게 하고, 자신의 영성 생활의 성숙 과정 전체를 위험하게 하며, 직무에도 손상을 입히게 될 것이다. 성직자의 순명을 성직 생활 시작부터 이미 완전하게 주어진 것으로 보면서, 양성 기간에 형성된 입장을 단순히 보존하고 유지해야 할 것으로 여겨서는 안 된다. 순명은 주교 및 장상들과 지속적으로 더 깊은 친교와 협력을 모색하는 과정에서 성장하고 발전하는 것이다. 이는 법률적이거나 이념적인 틀에 갇혀 사제의 직무 생활과 개인 생활의 성령의 카리스마적 역동성을 저해하고 억누르는 일이 없도록 해야 한다.

4) 그러면 사제 순명의 대상은 누구인가? 사제들은 누구에게 순명을 해야 하는가?

「사제 생활 교령」은 "교황이나 자기 주교나 다른 장상들"[109]이라고 말한다. 그러나 교황에 대한 순명과 특히 자기 주교에 대한 순명은 교도권의 주요 문서[110]에서 다루고, 특히 「교회법」[111]에서 다루고 있는 데 반해, "다른 장상"에 대한 순명은 교회법을 제외하고는 언급하지 않는다. 새 교회법은 구체적인 인물들을 제시하는데, 일반적으로는 교황 사절(「교회법」 제362~367조), 로마 교황청의 여러 부(Dicastri)와 성(Congregazione)들의 장관들, 교구청의 여러 구성원(「교회법」 제469~494조)이고, 특별하게 총대리와 교구장 대리(「교회법」 제475~481조)이다. 각각의 상황에 따른 순명에 대해 자세히 분석할 의도는 없다. 하지만, 사제가 보편 교회와 개별 교회의 유익을 위해 교황과 주교를 대리하는 이들에게 자발적인 순명을 어떻게 드려야 하는지 간단하게 살펴볼 수 있다.

무엇보다, 교회의 일상생활과 구체적으로 관련된 관계를 감안할 때, 주교에 대한 본당 신부의 순명과 본당 신부에 대한 보좌 신부의 순명 등 두 가지 경우에 대해서 간단하게 언급하는 것이 유익할 것이다.

첫째, '본당 신부의 주교에 대한 순명'에 대해서는 세 개의 주요 해석이 가능하다.

첫 번째 해석은 본당 사제를 "주교의 주요 협력자"[112]로 규정

109) 「사제 생활 교령」 15항.

110) 참조: 「사제 생활 교령」 15, 7항; 「현대의 사제 양성」 28항; 「사제의 직무와 생활 지침」 62항.

111) 「교회법」 제273조, 245조 2항, 274조 2항, 492조, 495조, 500조, 502조.

112) 「주교 교령」 30항.

한 「주교 교령」의 표현과, 본당 공동체에 대한 사목적 돌봄이 어떻게 이루어져야 하는지를 설명하는 “교구장 주교의 권위 아래”라는 「교회법」 제519조의 표현을 강조하면서, 본당 사제를 주교의 단순한 위임자, 즉 주교의 ‘멀리 닿는 손’(longa manus)으로 간주한다.

반면에 두 번째 해석은 「교회법」 제519조의 “본당 사목구 주임은 자기에게 맡겨진 본당 사목구의 ‘고유한’ 목자”라는 문장을 강조하면서, 본당 사제의 직무에 자율성을 부여한다. 즉 자신의 사제직에 직접적으로 참여하게 하신 하느님께만 자신의 행위를 책임지며, 주교와는 진정한 ‘종속’ 관계나 ‘위계적’ 협력 관계가 배제된 단순한 관계를 맺는다.

마지막으로, 세 번째 해석은 공의회 문헌, 공의회 이후 교도권 문헌, 교회법 등의 정신과 연속성 상에 있는 듯이 보이는 중도적 입장을 취한다. 이 해석은 본당 사제가 주교의 사제직이 아니라 그리스도의 사제직에 참여하는 것임을 강조한다. 물론 사제는 주교에 종속된 등급이다. 이는 사제가 사제 서품으로 받은 사명과 주교가 수여한 법적인 사목 사명을 동시에 행사한다는 것을 의미한다. 따라서 사제를 단순히 주교의 대리자로 간주하거나(=첫 번째 입장), 주교로부터 완전히 자율적이고 독립적인 존재(=두 번째 입장)로 여기는 것은 축소적 관점일 수 있다. 발라스(M. Balàz)가 말했듯이 “완전한 의미에서 교구 교회를 주재하는 이와 ‘친교 안’에서만 활동해야 한다.” 그러나 이 친교는 “종속적 관계”(위계적 협력)[113] 속에서 실현되고 구체화된다. 본당 사제는 자신의 내면에

---

[113] M. Balàz, *Il rapporto vescovo-presbiteri, op. cit.*, p.69.

서 두 사실을 조화시켜야 한다. 정규적이며 고유한 권한을 누린다는 사실과, 자신의 직무가 교구를 향해 질서 지어져 있고, 그래서 주교를 향한 것이며, 이를 '주교의 권위 아래'에서 행사해야 한다는 사실을 통합해야 한다. 오직 그럴 때만 사제가 진정으로 순명하고, 자신에게 맡겨진 사람들의 유익을 위해 권한을 행사할 수 있게 할 것이다.

둘째, '보좌 신부의 본당 신부에 대한 순명'의 경우는, 방금 설명한 본당 사제의 주교에 대한 순명과 유비적으로 볼 수 있다. 주교와 본당 신부 사이의 순명 관계와 본당 신부와 보좌 신부 사이의 그것 사이에는 비슷한 점도 있지만, 완벽하게 동등성을 확립할 수 없기에, 유비적이다. 먼저 이 둘은 닮았다. 보좌 신부는 한편으로 "본당 사목구 주임의 협력자"[114] "본당 사목구 주임에게 배속(=adiungi possunt)"[115] "주임의 염려에 동참하는 자"[116]로 불리며, 주교에 대한 본당 사제의 관계처럼, 일정한 자율성을 누리는 것으로 보인다. 그리고 다른 한편으로 "본당 사제의 권위 아래"[117]에서 자신의 직무를 수행하며, 보좌 신부의 의무와 권리는 교회법과 교구 법령뿐만 아니라, "교구장 주교의 서한(임명장)으로 '정하여지고' 본당 사목구 주임의 위임으로 더 자세히 '정하여진다'"[118]라고 명시되어 있다. 그러므로 본당 사제가 주교에 대해 순명의 의무를 갖는 것처럼, 보좌 신부도 본당 주임신부에 대한 순명의 의무를 갖는 것으로 보인다. 그러나 다른 점도 있다.

---

114) 「주교 교령」 30항; 「교회법」 제545조 1항.
115) 「교회법」 제545조 1항.
116) 같은 곳.
117) 「주교 교령」 30항; 「교회법」 제545조 1항.
118) 「교회법」 제548조 1항.

교회법이 인정하는 본당 주임과 보좌 신부 또는 보좌 신부들 사이에 공동 책임에 따라 다르다.[119] 기를란다가 지적한 것처럼 "본당 주임신부는 무엇보다도 그의 협력자들의 활동의 조화를 수행한다."[120] 이는 본당 신부에 대한 보좌 신부의 의존 관계가 주교에 대한 본당 사제의 관계보다 덜 긴밀하기 때문이며, 성직자가 서품받는 날에 순명을 약속하는 대상은 본당 사제가 아니라 주교이기 때문이고, 교구와 본당의 관계를 보편 교회와 개별 교회의 관계와 같은 선상에 놓을 수 없기 때문이다. 교구는 그리스도의 참된 교회이지만, 본당에 대해서는 똑같이 말할 수 없다.

5) 사제는 순명을 행사하는 다양한 영역이 있다. 이 주제에 대해 자세히 다루지 않고, 더 깊은 연구를 원하는 이들을 위해 짧고 간단한 연구 목록을 제시하는 것으로 대신할 것이다.[121]

사제는 특히 교리 영역, 사목 영역, 규율 영역 및 전례 영역에서 순명을 행사해야 한다. 교구 사제가 특별히 사제적 순명을 행사하도록 가장 많이 요청받는 영역은 당연히 사목 활동 분야이다. 이 안에서 사제에게 순명의 고유한 의미도 더욱 선명하게 드러난다. 왜냐하면, 순명과 사제 영성을 특징짓는 목자의 사랑과

---

119) 「교회법」 제548조 3항. "본당 사목구 주임과 보좌나 보좌들이 힘을 합하여 그들이 함께 책임지는 본당 사목구의 사목을 배려할 수 있도록 하여야 한다."

120) G. Ghirlanda, "L'obbedienza dei chierici diocesani secondo lo spirito del nuovo codice canonico", *op. cit.*, p.538.

121) 파발레가 인용하고 제시한 연구들(Favale, pp.330~342) 외에 특별히 다음을 제시한다: P. Corinaldesi, *Il consiglio di obbedienza nella spiritualità del presbitero diocesano*, *op. cit.*, pp.47~65; G. Ghirlanda, "L'obbedienza dei chierici diocesani secondo lo spirito del nuovo codice canonico", *op. cit.*, pp.520~539; Giovanni Paolo II, *Ad Tuendam fidem*, Lettera apostolica, 1998; 「교회법」 제747~755조.

의 관계, 순명과 교회와 사제에게 맡겨진 공동체의 공동선으로 목적을 짓는 것과의 유대가 더욱 잘 드러나기 때문이다. 그리고 바로 이러한 관계에 비추어, 근본적이고 결정적인 순명을 숙고하고 받아들여야 하는데, 이는 사제 삶의 핵심 사명에 영향을 미치는 임무를 받아들이게 한다. 사제의 순명에서 그리스도 활동의 특권적 통로를 발견한다. 그리스도께서는 순명을 통해 당신의 살아 있는 도구인 사제 안에서 그리고 사제를 통해서, 역사 안에서 계속 일하시며, 사람들의 유익을 위하여 그들을 구원하시고 아버지께로 인도하신다. 또한 사목 현장에서 항상 더 정확하고 단순한 명령과 권고에 대한 순명은 자신과 다른 이들의 성화 원천이 될 것이다.

규율과 전례 영역에서 순명을 말할 때, 사목 영역에서 순명과 구분되는 다른 순명에 대해서 말하는 것은 아니다. 복장에 대한 설명,[122] 미사 지향,[123] 항상 정리되어 있고, 적절하게 갱신되어야 할 본당 대장들,[124] 미사 경본과 전례서의 루브리카(행동 지침)의 준수와 같은 아주 세세한 규율과 전례 규범도 순명을 요구한다. 이 규범들은 궁극적으로 교회의 유익 그리고 사제가 그의 직무로 다가가는 공동체와 사람들의 사목적 유익과 관계를 갖기 때문이다. 이러한 순명은 단순한 실행과 적용을 넘어, 사제가 가치를 미리 내면화하도록 요구하는 사목적 목적을 갖는다. 규범들은 신자들과 교회의 공동선을 위한 직접적인 목적이 명확하고 효과

122) 참조: 「교회법」 제284조; 「사제의 직무와 지침」 66항(참조: 각주 212. 214. 215번에서 다른 교황 문헌과 교황청 문헌을 참조했다).

123) 참조: 「교회법」 제945~958조.

124) 참조: 「교회법」 제535조.

적이 될 수 있도록 가치의 증언과 수단이 되고자 한다. 이는 순명하는 사제에게 요구되는 태도와 순명하는 방법에 대한 논의를 시작한다.

6) 영성신학에서 사제 순명에 대해 논의할 때, 순명을 실행해야 하는 아랫사람이든, 참된 영적 통치를 통해 사제 순명을 촉진해야 하는 주교와 장상이든, 그들에게 요구되는 '태도'에 대한 문제가 특별히 부각된다.

공의회에서 출발하여 그 이후, "'능동적'이고 '책임 있는' 순명"을 자주 언급했으며, 지금도 언급하고 있다. 이 두 형용사는 단순히 공의회 이전 유형의 순명에 도전하려는 것은 아니다. 공의회 이전에는 순명에 대해 논의하고 실제로 실천할 때, 하느님과 장상에 대한 의존과 수동성을 강조했는데, 이러한 수동적 덕이 공의회가 강조했듯이 하느님께서 창조하시고 원하시는 인간의 모습을 형성하는 데 얼마나 영향을 미칠 수 있을지 질문하는 것은 정당하다. 신학의 인간학적 전환은 영성신학 차원에서도 반향을 일으켰고, 덕과 복음적 권고를 공의회의 정신과 인간의 관점에 더욱 부합하게 재해석하도록 초대했다. 처음에는 양심과 자유의 가치에 대해 강조하면서, 권위와 순명에 대한 유치한 논쟁을 불러일으켰다. 그다음, 두 번째 시기에는 단지 교회가 그렇게 말했기 때문에 가치로 받아들여지는 이 두 궁극적 실재(권위와 순명)가 필수 불가결하게 실존한다는 것을 받아들이고, 그 두 실재와 자유의 거의 정치적 합의와 공존을 위한 해결책을 찾으려고 노력했다. 이들의 어려운 공존은 지금도 논의되고 있다. 권위와 순명의 측면이든, 자유의 측면이든, 그들의 통합과 조화 문제에 접근하는 방식에 따라 실제로 어느 한 편이 손해를 본다. 이 과정에서 각각의 한계를 어쩔 수 없는 차악으로 여기고 받아들였다. 공존은 어려울 수밖에 없다! 이제 세 번째 순간이 열리고 있는 것 같다. 자유, 순명, 권위에 대한 진정한 개념을 심화하면서 그것들이 서로 반대되는 것이 아니라 서로를 요청한다는 것을 깨닫고자 한다. 권위와 순명은 자유를 위한 것이며, 수단과 도구로서, 즉 자유를 발전시키고, 증진하며 성숙시키는 수단적 가치로서, 그 존재 이유를 갖는다. 그러므로 이 실재들은 점진적 탈조건화(모든 종류의 조건'으로부터' 해방)로서뿐만이 아니라, 타인을 향한 가장 완전한 자기 증여에 이르기까지 사랑 안에서 참되고 선한 것에 대한 지속적인 지향('위한' 해방)으로서 긍정적으로 이해되는 해방의 역동적인 과정 안에서 고찰해야 한다.

특히 '권위'는 다른 사람을 지배하거나 자신에게 복종하게 하는 힘이 아니라 봉사이다. 따라서 권위는 타인을 자신에게 잡아끌 때가 아니라 그들의 자유를 증진할 때, 목적이 아니라 수단으로 작용할 때 올바르다. 권위를 보호하기 위해서는, 타인의 자유를 최소한으로 축소하거나, 최대한 그것을 참을 수 있어야 하며, 결국 수동적 순명을 가르쳐야 한다고 생각해서는 안 된다. 오히려 복음이 가르치는 대로 '자신을 버리고' '자신에게 죽는' 능동적이고 책임 있는 순명을 더욱 장려할 때, 요컨대 타인을 점점 더 능동적이고, 스스로 선택할 수 있는 주체, 즉 '책임자'가 되게 할 때, 순명하기보다는 선택하도록 가르친다면, 더 나아가 선택하기 위해 순명하도록 가르칠 때, 순명은 실현될 것이다.

따라서 '순명'을 주어진 명령에 순전히 수동적이고 기계적으로 따르는 것과 혼동해서는 안 된다. 그리고 순명하는 주체는 순명을 실천할수록 그만큼 더 자유를 포기한다고 생각해서도 안 된다. 오히려 정반대인데, 자유를 성장시키기 위한 수단으로 순명이 실행될 때, 진정한 자유가 실현된다. 그러나 동시에 순명이 권위에 반대되는 것이 아니다. 순명이 권위에 의해 봉사를 받지 않는다면, 가치를 동화하고, 특정 상황과 다양한 조건의 종살이에서, 특히 죄의 종살이로부터 자유롭게 하는 기초적 수단을 스스로 박탈하는 것이다. 그리고 바로 이 사실로 사랑 안에서 자신을 내어 주고, 참되고 완전한 자유에 자신을 개방할 수 있는 기초적 수단은 사라진다. 그러하기에, '선택하는 법을 배우는 것'으로 이어지지 않으면, 진정한 '순명하는 법을 배우는 것'이라 할 수 없다. 순명은 선택하는 능력과 영적 식별을 길러준다.

어려운 공존을 말하기보다는, 모두의 유익을 위한 서로 도움을 주는 연합을 말해야 한다. 이 모든 과정과 발전이 일반적인 순명에 영향을 미쳤기에, 즉 교회 전체와 특히 축성 생활에 영향을 미쳤기 때문에, 사제의 세계도 여기에 영향을 받았다고 생각해야 한다. 그래서 사제 역시 더욱 자유를 증진하고 가치를 내면화하면서 수행해야 하는 순명으로 부르심을 받고 있으며, 따라서 순명의 행위는 항상 더 내면으로부터 활기를 띠게 된다. 즉, 순명은 사람의 가장 깊은 중심에서 나오는 행위로 힘을 얻으며, 신앙의 정신으로 자신의 의지를 드리는 선물이자, 하느님과 사람들에 대한 사랑의 표시이다. 그러므로 특히 사제에게 순명은 목자의 사랑을 의식적이고 자유롭게 수행하는 통로이다. 자신의 직무 수행 안에서 위계적 친교에 봉사하는 목자의 사랑은 순명이라는 통로를 통해 행사된다.

능동적이고 책임감 있으며, 자유를 교육할 수 있고, 해방하는 순명은, 한편으로는 사목적 대화를, 다른 한편으로는 개인의 주도성을 포함한다. 공의회는 사제들에게 그들의 장상과 대화하도록 촉구했는데, 이런 초대는[125] 자주 잘못 해석되었다. 이 대화는, 형제들에게 전달되어야 하는 하느님의 뜻을 장상이 더 잘 식별하게끔 도움을 주고, 장상이 결정한 지시의 의미와 하느님의 뜻을 매개하는 장상의 뜻을 더욱 정확하게 파악하는 데 도움을 주려는 것이다. 그런데 순명은 시대착오적이며 극복해야 할 덕이고, 어쩌면 해롭기까지 한 것으로 여기면서, 주교와 사제의 대화가 순명을 완전하게 대체하는 것으로 오해한다. 양편 모두가 하느님의 뜻을 찾는 장소가 아니라, '위계적' 친교의 틀에서 벗어나, 장상과 무엇을 해야 할지 최종적으로 거래하는 순간이며 장소로 여기는 것이다.

7) 다스림의 수행이 영적 방식으로 실현될수록, 사제 순명이 더 향상될 것이다. '영적인 다스림'에 대한 논의는 장황하다. 여기서 이 논의를 완전하게 발전시킬 수 없으므로, 권한을 행사하도록 불린 사람들의 영적 다스림이 어떻게 영적 식별을 지속적이고 거의 자발적으로 실천하게 하는지에 대해만 강조하는 것으로 그칠 것이다. 영적 다스림은 식별에서 비롯하며, 교육하고 자극하는 힘인 영적 식별을 이끈다. 반면 법적 다스림은 일종의 율법주의적이고 바리사이적이며 외적인 순명의 기반을 마련한다. 이러한 순명은 단순한 실행으로 구성되었으며, 순전히 수동적이다. 어느 정도의 희생정신과 영웅적 정신이 깃들어 있을 수 있지만,

125) 참조: 「사제 생활 교령」 15항.

안정적이고 지속적으로 덕을 성장·발전하게 하는 영적 감성을 거의 포함하지 않아, 깊은 깨달음이 부족하고 쉽게 지속하지 못하게 된다.[126)]

4.3.3. 사제 독신

사제 독신이라는 주제를 간략하게 다루려는 이유는 이 주제가 부차적이거나 시의성이 부족해서가 아니다. 오히려 이 주제에 대한 깊이 있는 연구는 이미 충분하기 때문이고, 특히 교회 교도권의 생각이 매우 명확하게 드러나, 어떠한 모호함이나 혼동을 허락하지 않기 때문이다. 현재 독신법의 규정뿐만 아니라 독신을 준수하는 방법, 그리고 더 일반적으로, 복음적 권고를 준수하는 문제를 바라보는 관점은 분명하다.[127)] 그러나 신자가 아닌 이들뿐만 아니라, 또 가톨릭 신자 사이에서 평신도뿐만 아니라, 사제 자신조차도 교회 독신에 거스르는 강력한 저항과 어려움을 느끼고 있는 오늘의 실정을 인정해야 한다. 이는 사목적 영역에서나 이론적·교리적 영역에서 일어나고 있다. 이러한 이유로 — 물론

126) 우리가 다루지 않은 다양한 주제 중에서, 이야기하고 싶은 주제가 있다. 사제가 서품식에서 주교에게 약속한, 그래서 모든 사제에게 공통된 순명과, 교구 봉헌자든 수도자든 그들이 발한 순명 서약의 차이다. 이 주제에 대한 보다 심층적인 연구를 위해 기를란다의 다음 논문을 참조한다. G. Ghirlanda, “De ‘promissione electorum’ in ordinatione diaconali iuxta Pontificale Romanum anni 1990”, in *Periodica de re canonica* 81(1992), pp.211~250.

127) 특별히 중요한 문헌 중에서 다음을 강조하고 싶다. 「사제 생활 교령」 16항; 「사제 양성 교령」 10항; Paolo VI, *Sacerdotalis coelibatus. Il sacerdozio ministeriale*, Parte I, 4; Congregazione per L’Educazione Cattolica, *Orientamenti educativi per la formazione al celibato saceredotale*(1974.04.11.); 「교회법」 제277조; 「현대의 사제 양성」 29, 44, 50항; 「사제의 직무와 생활 지침」 57~60항.

독신 문제가 삶의 중심적인 문제로서, 어떤 의미에서 인간이라는 진정한 신비의 전 범위를 감싸기 때문에, 광범위한 측면에 영향을 미친다는 점을 인정하면서 — 우리의 설명을 몇 가지 중요하고 특정한 요점으로 제한하고, 그것을 기준으로 사제 독신이라는 주제에 관한 현행하는 문제점을 읽고, 이 문제에 대한 우리 성찰의 방향을 정하고자 한다. 우리가 분석할 주제를 제한하여 선택하는 것은, 다른 사람들이 이미 여기에서 할 수 있는 것보다 더 나은 방식으로 말한 내용을 반복하고 싶지 않기 때문이다.[128)]

① 이론적 전망 및 역사적 전망

첫 번째 중요한 점은 사제 독신에 관한 교회법의 논의를 어떤 전망에서 다루어야 하는지에 대한 문제이다. 이는 두 가지 차원에서 나타난다.

'이론적' 관점에서 사제 독신 문제는 결혼 생활이나 독신 생활에서 '인간의 성적 본성'(sessualità)과 목적에 대한 올바른 시각을 견지하며 분석해야 한다. 이는 독신 생활에서 성성을 불신하고

128) 특별히 A. Favale의 저서 마지막 장에서 수행한 논의를 참조하고 싶다. *Il ministero presbiterale*, pp.342~358; G. Pittau와 C. Sepe는 독신의 주제에 관한 연구가 수집하여 편집하였다. *Identità e missione del sacerdote.* 특히 F. Imoda(pp.105~119), K. Hillenbrand(pp.154~165), C. Cochini(pp.166~189), J.F. Stafford(pp.190~205), M. Szentmartoni(pp.206~214), J.A. Gagey(pp.215~229), J.E. Dyrud(pp.230~ 234); 바오로 6세의 회칙 해설 "Studi sul celibato", in *Seminarium* 19(1967), pp.681~824; A. Diana의 논문, "Obiezioni al celibato da un esame delle pubblicazioni in lingua tedesca e in Olanda", in *Ekklesia* 3(1969), pp.25~50; G. De Rosa, *Preti per oggi*, Roma, 1972, pp.53~170; J. Coppens가 편집하고 출판한 연구들. *Sacerdoce et célibat. Études historiques et théologiques*, Gembloux - Louvain, 1971 (trad. italiana, Milano, 1975).

경멸하지 않게 할 것이다. 또 성성을 그 자체로 악한 것처럼 부정하고 피하는 방식이 아니라, 혼인한 이들이 성성을 살아가고 긍정하는 방식과는 다른 방식으로 성성을 살고 긍정하는 방식으로 보게 할 것이다.

인간의 성적 본성에 대한 올바른 관점은 '인간 본성에 대한 지식'과 '인간에 대한 신학적 견해' 안에서 분명하게 확인할 수 있다. 신비인 인간은 예수 그리스도 안에서 하느님의 모상으로 창조되었으며, 죄와 구속의 섭리라는 실제 질서 안에 있다. 즉 인간은 스스로 구원하는 것에서 완전히 무능하지만, 끊임없이 사랑받고, 화해와 회개로 초대받았다. 게다가 인간은 책임 있는 사랑을 통해서 자신을 실현하도록 부르심을 받았다. 그는 먼저 위로부터 이 사랑을 받았고, 그 사랑을 위로는 하느님께, 좌우로는 인류에게 베푼다. 그리고 단계적이고 점진적인 정서적 통합을 수행하는 역동적 존재이며, 또 점점 더 충만하고 완전한 삶의 일치를 향해 끊임없이 순례하는 존재가 될 것이다. 오직 그럴 때만 교회의 의향에 따라 독신 생활을 완전히 확신하고 살아가는 것이 가능하다. 라틴 교회 사제에게 독신법을 제정함에 있어, 이 관점은 하느님의 뜻이 언제나 인간을 고양하고, 항상 인간의 선익과 성취를 증진하기 위한 것으로 해석하려 한다. 또한 이 관점은 세상의 일부 사고방식과 대립하고 있음을 잘 알고 있다. 정결이라는 복음적 권고의 예언자적 표지에 도전을 느끼는 이 사고방식은, 인간에 대한 본인의 축소적 관점에 의문을 제기하지 않도록, 자발적 독신자들의 입을 다물게 한다. 어떤 이들은 독신 문제와 전체 삶을 따로 분리해서 본다. 초본성적 영적 가치를 중심으로, 더 정확히는 예수 그리스도를 중심으로 하여, 정서적으로 통합되고 일치된 삶의 전체 맥락에서 독신 문제를 보아야 한다. 그렇지 않은 사람은 독신의 법이라는 견딜 수 없는 부담에 모든 삶이 짓눌리거나, 전혀 만족스럽지 않은 이중생활을 하는 벌을 받을 것이다. 왜냐하면, "방향을 잃어버렸고", 즉 자기실현에 지향하지 못하며, 더 완전한 자유를 향해 점진적으로 나아가는 여정이 차단되었기 때문이다.

보다 구체적으로, 사제 독신 문제는 앞서 언급한 '사제 영성의 기본 요소'[129] 특히 머리이시며 목자이시고 특별히 신랑이신 그리스도를 닮음에 대한 성찰의 지평 안에 놓여 있어야만, 평신도에게 고유한 권리를 사제에게 투사하지 않을 수 있다. 이 권리가 절대 양도할 수 없으며, 더 큰 선을 위해서라도 법적으로 포기할 수 없는 것이다.

마찬가지로 사제 독신에 대해 논의하면서, '정결' '동정' '하늘나라를 위해 축성된 정결'과 '독신'을 구별하는 것은 매우 중요하다. 결혼한 사람의 정결과 사제의 정결을 동일시할 수 없다면, 사제의 독신과 수도자의 축성된 정결을 동일시하는 것 또한 옳지 않을 것이다. 물론 동기, 차원, 수행 방법, 정결을 보호하고 촉진하는 수단, 현대의 '세속적' 사고방식에 맞서는 힘 등 여러 요소는 하나로 수렴하지만, 형상적으로 그것들의 근본적 의미와 목적은 나중에 설명할 것처럼, 상당히 다르다는 것을 인식할 필요가 있다.

보다 '역사적'이고 '실존적'인 관점에서 사제 독신 문제를 다룰 때, 최근 수십 년 동안 성성과 독신이 이루어 냈던 상황에 눈을

---

129) 참조: 제2부 1장 1.

감아서는 안 된다. 어떤 이들은 이러한 상황을 심지어 '성 혁명'이라 정의하기도 한다. 전 세계 많은 지역에서 자신의 성을 살아가는 방식에 중대한 변화가 일어났고 지금도 일어나고 있다.

결혼 생활, 사제 생활, 축성 생활 등 세 가지 교회 신분의 점점 더 많은 남성과 여성들은 성을 선물로 여기면서,[130] "친교와 상호 증여의 사랑에 대한 진정한 표현과 소중한 봉사"[131]로 살아간다. 결혼한 이들 사이에는 부부간 사랑 안에서 성을 참으로 하느님의 사랑 체험으로써 사는 이들이 있고, 축성 생활자와 사제들 사이에는 몸의 혼인적 의미를 그리스도와 그분의 신부인 교회에 바치는 개인적 친교와 헌신으로 표현하는 이들이 있다. 그러나 이러한 빛 옆에 있는 그림자와 어둠도 마주하게 된다.

인간에 대한 축소적 관점에 의해 영향을 받은 문화적 분위기는 결국 오늘날 사람들이 자신의 성에 긍정적이고 해방적인 의미를 부여할 수 있는 능력에 영향을 주고, 결국 그 능력을 제한할 것이다.[132] 게다가 여성이 짊어진 불의한 구조, 성 착취와 학대, 광고와 대중 매체를 통한 성의 과장된 연출은 정결의 실천을 어렵게 할 뿐만 아니라, 돌이킬 수 없는 문화적 사실로 강요하려는 에로티시즘과 성적 방임주의의 풍토를 파괴적으로 증가시키면서, 하늘 나라를 위한 독신의 가치를 이해하는 여지 자체가 줄어들고 있다.

또한 현대인과 세속 사회가 사제 독신과 이를 긍정적으로 보

---

130) Cf. Decreti della Congregazione Generale XXXIV della Compagnia di Gesù, Decreto 8°, La castità nella Compagnia di Gesù, n. 1〔228〕, p.127.

131) 「현대의 사제 양성」 29항.

132) 참조: 「사제의 직무와 생활 지침」 60항.

호하고 장려하는 수단, 전통적인 '정결의 보호 수단'(Praesidia castitatis)에 대해 제기하는 복잡한 반대와 어려움도 그림자가 길게 드리운 부분이다.[133] 그뿐 아니라, 교회 내에서 반대를 제기할 때, 특히 독신의 은사를 보호하고 더욱 장려해야 하는 사명을 지닌 사람들이 반대 의견을 제기할 때 더 큰 해악을 끼친다. 신학 교수는 저서와 강의 안에서, 영혼의 목자는 하느님 백성을 위한 교리 교육 안에서, 양성자는 자신에게 맡겨진 사제직 후보자들의 돌봄 안에서 그럴 수 있다. 때때로 이러한 세속적 입장이 실제로 얼마나 큰 피해를 줄 수 있는지 알지 못한다면, 바오로 6세가 거의 25년 전에 회칙 「사제의 독신 생활」에서 분석하고 논박했던 반대 의견이 재개되는 것을 보고 웃어넘길 것이다.[134] 적어도 교황

133) 지나친 성적 관용주의적 분위기를 해소하기 위해 「사제의 직무와 생활 지침」 60항에서 권고한 대책을 참조한다. 즉 지혜의 덕을 행사하는 것, 애정과 독신 정결에 위험이 되는 클럽이나 극장 출입에 경계를 요구하는 수덕적 규범, 독서나 대중 매체를 실행할 때 식별, 기도와 하느님 말씀의 독서와 정기적인 성사 참여로 키우는 그리스도와의 사랑과 친교, 직무에 헌신, 성모님께 대한 신심, 성인들 특히 성인 사제들의 모범 등이다. 독신 생활을 충만하고 기쁘게 지키는 데 필요한 수단, 도움, 조건들 가운데, 교회 교도권 문헌은 영적 지도자와 장상에게 양심을 솔직하게 개방하는 것〔「현대의 사제 양성」 50항; 가톨릭 교육성, 「사제 양성의 기본 지침」(1985.03.19.) 48항〕, 대인관계, 형제애, 우정, 단체와의 만남 등 건강하고 균형 잡힌 개방성과 고독을 살아갈 줄 아는 진지한 헌신의 결합〔가톨릭 교육성, 「독신 생활 양성 지침」(1974.04.11.) 49항; 「사제 양성의 기본 지침」 48항; 「현대의 사제 양성」 44, 74항〕, 자연적 덕과 초자연적 덕을 더욱 함양하기 위한 노력(「사제 양성 교령」 11항; 「사제 양성의 기본 지침」 48, 51, 54항; 「독신 생활 양성 지침」 50항; 「현대의 사제 양성」 43, 44항), 독신에 대한 어떠한 모호함 없이 분명하고 긍정적인 방식의 표현(「독신 생활 양성 지침」 49항, 「사제 양성의 기본 지침」 48항; 「현대의 사제 양성」 44, 74항), 고행과 감각의 보호(「사제의 독신 생활」 70항; 「독신 생활 양성 지침」 53~55항; 「사제 양성의 기본 지침」 48항)를 강력하게 권고한다.

134) 1994년 1월 31일 교황청 성직자성에서 발표한 「사제의 직무와 생활 지침」 60항이 오늘날 사제 독신법에 제기되는 어려움과 반대 의견을 나열하면서, 다음의 논거를 언급하는 것은 의미심장하다. 첫째, 기혼 사제를 허용하는 동방 교회의 규율, 둘째, 추상적 영성주의와 금욕이 성에 대한 불신이나 경멸을 의미한다는 논증, 셋째 곤란하고 고통스러운 경우를 일반화하는 주장이다. 이러한 반대 논거들은 이미 바오로

과 교도권의 최근 문헌이 이미 제공한 답변에 직접 도전할 용기가 있다면, 이러한 세속의 반대 의견이 재개되는 것을 이해할 수 있다. 이러한 논의가 충분히 이루어지지 않기 때문에, 당연하게도 다음과 같은 의혹들이 일어난다. 사제 독신에 대한 어려움과 반대 의견을 공식적으로 제기하는 사람들은, 이러한 교도권 문헌을 제대로 알지 못하는 것 아닌가, 아니면 아마도 그들은 오늘날 교회가 '사제 독신'을 어떻게 이해하며, 교회의 사제 독신법을 어떤 방식으로 살아야 하고 실천하기를 바라는지조차 알지 못하는 것은 아닌가 하고 생각한다. 그러나 바오로 6세가 이미 지적했듯이,[135] "성스러운 독신 생활에 대해 다른 많은 반대 의견이 제기될 수 있다. 이것은 매우 복잡한 주제로, 삶에 대한 기존 개념을 생생하게 건드리며, 하느님 계시에서 오는 더 높은 빛을 그 개념 안에 들여오는 문제이기 때문이다. '이 일을 이해하지 못하고'(마태 19,11) 알지 못하거나 '하느님의 선물'(요한 4,10 참조)을 잃어버린 사람들에게는 일련의 어려움이 끊임없이 발생할 것이다. 그런 이들은 그러한 새로운 생명 개념의 더 높은 논리가 무엇이며, 그 놀라운 효능과 넘치는 충만함이 무엇인지 알지 못한다."

② 본질, 목표, 동기

요한 바오로 2세는 「현대의 사제 양성」에서 사제 후보자의 영성 양성에 대해 말하면서, 그들이 "독신의 참된 본질과 목적

6세가 「사제의 독신 생활」(8~10, 38, 40, 42, 47~48, 51~59항)에서 모두 다루었으며 논박한 바 있다.

135) 참조: 「사제의 독신 생활」 12항.

및 복음적, 영성적, 사목적 동기를 제대로 알면서 독신을 이해하고, 존중하고, 사랑하고, 실천할 수 있도록"[136] 도움을 주고, 준비시켜 주어야 한다고 언급한다.

오늘날에는 독신을 존중하는 것은 어렵고, 독신을 사랑하고 실천하는 것은 더욱 어렵다. 하지만, 현재의 혼란을 고려해 보면, 독신이 실제로 무엇으로 구성되어 있고 무슨 의미인지, 어떤 목적과 동기를 갖는지 모르는 경우가 많다. 자주 독신의 목적과 동기를 무시하거나, 매우 피상적이고 제한된 방식으로만 이해한다. 사제 영성의 두 원천 중 오직 하나의 원천에만 제한하는 방식으로는 사제 독신법의 가치와 무게, 성품성사와의 관계에 대해서 이해하는 것은 더욱 어려워진다.

많은 이들이 '정결'과 '독신'을 혼동하는데, 사제 독신이 어떻게 정결의 실천에 하느님과 자신의 봉사에 대한 전적인 헌신의 색을 입히는지 깨닫지 못한다. 정결은 결혼 및 다른 모든 배타적 관계이든, 성적 행위 및 성적 만족이든 이 모든 것을 배제할 만큼, 유일한 분리될 수 없는 사랑의 일치이다.[137] 구체적으로, 하느님과의 이러한 일치는 머리이시며 목자이시고, 더 정확히 말하면 신랑이신 그리스도를 닮음에서 실현되고, 이는 성품성사에서 비롯한 성사적-존재론적 구조와 완전히 일치하는 방식이다.

여기서 끝이 아니다. 사제는 독신 생활을 통해 한편으로는 미래의 부활을 증거하고, 다른 한편으로는 머리이시며 목자이시며 신랑이신 그리스도를 본받아, 목자의 사랑을 지속적으로 실천하

---

136) 「현대의 사제 양성」 50항.

137) Cf. *Decreti della Congregazione Generale XXXIV della Compagnia di Gesù, Decreto 8°: La castità nella Compagnia Gesù,* n.13〔240〕.

는 데 매우 큰 도움을 받는다. 사제는 모든 사람에게 모든 것이 되고, 신부인 교회에 자신을 온전히 바칠 수 있게 될 것이다.[138)]

독신은 그리스도를 향한 열정적인 사랑의 열매이자, 모든 것 안에서 그분을 섬기겠다는 선택의 결실이다. 사제는 독신이라는 긍정적이고 고유한 방식으로 목자이시자 머리이시며 신랑이신 그리스도를 닮은 사람으로서 자신의 참된 정체성을 더욱 온전히 받아들이게 된다. 결과적으로, 사제는 목자의 사랑을 더욱 깊고 진실하게 행사할 수 있도록 준비되고, 그리스도 안에서 직무 수행을 실천할 것이다. 직무 수행은 성부의 부성과 그리스도의 신부인 교회의 생산력에 '참여'하는 것이고, 그리스도의 사랑이 다른 가치보다 더 근원적이고 우선한다고 '선포'하는 것이지만, 이보다 더 중요하게는, 미래에 도래할 하느님 나라에 대한 '증거'하는 것이고, 인류 구원 사업의 직무자를 성화하는 '방법'이다. 마지막으로, 사제가 독신을 내면화하고 자발적으로 실천한다면, 사제는 근본적인 가난의 표현으로서 남김 없는 사도적 헌신(disponibilità)과 더 큰 정서적 성숙, 더 많은 사랑의 능력을 갖추게 될 것이다. 따라서 사제 독신은 고립되고 독립된 요소로 간주할 수 없으며, 또한 위험과 악으로부터의 도피라는 부정적인 의미로 여길 수 없다. 그리스도론적 동기, 교회론적 동기, 종말론적 동기, 다소 인간학적 특성을 지닌 동기, 사도적이고 선교적 동기, 공동체적 동기 등 사제 독신의 다양한 동기는 사제 독신을 분명하게 드러내며, 동시에 독신의 존재와 적절성을 정당화하고 독신 생활의 방식과 표현 양식도 알려 준다.

138) 「현대의 사제 양성」 50항; 「사제 양성 교령」 10항; 「사제 생활 교령」 16항.

독신은 새롭게 해방시키며, 그리스도의 근본적인 따름의 증거이고, 직무를 통해 그리고 직무를 통해 형제들에게 자신을 전적으로 내어 주면서 자신을 성화하겠다는 의지의 표현이며, 앞으로 다가올 현실에 대한 표징이다. 하지만 정말 독신을 살아가는 기초와 바탕으로서, 즉 정말 독신에 적합하게 살아가기 위해서는, 독신을 무엇보다 위로부터 받은 은사와 카리스마로서 실천해야 한다. 사제나 미래의 사제와 같은 개개인이나, 교회 전체 모두는 독신이 근본적으로 은사이자 카리스마라는 사실을 인식해야 한다.[139] 개인과 교회 공동체 모두, 이 은사의 수혜자이다. 독신이 자신을 위한, 개인을 위한, 교회 전체를 위한, 더 나아가 세상을 위한 선익이라는 것을 이해하면서, 이를 받아들였고, 이를 지키려 한다.

③ 사제 독신에 대한 교회법과 사제의 정체성

독신이 근본적으로 은사라 하더라도, 높은 곳에서 오는 모든 은사가 그러하듯 그것을 받는 이의 의식적이고 자유로운 응답을 면제해 주지 않고, 오히려 요구하기 때문에,[140] 은사의 첫 번째 수령자로서 교회는 제2차 바티칸 공의회와 공의회 이후 가르침에서 "서방 교회가 수 세기에 걸쳐 온갖 어려움과 반대에 부딪히면서도, 절대적이고 영구적 독신 생활을 통한 정결의 은사로 하느님께 부르심 받았음을 증명하는 남자들에게만 사제품을 수여

---

139) 독신이 교회 전체에 대한 은사라는 사실은 「사제의 직무와 생활 지침」 57항과 「현대의 사제 양성」 29항을 참조하라.

140) 「현대의 사제 양성」 50항.

하기로 채택하고 유지하기로 하는 오랜 세월의 선택"[141]과 "라틴 전례에서 사제품 후보자들에게 자유롭게 선택되고 영구적 독신을 요구하는 법을 고수하려는 확고한 의지"[142]를 여러 차례 강조했다.

그러나 자유 의지로 선택한 영구적 독신의 규율에 대한 분명한 확신이 있고, 교도권 문헌에서 반복적으로 다루어졌다고 해서, 그것이 교회의 신정법이라 간주하지는 않는다. 오히려 신학은 동기로 적합성을 제시하고, 독신과 사제직 사이에 필수적이고 본질적 연관성을 표현하지 않는다. 이는 초대 교회의 관행[143]과 동방 교회의 전통을 생각하면 충분하다. '사제 독신에 관한 바오로 6세의 회칙 42항에서 예외로 두고 있는 가톨릭교회로 개종한 기혼 성직자의 특별한 경우'[144]와 기혼 종신 부제의 경우에 사제직을 조금이라도 손상시키거나 무효화시켜서는 안 된다.[145]

지금까지의 설명은 사제 독신에 대해 말할 때 두 가지 반대되는 극단을 피해야 한다는 것을 알려 준다. 첫 번째는 독신이 마치 서품과 본질적으로 연결된 실재이고, 신정법으로 여겨지는 것이고, 두 번째는 독신과 성품성사 사이에 내재적 적합성의 관계가 아니라 단순히 외적으로 중첩된 것처럼 여겨, 신학적 적합성의 논거를 흐리게 하는 것이다. 사제 독신법에 반대하는 사람들이 보통 논거로 제시하는 기혼 성직자라는 동방 교회의 전통적

141) 같은 문헌, 29항.

142) 같은 문헌, 29항; 「사제의 직무와 활동 지침」 57항에서 재인용; 「사제 생활 교령」 16항; 「사제의 독신 생활」 14항; 「사제 양성의 기본 지침」 48항. 참조: 「교회법」 제277조 1항.

143) 참조: 1티모 3,2~5; 티토 1,6.

144) 참조: 「현대의 사제 양성」 29항; 「사제의 독신 생활」 42항.

145) 「사제 생활 교령」 16항; 「사제 독신 생활」 38, 40항; 「현대의 사제 양성」 29항.

관행조차 독신과 그리스도교 사제직 사이의 어느 정도의 연결과 어느 정도의 적합성이 있음을 뒷받침하는 중요한 표지를 제공한다. 실제로 "오직 독신 사제만이 주교로 서품되며, 사제 서품 후 사제는 결혼을 할 수 없다."[146] 아내가 세상을 떠난 경우에도 마찬가지이다.[147]

독신과 사제직의 관계를 뒷받침하고 독신법의 실존을 정당화하는 다양한 신학적 동기를 더 면밀하게 분석하기 전에, 독신법의 정확한 대상이 무엇인지 주목할 필요가 있다. 그렇게 하지 않으면 이 법 자체의 의미를 잘못 해석하게 되고, 교회의 성화하는 힘을 단순히 법적인 힘으로 축소할 수 있다. 독신법이 의도하는 바와 같이 탁월한 영적 요소와 수단으로서 사제와 교회 전체를 성화하는 힘이 아니라, 전적으로 법적 방식으로서 외부에서 작용하는 힘으로 본다. 이 법의 대상은 단순한 독신의 실천이 아니라, 라틴 전례에서 성품에 부름을 받은 후보자들이 '자유롭게 선택한 독신'의 실천이다. 이 법을 성품성사에 나아가기 위해 지급해야 할 세금으로, 또는 차가운 법적 속박으로, 또는 사제직 후보자 또는 이미 사제가 된 사람이 마음에서 깊은 내적 가치에 대한 수용 없이 외부에서 떨어지는 영향으로, 또는 더 나쁘게는, 입법 교회 측의 성에 대한 추측된 불신의 표현 등으로 이해하는 개념에 기초한 동기는 결국 제대로 유지되지 못하고, 곧 심각한 위기로 이어지는 길을 열 것이다. 독신법은 '독신 생활자 활동'의 유용성과 적합성에 의해서 정당화되는 것이 아니라, 그리스도와 교회, 인류를 향한 사랑을 위해, '하늘 나라를 위해' 받아들인 '속박의 자

146) 참조: 「사제의 독신 생활」 40항; 「사제의 직무와 활동 지침」 60항.
147) 참조: 「사제의 직무와 활동 지침」 60항.

유로운 선택'에 의해서 정당화된다. 즉 법규범이 아니라 사랑에 달려 있는 것이다. 사제가 독신 생활을 성직 수행을 위해 지급해야 하는 세금으로만 여기거나, 내면화하여 자신의 것으로 만들지 못한 외적 법으로만 여긴다면, 설령 독신을 거스르는 행동을 피할 수 있더라도, 영원히 유아기적이고 미성숙한 상태로 남는 운명에 처할 것이다.

라틴 교회의 사제 독신은 그리스도의 선물이지만, 사랑으로 수용해야 하는 교회의 법적 구속으로 인준된 선물이다. 또한 그리스도와 교회와 세상을 향한 사랑으로 자유롭게 받아들여야 하는 법으로 확인되고 강화된 은사이다. 물론 독신의 은사를 독신법과 동일시할 수는 없지만, 실존적으로 분리해서는 안 된다. 즉 라틴 전례 사제들에게 오늘날의 세상에서 법으로 독신의 은사를 강화하는 것이 적절하고 적합하다고 교회가 식별한 지금, 이 두 가지 실재를 분리하면 안 된다. 또한 독신 생활이 맺는 이중의 관계도 분리할 수 없다. 첫 번째는 사제가 교회의 신랑인 그리스도와 더욱 닮아 가고, 동일시되도록 사랑하는 그리스도와의 관계이며, 두 번째는 신부인 교회를 열매 맺는 혼인적 사랑으로 사랑하는 교회와의 관계이다. 교회를 사랑하면서 사제의 목자의 사랑과 직무 수행이 세상과 교회 그리고 사제 자신에게 생명과 성화의 원천이 된다.

이제 우리는 사제 독신을 뒷받침하는 동기를 더 깊고 완전한 수준에서 이해할 수 있게 되었다. 사제들에게는 종말론적 동기보다 그리스도론적이고 교회론적 동기가 더 타당하다. 다가올 하느님 나라를 증거한다는 의미의 종말론적 동기는 수도승과 수도자의 정결 서약에 더 적합하다. 사실 라틴 전례의 사제 후보자들이 서품식에서 자유롭게 선택한 독신의 긍정성은 이러한 관점에서 깊어진다. 독신은 신랑이신 그리스도와 신부인 교회와의 존재론적이고 정서적인 관계 문제이다. 사제의 모든 힘을 열매 맺는 혼인적 사랑이라는 단일한 움직임에 집중하고 통합하면서, 바로 그 순간에 사제는 신랑 및 아버지가 되고, 자신을 벗어나, 자신을 넘어서서 타자를 향해 자신을 개방하며, 진정한 자기실현을 하게 될 것이다. 타자이신 하느님과 타인을 위해 자신의 모든 삶을 버리고, 내어 줄 때, 온전히 자기 자신을 되찾을 수 있기 때문이다.

더 나아가, 사제 독신의 동기에 대한 근원을 더 깊이 파고 들어간다면, 그리스도론적 동기와 교회론적 동기 중에서 첫 번째 동기가 더 우선한다고 생각한다. 이것은 단지 교회가 독신을 선택하게끔 항상 이끌었던 지속되고 주된 동기가 의심할 여지 없이 '예수님께서 제공한 모범'이라는 사실에만 달려 있지 않다. 그리스도께서는 그 시대와 지역에 널리 퍼져 있던 사고방식과 지배적인 문화에 거슬러 스스로 독신 신분을 선택하셨고, 당신의 첫 번째 협력자들을 부르셨다. 그들은 그리스도에 의해 파견되었고, 그리스도처럼, 그리스도와 함께 하느님의 사업을 완수하기 위해서 모든 것에서 이탈했다. 심지어 인류 구성원 간에 존재할 수 있는 가장 가까운 유대, 즉 가정이나 형제, 부모나 자녀뿐만 아니라 아내와의 유대에서까지도 하느님 나라를 위해서 끊어 버렸다.[148]

그리스도론적 동기의 우선성은, 사제가 그리스도의 유일한 신부인 교회 외에는 다른 신부가 없기에 결혼하지 않는 사실에도

148) 루카 18,29. 참조: 「사제의 직무와 생활 지침」 59항.

달려 있다. 사제는 성품성사로 인하여 새로운 칭호와 함께 그리스도와 존재론적으로 닮게 되고, 신부를 향한 신랑처럼, 교회를 향한 그리스도 옆에 서게 된다. 사제 독신 생활의 교회론적 동기를 세우는 사제와 교회의 관계는 신랑과 신부의 관계이지만, 사실 사제가 교회의 유일한 신랑인 그리스도 안에 있지 않으며, 그리스도를 닮지 않고, 순응하지 않으면, 신랑이 될 수 없기 때문에, 그리스도와의 관계를 전제한다. 또한 교회가 사제 독신법을 제정하게 된 동기를 말하려면, 이미 앞 장에서 직무 사제직의 기초적 차원과 관련하여 살펴본[149] 목자의 사랑과 직무 사제직의 열매 맺음에 대해서 말하는 것이 타당하다. 교회는 사제 정체성을 고려한 사제 영성에 필요하고 결정적이지만,[150] "사제라는 실체를 이해하는 데 절대적이고 필수적인 열쇠"[151]인 그리스도만큼 우선순위가 높지는 않으며, 따라서 독신의 영성과 독신법의 동기를 이해할 때도 마찬가지이다. 그러므로 독신은 순전히 법적 규범으로 축소할 수 없고, 신학적이고 영성적 실재를 교회법적 수준에서 표현한 것으로 보아야 한다. 독신의 주된 동기가 목자의 사랑이라는 은사의 역동성에 새겨져 있고, 더 깊게는 머리이

149) 사제 영성의 여러 차원에 대해서는 참조: 제1부 2장.

150) 참조:「현대의 사제 양성」 12항.

151)「현대의 사제 양성」 12항: "사제 정체성과 사목성은 그리스도론에 뿌리를 내리고 있다. 〔…〕 그리스도의 인격이 사제의 생활과 사명을 이해하고 의미를 주는 필수적인 기준이 된다. '그리스도론은 사제라는 실체를 이해하는 데 절대적이고 필수적인 열쇠가 된다'"; Giovanni Paolo II, "Allocuzione ai partecipanti al Simposio internazionale su *Pastores dabo vobis: Il sacerdote oggi*", *op. cit.*, p.10: "교회가 사제 정체성을 규명하는 데 가장 중요한 위치를 차지하지 않는다 하더라도 교회에 대해 알아보는 것은 중요한 일이다. 신비인 교회는 본질적으로 예수 그리스도와 본질적으로 연결되어 있다. 사제 정체성은 새롭고 영원한 계약에서 유일한 대사제이신 예수 그리스도에게서 비롯하고, 그분에게 특별한 방법으로 참여하며, 그분의 뒤를 잇는다는 데에 그 참다운 의미를 지닌다"(「현대의 사제 양성」 12항).

시자 목자이시며 신랑이신 그리스도에 성사적으로 닮는 것에 있고, 여기에서 비롯하기 때문이다. 독신의 모든 동기를 그리스도론적 동기로만 축소한다면, 사제가 개인주의적 영성으로 떨어지는 것을 막아 줄 수 있는 도움을 빼앗을 것이다. 마찬가지로, 교회론적 동기에 더 큰 비중을 두기 위해서 그리스도론적 동기의 우선성을 인정하지 않는 것은 기능주의에 떨어져, 목자의 사랑과 직무 수행의 영적이고 사도적 의미를 없애 버리고, 결국 사제 정체성과 직무가 '사제를 하는 것' 봉사를 수행하는 것, 몇몇 활동의 수행을 보장하는 것으로 축소되고, 그 활동이 사제 존재의 전부처럼 될 것이다.[152] 게다가 독신 규율의 궁극적인 이유를 그리스도론적 맥락과 직무적 은사에 관한 신학적, 영적 영역에서 찾지 않고, 심리학적·사회학적·역사적·법적 영역에서 찾게 될 때, 독신 규율은 주로 법적 규범으로, 그리고 직접적으로는 오로지 교회법적 차원에서만 고려될 가능성이 아주 높다. 만약 그렇다면, 사제 독신법을 받아들이고 이해하기 매우 어려워질 것이다. 사제 독신에 대한 교회 판단에 반대하여 많은 어려움과 반대 의견의 이면에는 사제직, 사제 직무와 생활이라는 신비를 기능주의로 보거나 일방적이고 축소적인 인간학적 수평주의가 숨어 있는 것은 아닌가 물어야 한다.

④ 사제 독신과 축성 생활자의 정결 서약

종종 세 가지 복음적 권고를 말할 때, 축성 생활자의 가난 및

[152] 참조: 「사제의 직무와 활동 지침」 44항.

순명과 사제의 그것은 상당한 차이가 있지만, 정결과 관련한 독신은 모든 면에서 완전히 동일하다고 말하는 것을 듣는다. 물론 하느님께 대한 의무로 만드는 구속의 가치와 강도는 다르다. 축성 생활자의 경우, 완전한 정결을 지키기로 수도자의 서원을 통해 약속한다. 이 서원으로 정결 덕행은 수도자의 진정한 덕행이 되고, 반대로 정결덕을 거스르는 것은 진정한 신성 모독이 된다. 반면 사제의 경우, 완전한 정결의 의무는 어떤 서원이나 선서로 주어지는 것이 아니라, 단순하게 「교회법」 제277조 1항에 규정되었다. 그러나 후보자는 사제품에 나아가기 전, 1988년 7월 1일 신앙교리성 문헌이 규정한 바와 같이 '신앙 선서'와 '충성 서약'을 한 후,[153] 1997년 11월 10일 경신성사성의 권고에 따라,[154] 이

---

[153] Congregazione per la Dottrina della Fede, *Professione di fede e Giuramento di fedeltà* (1° luglio 1997), in *Acta Apostolicae Sedis* 81(1989), pp.104~106. 이 문헌에 따르면, "신앙 선서"와 "충성 서약"은 부제품을 받는 이들이 하는 것이지, 사제품을 받는 이들이 하는 것이 아니다(「교회법」 제833조 6항 참조. 교회법에서는 신앙 선서에 대한 규정에서 사제품에 승격될 이들을 언급하지 않았다. 이것은 논리적인데, 신앙 선서와 충성 서약은 교회의 이름으로 새로운 직무를 받을 때 하는 것이지, 성사적 행위와 관련된 것이 아니기 때문이다). 경신성사성의 문헌이 부록 IV에서 신앙교리성의 1998년 7월 1일 문헌을 언급하며, 사제 후보자들은 신앙 선서를 해야 한다고 말한 것은 우리를 혼란스럽게 한다. 사실 신앙교리성의 1998년 문헌은 전혀 그렇게 말하고 있지 않다.

[154] Congregazione per il Culto Divino e la Disciplina dei Sacramenti, Lettera circolare agli Ecc.mi Vescovi diocesani ed agli altri Ordinari che hanno facoltà di ammettere agli Ordini Sacri circa Gli scrutini sull'idoneità dei candidati(10 novembre 1997). 이 문헌은 부록 IV(p.6)에서 경신성사성 문헌(1930.12.27.)과 수도자성(1931.12.01.)의 문헌에서 이미 지적한 요점을 부분적으로 되짚으며 언급한다. 후보자는 "자유 의지로 성품을 받으며, 전 생애에 부과된 것을 의미하는 의무와 약속을, 특별히 신성한 독신 생활의 의무(「교회법」 제277조 1항)를 인식하고 있음을 개인적으로 선언해야 한다. 결혼한 후 종신 부제로 불린 이들은 독신 생활의 의무가 없다. 이 선언은 손으로 작성해야 하고, 형식에 얽매이지 않고, 자신의 말로 표현해야 한다(참조: 「교회법」 제1026, 1028, 1036조)"(부록 IV, p.6). 1930년과 1931년 문헌에서는 서약 하에 선언해야 한다고 추론할 수 있지만, 이 문헌은 그렇게 말하고 있지 않다. 의무(이 경우에는 독신의 의무)를 인식한다는 서약은 그 의무를 준수한

의무를 인식했음을 서면으로 증명하는 개인 선언을 해야 한다.

이 주장은 수도자들이 하늘 나라를 위해 완전하고 영구하게 지켜야 할 금욕의 의무에 관한 「교회법」 제277조 1항의 규정을 준수할 의무를 상기시켜 주는 「교회법」 제672조에 근거를 두고 있다. 하지만, 이는 교회법적 관점으로서 부분적인 관점이고, 절대적인 관점에서 보았을 때, 완벽하게 옳은 것은 아니며, 적어도 다듬어지고 보충되어야 한다. 축성 생활자 사이에서 재속회 회원과 수도자의 상황은 다르다. 재속회 회원에게는 정확하게 '서원'이라 말하지 않고, "서원 혹은 다른 신성한 의무"라고 말하며, 어쨌든 절대 '수도 서원'이라고 하지 않는다. 또 같은 수도자 사이에서도 다양한 단체와 다양한 은사에 따라 서원이 다르다. 이러한 사실을 차치해 둔다고 하더라도, 하느님 나라를 위한 완전한 정결 준수의 '다양한 동기와 의미에 부여하는 무게'가 모두에게 동일하지는 않다. 사제, 축성 생활자, 수도자, 그리고 교구 사제의 상황과 가장 비슷한 사도 생활단의 단원에게 이 무게는 다르게 주어진다.

앞의 문제를 형식적이고 추상적인 수준에서 분석한다며, 따라

다는 서약과 항상 구분되어야 한다는 사실(전자가 필연적으로 후자를 수반하지 않는다는 사실)과 별개로, 1930년대 초와 1931년 초부터 다양한 문헌의 초안 작성자들이 성직 후보자들에게 이러한 선언을 하게 한 이유를 생각해 보는 것은 중요하다. 이는 서약의 힘으로 의무를 강화하는 것이라기보다는(초안 작성자들은 이러한 의도가 없었다), 취소 또는 면제 요청으로 이미 발생해 오던 곤란으로부터 지키기 위해서였다. 후보자들에게는 성품에 나아가는 데에 외부 강압의 부재와 자발적으로 동의할 자유, 그가 취하게 될 의무에 대한, 특히 하느님의 도움으로 통합적으로 준수하기로 약속한(그래서 엄밀한 자발주의적 정신으로 준수하는 것이 아닌) 독신 생활 의무에 대한 인식, 덧붙여 설명하지 않은 일반적인 교회 규율과 다양한 의무에 대한 약속을 명확하게 증명하는 문헌을 요구한다. 장상 편에는 후보자들이 올바로 준비될 수 있도록 배려하고, 진지하고 강한 책임감으로 심사가 수행되도록 주의해야 함을 요구한다(「교회법」 제1028조).

서 조금은 거칠고 대략적 접근이 되겠지만, 수도자는 사제보다 종말론적 동기가 더 두텁다는 데 편안하게 동의할 수 있을 것 같다. 세 가지 서원을 통한 수도자의 축성은 세상과의 '분리'를 일으키고, 재속회의 회원이든 교구 사제든 최소한 이 분리에 부름을 받는다. 종말론적 차원과 육화적 차원은 사제와 축성자 모두에게 영성의 본질을 이루는 부분이라는 것은 사실이지만, 두 차원 사이의 관계가 다르게 확인되는 것도 마찬가지로 사실이다. 교구에 입적한 교구 사제는 육화의 민감성을 가지고, 구체적인 사람에게 '이웃이 되어 주며' 그에게 맡겨진 영혼의 필요에 관심을 가져야 하며, 도구적 선에 끊임없이 접촉해야 한다. 이는 일반적으로 일반 수도자와 다르며, 특히 보이지 않는 것의 증인이 되고, 미래의 영원한 실재에 대한 예언자가 되며, 자신의 인격 안에서 자신의 존재와 활동으로, 궁극적인 선의 현존을 선취하고, 그 선에 영원히 접촉하는 수도승이라면 더욱 다를 것이다.

근본적 선택의 다양성과 주님께서 각자 다르게 부르신 다양한 삶의 신분은, 수도자와 사제가 하느님 나라를 위한 독신의 그리스도론적 및 교회론적 동기를 살아가는 방식에 관한 다양한 뉘앙스를 결정한다. 길어질 수밖에 없는 이 논의를 더 깊이 파고들고 싶지 않으며, 정결 서원을 통해 축성된 수도자의 혼인성과 비교하여 사제의 혼인성을 언급하는 것으로 만족할 것이다. 사제에게 독신은 앞에서 반복해서 강조했듯이 신랑이신 그리스도를 닮는 것에 뿌리를 두고 있다. 사제의 혼인성은 신부인 교회를 사랑하시는 '신랑인 그리스도 안에서' 실현된다. 사제는 교회로부터 자신을 내보내지 않고, 성품성사로 교회 앞에 있으며, 교회 앞에서 신랑이 되고자 하는 충동을 느낀다. 자신을 사랑하는 것처럼,

신부를 사랑하고, 신부와 하나가 되고자 하는 신랑이다.[155] 축성 생활자의 혼인성은 교회 안에서 그리스도에 대한 봉헌으로, 상대편, 즉 신랑이신 그리스도를 향하여 서 있는 '신부인 교회 안에서' 실현된다. 그것은 그리스도'의' 혼인성이라기보다는 그리스도를 '향한' 혼인성이다. 축성 생활자는 교회의 신랑이 아니라 그리스도의 신부이다! 이러한 고찰은 교회가 왜 아직 여성 사제직을 허락하지 않는지에 대한 근거와 그와 관련한 일련의 성찰을 불러일으키는 것은 분명하다.

⑤ 사제의 독신에 관한 장상과 평신도의 책임

사제의 독신에 관한 주제가 매우 폭넓어서, 이 주제에 관한 논의를 이 적은 페이지에 모두 담을 수 없다. 그래서 인간학 및 심리학과 연관된 측면과 같이, 많은 중요한 측면이 의도적으로 배제되었다. 그러나 결론을 내리기 전에, 바오로 6세가 회칙 「사제의 독신 생활」 2부의 마지막 부분에서 독신의 양성 문제와 관련하여 권고한 내용에 주목하고자 한다. 교육하는 임무와 돌봄은 사제 자신(전 존재에 걸쳐)과, 양성자(초기 양성과 지속 양성), 주교에게 맡겨져 있지만, 신자들 역시 기억해야 한다. 사제 독신은 무엇보다도 교회 전체에 주어진 선물이기 때문에, 신자들도 사제 독신의 훌륭한 성공이라는 과제가 주어졌다. 모두가 이에 대해 책임감을 느껴야 한다. 사제들은 신자들에게 기도만 요청하지 말고, 과제를 알려 주어야 한다. 신자들은 기초적인 도움으로 남아 있

155) 에페 5,25~33. 참조: 창세 2,24; 마태 19,5~6.

는 기도로만 교회 내 사제 독신을 돌보는 임무를 수행하지 않기 때문이다. 독신의 영역에서 평신도의 협력으로 "사제들의 사목적 돌봄과 기쁘게 일치하는 위안을 그들에게〔=사제들에게〕 제공하려는 숙고된 의향"[156]과, 직무 수행 중에 만날 수 있는 모든 종류의 어려움을 극복하게 하는 격려가 있다. 하지만 특히 진심 어린 우정, 사제 독신의 가치에 대한 확신에 찬 존중, 하느님과 교회의 유익을 위해 삶 전체를 봉헌한 사제에 대한 존경 가득한 사랑과 함께 인간적으로 세심하고 배려 깊은 사랑 등도 사제 독신에 큰 도움이 된다.

4.3.4. 가난

① 몇 가지 전제

오늘날 사제의 가난을 독신과 순명에 대한 논의보다 덜 언급하는 것은 사실이다. 예를 들어, 「사제 직무와 생활 지침」에서 복음적 권고에 할당한 부분 중 15%만이 가난에 할애되었으며, 반면 독신과 순명은 각각 43%와 42%를 차지한다. 자주 인용하고 있는 파발레의 저서 *Il ministero presbiterale*(사제 직무)의 제10장 4번의 32쪽 중 순명은 12쪽, 독신은 16쪽 이상을 분석하고 있는 반면, 가난에 대해서는 4쪽도 다루지 않는다. 연구와 논문의 숫자나 제2차 바티칸 공의회 이후 교도권 문헌을 분석해도 이와 비슷한 비율을 발견할 수 있다. 이 사실을 어떻게 해석해야 하는가?

---

156) 「사제의 독신 생활」 96항.

가난이라는 주제가 그 자체로 매우 광범위하기에 다루기 어렵기 때문인가? 혹은 가난은 사람, 시대, 장소 등 수많은 변수와 구체적 상황에 의해서 조건이 달라지기 때문에, 다양한 문제에 대한 보편적인 해결책을 제시하기 어려워 잘 다루지 않는 것인가? 이것만으로 설명하기는 충분하지 않다. 다른 두 복음적 권고에 비해 가난이라는 주제를 덜 다루고 있는 것은 오히려, 세계의 많은 지역에서 사제들은 경제적으로 궁핍한 삶을 살고 있다는 인식이 성행하기 때문일 것이다. 이것이 옳든 그르든, 사람들은 사제들이 이미 복음적 가난을 살고 있으며, 이를 준수하기 위해 특별한 권고나 조언이 필요 없다고 생각한다. 사제 순명이나 독신보다, 사제 가난에 대한 논의가 덜 요구된 것은 일반적으로 다른 두 복음적 권고보다 하느님 백성에게 덜 논쟁적이고 더 잘 받아들여졌다는 분명한 사실에서 비롯한다. 가난이 어떻게 이해하는지, 특히 특정 지역과 일반 청년들 안에서 가난을 어떻게 이해하는지 주의 깊게 분석해야 함에도 불구하고, 때로는 가난을 긍정적으로 말하는 것이 유행이 되었다. 당신이 가난을 좋게 말한다면, 기대에 잘 부응하며, 잘 따르고 있는 것이며, 주위 사람과 동료들에게 잘 받아들여지는 사람으로 여겨질 것이다. 반면 순명에 대해 좋게 말한다면, 전체주의자나 자기 확신이 없는 사람이거나 조직의 권위에 아첨하는 사람으로 비칠 것이다. 정결에 대해 좋게 말하면, 자신이 처한 환경에 따라서, 시대착오적이거나 진실하지 않은 사람으로 비난을 받거나 무언가를 숨기고 싶어 하는 사람으로 해석될 수 있다. 반대로 순명과 정결을 비판하면, 교회의 억압적이고 퇴행적인 세력에게 순교할 준비가 된 용기 있고 진실한 사람으로 평가받는다. 반면, 가난에 대한 어떤 편향적 시각에 대해 지적하면, 그 사람은 즉시 자기 안위에 집착하는 '악한 부르주아'로 본다. 오늘날 가난은 문제가 되지 않는다고 말할 수는 없지만, 가난을 옹호할 필요성은 확실히 줄었다.

사실 가난에 관한 논의는 매우 복잡하고 세분된다. 말하자면, 여러 길이 나 있는 교차로에 있는 것이거나, 더 정확하게는 가난의 관심을 끄는 여러 측면으로 구성된 여러 교차로에 있는 것이다. 그리스도교적 가난의 여러 측면은 다음과 같다. 믿음·희망·사랑이라는 대신덕과 관계 측면, 순명과 정결이라는 다른 두 복음적 권고와 관계 측면, 사도적 봉사, 자신의 삶과 개인 성소의 요구, 생활 수준과 관계 측면, 엄격하게 개인적인 측면과 공동체적 측면, 카리스마적 측면과 법적 측면, 자유 의지로 피조물을 올바르게 사용하는 것으로서 가난 측면과 십자가 사랑을 위한 자발적 결핍으로서 가난 측면, 자선, 직무의 무상성, 노동, 일어나는 수입의 관리, 예산, 행정 구조 등 생계를 유지하는 원천에 관한 문제 측면 등이 있다. 가난을 철저하게 다루려면 현재 상황이라는 역사적 지평을 무시해서는 안 된다. 교회 안에서든[157] 더 넓

[157] 교회가 더욱더 효과적이고 진정한 가난으로 여정을 잘 나아가고 있다는 긍정적인 표지들 가운데 예를 든다면, 제2차 바티칸 공의회에서 시작된 '가난한 이들의 교회'에 대한 성찰, 가난에 중요한 신학적이고 근본적인 가치들에 대한 통찰력(가난한 사람에게 기쁜 소식을 전하기 위해 파견된 가난한 그리스도를 따르는 것, 내면의 자유, 옳지만 궁극적 선이 되지 못하는 세상의 선에 대한 궁극적 선의 우선성, 공동체의 복지 등), 자선에만 의존하는 것을 반대하는 노동법 강조, 삶의 방식과 세상 제물로부터 분리하는 즉각적인 목표로서 가난한 이들과 나눔과 연대에 대한 성찰, 가난의 공동체적 차원에 대한 더욱 큰 감수성, 가난한 이를 '위해서'만이 아니라, 가난한 이들과 '함께' 가난한 이들 '사이'에서 활동하기를 요구하는 것과 결합한, 배타적이거나 배제적이지 않은 가난한 이를 위한 선택에 대한 설명, 소유, 권력, 지식 등으로 안전을 보장하려는 유혹을 극복하기 위한 주의와 경계, 더 단순하고 본질적인 삶의 방식을 향하는 젊은이들의 갈망, 교회가 부자와 유력자에게만 선교하지 않으려는 노력, 자원봉사를 통해 가난한 이들의 비참함을 체험하려는 노력 등이다. 부정적인

은 사회-문화적 세상에서든[158] 가난의 빛과 그림자를 볼 수 있다. 가난의 신학적 토대, 구체적인 동기, 영적 의미에 대한 면밀한 분석, 또 가난이 취할 수 있는 다양한 형태와 이를 통해 표현되고 구체화할 수 있는 상세한 유형론 등을 염두에 두어야 한다.

물론 이 연구에서 모든 논의를 전개할 수는 없기에, 몇 가지 문제만을 선택하여 다룰 것이다. '사제 영성'이라는 이 연구의 형상적 대상에 부합한 것으로 선택할 것이다. 따라서 우리는 사제와 관련된 문제, 즉 축성 생활자나 평신도의 가난과는 구별되는 사제 가난의 특수성을 볼 것이며,[159] 더 엄밀하게는 가난 문제의 영적 측면에 우선순위를 두고, 보다 법적 혹은 교회법적 가난이

표지 중에서도 과학과 기술의 거짓된 약속, 오늘날 세상의 소비주의적이고 물질주의적인 정신, 사회 복지 관점에서 가난한 제자의 모습을 구체적으로 재해석하는 것이 아니라, 사회학적 수준으로 축소된 위험을 동반한 가난의 해석, 지속적으로 쇄신하고 회개해야 하는 인간의 마음보다는 설립하고 새롭게 변경해야 하는 구조에 대한 우선적 관심 등이 있다. 교회 내 많은 사람들, 심지어 사제와 축성 생활자들조차도 이를 너무나 쉽게 받아들이고 있음을 기억해야 한다.

158) 진정한 가난에 대해 오늘날 사회-문화적 세계의 많은 영역에서 존재하는 긍정적 표지 중에, 거대하고 비인간적 가난에 대한 인식의 확산이 있다. 특별히 지구의 어떤 곳에서는 단지 물질적일 뿐만이 아니라 영적으로 비인간적 가난이 있음을 인식한다. 또 불의에 대한 더 강한 인식과 그에 대한 결론으로 상황과 구조 개선의 필요하며, 이로써 억압하는 구조를 극복하고 없애야 한다는 자각이다. 반면, 즐기고 소비하려는 억제할 수 없는 욕망, 스스로를 가두어 버리고 공유와 연대에 대한 개방을 막아 버리는 이기심 극복의 어려움, 가난의 충만한 의미의 성숙을 방해하는 초월에 대해 닫혀 있음 등이 아직도 어두운 그림자로 남아 있다.

159) 우리는 가난 자체의 본성이나 복음적 가난의 본성은 분석하지 않을 것이다. 하지만 사제의 영성 생활을 심화하는 가장 중요한 문헌인 요한 바오로 2세의 「현대의 사제 양성」은 가난을 다루는 항(30항)의 첫 번째 문단에서 시노드의 작업을 반영하며(의안 8항), 복음적 가난의 본성을 다루고 있다. 여기에서 복음적 가난을 "모든 선을 하느님과 당신의 나라의 최고선에 복종시키는 것"이라고 요약적으로 설명한다. 이 짧은 문단에서 교황은 복음적 가난을 대인관계의 맥락에서, "이해"하는 것보다 "살아가야 하는" 신비이자 현실로 자리매김한다. 물질적 재물을 경멸하고 거부하는 '아니오'가 아니라, 감사하고/무상적이며, 호의적으로 — 즉 감정을 포함하는 — 이용하고, 하느님과 그분의 계획을 위해서 내적 자유로 가득 차 이용하는 '예'라고 강조한다.

나 사제의 일상생활에서 실질적이고 물질적 가난의 실천에 관한 논의와 분석에는 들어가지 않을 것이다.[160] 게다가 특히 공의회 이후 교회 교도권의 주요 문헌들의 가르침에 관심을 가질 것이다. 이 가르침은 사제들이 받은 성소에 순응하고 충실하며, 가난을 보다 의식적이고 책임감 있게 받아들이는 길로 나아가는 데 도와주려 했다.[161] 마지막으로, 다른 연구에서 이미 전개된 고찰에는 머물지 않을 것이며, 일반적으로 다루지 않거나 덜 강조된 측면을 우선적으로 다룰 것이다.

② 가난에 대한 기본 태도

가난이라는 폭넓은 주제에서 교도권과 이 주제를 다루는 논문과 연구의 저자들이 덜 강조하는 측면은 가난에 대해 취해야 하는 올바른 기본 태도이다.

우선, 가난 문제 앞에서, 특히 문헌들 앞에서, 합리화나 추상적 성찰로 감춘 자기방어나 도피의 태도를 취하지 않아야 한다. 가난은 논리적으로 솜씨 좋게 정리했다 하더라도 단순한 관념이

---

160) 이 말이, 사제 생활의 가장 구체적인 측면이 사제 영성 생활에 전혀 영향을 미치지 못한다는 의미는 아니다. 반복해서 주장했듯이, 영성은 주로 '해야 할 일'에 대한 것이 아니라, 활동하고 살아가는 방식에 대한 것이다. 동사와 명사보다는 부사와 형용사에 가깝다!

161) 참조: 「사제 생활 교령」 17항; 「사제 양성 교령」 9항; 「현대의 사제 양성」 30, 49항; 「사제의 직무와 생활 지침」 67항; Diocesi di Miano, *Sinodo 47°*, n.497. 사제 영성 생활의 가난에 대한 최근 연구에 관해서는 다음 연구를 참조한다. D. Nowak, *I consigli evangelici nel cammino spirituale proprio del sacerdote diocesano, op. cit.*, pp.65~83; M. Conti, "Fondamenti biblici della povertà del ministero sacerdotale", in *Antonianum* 46(1971), pp.393~426; Favale, pp.358~361; C. Pozo, "Sacerdocio ministerial y radicalismo de los consejos evangelicos", *op. cit.*, pp. 550~560.

아니라 생활과 경험이다. 그러므로 가난을 진정으로 살아간다는 것은 반드시 십자가를 마주하는 것을 의미한다. 그렇지 않다고 생각하는 것은 순진한 생각이다. 그러므로 사제는 가난에 대한 성찰 앞에서, 또는 자신의 신분에 적합한 가난한 삶에 대한 규범과 가르침 앞에서, 자신의 영혼 깊은 곳에 다음과 같은 질문을 품고 있어야 한다. "나의 실존 안에서, 그리고 교회가 보낸 공동체의 생활 안에서, 가난의 삶이 꽃피울 수 있도록 나는 어떤 희생을 감수할 의향이 있는가?"

그러므로 사제 가난은 '신비'라는 사실을 잊지 않아야 한다. 가난에 접근하기 위해서는 자신을 신앙의 차원으로 끌어 올려야 한다. 사회학적·법학적·경제적·심리적 관점에서 가난의 실재를 이해하려는 모든 시도는 설사 그것이 옳다고 하더라도, 항상 환원적이고 부분적으로 그런 것이며, 결코 결정적일 수 없다. 이미 교회에서 가난을 실천하는 구체적인 방법에 대해 모든 것이 말해졌다고 믿는 순진한 이가 되어서는 안 된다. 사제 가난이라는 주제에서 중요한 어떤 것이 아직 그의 의식에 완전히 떠오르지 않았거나 아직 명확하고 분명해지지 않았다. 가난의 문제를 해결했다고 생각한 사제나 일반 신자 또는 축성 생활자도 분명히 이를 해결하지 못했을 것이다. 반면 아마도 항상 그것을 찾고 있으며, 그것을 찾는 그 여정에 있고, 놀라움과 모순에 열려 있음을 받아들이는 이들이 해결할 것이다. 오직 이런 식으로만 자신이 가난에 대한 자기 생각에 매여 있는 부자가 아니며, 가난을 보고 이해하는 자신의 방식에 대해 자유롭고, 하느님의 모든 것이 되기 위한 의향이 있음을 증명할 것이다.

가난을 신비로 마주한다는 것은 가난이라는 가장 단순한 현실의 풍요로움과 복잡함을 신앙의 빛과 평화로 받아들이는 동시에, 그것을 자신의 삶에서 어떻게 표현해야 할지 모르는 자신의 한계를 인정하는 것을 의미한다. 가난이 신비라면, 아무리 거룩하고 정의롭더라도, 법과 규범으로는, 혹은 아무리 순수한 지적 성찰을 통해 성숙하더라도, 논리적 원리로는 가난을 적절하게 표현할 수 없을 것이다. 가난에 관한 법률이 아무리 필요하고 바람직하다 해도, 가난에 관한 가장 흥미롭고 심오한 사상도, 영적 식별을 결코 대체할 수 없을 것이다. 성령의 말씀을 듣는 데서 출발하여, 말씀이신 그리스도에 비추어 보는 영적 식별 안에서, 가난 정신과 가난에 영감을 주는 원리, 가난의 영적인 가치와 요구들이 역사의 구체적인 '여기 그리고 지금'(hic et nunc)에서 취하고 입어야 할 가난의 육화 실천과 구체적인 규범과 적절한 형태를 파악할 것이다. 이런 관점에서 볼 때, 가난이 더욱 진정성을 가질 수 있도록 구조를 바꿔 보려는 교회의 모든 입법과 개입에서 무수히 많은 결함이 발견될 수 있고, 무수히 많은 비판이 제기될 수 있다는 점은 불가피해 보인다. 이러한 부족함을 인식하는 것은 확실히 좋은 일이지만, 이러한 결함 때문에, 요구되는 일의 수행을 거부해서는 안 된다. 부족함을 인식하면 입법자의 뜻 혹은 숙고하고 계획한 사람의 뜻과는 반대로 손해와 손실을 초래할 수 있는 무비판적이고 순진한 해석에 떨어지지 않을 수 있다. 식별이라는 올바른 태도를 취해야 하는 것이다. 그래서 사제 가난 문제의 참된 핵심인 가난한 그리스도를 더 잘 따르도록 도와줄 수 있는 것을 찾는 적극적 태도도 지녀야 한다. 이 모든 것은 강력한 내면의 충동이 필요하다는 것을 한 번 더 강조하는 것이며, 결론적으로, 성령으로 생명을 얻어 가난을 밖으로 표출할 수 있게 하는 깊은 내면성을 마련해야 한다고 역설하는 것이다.

③ 사제 가난의 중심, 토대, 차원, 동기 및 기준

우리는 이미 사제 가난의 중심에는 이념이 아니라 경험이 있음을 언급했다. 더 정확하게 말하면, 이론이나 법칙을 실천으로 옮긴 경험이 아니라 개인적인 경험의 문제이다. 사제 가난은 모든 형태의 복음적 가난과 마찬가지로 무엇보다도 한 인격과의 관계에서 바라보아야 하며, 어떤 특정한 경제적 조건을 '모델'로 삼아 재현하려는 시각이나, 단순히 실천해야 할 덕목의 차원에서 바라보아서는 안 된다. 가치 혹은 가치의 논리 체계의 증인이 아니라, 또한 덕의 증인이 아니라, 바로 한 인격의 증인이 될 때, 사제는 진정으로 가난한 이가 될 것이다. 사제의 복음적 가난의 일차적 토대를 제공하시는 이 인격은 예수 그리스도이시다. 그분은 사제를 사랑하시고, 사제들이 그분의 자유와 사랑에 참여하도록 자신을 내어 주신 분이시다. 사제에게는 '가난'보다 '가난한 그리스도'가 더 중요하다. 예수님께서는 궁극적이고 최종적인 분이시기에 절대적인 기준이 되시고, 반면 가난은 예수님 안에서 기준점을 찾는다.

복음적 가난은 본질적으로 가난한 그리스도를 따름의 성사, 즉 현시적 표지이자 효과적 현존이다. 따라서 그리스도 따름의 특별한 형태로서의 가난은 해방의 역동성, 자유를 향한 그리고 자유의 교육학적 여정에 자리 잡고 있다. 가난은 출발점으로서 그리스도를 위한 기초적 선택과 연결된다. 가난은 그리스도와의 만남을 근저로 탄생하는 현실이다. 오직 그럴 때만, 사제는 가난에 대한 진정한 증인이 될 수 있다. 가난은 수행해야 할 가난의 이상이나 계획이 아니라, 무엇보다 가난한 그리스도의 인격을 따름에 달렸기 때문이다. 가난이 빈곤이 아니며, 복음에서 빈곤을 결코 일반적인 것이나, 어떤 가치로 여기지 않는 이유는, 그리스도께서 가난한 이가 되셨지만, 길가에 거지와 같은 빈곤한 이가 된 것이 아니기 때문이다.

그렇다면 사제는 사제의 가난 여정에서 어떤 그리스도를 따라야 하는가? 성품성사가 존재론적으로 닮게 하는 머리이시고 목자이시며 신랑이신 그리스도를 따라야 한다. 그리스도께서는, 사제가 이미 세례를 통해 증언하고자 하는 복음적 가난에 새로운 색채를 부여하신다. 그러므로 사제 가난은 서품받은 직무자의 존재를 나타내는 사목성·사도성·직무성의 요소들과 관련해서 보아야 하고, 동시에 직무자를 통해서, 목자의 사랑을 통해서 이루는 성화와 연관 지어 생각해야 한다. 사제 가난의 토대를 세우고, 그 동기를 드러내는 것은 앞에서 살펴본[162] 사제 정체성과 영성의 본질적 요소이며, 이는 사제의 가난을 정당화하는 동시에 그 목적과 의미, 구체적인 실천 방식을 나타낸다.

또한 교구 입적과 축성 생활회에 소속은 구체적이고 실존적인 사제에게 특별하고 특징적인 표시를 각인시킬 수 있다. 성품성사는 모든 사제에게 공통적인 것의 기초를 세우지만, 교구 입적과 축성 생활회에 소속은 사제 가난의 차이를 만든다. 교구 입적은 지역성과 영역성의 원리에 의해 다양한 삶의 상황을 수반하고, 장소에 따라 각기 다른 가난 정신을 적용해야 한다. 사제의

162) 참조: 제2부 1장 2~3.

복음적 가난은 그가 직무를 수행하는 문화와 사회경제적 맥락에 따라 다양한 표현 양식을 갖는다. 같은 생활 수준을 살더라도, 그가 살아가는 장소에 따라 가난의 깊이와 가치가 달라질 수 있다. 미국과 중앙아프리카나 아시아의 어떤 국가를 비교할 수 있다. 같은 생활 수준이, 미국에서는 가난한 것이지만, 중앙아프리카나 아시아의 국가에서는 부자일 수 있으며, 심지어 그곳에서는 가난에 대한 모욕이 될 수 있다. 반대로 가난한 나라에서 부유하다고 여겨지는 삶이, 미국의 특정 지역에서는 가난의 증거가 될 수 있다! 축성 생활회에 소속하는 것은 은사에 참여하는 것을 의미하는데, 은사는 일반적으로 서약의 실천을 다양하게 만들고, 따라서 그 축성 생활회에 소속된 사제의 구체적 가난의 실천도 다양하게 만든다.

가난의 복음적 태도는 재물로부터의 분리와 가난한 이들과의 연대를 요구한다. 사제와 축성 생활자와 같이 특별한 성소를 지닌 모든 믿는 이에게, 이러한 가난의 복음적 태도는 그리스도 부르심에 대한 신앙과 사랑의 응답이며, 이로써 성령에 이끌려, 그리스도를 따르게 된다. 교구 사제이든 수도 사제든 모든 사제에게 이러한 태도는 특별한 의미의 색을 입는데, 성품성사로 인해서, 성품성사에 근거하여 닮는 목자이시고 머리이시며 신랑이신 그리스도의 목자적 섬김과 사랑과 밀접하게 연결된다. 사제 가난의 유형은 영성 생활의 다른 측면과 태도와는 다르지 않게, 사제 직무와 그것을 동반한 성사적 은총으로 탄생하고, 동기를 부여받으며, 특징지어지고, 길러진다.[163)]

---

163) 물론 사제들이 가난에 관심을 가지게 된 동기는 계속 커지는 부자와 가난한 이의

그리스도를 모방하고 추종하는 그리스도론적 차원이 가난의 실천 수행에 가장 근본적인 의미를 부여한다면, 교회론적 목적은 가까운 동기와, 더욱 즉각적이고 가시적 의미를 부여한다. 사제 가난은 사제 직무 위 바깥에서 덧붙여지는 것이 아니라, 말씀 선포와 거룩한 신비의 거행, 공동체 인도 안에서 비롯하고, 다른 이들에 대한 봉사와 도움의 구성 요소로 들어간다. 가난은 교회 사명의 기능적 특징을 보여 준다. 그러나 주의해야 할 점이 있는데, 가난 실행이 사도적 목적을 갖는다고 할 때, 이를 인간의 잣대로 측정할 수 있는 효율주의와 생산성의 관점에서 해석하고 실천하면 안 된다는 점이다. 오히려 그것은 가난하고 겸손하신 그리스도를 증거하는 것이며, 모든 이에게 사랑을 주시고, 그 사랑으로 모든 이 사이에 형제애를 일으키시는 그리스도의 사랑을 드러내는 것으로 보아야 한다. 때때로 우리는 어떤 소비, 어떤 수단, 어떤 의향을 정당화하기 위해 가난의 사도적 차원을 이용한다. 하지만 그러한 이용 수단이 실제로는 십자가의 약함과 지혜를 택하신 그리스도의 사랑을 증거하지 못하게 막는 것은 아닌지 질문해야 한다. 그리스도께서는 언제나처럼 오늘날에도 유대인과 이교도에게 추문과 어리석음이었던 것을 선택하셔서, 세상의 힘과 지혜를 혼란스럽게 하시며 오직 하느님께만 영광을 돌리셨다. 이런 식으로, 영원한 생명이라는 궁극적이고 결정적인 선에 비하여 현세적 선은 한계가 있음을 알려 주시려, 부유했지만 가난하게 되신 그분의 선택이 실제로 확인될 것이다. 사제 가난은 교회의 모

차이와 세상에 널리 퍼져 있는 불의한 사회적 상황일 수 있다. 하지만 무엇보다도, 성품성사를 통해 그리스도를 닮게 된 마음의 내면과 하느님께서 부르셨던 그 직무에서 탄생하는 것이다.

든 복음적 가난과 마찬가지로, 교회 신뢰성의 예언자적 표지이자, 부유하고 소비주의적인 사회를 위한 도전의 표지가 되기를 중단하지 않아야 한다.[164] 특히 "자원이 비교적 풍부하고, 새롭게 떠오르는 가난이 공존하는 역사의 순간에서, 사제들은 하느님의 선물로 창조된 재화를 소중하게 여기면서"[165] "돈과 물질적 보장에 모든 신뢰를 두는 현대 세계의 횡포에 무릎을 꿇지 않고, 그것과 분리되고, 그것을 포기하는 구체적인 표지"[166]가 되어야 한다.

물론 사제의 복음적 가난은 다른 신자들, 특히 축성 생활자들의 가난과 마찬가지로, 대신덕과 관련해서도 기능하는데, 특히 사랑과 희망으로부터 사제를 위한 구체적인 의미와 동기를 얻는다. 사제는 '목자의 사랑'의 사람이며, 직무로 발생하는 어려움에 맞서는 사도적 활동과 투쟁을 약속한 사람이기 때문이다.

사제의 복음적 가난이 머리이시며 목자이시고 신랑이신 그리스도를 닮음, 직무를 통한 성화, 목자의 사랑과 맺는 관계는 사제 영성의 특징을 부여한다. 이는 가난이 모든 활동과 활동의 필요성을 근본적으로 확립하고 동기를 부여하기 때문만이 아니라, 사제 영성에 선천적으로 내재한 것이기 때문이다. 이 관계는 사제가 자신의 생활 수준과 다양한 선택에 관해서 식별하게 하는 기초적 기준을 형성한다. 사제는 모든 직무 수행과 삶 전체에 걸쳐 가난 문제에 대한 식별을 수행하도록 재촉받을 것이다.

그리스도는 가난한 이들을 복음화하기 위해 성부로부터 파견

164) 참조: 「현대의 사제 양성」 30항.
165) Diocesi di Milano, *Sinodo 47°*, cap. 23, IV, n.497 §.2.
166) 「현대의 사제 양성」 30항.

되었기에, 그리스도와 친밀한 관계는 사제에게 가난한 이, 가장 낮은 이, 약한 이들을 위한 우선적 선택을 요구할 것이다. 물론 이는 그리스도의 경우처럼, 다른 이들을 배제하거나 다른 이들에게 배타적이지 않은 선택이다. 사실 더 나아가, 가난한 이가 사명의 대상이 되기를 요구한다. 따라서 사제는 가난하지 않은 사람이 가난하게 되도록, 특별한 보살핌이 필요하다. 사제 사명은 교회와 세상에서 그리스도의 사명을 연장하기에, 이러한 사제 사명과 그 대상자의 본질적 관계는, 선행하는 필수 조건으로서 가난하고 검소한 삶의 증거를 요구한다. 성품성사를 통해 받은 사명에 따라 '가난으로 설교'하고 '가난한 이들을 복음화'하기 위해서는, 사제는 사제직을 수행하기 전, 그리고 사제직을 수행하면서, 복음 메시지를 미리 듣고, 들으면서, 복음의 대상자가 되고, 가난한 이가 되어야 한다.[167)]

④ 사제 가난의 표현, 특징, 실천

사제 가난의 동기, 차원, 토대의 관점과 전망 안에서, 사제 가난이 구체적으로 취하는 다양한 표현과 사제 가난이 주로 구체화하고, 형태를 취하는 다양한 측면을 살펴보아야 한다.

일반적인 복음적 가난이 그러하듯이, 세상과 지상 현실의 올바른 관계는 사제 가난에도 기초가 된다. 「사제 생활 교령」은

---

167) "자신의 성소에 적합한 가난을 준수하지 않고는, 가난한 이들의 복음을 진실하게 선포할 수 없다." Giovanni Paolo II, *Apritevi alla verità, che è Cristo, per portare la speranza al mondo*, Incontro con i Seminaristi, con il Clero e con i Religiosi nella cattedrale di Stettino(1987.11.06.), in *Insegnamenti di Giovanni Paolo II*, X/2(1987), p.2136.

"교회의 사명은 세상 한가운데서 수행되고, 피조물은 인간의 개인적인 발전을 위해 전적으로 필요하기 때문에, 사제의 경우 이러한 관계는 매우 중요하다"[168]고 말한다. 사제의 복음적 가난은 현세적 재화의 포기보다는 재화의 사용에서 실현될 것이다. 재화의 포기는 세상 사람들과 함께 살도록 불린 사제보다는 관상 생활로 축성된 사람들에게 더 적절한 '세상으로부터 도피'(fuga mundi)의 증거이며, 더 나쁘게는 하느님이 창조하신 물질적 재화에 대한 거부와 경멸의 표지일 수 있다. 그러나 재화와의 거리는 평신도들에게 부여되는 것보다 더 커야 한다. 서품된 직무자가 세속적 재화를 사용하는 데 있어서, 모든 신자가 실천하는 가난과는 달리 사제에게 적용되는 제한이 있다. 이 특정하고 고유한 제한은 목적과 구체적 방식에 관한 것이다.

목적과 관련하여

"사제들은 〔…〕 현세 재화를 주 그리스도의 가르침과 교회의 규정에 따라 '오로지 정당한 목적을 위하여' 사용하여야 한다."[169] 그리스도의 가르침은 사제들에게, 그들이 세상에 있지만, 세상에 속하지 않기 때문에,[170] 세상을 이용하지 않는 사람처럼 그것을 이용[171]함으로써, 그들이 수행하는 가난의 목적인 "모든 무질서한 걱정에서 벗어나 일상생활에서 하느님의 목소리를 듣는 데 유순하게 만드는 자유"[172]를 얻게 된다는 것을 일깨워 준다. 그래서

168) 「사제 생활 교령」 17항.
169) 같은 곳.
170) 참조: 요한 17,14~16.
171) 참조: 1코린 7,31.
172) 「사제 생활 교령」 17항.

가난은 사제 직무 수행에 필수적이다. '교회의 법령'이란, 사제 자체에 관한 교회법에 포함된 규정,[173] 또는 더 구체적으로 교회 재산의 관리에 임명된 사제에 관한 규정,[174] 그리고 권한 당국(로마 교황청, 시노드, 성, 개별 교회의 주교 또는 교구 시노드)[175]이 공표할 수 있는 규정을 뜻한다. 사제가 사용하고, 관리하는 등 사제 생활에서 접하게 되는 다양한 재화를 세 가지 유형으로 구분할 수 있다. 첫째, 고유한 교회 재화, 둘째, 사제가 어떤 교회 직분을 수행하기 위해 또는 직분을 수행하면서 얻게 되는 재화, 셋째, 엄격하게 사적 재화이다. 사제는 이러한 재화를 혼동하지 않고 구분하여 사용해야 한다.

첫째, 사제의 사적 재산이 아니라 교회 재산인 경우, 사제는 사익이나 제삼자의 이득을 위해서가 아니라, 오직 교회법 규정과 교회가 재산을 합법적으로 소유한 목적에 따라 관리해야 한다. 즉 거룩한 예식의 준비, 성직자의 품위 유지, 사도직과 자선 사업, 특히 가난한 이들을 위한 도움 등의 목적에 따라 사용한다.[176] 이런 재화와의 관계에서 문제는 가난이 아니라 정의이다. 사제는 재산을 관리하는 데 있어 무엇보다도 투명해야 하며, 자기 재산인 양 사용하는 모든 횡령과 착복을 피해야 한다.[177]

---

173) 참조: 「교회법」 제281, 282, 285, 286조.

174) 참조: 「교회법」 제1254~1310조.

175) 이와 관련해서, 가난 문제에 대해 공의회 교부들의 논쟁이 드러나는 「사제 생활 교령」의 준비 과정을 따라가는 것은 매우 흥미롭다. 사제가 가난 정신을 가져야 한다는 의무는 모두가 동의하지만, 가난의 정신이 실천적으로 가져야 하는 의무적이고 법적 가치에 대해서는 반대되는 두 경향이 부딪친다. 한 편은 부정적이었고, 다른 편은 긍정적이었다. Cf. M. Capioli, *Il decreto Presbyterorum Ordinis. Storia-analisidottrina*, vol.II, Roma, 1990, p.207.

176) 참조: 「사제 생활 교령」 17항; 「교회법」 제1254조 2항.

177) 참조: 「현대의 사제 양성」 30항.

둘째, 사제가 어떤 교회 직분을 수행하기 위해서 또는 그 직분을 수행할 때 얻게 되는 재화(예를 들어, 본당 신부 활동을 위한 봉급, 미사 헌금 등)에 대해서, 교회는 이 재화를 먼저 사제의 정당한 생계 부양을 위해(질병 및 장애 보험과 노령 연금의 기여금도 포함한다) 그리고 사제 신분의 모든 직무를 수행하는 데 사용하길 원하지만, 교회의 선익과 자선 활동을 위해서도 사용하길 원한다.[178] 재화는 어느 정도의 경제적 보장을 제공해서, 사제가 직무 수행에 자유를 유지하고, 경제적 염려에 짓눌리지 않게 해야 하지만, 그것만이 전부는 아니다. 사제의 생계와 급료의 원천인 재화는, 한편으로 복음적 가난의 표지를, 다른 한편으로는 정의의 표지를 지녀야 하므로, 교회는 재화가 공평하고 충분하길 원한다.

셋째, 엄격하게 사적 재화에 관해서, 교회는 사제가 진정한 복음적 가난을 증언하면서 절제하고 자제하여 사용하기를 촉구한다. 이러한 재화에 대해 '자발적 가난'을 말한다. 사제에게 가난은 복음적 권고의 실행이다. 교회는 독신과 순명처럼 가난을 공적 서약으로 수락하라고 요구하지 않고, 단지 규범을 통해 가난 실천을 권장한다. 하지만 이 규범은 사제가 "소박한 삶을 영위하며 허영의 분위기를 조성할 수 있는 온갖 것을 피하며" "온갖 종류의 허세와 사치"[179]를 제거해야 한다고 말하는 데 그치기에, 일반적인 것으로 남는다. 이 단순하고 절제된 생활은 진정한 자발적 가난의 표현이며, 이 자발적 가난을 규정하는 사도적 동기에

178) 참조: 「사제 생활 교령」 17항; 「교회법」 제282조 2항; 「사제의 직무와 활동 지침」 67항.

179) 참조: 「사제의 직무와 생활 지침」 67항; 「교회법」 제281조 1항; 「사제 생활 교령」 17항.

서 큰 의미를 찾아야 한다. 즉, 목자의 사랑으로 나아가는 길을 닦고, 가난한 이들이 교회에서 멀어지지 않게 하며, 무엇보다도 그리스도를 더욱 가까이 따르기 위해서이다. 그리스도께서는 우리를 위해서, 우리의 구원을 위해서 부유한 분이 가난하게 되셨고, 그분의 가난으로 우리는 부유하게 된다.[180]

구체적 방식에 관련하여

사제가 가난을 실천하는 구체적 방식과 관련하여, 교회는 사제 가난이 무상성과 교회 건설이라는 요소를 포함하길 원한다.

'무상성'의 문제는 생계 원천에 관한 문제에 걸려 있다. 사제는 전달되어 받은 은사가 무상, 즉 거저 받은 것임을 기억해야 하며, 따라서 거저 베풀어야 한다.[181] 다른 한편 — 수도자들은 일반적으로 규칙이나 회헌에 따라 전체 또는 부분적으로 이 권리를 포기하지만 — 사도들은 정당한 보수를 받을 권리가 있다.[182] 그러나 이러한 사도의 권리는 요한 바오로 2세가 「현대의 사제 양성」에서 언급한 바와 같이 "자기가 얻을 수 있는 이득이나 혜택에 따라 복음과 교회에 봉사하는 정도를 달리하려는 모든 종류의 흑심과 절대로 혼동될 수 없다."[183] 따라서 사제도 사도적 수행에 더 큰 기동성과 개방성을 위해서, 목자의 사랑의 더 충만한 수행을 위해서, 실제 이 권리를 자발적으로 포기할 수 있다. 무상성이 하

---

180) 참조: 2코린 8,9; 「사제 생활 교령」 17항; 「사제의 직무와 활동 지침」 67항.

181) 참조: 마태 10,8; 사도 8,18~25; 「사제 생활 교령」 17항; 「사제의 직무와 활동 지침」 67항.

182) "일꾼은 품삯을 받는 것은 당연하다"(루카 10,7); "주님께서는 복음을 전하는 이들에게 복음으로 생활하라고 지시하셨습니다"(1코린 9,14).

183) 「현대의 사제 양성」 30항.

느님의 무상적 사랑의 표현이 되어 직무 수행 때 목자의 사랑이 발휘하는 데 도움을 준다면, 그리고 현세적이고 물질적 재화보다 궁극적이고 영원한 재화가 우월하다는 것을 증거한다면, 이러한 사제의 포기는 가난한 그리스도를 더욱 닮을 수 있게 할 것이다. 무상성을 통해 표현되는 이러한 가난의 유형은 사제가 직무적 선택에서 더 큰 사도적 자유를 갖도록 할 것이며, 이 자유의 특권적 표지로서 배타적이고 배제적이지 않은 가난한 이를 위한 우선적인 선택을 하게 될 것이다. 예수님의 모범과 가르침에 따라 목자의 사랑의 가장 큰 관심은 가난한 이를 향해야 한다.[184] 전통적 형태의 가난이든 새로운 형태의 가난이든 온갖 가난, 특히 모든 악의 뿌리인 죄의 종살이에 괴로워하는 사람들의 가난에 관심을 두도록 사제를 인도하는 것은, 내적이며 사도적 자유의 표현인 무상성일 것이다.[185]

무상성과 함께 교회가 기억하는 것은, 사제의 가난 실천에서, 무엇보다도 교회 건설을 고려해야 한다는 점이다. 다시 한번 강조하면, 사제의 생활 수준을 결정하는 것은 그의 사목자적이고 성직자적 차원이다. 사제는 교회 안에서 공식적 지위에 있기에, 그의 생활 방식은 교회 자체의 신뢰성과 직결된다.

⑤ 결론

지금 사제 가난에 대해 다룬 논의가 부분적이고 국한되었다는 것을 모르지 않는다. 어찌 되었든, 가난은 살아 내야 할 경험

184) 같은 곳.
185) 「사제의 직무와 생활 지침」 67항.

이기 때문에, 가난에 관한 논의는 항상 각 사제가 주의 깊은 영적 식별을 통해 완성해야 한다고 생각한다. 각자는 성경과 교도권의 가르침, 특히 공의회 문헌들과 가장 최근의 교황 문헌에 비추어 가난에 대한 부르심의 요구를 이해해야 한다. 이러한 내용은 각 사제의 개인적 가난 실천에 관한 하느님의 뜻을 깨닫고, 그 신비의 문을 여는 데 도와주는 기초적 기준이 되고, 이는 당연히 사제에게 소중한 선물이다. 하지만 어떠한 법도, 어떠한 권고도, 어떠한 초대도, 어떠한 가르침도 가난에 있어서 하느님께서 그에게 원하시는 것이 무엇인지 명확하고 적절하게 밝혀 줄 수 없을 것이다. 각 사제는 내적 스승인 성령의 말씀에 경청하고, 온갖 좋은 것을 주시는 분, 따라서 사제의 고유하고 특별한 복음적 가난을 주시는 분이신 성부께 끊임없이 간청하고 기도하며, 주교의 안수를 통해서 받은 사제 서품의 은총 안에서, 나에게 원하시는 가난을 찾는 노력이 필요하다.

제2장 • 교구 입적 또는 성직 자치단 / 축성 생활회 소속에 기초한 사제의 영성 생활 요소

1. 서론

이 장에서 개별 교회에 입적한 사제든, 축성 생활회나 성직 자치단에 소속한 일원이든, 사제의 구체적 영성 생활의 요소를 모두 분석할 수 없다는 것은 분명하다. 사제 직무의 은사는 사실 하나의 성품성사에서 비롯하는 보편성으로 고찰할 수 있었지만, 교구 세속성의 은사(그리고 개별 교구의 은사)와 개별 수도회나 자치단의 은사는 그렇게 설명할 수 없다. 성품성사는 주교품, 사제품, 부제품이라는 다양한 품계 안에서 단일하고 동일하며, 각 사제가 사제품에 들어가게 하지만, 또한 특정한 지역, 특정한 개별 교회에 위치하는 하나의 사제단에 속하게 한다. 사제단은 주교직과는 다르게 보편적 차원에 있지 않다. 사제단에 속함은 다양한 구성원에 따라 다양한 방식으로 이루어지며, 구체적으로 폭넓고 다양한 사제 유형을 낳고, 서로 다른 영성을 지닌 다채로운 사제상(司祭像)을 가능하게 한다.

사제상은 각도와 관점에 따라 다양하게 분류할 수 있다.

특정 지역이나 개별 교회에 거주하는 다양한 사제상을 교구에서 수행하는 다양한 임무 즉 '운영-사목적 관점'에서 설명할 수 있다. 이에 따라 총대리, 교구장 대리, 지역구 대리 및 교구 직무, 감목 대리 혹은 대탁덕, 본당 담임, 본당 보좌, 교회나 성지 담당 사제, 경당 사제, 사목 단체의 지휘자(moderator), 신학교의 양성자 등의 모습으로 구분한다.[1)]

그러나 사제 영성의 연구에서, 개별 교회의 다양한 사제상을 묘사할 때는 기능적인 관점보다 보다 원천에서 사제직을 특징짓는 '다양한 영성의 유형'과 '영적 은사'를 중심으로 진행해야 할 것 같다. 이러한 관점으로 구분하자면, 일반적인 수준에서 첫째, 교구 사제(한때 '세속'라고 불렸던, 즉 교구에 입적한 사제), 둘째, 수도 사제, 셋째, 사도 생활단 구성원과 성직 자치단 구성원이 있다.[2)] 이 세 가지 일반적인 유형에는 더욱 구체적 유형의 은사가 다원적으로 존재하며, 개별 사제의 영성을 차별화된 방식으로 채색한다는 것은 분명하다. 이는 축성 생활회의 사제나 사도 생활단, 성직 자치단에 있는 일원뿐만이 아니라, 교구 사제에게도 해당하며, 개인적으로 받았거나, 혹은 임명된 사목적 직무의 유형과 관련된 선물과 은사 때문만이 아니라, 교구의 특별한 영성 덕분이기도 하다. 각 교구는 역사, 문화 그리고 신학적 차원에서, 더 나아가 영성적 차원에서 살아 있는 전통을 창조하고 일으킨 성인들의 모

---

1) Cf. Diocesi di Milano, *Sinodo 47°*, Capitolo 23, II, nn.479~487.

2) 참조: 「교회법」 제265조.

습으로 고유한 영성을 형성한다(예를 들면, 보스턴 교구는 홍콩 교구와 다른 것처럼, 밀라노 교구는 파리 교구와 다른 전통을 가지고 있다).

서로 다른 두 성직자의 관점에서 생각해 보면, 교구에 입적하는 것과 이와 비슷하게 축성 생활회에 소속하는 것이[3] 어떤 방식으로 그들의 영성을 특징짓는지, 또는 어떤 방식으로 모든 사제의 영성, 아니 그보다는 모든 세례받은 이의 영성에 특별한 색을 입히는지 질문할 수 있다. 이는 교구의 고유한 은사나 단체 설립자의 고유한 은사가 무엇인지 묻는 것이 아니라, 지정된 영역에 존재하는 것이 사제 영성에 어떻게 영향을 주는지 묻는 것이다.

다음의 몇 가지 측면만 고찰할 것이다.

① 교구 사제의 입적

② 교구 사제와 수도 사제 모두가 증진하고 육성해야 하는 사제적 친교와 다양성 안의 일치의 의미: 「상호 관계」의 문제

③ 교구 사제와 수도 사제의 관계 및 소속의 원천인 서품

---

[3] 사도 생활단이나 성직 자치단에 대한 분석은 이 문제를 복잡하게 만들기 때문에, 지금은 생략하기로 한다.

2. 입적[4)]

개별 교회에서 입적은 부제 서품과 함께 이루어진다. 교구에 입적된다는 것은 분명 법적 성격의 진정한 유대를 구성하지만, 그것이 일으키는 영적 가치와 의미까지 고려해야 한다. 사실, "단 하나의 같은 사제단에서 주교와 서로 관계를 맺고, 교회를 걱정하면서, 개별 교회가 처해 있는 구체적인 역사적 상황과 사회 환경 속에서 복음에 따라 목자로서 하느님의 백성을 돌보는 일에 헌신하는 것"[5)]은 모두 입적이라는 법적 행위에서 비롯하는 것이며, 동시에 모두 사제의 영적 모습을 규정하는 요소들이다.

입적은 개별 교회에 대한 특정한 유형의 소속과 헌신으로 이어지는데, 이는 성품성사에서 비롯하여, 교구 사제든, 수도 사제든 모든 사제에게 공통으로 적용되는 것과는 구분된다. 실제로 교구 사제는 입적을 통해 "지역 교회에, 그리고 지역 교회를 통해 전체 가톨릭교회에 주어진다. 그는 하느님의 은사가 지역 교회의 사건을 통해 형성하는 고유한 모습에 봉사한다. 따라서 그 역사를 탐구하고, 드러난 영적 얼굴에 감탄하고, 유산을 모으고, 그 삶을 발전시키고, 공동체의 다른 구성원들과 풍부한 관계망을 엮어 낸다."[6)]

교구 사제가 개별 교회에 소속되고 헌신하는 것은 '영역성'/

---

4) 이 주제에 대한 심화 연구는 다음을 참조하라. 「현대의 사제 양성」 31~32항; 「사제의 직무와 생활 지침」 26항; Favale, pp.237~242; G. Moioli, "Sul ministero presbiterale come ideale di vita", in *Communio* 4(1972), pp.3~11; D. Coletti, *Vivere da prete, op. cit.*, pp.111~115.

5) 「현대의 사제 양성」 31항.

6) CEI, *Seminari e vocazioni sacerdotali*, Programma pastorale per l'anno 1979-80, n.36d.

'지역성'과 '안정성'의 특징을 갖는다. 이런 영적 특성은 축성 생활회 회원, 특히 성청 설립회의 '보편성'과 '이동성'과 대조되고 구분되는 '교구성'을 함축한다. 그러나 교구 영성의 '영역성/지역성' '안정성'을 수도원과 수도승 영성 생활의 영역성/지역성, 안정성과 혼동해서는 안 되는데, 그 이유는 교구 사제에게 이러한 요소들은 금욕이 아니라, '지금 여기'에 있는 교회의 존재와 건설을 위한 사랑의 봉사라는 특징을 가지기 때문이다.

더욱이 교구 사제는 특정 장소에 뿌리를 내리는 '머무름'과 보편주의적이고 종말론적 차원을 지닌 이동성 사이의 영원한 긴장 관계에 놓여 있다. 이는 사도들도 다르지 않고, 사실 전체 교회와 세례받은 모든 사람도 그러하다. 사제는 한편으로 외국인이나 이방인이 아니라 성도들과 함께하는 시민이고,[7] 다른 한편으로 진정한 시민권이 없이 항상 여정 중에 있는 이방인이자 순례자이다.[8]

디에고 콜레티(D. Coletti[9])가 지적한 바와 같이, 사제는 입적을 관료적 사건이나, 어떤 행정구역 안에 가두는 것이나, 교구 사제의 보편교회적 숨을 막고 질식시키는 그물망 조직으로 경험해서는 안 된다. 그보다는 뿌리로 보아야 한다. 토양에 뿌리내리며 나무를 안정시키고 고정하면서, 나무를 기르고 영양을 주며, 생명을 주고 열매를 맺을 수 있도록 하는 뿌리이다.

그러므로 입적은 착한 목자로서 자신의 목숨을 내어 주기까지, 자기를 바치며 선사하는 목자의 사랑을 표현하는 기회로 경

7) 에페 2,19~20.

8) 참조: 베드로1서와 디오게네스에게 보내는 편지.

9) Cf. D. Coletti, *Vivere da prete, op. cit.*, p.112.

험되어야 한다. 입적은 성직자가 방랑하고 "떠돌이"[10]가 되는 것을 용인하지 않고, 직무를 자유 계약으로, 사제를 프리랜서로 오해하는 것을 허락하지 않지만, 더 많은 봉사를 할 수 있도록 준비된 태도에 동의하고, 오히려 증진한다.

그러나 현실에서 '뿌리를 과대평가'를 할 위험은 분명히 있다. 이 위험은, 입적이라는 뿌리가 영적인 모든 차원을 비워 버리면서, 순전히 법적 구속이 되거나, 혹은 마음을 여는 것을 회피하고 자기 껍질 안에 틀어박히는 것을 정당화하는 편리한 도피처가 될 때 일어난다. 그런 경우, 필연적으로 사제상은 단순한 종교 관료의 모습으로 전락한다. 성령에 의한 동조도 없고, 세상과 사람들의 필요에 어떠한 공감도 없을 것이다. 조용한 삶이라는 껍질에 갇힌 사제는 자신이 '수레를 끄는' 사람의 일상적이고 평범하고 숨어 있는 봉사에 충실한 사람이라고 여긴다. 그러면서 비범하고 모험적이며 충만하게 하는 것에 사제가 투신하는 행위를 일탈이라 생각하며, 이를 공격하고 비판할 준비가 되어 있다. 이것은 분명히 방어기제이다. 이와 반대로 '뿌리를 과소평가'하려는 위험도 있다. 이것은 마찬가지로, 방어기제와 현실의 도피 기제로서, 특히 축성 생활회 회원들 사이에서 일어난다. 다른 사람에게 '개척자'로서 평가받기 위해 그럴 수도 있지만, 실제로는, 드러내지 않고 숨겨야 하는 겸손에 인내하지 못함과 불안을 감추기 위해서 이런 유혹을 받는다.[11]

입적은 사제 영성 생활에 개별 교회에 더욱 완전한 소속과 헌

10) 참조: 「교회법」 제265조.
11) Cf. D. Coletti, *Vivere da prete*, *op. cit.*, p.114.

신을 포함하면서, 사제를 관계망에 관련시킨다. 이 관계는 자신의 삶에서 살아가야 할 덕과 가치에 대한 기초적 필요성이 드러나게 하며, 이 덕과 가치들은 '교회적 친교' 특히 '사제의 친교' 안에서 그 중심과 원리와 목적을 갖는다. 그래서 교구 사제는 수도회 사제와 다르지 않게, 강한 친교 의식을 키우도록 부르심을 받았다.

이는 우리가 친교에 관한 '문제'를 고찰하게 한다. 주교의 인도 아래서 이루어지는 개별 교회의 친교 문제, 그리고 그 안에서의 다양한 관계망에 대한 문제의 논의를 열어 준다. 하느님 백성의 다양한 구성원들과 주교 사이, 그리고 구성원들 사이, 특히 사제와 축성 생활자 사이에 얽혀 있는 관계를 살펴볼 수 있다.

3. 개별 교회 안 사제의 친교

3.1. 전제

제2차 바티칸 공의회에서 재차 강조한 교회의 친교는[12] 교구 사제든 축성 생활회 소속이든 사제에게 매우 특별한 측면과 세부 사항을 갖는다. 서품과 개별 교회의 구체적 입적 또는 그 영토 안 현존으로 인하여, 실제로 주교와 다른 사제들과 관련하여 '사제의 친교'로서 교회의 친교가 명시된다. 우리가 이미 살펴본 바

---

12) 참조: 「교회 헌장」 4, 8, 13~15, 18, 21, 24~25항; 「계시 헌장」 10항; 「사목 헌장」 32항; 「일치 교령」 2~4, 14~15, 17~19, 22항; Sinodo dei Vescovi, II Assemblea straordinaria(1985), *Relatio finalis,* II, C, 1.

와 같이,[13] 사제의 친교는 기본적으로 "사제가 성화와 복음화의 특정한 수단을 발견할 수 있고, 인간 본성의 한계와 약점을 극복하도록 도움을 받을 수 있는 특전적 장소"[14]인 사제단 안에서 실현된다. 이러한 한계와 약점 중에는 고립되고 주관주의에 빠지면서, 사제직 안에서 형제와의 친교를 이루지 못하는 생활 방식의 경향도 포함한다.

수도회나 사도 생활단의 사제도 비록 그들의 합법적인 수도회 총원장이나 개별 수도원장 밑에 있을지라도, 충만하게 또는 다양한 명목으로 교구 사제단에 소속해 있다.[15] 이들은 "교구 내에서 활동함으로써 개별 교회가 보편 교회에 대하여 더욱 열린 자세로 살아가도록 북돋아 주는 특별한 은사와 특수한 직무를"[16] 제공할 수 있는 기여로, 교구 사제단을 영성적으로 풍요롭게 해 준다.

같은 교구 사제단에 소속한다는 공통점이 교구 사제와 수도회나 사도 생활단의 사제에게 같은 고행과 헌신의 의무를 부여하는 것은 아니다. 각자의 은사와 카리스마의 다양성을 존중하는 일치로서 진정한 친교를 육성하고 증진할 수 있다. 교회 공동체 안에서 영성적으로나 사목적으로나 모든 이를 획일적 삶의 방식으로 눌러버리려 하는 위험한 환원주의는 극복해야 한다.

교구 성직자와 수도 성직자 모두에게 주어진 과제는, 교황청 주교성과 수도회성이 1978년 5월 14일에 공동으로 발표한 잘 알

---

13) 참조: 제1부 2장 4.5.2.
14) 「사제의 직무와 생활 지침」 27항.
15) 같은 문헌, 26항.
16) 「현대의 사제 양성」 31항.

려진 문헌 「상호 관계」가 제기하는 문제들을, 사제들이 살아가는 영적 체험으로 구체화하는 것이다. 이 문헌은 제목과 같이, "교회 내 주교와 수도자 사이의 관계"에 관한 문제를 다룬다.

지금 여기에서 사제 친교의 영성을 모든 범위에서 다루려는 의도는 없다. 제1부에서 친교의 교회를 향한 서품 직무에 대해 논의하면서, 사제가 평신도 안에서, 평신도와 함께 촉진해야 할 '교회적 친교'에 관한 몇 가지 원리로 내용을 한정했고, 또한, 분석의 범위를 오직 사제적 친교로 한정했으며, 그 안에서 「상호 관계」와 관련한 문제들만 다룰 것이다. 이뿐만 아니라, 이 논의에서 주교와 수도회의 장상들 간의 관계나 교구 내 존재하는 교구 사제와 수도자들의 관계 — 그들이 사제인지 평신도인지, 남성인지 여성인지와는 상관없이 — 를 고려하거나 주요 초점으로 두지 않을 것이다. 그보다 관심을 집중하고자 하는 것은, '다른' 유형의 사제들과 특별한 친교의 관계를 맺도록 불린 사제에게서 발생하는 영적 의미, 즉 교구 내 하나의 사제단에 속한 교구 사제와 수도 사제 사이의 관계에서 나타나는 영적 반향에 관한 것이다. 그러나 교구 사제와 수도 사제 사이의 관계를 친교의 정신으로 올바르게 인식하고 살아가는 방식은, 구체적으로 교회 안에서 성직자와 축성 생활자가 관계를 맺는 방식에 따라 크게 좌우된다는 사실을 부인할 수 없다.

교구 사제와 수도자 사제 사이의 친교에 대한 올바른 해석과 구체적 경험을 위해서 다음과 같은 몇 가지 특정 사항에 대한 심도 있는 연구가 필요하다.

① 용어와 언어 표현의 용법

② 유기적이고 위계적인 친교의 교회 공동체 관점 및 신비로서의 교회 공동체 관점 안에서 수도자들을 고려할 필요성

③ (긍정적으로) 친교는 무엇을 의미하는가?

④ (부정적으로) 무엇이 친교를 방해하고 손상시키는가?

3.2. 용어와 언어 표현의 용법

'친교'의 문제를 직접 다루기 전에, 정확한 용어의 사용과 그에 따른 적절한 구분이 얼마나 중요하며 문제를 올바로 상정하는 것이 얼마나 중요한지 강조하고 싶다. 그래야만 문제의 참된 해결을 처음부터 그르치지 않을 것이다. 사실 교구 사제와 수도 사제 사이의 친교는 일반적으로 축성 생활, 구체적으로는 수도 생활과 관련하여 정확한 용어의 사용과 그것이 표현되는 방식에서 이미 시작한다고 볼 수 있다.

우선 '축성 생활'(vita consacrata)과 '수도 생활'(vita religiosa)이라는 용어에 주목하고 싶다. 모든 수도자는 축성되었지만 축성된 사람 모두가 수도자는 아니기 때문에, 그들은 명확하게 구별된다. 축성 생활자 안에 다양한 유형이 있다는 것을 잘 알고 있기에 여기에서는 수도자만 언급하고자 한다. 수도자에는 수도승도 있지만, 또한 탁발 수도자와 규율 사제도 있다. 관상 생활회와 활동 생활회 혹은 사도 생활회가 있으며, 평수사와 성직 수사가 있고, 성직 수사는 그들이 속한 재속 수도회, 수도원, 사제회에 따라 다양하며, 성청 설립인지, 교구 설립인지 여부에 따라 다르다.

이 다양한 수도자를 오직 하나의 이름으로 인가하는 것은 교회의 선익에 매우 해롭고, 개별 회나 개별 수도자에게도 부당하다. 성령께서 교회 안에 널리 퍼뜨리시는 은사를 존중하지 않을 위험이 있으며, 교회가 한 수도회의 개별 구성원이나 개별 수도회의 특정한 선뿐만 아니라, 하느님 백성 전체의 공동선에도 적합하다고 인정하는 다양성의 풍요로움을 존중하지 않을 위험이 있다.

이를 위해서는 지식, 존중, 깨어 있음의 깊은 영적 태도를 성숙시키고 함양해야 한다. 이는 결코 쉽지 않은 수덕 생활이다. 차라리 획일적으로 똑같이 만드는 것이 훨씬 더 편할 것이다!

때때로 오직 하나의 은사만 인준하는 것은 수도승, 관상 수도원, 탁발 수도원 등의 수도자들을 한데 묶는 데 매우 편리하다. 특별히 교구 사제들이 충분하다고 생각하는 '강력한' 교구에서 이런 일이 일어난다. 심지어, 그들은 교구 사목에 수도 사제가 장애물과 위협으로 여길 수도 있다.[17]

수도 생활에 관한 '정확한 표현 방식'도 중요하다. 부적절한 표현 방식은 자주 무의식적이고 죄의식 없이 본질적인 신학적 요소에 영향을 주어서, 사목에 무시할 수 없는 결과를 가져온다. 특정한 표현 방식들은 축성 생활과 수도 생활을 교회 외부에 존재하며 교회와 병행하는 실재로 보게 하므로, 진정하고 올바른 친교의 교회 관점에 어긋난다. 이해를 구하기 위해 몇 가지 구체적인 예를 들어 볼 수 있다. 때때로. '개별 교회와 축성 생활 또는 수도 생활의 관계' 또는 '교구 내 수도자의 편입' 또는 '한편에는

---

[17] Cf. *La chiesa di Milano si interroga*, Consultazione per il 47° Sinodo, Milano 1993, p.95.

축성 생활회 또는 사도 생활단, 다른 한편에는 개별 교회의 사목 생활. 이 둘 사이의 관계' 등과 이와 유사한 표현을 쓰고, 말하고 있는데, 이는 '우리-너희'의 도식을 암시한다. 이러한 표현은 '축성 생활'(또는 '수도 생활')과 '개별 교회의 생활'이 처음에는 독립적이고 자립적으로 존재하는 두 실재이며, 그다음에 이 둘이 관계를 맺어야 한다는 생각을 표현하는 것이다. 이는 무의식적이고 함축적으로 이루어지고, 그래서 더욱 위험하다. 제2차 바티칸 공의회가 교회와 세상의 관계를 다룰 때, 교회'와' 세상이 아니라 현대 세계 '속의' 교회로 설명한 것과 유사한 문제이다. 즉, 일치적 관점에서 시작하여 이 둘을 구별해야 하는 것이다. 이는 이중성에서 시작해서 일치에 이르는 것과 다르다. 이런 경우에는 분리와 대조가 일어날 수밖에 없다.

축성 생활자나 수도자에게는 교회 또는 축성 생활(또는 수도 생활)에 대한 부정확한 개념으로 인해 이러한 이원론(교회/축성 생활 또는 수도 생활)에 빠질 위험이 언제나 도사리고 있다.[18)]

나중에 살펴보겠지만, 따라서 '친교'로서 교회를 바라보는 신학적 전망으로 이 주제를 보는 것이 중요하다.

교구 사제와 수도 사제를 분리하고 대조하면서 논의를 시작한다면, 불가피하게 자신은 'A급'이고 상대방은 'B급'이라고 느끼게 될 것이다. 이것은 존재론적으로나 신학적 관점에서 사실이 아닐뿐더러, 사목적 관점에서는 매우 해롭고 끔찍한 일이다. 예

---

18) Cf. esempio, "La preparazione dell'Assemblea CEI da parte di CISMUSMI", in *I carismi della vita consacrata nella comunione ecclesiale in Italia,* Sussidio in preparazione all'Assemblea della CEI, Collevalenza, 25-28 ottobre 1993, a cura della Conferenza Episcopale per la vita consacrata e della Commissione mista Vescovi-Religiosi-Istituti Secolari, Appendice Prima, 29.

전에 그리고 세계의 일부 교구에서는 아직도, 교구 사제들은 열등감을 느꼈고, 수도자들은 교구 사제들에 대한 우월감을 가졌다. 오늘날 일반적으로 이러한 상황이 역전되었다. 수도자는 어떤 '교회적 고립감'을 겪는다. 수많은 구두 선언문에도 불구하고, 여러 가지 합당한 이유로, 때로는 수도자들의 잘못으로 인해, 교계는 수도자들의 존재를 더는 중요하게 여기지 않는다. 수도자들을 이용할 수 있는 힘으로 보거나, 그들을 무시하면서, 그들의 '행위' 이전에 그들의 '존재'가 기여할 수 있는 공헌을 경시한다. 기껏해야 순수한 수도 생활의 형태만을 높게 평가하는데, 이는 봉쇄나 은수 수도원(monastero)에서 생활하는 사람에게만 해당하는 것이다. 아마도 매우 진부하지만, 이 상황을 드러내는 중요한 예가 있다. 이탈리아 주교들이 1993년 2월에 발표한 지속 양성에 관하여 사제들에게 보낸 서한 「당신 안에 있는 하느님의 은사를 회복시키십시오」(*Ravviva il dono di Dio che è in te*)는, 수도 사제들에게 보낸 것이 아니었다. 딱 한 번, 남성과 여성 수도자를 언급했는데, 사제들에게 가족적 도움을 제공해야 할 필요가 있으며, 그것은 사제의 차분한 인간 존재를 조성하기 위해 적합한 조건이라는 맥락에서 이루어졌다![19]

---

19) CEI, *Ravviva il dono di Dio che e in te*, Lettera dei vescovi italiani ai loro presbiteri sulla formazione permanente, 22 febbraio 1993, n.16.

3.3. '친교' 공동체와 '신비' 공동체인 교회 내 수도 생활

사제 영성에 대한 성찰에서, 장상과 수도회 장상의 모임에서 다뤄질 법한 주제가 나오는 것이 이상하게 들릴 수 있겠다. 아마도 이렇게 느낀 이가 있다면, 자신들의 주교가 성 목요일 강론에서 어떻게 이 주제를 다루기로 감행했는지 몰랐던 밀라노 사제들의 놀라움에 동의할 것이다.[20] 그러나 주교의 뛰어나고 명료한 논의에 따라, 친교와 신비로서의 교회 개념을 중심에 두는 신학의 관점에서, 교회 공동체 내 '모든 수도자'를 — 사제든 아니든 — 반드시 고찰해야 할 것이다. 그러면서 교구 사제단 내 모든 사제, 즉 교구 사제와 수도 사제 사이의 진정한 사제적 친교가 무엇인지 파악하고, 실현할 수 있을 것이다.

요한 바오로 2세는 1988년 12월 30일 시노드 후속 사도적 권고 「평신도 그리스도인」에서 이 개념을 "제2차 바티칸 공의회에서 교회가 다시 제안한 중심 사상"[21]이라고 상기시켰다. 그런데 공의회가 끝난 후 거의 30년 동안 이 개념은 다양하게 해석되었다. 그래서 교도권은 친교에 대한 편협하고 축소된 해석에 맞서야 할 필요를 여러 번 느꼈고, 교회 존재의 가장 깊은 차원을 이루는 '코이노니아'(koinonia) 즉 '친교'를 올바로 해석하고 이해할 수 있도록 이끌었다.[22]

---

20) 1989년 성목요일의 성유축성미사 때 밀라노 두오모에서 행한 마르티니 추기경(C.M. Martini)의 강론. *La vita religiosa nel presbiterio e nella chiesa diocesana*, Milano, 1989.

21) 요한 바오로 2세, 「평신도 그리스도인」 19항.

22) 교회 교도권의 가장 중요한 선언은 다음과 같다. 「평신도 그리스도인」 2장, 특히 18~20항; il Discorso di Giovanni Paolo II ai Vescovi degli Stati Uniti del 16 settembre 1987(미국 주교들을 위한 요한 바오로 2세의 담화)와, 특히 이미 인용

교회 공동체 안에 수도자들을 배치할 때, 다음의 교회론을 고려한다.

① 유기적이고 위계적인 친교로서 교회

② 성사로서의 교회 및 신비체의 신학과 밀접한 연관을 맺는 교회

③ 다양성과 일치를 동시에 이루는 역동적 원리이시고, 하느님과 같은 분이시며 한 분이신 성령께서 생명을 주시는 교회

이러한 관점으로 수도자의 위치를 확인하는 것은, 교회와 교회 안 우리의 존재 방식에 대해 다시 이해하고 심도 있게 탐구하도록 이끄는 일련의 문제들을 제기한다.

앞에서 언급한 용어 문제 이면에는, 신학적 의미와 더 중요한 삶의 문제가 있는데, 용어에 관한 질문은 그러한 문제의 신호가 될 수 있다. 예를 들어, 보편 교회와의 관계에서 개별 교회 관점, "사제 직무 신학의 본질적 측면들, 서품과 관련한 하나의 사제단에 속하는 문제, 사제단을 주교의 본질적 주재하에 지역 교회의 전형적인 제도로 다시 제시하는 문제,"[23] 사제 생활과 사제직을 구체화하고 표현하는 방식의 다원적 관점 등이 있다. 또한 전체 교회 안에서 수도자의 생활과 교회적 의미에 대한 부적절하고 불충분한 의식이 나타난다. 팝팔라르도(S. Pappalardo) 추기경이 언급

한 Lettera ai Vescovi cattolici della Congregazione per la Dottrina della Fede, *Communionis notio*(가톨릭교회 주교들에 대한 신앙교리성의 서한, 「친교의 개념」).

23) S. Pappalardo, "I Religiosi nella vita e nella missione della chiesa in Sicilia", in *Una Presenza per Servire*, p.86.

하길, "남녀 수도자뿐만 아니라 세속 사제와 평신도와 관련해서도 적절하고 충분한 교리는 없었다. 그래서 수도자와 특히 사제의 존재를 다소 똑같이 만들어 버렸다. 그래서 수도 사제와 교구 사제 사이의 차이를 모든 신자가 항상 이해하고 있는 것은 아니며, 이해하더라도 잘못 이해하거나 순전히 법적인 관점에서만 그러하게 되었다."[24]

3.4. 친교는 무엇을 의미하는가?

교회를 친교로 여기는 신학에 비추어 사제 친교라는 주제를 살펴본다는 것은, '긍정적으로' 무엇을 의미하는가?

물론 교회는 친교일 뿐만 아니라 '신비'이기도 하므로, 더 깊게 파고 들어가, 교회가 친교라는 사실이 긍정적으로 무엇을 의미하는지 더 잘 이해해야 한다. 그러면서, 교회 공동체 안에서 수도자의 위치를 더 잘 이해하고, 교구 사제 및 사제단이 수도자와 맺어야 할 관계, 그리고 하느님 백성의 다른 모든 구성원과 맺어야 할 관계를 잘 파악하게 된다. 아직은 갈 길이 멀다는 인상을 받지만, 지금까지 이 여정을 많이 걸어왔으며, 제2차 바티칸 공의회 이후 친교의 개념을 통해서 교회가 스스로에 대한 인식이 얼마나 풍성해졌는지에 대해 인정하지 않을 수 없다. 예를 들어, 친교의 관점은 교회의 일치가 다양성 속의 일치임을 이해하는 데 도움을 주었다. 이러한 일치는 다원주의와 다양성을 우리 시대의

---

24) *Ibid.*

유행과 문화로 인한 차악으로 여기고 '견디는' 것이 아니라, 오히려 그것을 선으로 여기고, 또한 성령에 의해 활기를 띤 교회 삶이 요구하고, 유기적 통일성을 지닌 신비체인 교회가 필수적으로 요청한다고 간주한다. 교회의 다양성과 복수성 혹은 다형성은 상호 보완성의 조건이다. 상호 보완성은 사랑의 순환을 위한 토대가 된다. 교회를 하느님의 얼굴로 만든다.

우리의 주제와 관련하여, 사제는 다음의 질문을 던질 수 있다. 자신의 특정한 직무 수행을 통한 사랑의 전문가가 되기로 불린 사람으로서, 다양한 직무, 은사, 선물, 기능, 봉사 등에 직면하여 어떤 태도를 갖는가? 그것을 두려워하는가? 옹호하는가? 최대한 작게 줄이려고 노력하는가? 아니면 그것을 장려하고 증대시키려 노력하는가? 하지만 무엇보다도 다음 질문을 던져야 한다. '어떻게' 그리고 '왜' 그것을 장려하는가?

다양성과 현실에 대한 다원적 관점을 장려하는 방식이 상대주의를 조장하고, 비생산적인 대립을 부추기며, 자신의 정체성에 대한 경직되고 편협한 확신을 줄 수 있다. 하지만 이와 반대로, 다양성과 다원적 관점이 상호 보완성과 다형성으로, 그리고 결국에는 친교와 일치를 이루어 가는 가치로서 살아가야 한다.

3.5. 무엇이 친교를 방해하고 손상시키는가?

무엇이 긍정적으로 친교를 구성하는지 말하기는 어렵지만, '부정적으로' 말하는 것은 더 쉽다. 즉 친교를 구성하지 않는 것, 더 나아가 친교를 방해하고 상처 주는 것들을 말한다.

교구 성직자와 수도자 사이, 교구 사제와 수도 사제 사이의 관계 문제와 교회 공동체 내 수도자의 올바른 위치 문제와 관련한 어떤 지식 또는 신학적 개념과 관점이, 진정한 친교가 커 가는 데 장애가 된다.

3.5.1. 개별 교회, 사제단, 수도 생활에 관한 축소된 신학적 관점

구체적으로 이런 관점이 어떤 것이며, 교구 성직자와 수도자, 특히 교구 사제와 수도자 사이의 관계에 어떻게 부정적 영향을 미치는지 물을 수 있다.

개별 교회가 보편 교회와 올바른 관계에 있지 않을 때, '개별 교회에 대한 올바른 견해'는 분명히 손상된다. 이것은 미묘하지만, 동시에 매우 중요한 문제라는 것을 잘 알고 있다. 아마도 공의회 이전 한때에는 개별 교회와 비교해 보편 교회가 중요했고, 주교직보다 베드로의 수위권이 중요했다. 그래서 개별 교회가 참된 그리스도의 교회라는 것을 거의 알지 못했다. 개별 교회이지만, 교회의 한 부분, 한 조각이 아니다. 왜냐하면 그 안에 하나이고 거룩하며 보편 되며 사도로부터 내려오는 그리스도의 교회가 참으로 내재하며 활동하기 때문이다.[25] 그렇게, 주교직과 주교라는 인물의 성사성과 그 사목적 결과에 대한 명확한 인식이 아직 부족했고, 주교는 단순히 교황의 대리인(거의 내무부 장관에게 처장처럼)으로 여겨졌지, 그의 직무와 사목적 돌봄에 맡겨진 개별 교회의 일치를 위한 진정한 원리와 가시적 토대로 보지 않았다.[26] 그

25) 「주교 교령」 11항.

26) Cf. Congregazione per la Dottrina della Fede, *Communionis notio*, n.13; 「교회

러나 일방적으로 수직적인, 위로부터의 환원적 관점은 공의회 이후 일방적으로 민주적인, 아래로부터의 환원적 관점으로 대체되었다. 즉 각각의 개별 교회는 "보편 교회와 결정적이고 가시적인 그 중심과의 진정한 친교를 약화시키면서 자기 충족을 달성하는"[27] 지점까지, 그 자체로 완전한 주체라고 단언하기에 이르렀다. 각각의 개별 교회가 "완전하게 교회가 되기 위해서, 즉 모든 필수 요소를 갖춘 보편 교회의 개별적인 존재가 되기 위해서, 〔…〕 그 자체 요소로서, 교회의 최고 권위가 존재해야 한다."는 점을 잃어버렸다. "즉 주교단은 로마 교황과 함께 있어야 하고, 교황 없이는 주교단은 결코 존재하지 않는다."[28] 왜냐하면 로마 주교의 수위권과 주교단은 각각의 교회 개별성에서 '파생된 것이 아니라' 각각의 개별 교회에 내재하는 보편 교회의 고유한 요소이기 때문이다. 따라서 "로마 교황의 수위권은 가장 높고, 완전하고, 보편적일 뿐만 아니라 목자와 신자 모두에게 즉각적"이기 때문에, "로마 교황의 직무가 각각의 개별 교회의 내부에 있다는 것은, 보편 교회와 개별 교회 사이에 근본적인 상호 내재성이 필수적이라는 점을 이해하도록 도와주며",[29] 보편 교회와 개별 교회 간 관계의 신비적 본성을 "어떠한 인간 집단 혹은 사회에서 볼 수 있는 전체와 부분 사이의 관계"[30]로 축소할 수 없다는 것을 깨닫게 한다.

이 모든 것은 교회 공동체 안에 수도자의 존재, 사제와 수도

헌장」 23항.

27) Cf. Congregazione per la Dottrina della Fede, *Communionis notio*, n.8.

28) *Ibid.*, n.13. 참조: 「교회 헌장」 22, 19항.

29) Congregazione per la Dottrina della Fede, *Communionis notio*, n.13.

30) *Ibid.*, n.9.

자의 관계, 교구 사제와 수도 사제의 관계와 어떤 관련이 있는가?

수도자, 특히 교황청립 수도회의 수도자들은 수도 생활을 영위하고, 개별 교회보다는 보편 교회에서 움직인다는 것은 잘 알려져 있다. 수도자의 교회성은 교황 직무에 뿌리를 둔 초교구적 특징을 갖는다. 또한 「교회법」에 명시된 바와 같이,[31] 순명 서약으로 인하여 수도자는 최고 장상인 교황에게 순명할 의무를 지닌다. 수도자의 생활은 특별하게 보편적 차원으로 표시되지만, 동시에 "개별 교회에서 주교의 사목 권한과 그 지역 사도직에 필요한 일치와 조화를 위해서, 주교에게 존경과 순명을 드려야"[32] 한다. 교구 성직자들은 보편적 차원이 그들의 영성에 이질적이지 않다는 것을 알면서도〔그렇지 않다면 가톨릭(보편)적이지 않을 것이다!〕, 특별히 속지주의(territorialità)에 초점을 맞춘다면, 수도자들은 비록 그들이 개별 교회에 배치되어 있고 특정 지역에서 활동하더라도, 보편적 차원을 강조하도록 불리었다. 교구 성직자와 수도자 사이의 상호 보완성과 통합은 조금은 다양성 안에서의 친교와 일치를 드러내는 성사와 같다. 이는 보편 교회와 개별 교회 사이의 교회 공동체에서 실현해야 한다. 이 둘 사이의 관계에는 대칭성이 있는 것 같다. 다시 말해서, 보편 교회(그리고 교황 직무)와 개별 교회(주교 직무)의 관계가 양쪽 중 어느 한쪽에만 치우쳐 균형이 잘 잡히지 않는다면, 교구 성직자와 수도자의 관계는 한 편을 희생시키면서 일방적으로 다른 한 편만 강조하는 위태로운 상태로 남는다. 이와 반대로, 사랑의 교환으로 상호 보완성과 상호 도움

---

31) 「교회법」 제590조 2항.

32) 「교회 헌장」 45항; Sinodo dei Vescovi, IX Assemblea Generale ordinaria, *La vita consacrata e la sua missione nella chiesa e nel mondo. Lineamenta*, n.37.

이 있어야 한다. 긍정적으로 보았을 때도 마찬가지이다. 보편주의와 속지주의 사이에 통합과 조화가 있는 곳에서는 교구 성직자와 수도자 사이에도 좋은 관계가 형성되며, 거꾸로 교구 사제와 수도자 사이에 조화, 성실한 협력, 상호 존중이 있으면, 최소한 개별 교회의 감각과 보편 교회의 감각 사이에 통합과 조화가 훨씬 더 촉진된다.

방금까지 말한 내용은 역사적으로도 입증된 사실이다. 예를 들어, 제1차 바티칸 공의회와 제2차 바티칸 공의회 사이 교황 직무에 일방적으로 무게가 실린 시기에, 교회 공동체에서 수도자는 쉽게 'A급'으로 여겨졌고, 교구 사제('세속 사제'라고 불린!)는 'B급'으로 여겨졌다. 오늘날, 특히 세계의 많은 교구와 이탈리아 교구와 같이, 개별 교회가 강한 곳에서(다소 '자치주의적' 형태) 수도자들은 교구 안의 손님이나 이방인으로 느낀다. 마치 하느님 백성의 'B급' 시민처럼 여기며, 교구 성직자 앞에서 교회적 '고립감'을 경험한다. 교구 내 사제 수에 대한 통계에 보고된 숫자는 교구에 입적된 사제만을 가리키며, 수도 사제는 조금도 고려하지 않는 경우가 드물지 않다. 기껏해야 수도자에게 맡겨진 본당에서 활동하는 수도자들을 포함할 뿐이다.

우리가 전개하고 있는 논의와 관련하여 잘 알 수 있듯이, 주교의 본성적 주재 아래에 있는 개별 교회의 단체인 사제단의 문제이며, 이 문제는 다시 서품과 교구의 유일한 사제단의 소속 사이가 어떻게 연결되는지에 대한 신학적 문제를 제기한다.

교구 사제와 수도 사제[33] 사이의 친교 또한 교회 공동체에 중요한 가치이다. 앞의 문제와 비교해, (분리할 수 없지만) 구분되는 문제이다. 이 문제는 교구 성직자가 수도자와 관계를 맺을 때, 이중적 수준 혹은 이중적 유형을 구별하도록 하는 것이다.

① 교구 사제와 축성 생활회에 소속한 이와의 관계, 즉 수도자와의 관계가 있다.

② 하지만, 역시 교구 성직자와 수도 사제와의 관계도 있다. 수도 사제도 사제이기에 같은 사제단에 소속되어 있다.

수도자를 '평신도' 수도 생활과 동일시하는 위험에 빠지지 않도록 매우 주의를 기울여야 한다. 이는 축성 생활과 마찬가지로 수도 생활은 본성상 성직 생활도 아니고 평신도 생활도 아니며,[34] 심지어 성직자회도 포함하고 있음을 잊은 것이다.[35]

이제 성품성사로 인하여(성품성사를 주는 주교에 의해서가 아니라는 것을 주목해야 한다!), 동일하고 유일한 사제단에 소속하는 것은 다음과 같은 유익한 성찰을 불러일으킨다.

① 실제로 사제직이 실현되고 살아가는 형태의 다원주의에 대한 성찰. 다원주의를 어느 정도까지 받아들이고 있는가, 혹은 반대로 이를 깨닫지 못하여, 사제 생활에 대한 편협한 해석과 관점을 교회의 모든 사제에게 얼마나 자연스럽게 투사하고 있는가

33) 수도자 사제인가 사제인 수도자인가? 지금은 수도 생활 안에서 이를 구분하는 문제에 깊게 들어가지는 않을 것이다.

34) 참조: 「교회법」 제588조 1항.

35) 「교회법」 제588조 2항(성직자회 관련 조항) 참조; 단지 제588조 3항(평신도회 관련 조항)만 있는 것이 아니다.

에 대해 질문할 수 있다. 이러한 편협한 해석은 신학교나 다양한 수도자 양성소 또는 수도회 신학교에서 교육받고 형성된다.

② 사제단에 소속하는 형태의 다원주의에 대한 성찰. 그리고 주교가 자신의 사제단 일부분만, 즉 교구 사제들만 사제단으로 여기지 않으려는 노력에 대한 성찰.[36]

때때로 일부 교구에서는 사제 생활을 지나치게 일률적이고 획일적으로 보면서, 사제 생활의 다원주의를 받아들이지 않는다. 이것은 바로 앞에서 언급한 바와 같이, 신자들이 수도 사제와 교구 성직자 사이의 진정한 차이를 파악하지 못하게 하거나, 기껏해야 오로지 법적인 관점에서만 이해하게 하는 단순화의 뿌리일 뿐만 아니라, 스스로를 '하갈의 아들'로 느끼면서 결국 '하갈의 아들'로 행동하는 것이 편하다고 느끼는 수도 사제들을 교구에 삽입하는 데서 오는 어려움의 원천이기도 하다. 결국 교구 사제들과 수도 사제들 사이에 바람직하지 않은 '우리-너희'의 개념이 형성된다. 수도 사제들이 교회 공동체에서 합당한 위치를 찾는 데 필요한 '친교' 관점으로 들어가기에 아직 갈 길이 멀다. 사실 수도 사제 스스로도 하나의 사제단에 속하여, 형제 사제들과 사목적으로 함께 걸어가는 것을 원하지 않는 경우도 많다. 이는 모든 수도 생활회(교구 단체도 포함)의 적어도 내적 생활과 관련하여,

---

36) 어떤 주교들(예를 들어 팝팔라르도 추기경)은 오직 교구 사제로 이루어진 사제단의 부분을 언급할 때, '그의' 사제단, 또는 '그의' 성직자라고 말한다. 수도자도 '그들의' 사도직에 대해서 말할 때, 이와 비슷하게 따옴표를 사용하여 표현하는 방식을 사용할 수 없을까?

자율성의 정당한 원칙을 지나치게 확대 적용하거나, 또 외적 활동과 관련하여, 면제의 원칙을 근거로 두기 때문이다. 면제의 원칙도 그 적용 범위가 부당하게 확대되어서는 안 되며, 어떤 한계가 필요하다. 더욱이 일부 교황청립 수도회에서는, 면제가 특전이 아니라, 교회가 승인한 수도회의 카리스마를 보호하기 위한 장치로 유지되어 왔다.

3.5.2. '평행 교회'의 개념과 생활 방식

개별 교회, 사제단, 수도 생활에 대한 축소적이고 편협한 신학적 관점 외에도, 친교를 저해하는 요소로는 신학 개념, 사목적 관점, 이원적 운영 및 생활 방식이 있다. 이는 '평행 교회'적 시각이라는 공통 분모로 묶을 수 있다. 이러한 태도는 수도자(특히 수도 사제)뿐만 아니라 교구 사제 사이에서도 존재한다.

1) 먼저 '수도자의 관점'에서 이러한 현상이 관찰할 수 있는데, 이는 교회 운동과 평신도 단체에서도 비슷하게 발견된다. 이러한 시각을 가진 수도자들은 '평행 교회'로 살면서 '친교'를 침해할 위험이 있다.

① 자신이 속한 수도회의 카리스마 또는 수도회 창립자의 카리스마와 교회 공동체 안에 존재하는 다른 카리스마 사이의 상보성을 이해하지 못할 때.

이는 사도적 사업과 활동(교회, 학교, 병원, 사회 문화 센터, 스포츠 센터 등)의 '사유화'로 이어지기 쉽다. 물론, 교회 공동체와 교구 사제들이 수도자의 사도적 카리스마와 '그들' 사업의 교회성을 인정하지 않고, 오히려 반대하고 비판할 때, '독자적으로 행동하려는' 경향은 더욱 강화된다.

② 자신이 개별 교회에 속해 있다고 느끼지 않고, 개별 교회의 문제와 자신의 존재를 조화시켜야 한다고 느끼지 않을 때.

평신도와 다른 교회 신분과 협력을 발전시키고, 촉진하는데 소홀히 하기가 쉽고, 주교와 교구의 사목 계획을 실행하는 데 진지하게 헌신하지 못한다.

③ 직접적이고 즉각적인 교황의 수위권을 제외하고 일반적으로 수도자는 '보편 교회를 위해' 사명을 통해서 '특정한 개별 교회 안'에 놓인다는 사실을 잊을 때.

이것이 수도자의 성소이다.[37] 수도자들이 합당하게 호소하는 보편 교회에 대한 말이나, 더 나아가 수도 생활의 쇄신을 위해 특별히 고려해야 하는 설립자의 카리스마와 수도회 자체의 카리스마에 대한 말은, 자신을 고립시키고 교구와 관계를 소홀히 하는 태도의 변명이 되어서는 안 된다. 그보다는 개별 교회 내부에서 여러 은사의 교류를 통해 자신의 목표를 더 잘 달성하게 하는 기회와 자극이어야 한다.

④ 수도자가 교구에서 이방인이나 손님처럼 느껴질 때, 혹은

[37] 요한 바오로 2세는 1978년 11월 24일 수도회 장상에 대한 담화에서 다음과 같이 말한다. "지역 교회를 통해서 보편 교회와 일치한다. 이것이 여러분의 방식입니다."

성도들과 같은 시민이나, 하느님 안의 형제로 느끼긴 하지만, 그것이 축성된 수도자로서가 아니라, 오직 세례받은 이로서 혹은 성품성사(사제인 경우)에 힘입어 그러할 때.

⑤ 오직 개별 교회가 선교의 주체이며, 비록 선교의 구체적 표현은 다양하더라도, 교회가 단일한 것처럼, 선교도 단일하다는 사실을 잊을 때.[38]

⑥ 교구는 본성적으로 '단일한' 사목 계획을 통해 선교의 주체가 되기에, 이러한 계획의 세우고, 평가하고, 실행하는 단계에서 수도자들의 공헌과 기여를 요청해야 한다는 사실에 충분한 관심을 기울이지 않을 때.

따라서 이를 제공할 실질적 기회를 주어야 한다. 축성 생활회 수도자들(뿐만 아니라 교회 운동과 평신도 단체)이 교구 사목 계획에 대하여 개별적이고 평행적 방식으로 활동하려는 유혹에 무너지는 것을 원하지 않는다면, 그들에게 실행 도구에 지속적 참여를 요구하는 것만으로는 부족하다. 수도자들이 교구를 위해 봉사하고 있음을 드러나기 위해서는, 운영 계획을 세우고, 평가하는 과정에서부터 참여해야 한다.

⑦ 수도자들이 그 지역에서 '그들의' 사업을 쇄신하고, 그들의 존재를 다시 정립하면서, 다른 기존 단체와 잘 조정하지 않거나,

---

38) Cf. B. Papa, "I religiosi nella chiesa locale: pluralismo di carismi nell'unica chiesa per la nuova evangelizzazione", in *Una presenza per servire*, pp.161~162.

심지어 고립된 방식으로 이를 수행할 때.

그들은 활동하면서, 지역 내 유일하고 직접적인 기준인 주교를 일반적으로 잘 떠올리지 않는다.

2) '교구 사제의 입장'에서도 평행 교회를 조장할 위험이 있다는 것을 인정해야 한다. 특히 다음과 같은 경우에 발생한다.

① 수도자와 그들의 수도회가 교구에 제공하는 봉사 중에, 거룩함에 대한 봉사가 다양한 활동적 사도직의 봉사보다 우선한다는 사실을 잊어버릴 때.

② 지역 안에서 존재하는 수도자들을 오직 자신의 본당 사업을 위해서만 이용할 때.

각 수도회는 교회 공동체의 유익을 위한 특정한 은사의 전달자인데, 이러한 점을 조금도 생각하지 않는 경우가 있다. 또는 수도자의 면제를 항상 비판적이고 부정적으로 해석할 때. 수도자의 면제를 개별 교회의 유익을 위한 것으로 존중할 수 있고, 그보다는 존중해야 한다.

③ 더 근본적인 '친교'를 무시하고, '참여'의 관점에서만 「상호관계」의 문제를 다룰 때.

④ 축성 생활과 수도 생활에 대한 편협한 관점 안에서, 축성 생활과 수도 생활을 같은 것으로 보고, 그다음에 분명하게 축소적인 방식으로, 사도적 활동 수도회의 수도 생활을 평신도 수도

승의 독특한 수도 생활과 같은 것으로 볼 때.

이러한 환원주의는 자신이 받은 카리스마와 은사를 보호하려는 반응을 일으키지 않을 수 없다. 특히 사도적 성직 수도회에서 그러할 것이다, 이러한 반응은 이론적-객관적 관점에서는 옳지 않지만, 실존적-주관적 관점에서는 매우 잘 이해되는 평행 교회 또는 '우리-너희'라는 대립의 태도라는 결과를 이끌 것이다.

⑤ 사목에 대한 지나치게 협소한 시각이 조장될 때.

팝팔라르도 추기경은 앞서 인용한 연설에서 다음과 같이 말한다. "교구는 지역 교회의 사목을 축소적 의미로 생각하지 않도록 조심해야 하며, 성령의 창조성을 억제하거나, 보편적 연대성에 대한 교육, 더 나아가 보편성(가톨릭성)에 대한 교육의 공간을 제한하지 않도록 주의해야 한다."[39] 공의회 이전의 성직주의적이고 수직적인 축소적 관점은 극복해야 한다. 이 관점은 "'거룩한 것'과 '속된 것'을 뚜렷하게 구분하면서 실질적으로 거룩한 차원에 전념하는 '그리스도교적'인 사회적 상황을 전제"[40]하고, '선교적'이 아닌 '고해적' 사도직 유형에 중점을 둔다. 30년 전과 다른 오늘날의 역사적 상황과 제2차 바티칸 공의회의 해석(「사목 헌장」과 「선교 교령」 이후의 사목적 관점), 최근 교황들의 가르침(특히 바오로 6세의 「현대의 복음 선교」와 요한 바오로 2세의 「평신도 그리스도인」과 「교회의 선교 사명」)은 적어도 지평을 넓혀 주었다. 교구 사목이 초자연적 관점에서 더욱 풍부한 전망을 제시하는 것은, 일상 사목

---

39) S. Pappalardo, *op. cit.*, p.89.

40) E. Viganò, "La vita religiosa: dono dello Spirito, sfida per il nostro tempo", in *Una presenza per servire*, pp.125~126.

과 특별 사목 사이에, 지역 사목과 직능 사목 사이에, 단기적·중기적·장기적 사목 활동 사이가 한데 얽혀 있고, 잘 조정되어, 상호 보완성을 가질 때 가능하다. 이는 봉사의 다원주의를 통해서 구현되는데, 이는 가치 있고, 필수적이며, 유용하고, 동등한 존엄을 지닌 모든 카리스마와 직무의 다원성을 요구한다. 이러한 방식으로 성직자의 일부(수도 성직자) 또는 교구에서 활동하는 세력의 일부(수도자)는 자신을 'B급' 또는 '하갈의 자녀'로 느끼는 것을 더욱 쉽게 피할 수 있다. 이렇게 급을 나누는 것이 교회 공동체의 친교에 끔찍한 결과를 초래함은 쉽게 예상할 수 있다.

⑥ 수도 생활에 대한 주교의 의무에 모든 교구 사제들이 자동적으로 참여한다고 생각할 때.

주교는 수도회나 개별 수도자에 대해서 합법적으로 개입할 수 있지만 교구 사제는 아니다. 수도자가 교구와 교회 공동체와 맺는 관계는 일반적으로 주교와 직접 맺는 관계를 통해서 이루어진다. 일반 평신도 신자가 교회와 맺는 관계는 이와 다른데, 일반적으로 본당 사제를 통해서 이루어진다.

⑦ 여성적 요소에 특별한 관심을 기울이지 않을 때. 교회 공동체 생활을, 사회-심리학적 범주로 보자면 남성주의 관점으로 해석하고 설정하거나, 신학적 범주로 보자면, 발타사르의 잘 알려진 구분에 따라 교황적 원리를 일방적이거나 균형을 잃은 방식으로 비중을 두며, 마리아적 원리를 희생할 때.

사제들이 여성성의 가장 적절한 차원에 주의를 기울이지 않는다면, 축성된 여성들과 여성 수도회에 소속한 수녀들이 교회 안에서 더욱 충만하고 풍요로운 친교와 더 효과적인 사명을 위해 할 수 있는 강력한 공헌을 잃을 것이다.

3.6. 결론

지금까지 언급한 내용은 '함께하는 사목의 필요성'과 이를 실행하기 위한 '특별한 내적 자세의 필요성'을 다시 한번 강조하는 것이라 할 수 있다. '함께 사목하는 것의 필요성'을 위해서 모든 가용한 역량을 조정해야 하는데, 특히 교구 성직자와 축성 생활회 회원들, 특별히 수도 생활을 하는 이들처럼, 특별한 성소를 받은 사람들의 역량은 조화를 이루어야 한다. 또한 이러한 조정은 주교의 지도 아래 이루어지며, 수도회의 고유한 카리스마를 존중하는 방식으로 이루어진다는 점도 확인할 수 있었다. 수도회의 카리스마는 본질적으로 교회적 차원을 지니고 있으며, 이는 지역 안 교구 수준에서도 중요한 의미를 가진다.

그러나 우리는 어떤 환상에 빠져서도 안 된다. 하느님 백성의 다양한 구성원들 사이의 관계에 일정한 긴장은 항상 남아 있을 것이다. 그리고 교회 공동체 안의 충만한 조화와 친교는 항상 더 달성해야 할 목표로 남을 것이다. 그러나 제도적 역량과 카리스마적 역량을 마치 천칭의 두 접시가 반비례하는 것처럼 여기지 않으며, 교회 사목의 유기적 일치, 카리스마적 삶에 내재한 창의적인 생산성, 은사의 다원성 등을 훼손할 수 있는 양극화를 피하려고 노력해야 한다. 다른 한편으로, 통합을 긍정적으로 증진하기 위해서는 모든 이가 지속적인 식별에 참여해야 한다. 사실 교회 신비의 핵심을 건드리는 민감하고 영적인 문제의 해결책이 순전히 교회법적이고 법률적인 도구와 수단으로 적절하고 확실하게 달성되기 어렵다. 이러한 것들은 식별을 도와주고 증진하는데 필요한 것이지, 식별을 없애려는 것이 아니다. 오히려 식별의 근거를 마련하고 식별의 필요성을 상기시킨다. 식별에는 모든 이들 사이의 지속적이고 진지한 대화가 필요하다. 따라서 바오로 6세가 회칙 「주님의 교회」(*Ecclesiam suam*)에서 문헌의 구조를 통해 가르친 바를 기억해야 한다. 내면과 기도의 여정을 수반하는 자신의 정체성에 대한 자각(제1부)과, 더욱 완전하고 순수한 사랑을 향한 지속적 '회개'와 '정화'로의 쇄신(제2부)은 대화(제3부)를 이끌어 낼 것이다.

4. 교회 내 사제의 '풍부한 관계망'

교구 사제는 입적을 통해 개별 교회에 주어지며, 그 지역 내 사목 활동과 교구의 독특한 영성을 위해 봉사하게 된다. 이를 통해 사제는 개별 교회의 역사를 탐구하고, 그 교회를 특징짓는 영적 인물에 대해 하느님께 존경하고 감사드리게 되었을 뿐만 아니라, 특히 "공동체의 다양한 구성원과 풍부한 관계망을 구축하면서,"[41] 개별 교회의 생활을 발전시켰다. 축성 생활회나 성직 자치단에 소속하는 것도 마찬가지로 사제에게 교회 내 복잡한 관계

---

[41] CEI, *Seminari e vocazioni sacerdotali*, Programma pastorale per l'anno 1979-80, 36d.

망을 일으킨다.

교구 사제나 수도 사제 모두는 영성 생활의 건강하고 유익한 발전을 위해서, 질서에 주의를 기울여야 한다. 각자는 자신의 선물과 은사에 따라, 여러 관계와 공동체에 소속 사이에서 질서를 확립해야 한다. 그들은 실제로 하느님 교회 안에서 이러한 관계와 소속을 살도록 불리었다.

이러한 관계와 소속의 목록을 작성해 볼 수 있다.

4.1. 관계

모든 관계를 전부 포괄했다고 말할 수 없지만, 교구 사제와 수도 사제는 다음의 관계를 가질 수 있다고 말할 수 있다.

1) 보편 교회와 관계, 교황과 관계, 다른 개별 교회와 관계

2) 개별 교회 내에서
   - 교구 전체와 관계
   - 주교와 관계
   - 사제단과 관계
   - 개별 사제들과 관계
   - '평신도 그리스도인'과의 관계

- 평신도
- 축성 생활자
  - 수도자
    - 관상 수도자
    - 사도 생활 수도자
      - 성직자
      - 수녀
  - 재속회 회원

- 교회 단체, 교회 운동, 교회 모임과 관계
- 가족과 관계

주교, 사제단, 사제, 수도자로만 한정하여 교구 교회 내 이들 사이에 형성된 관계를 다음과 같은 도식으로 만들어 볼 수 있다.

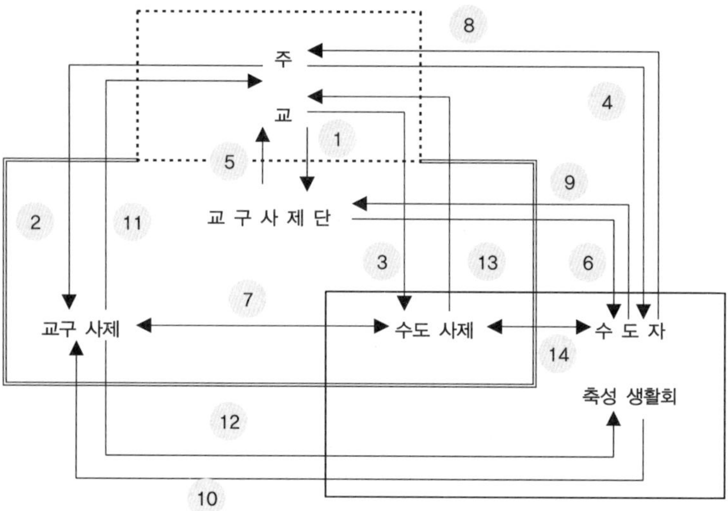

주교	1. 사제단 2. 교구 사제 3. 수도 사제 4. 수도자
사제단	5. 주교 6. 축성 생활회, 수도자 7. 사제단 내 교구 사제와 수도 사제 사이
축성 생활회와 수도회	8. 주교 9. 사제단 10. 교구 사제
교구 사제	11. 주교 12. 수도자 7. 사제단 내 수도 사제
수도 사제	13. 주교 14. 축성 생활 내 수도자 7. 사제단 내 교구 사제

4.2. 소속

교구 사제의 경우에는 교구에 입적을 통해, 수도 사제의 경우에는 보편 교회의 특정 지역에 존재를 통해, 개별 교회 내에서 풍부한 관계망이 구축된다. 이 관계망은 사회-심리적 수준에서 여러 공동체에 중복으로 소속하는 매우 현실적인 문제와 함께, 소속의 다양성에 관해 성찰하도록 한다. 교구 사제와 수도 사제 모두의 특징인 소속 사이의 위계가 어떻게 가능한지 식별하여, 관련 주체의 심리적 분열을 방지하고, 오히려 더 풍부하고 깊은 내적 통합을 성숙시키는 데 도와준다.

교구 사제의 경우

교구 사제는 자신이 태어난 가정, 시민 사회, 보편 교회, 교구, 교구 사제단, 주교가 직무를 수행하라고 파견한 공동체나 적어도 그에게 배정된 소속 공동체의 일원이다. 이 공동체와 관계하는 목적은 사안에 따라 매우 다양할 수 있지만(직무를 위한 활동 공동체나 삶과 양성을 위한 생활 공동체), 어떤 경우에도 임무 수여는 각 사제에게 명시되어야 한다.

교구 사제에게 교구 내 소속 공동체는 그가 파견된 개별 교회의 일부이다. 이는 본당이나, 대리구(혹은 대목구), 사목 단위(여러 유형에 따른)와 같이 지역적인 것이나, 다른 한편으로는 '장소'라는 요소와 관계없이, 직무의 필요성으로 규정되는 엄격하게 직무적인 것이 있다(예를 들어 신학교, 주교회의, 평신도 단체, 그리고 청년, 대학, 선교, 교회 일치, 여가, 성령, 직장, 대중 매체, 가정, 축성 생활, 학교, 건강 등 교구의 특수한 영역의 사목). 그러나, 교구 사제단이라는 특별한 구조도 소속 공동체라 할 수 있다. 이 안에서 사제를 위한 사제적 형제애가 구체적으로 실현되며, 직무와 서품의 단일성이 표현된다(본당 사제단, 대리구나 주임구 사제단, 직무에 따른 사제 공동체).

소속의 위계를 세우는 것과 관련하여, 교구 사제가 교구에 먼저 속하는가 아니면 보편 교회에 먼저 속하는가에 대한 질문이 제기될 때, 만족스러운 답을 얻기 위해서는 사제가 속하고 전적으로 헌신하는 개별 교회[42]와 사제 직무[43]를 염두에 두어야 하

[42] Cf. Congregazione per la Dottrina della Fede, *Communionis notio*, *op. cit.*, passim, soprattutto n.8~10, 13.

[43] 참조: 「사제 생활 교령」 10항; 「현대의 사제 양성」 32, 18항; 「사제의 직무와 생활

며, 더 나아가, 보편 교회와 개별 교회 사이의 상호 내재성의 원리를 잘 기억해야 한다. 서품만 고려한다면, 보편 교회에 속하는 것이 먼저인 것처럼 보인다. 사실 세례뿐만 아니라 성품성사 덕분에 사제는 개별 교회 소속을 통한 매개적 방식이 아니라, 즉각적인 방식으로 보편 교회에 속하게 된다. 그리고 교황과의 관계와 '주교단'과의 관계는 기본적으로 자신의 교구장을 통해 이루어지는 것이 아니다.

교구에 입적하는 것과 주교에게 받은 사명과 연관되는 소속을 고려한다면, 교구 공동체와 주교 산하 교구 사제단에 소속하는 것은 다른 어떤 특별한 소속보다 우선하는 것이 분명하다. 본당의 일원이기보다 먼저 교구의 일원이고, 다른 어떤 기관의 일원이기보다 먼저 교구 사제단의 일원이며, 자신이 맡은 교회 운동이나 단체의 일원이기보다 먼저 교구 사제단에 소속한다.

게다가 주교가 맡긴 구체적 임무와 상관없이, 교구마다 많은 추가적 사목 지침이 다를 수 있겠지만, 어떤 경우에도 결정적인 소속인 본당 공동체와 본당에의 소속이 주교로부터 받은 임무와 연결된 다른 소속에 비해 일반적으로 일정한 우선성을 갖는 것으로 보인다. 특히 대리구(또는 주임구) 사제단과 대리구 공동체(주임구 공동체)에의 소속이라면 더욱 그러하다. 어떤 경우에는 특정 임무(예를 들면 신학교 공동체의 특정 책임 또는 사목의 특정 분야와 관련한 책임)가 구체적으로 그리고 주교의 위임에 따라 주어졌을 때, 교구 사제는 본당 신부로서 본당 공동체에 소속하는 것보다, 다른 어떤 공동체에 소속하는 것이 우선할 수 있는 경우가 있다는 사실

지침」 21~25항.

을 처음부터 부정할 수 없다.

수도 사제의 경우

수도 사제도 자신이 속하는 교구와 수도회 내에서 복합적 관계망에 놓여 있다.

물론 소속의 위계를 규정하는 것은 하느님께서 그에게 주신 수도회의 특정 카리스마에 달려 있다. 하지만 교구 사제의 소속 위계와 비교할 때 몇 가지 차이점을 지적할 수 있다.

우선, 교구 사제와 비교하여, 수도 사제는 가족 공동체에 소속하는 것은 언제나 훨씬 더 부차적이다. 사실, 세속과 더 많이 거리를 두고 분리되었음을 표현하기 위해, 가족과 훨씬 더 근본적으로 잘라 내는 것은 서원을 통한 수도 축성의 일부이기도 하다.

더욱 엄격하게 교회적 차원에서 볼 때, 수도회에서 서원을 발하는 것은 사제가 수도회와 설립자의 카리스마에 충실하여 더욱 보편적이고 역동적 생활 방식을 영위하도록 이끈다. 특히 성청 설립이며 사도 생활 및 영성과 관련된 수도회라면 더욱 그러하다. 이러한 내용은 면책이라는 법적 제도를 요구하는데, 이는 보편 교회에 소속하는 것에 비해 개별 교회에 소속하는 것을 부차적으로 여기는 것이다.

수도 사제에게 첫 번째 소속 공동체는 항상 수도원 공동체이다. 그다음의 소속 공동체가 개별-지역 공동체인지 아니면 수도회 전체 공동체인지 여부는, 그 수도회의 카리스마에 따라 달라진다. 일반적으로 활동 및 사도 생활 수도회에서는 보편 공동체가 우선한다. 보편 교회가 각각의 개별 교회에 대해 그러한 것처럼, 수도회 전체 공동체는 각각의 개별 공동체보다 존재론적이고 시간적으로 앞서 있는 실재이다. 전체 공동체는 각각의 공동체가 친교를 이룬 결과가 아니며, 각각의 개별 공동체보다 '나중에 드러나는 표징'으로 생각할 수 없다. 오히려 전체 공동체에서 관구, 관할구, 지역 공동체, 개별 공동체로 나뉘는 것이다. 관상 수도회나 탁발 수도회 유형에서 첫 번째 소속 공동체는 일반적으로 지역 공동체이다. 이러한 수도회는 연합적 일치를 갖게 되며, 전체 수도회가 각각의 개별 공동체보다 '이전에 드러나는 표징'으로 생각할 수 없다.

또한 수도 생활을 하는 사제(예를 들면, 규율 사제)의 경우와 사제인 수도자(예를 들면, 수도승회, 관상 수도회, 탁발 수도회의 사제)의 경우를 구분해야 할 것이다. 그들이 한 지역에 있을 때, 모두 유일한 교구 사제단에 속하지만, 분명히 속하는 방식과 강도는 다르다. 교구 사제가 유일한 교구 사제단에 소속하는 방식과 강도는 수도 사제의 소속의 그것과 다르다. 전자는 더 밀접하게, 후자는 더 넓게 속해 있다.

수도 사제는 각자의 카리스마에 따라 보편 교회와 수도회 공동체에 소속한 다음, 교구 사제단에 소속한다. 그리고 사제단과 함께, 사제단 안에서, 「상호 관계」가 요구하는 양식에 따라 그 지역 주교와 함께하는 장상으로부터 받은 사도적 사명을 행사한다. 수도 사제는 자신의 성소에 힘입어, '특정한 지역 교회에서' 자신의 사명을 통해 '보편 교회를 위한' 존재이다. 그래서 요한 바오로 2세는 1978년 11월 24일 교황 재위 초기에 수도회 장상 모임에서 "지역 교회를 통한 보편 교회와의 일치, 이것이 바로 여러분의 길입니다"라고 표현했다.

이는 수도 사제들이 창립자의 카리스마를 다시 생각하고 성찰하려는 노력을 수반하며, 또한 개별 교회 안에서 개별 교회를 향한 봉사의 배경과 관점에서 수도 생활을 쇄신하는 데 분명히 도움을 준다.

따라서 수도 사제들이 개별 교회 및 교구 사제단과 일치를 분명히 인식하고, 마르티니 추기경이 말한 것처럼, "아무 조건 없이 그리고 두려움 없이 '자신들의'(그렇다!)의 교회에 헌신해야 할 필요가 있다. 교구 사제들과 수도 사제들은 자신들이 있는 교구에서 '여기 그리고 지금' 실현된 유일한 가톨릭교회만을 직접적이고 유일한 기준으로 삼고, 그 교회가 자신들을 완전한 자격을 자녀로 여긴다는 것을 명확히 인식해야 한다."[44] 수도 사제의 사도적 활동이 하나의 그리스도교 교회를 구성하는 데 봉사하지 않고, 평행 교회를 건설하게 한다면, 그 활동의 형식과 양식을 피해야 한다. 이는 오직 활기찬 '특별한 교회 감각'으로 가능할 것이다. 평행 교회를 세우는 방식은 친교의 사람인 사제의 가장 깊은 마음속에 상처를 입히고, 파괴하며, 특정 수도회의 수도 사제로서 그의 카리스마가 교구 공동체 전체를 건설하는 데 도움이 되지 않고, 결국 그의 카리스마는 진정으로 실현되지 못하게 된다.

교구 사제이든 수도자이든 모든 사제가 사제품에 대한 공동의 소속을 바탕으로, 형제적 우애를 더욱 굳건하게 다질 필요가 있다. 또한 "서로에 대한 진실한 존중과 상호 존경을 위해 노력하고, 사제단 내에서 존재하는 모든 긍정적이고 정당한 차이를

---

44) C.M. Martini, *La vita religiosa nel presbitero e nella chiesa diocesana*, Omelia del Giovedì Santo 1989, Milano, 1989, p.12.

조화롭게 활용해야 한다. 요한 바오로 2세가 결론을 내리듯 이 모든 것 역시 사제의 영성 생활과 끊임없는 수덕에 일부를 이룬다."[45]

오늘날에는 복음적 영감을 받은 여러 유형의 단체, 운동 및 그룹에 대한 소속 문제에 특별히 주의를 기울이고 있는 것 같다. 이와 관련하여 한편으로는 '악마화'와 다른 한편으로는 '열광적인 전적 동의'라는 두 극단을 피해야 한다.[46]

교회 운동이나 특정 영성을 교회의 대안 구조로 간주하는 것은 잘못이며, 그 대신 이를 교회의 실존적이고 역사적 진정성을 재생산하는 존재로 보아야 한다. 또 다양한 영성 생활의 전통에 영감을 받거나, 그것을 참고하는 것이 사제 생활을 풍요롭게 하는 데 기여할 수 있다는 것을 부정하는 것은 위험하며, 반대로 그러한 전통에 소속하는 것이 너무 우선하여, 성품성사, 교구에의 입적, 교구성(교구 사제의 경우) 또는 축성 생활회 소속(수도 사제의 경우)에서 얻는 영적이고 사도적 체험의 가치와 의미를 흐리게 하는 것도 해로울 수 있다. 이런 영성들은 수단의 질서에 머무르고,

---

45) 「현대의 사제 양성」 31항.

46) 사제가 교회 운동과 단체에 대해서 갖는 악마화와 열광적이며 전면적 지지 사이의 균형 잡힌 입장에 대한 흥미로운 관찰을 볼 수 있다. P. Laghi, "*Pastores dabo vobis*: Presentazione", in *Seminarium* 32(1992), pp.505~517, 특별히 p.516 여기에서는 「현대의 사제 양성」 68항을 반복하며, 신학교 생활과 교회 운동 생활 사이의 조화로운 통합을 보려는 열망을 표현했으며, 이를 나란히 세우거나, 심지어 "친교를 이루고, 존중할 수 있고, 대화와 협동의 정신을 갖추고, 더욱이 일치를 구축할 수 있는 인간을 양성"하는 도전을 양보하게 하는 대안을 제시하는 모든 관점을 반대한다. F. Rypar과 B. Tenailleau의 논의를 읽어볼 만하다. F. Rypar, "La *Pastores dabo Vobis* alla luce del pensiero conciliare sul sacerdozio e sulla formazione sacerdotale", in *Seminarium* 32(1992), pp.530~549, 특히 p.547; B. Tenailleau, "L'educateur 'interpretre' du projet educatif", in *Seminarium* 34(1994), pp.296~309, 특히 p.305.

궁극적 의미를 갖는다고 주장하지 않는 한, 긍정적 실재이다. 평신도적 성격을 지니든, 더 엄격하게 사제적 성격을 지니든 교회 단체, 운동 및 집단에 속하는 것이 긍정적으로 평가받으려면, 이들이 제공할 수 있고, 실제 구체적으로 제공하는 도움을 보여야 한다. 각 사제가 하느님으로부터 받은 카리스마와 은사에 따라 영성을 조화롭게 발전시키도록 도와주고, 두 유형의 성직자가 교구 사제단과 교구 공동체에, 교구 사제가 사제적 형제회에, 수도 사제가 그들의 수도회에 더욱 완전하게 소속하도록 도와야 한다.

● 제3부 ●

사제의 영적 양성

• 들어가며

공의회 이후 첫 번째 시기, 즉 1980년대까지, 연구자들의 성찰과 교회의 관심이 집중된 것은 바로 사제 정체성 문제였다. 물론 양성에 대해서 생각하지 않은 것은 아니었다. 이미 1970년대부터 양성이 필요하다고 여겼다. 그런데, '무엇을' 양성해야 하는가? 이 시기에 세계 많은 지역에서 제2차 바티칸 공의회의 새로운 결과가 사제상을 흔들고, 교회와 세상에서 사제가 존재하는 의미에 의문을 제기하였기 때문에, 교의적이고 교리적으로 사제직이라는 주제로 돌아갈 필요를 강력하게 느꼈다. 이러한 이유로 양성의 문제, 특히 양성자 또는 교육자의 양성 문제는 아직 심도 있게 다뤄지지 못했다.

그러나 이 주제는 공의회 이후 두 번째 시기인 1980년대에 재개되었다. 특히 가톨릭 교육성의 역할이 컸는데, 교육성은 1981년과 1984년 총회에서 이 주제를 심도 있게 분석하였고, 1990년에 "현대의 사제 양성"에 관한 제8차 주교 시노드 총회를 준비하여 개최하였다. 요한 바오로 2세는 시노드 후속 문헌인 사도적 권고 「현대의 사제 양성」에서 "이제 사람들의 관심은 사제의 정체성이라는 문제에서 사제 양성 여정과 사제 생활의 질과 관련된 문제로 옮겨졌다"[1]고 언급했다. 이와 같이 주제가 전환하고 풍요로워졌는데, 그 가운데 몇 가지를 강조하고 싶다.

① 1990년 8차 정기 주교 시노드에 앞서, 의제 개요(Lineamenta)와 의안집(Instrumentum laboris)의 준비 과정이 열정적으로 이루어졌다. 각각의 개별 교회는 이 주제에 대한 논의를 수행하고 발전시켰다.

② 요한 바오로 2세의 시노드 후속 문헌 「현대의 사제 양성」은 이후 다양한 깊이와 가치를 지닌 출판물과, 신학교와 신학대학에서 시행된 사제직에 대한 강의, 학술대회와 학회를 통해 더욱 심화되었다.

③ 성직자성의 문헌 「사제의 직무와 생활 지침」(1994.01.31.)은 양성 문제를 다루면서, 성직자의 지속 양성 측면에 초점을 맞추기 시작했다.

---

1) 「현대의 사제 양성」 3항.

한편, 사제 정체성에서 사제 양성으로 관심이 옮겨지는 것은 논리적 수순이자 합리적 귀결처럼 보이고, 다른 한편, 인간 삶의 모든 영역에서 평생 교육의 필요성이 대두되던 문화와 역사적 상황도 이러한 전환의 영향을 주었음을 생각해야 한다. 평생 교육은 60년대 이후 시작된 폭발적인 변화의 가속화에 대응하는 효과적인 타개책으로 여겨졌고, 지금까지도 그러하다. 그런데 이 변화의 가속화는 초기 양성만으로 죽을 때까지 모든 삶의 준비가 끝난다고 생각했던 사람들의 삶의 질에도 위협을 가했다.

이 책의 제1부와 제2부에서 제3부로 이어지는 흐름, 다시 말해서, 정체성과 영성에 관한 문제에서 양성에 관한 문제로의 흐름은 이러한 관점의 변화를 나타내며, 목적에 대한 고찰에서 수단에 대한 분석으로, 교의적이고 영성적인 숙고에서 사목적인 성찰로의 전환으로 평가해야 한다. 그러나 이에 따르면, 사제는 교회 현장에서 활동하는 능동적 주체로서보다는 교회가 돌보고 관심을 주어야 하는 대상으로 보인다.

여기에서는 이 주제에 대한 모든 문제를 다루지 않고, 단지 몇 가지 문제만 다룰 것이다. 일반적인 문제에서 시작하여 구체적이고 특수한 문제로 나아간다. 이 주제는 인간 지식의 많은 분야와 관련하기 때문에 여전히 매우 유동적이고 복잡하다. 우리는 주로 영성신학적 관점에서 사제 양성에 영향을 미치는 문제를 살펴볼 것이다. 이를 위해 공의회 이후 최근 교도권의 주요 문헌에 기댈 것이다. 최근 학자들은 신학교와 양성소에서, 그리고 세상 속의 교회 안에서 얻은 생생한 경험으로 바탕으로 사제 양성에 대해 숙고에 헌신했는데, 이 문헌의 본문에서는 — 비록 여러 경

우에는 여전히 부족하지만 — 이러한 숙고를 종합하고 절정에 도달한 정식을 찾아볼 수 있다.[2)]

1. '사제의 영적 양성' 표현

'사제의 영적 양성'을 이해하기 위해서, 몇 가지 용어 문제를 정리하는 것으로 시작해 보자. 특히 '양성'과 '영적'이라는 용어는, 성품성사로 나아가는 신학생의 여정 또는 이미 받은 성사의 완전한 성숙을 향해 나아가는 서품받은 사제의 여정이라는 구체적인 경우일 때, 어떻게 이해해야 하는가?

---

2) 첫 번째 참고 문헌으로 몇 가지 교회 교도권 문헌과 종합적인 최근 연구를 제시한다.
제2차 바티칸 공의회, 「사제 양성 교령」, 「교회 헌장」 28항; 「사제 생활 교령」.
요한 바오로 2세, 「현대의 사제 양성」(1992.05.25.); *Cari Sacerdoti!* "Le Lettere del giovedì santo" e altri scritti sull'identità, la vita e la formazione del prete, a cura di D. Caletti, Cinisello Balsamo, 1990, pp.285~482.
교육성, 「사제 양성의 기본 지침」(1985.03.19.); 「신학교 양성자의 양성에 관한 지침」(1993.11.04.).
성직자성, 「사제의 직무와 생활 지침」(1994.01.31.); Sinodo dei Vescovi, *La formazione dei sacerdoti nelle circostanze attuali (Lineamenta).*
P. Laghi, "*Pastores dabo Vobis*: presentazione", *op. cit.*; Id., "Le principali chiavi di lettura", in *Vi darò pastori secondo il mio cuore*, Quaderni de "L'osservatore Romano" n.20, Città del Vaticano, pp.193~201.
G. Pittau / C. Sepe(ed.), *Identità e missione del sacerdote, op. cit.*, soprattutto l'introduzione del Card. J.T. Sanchez, l'Allocuzione di Giovanni Paolo II(28 maggio 1993); U. Vanni / A. Vanhoye / F. Londoño / D. Coletti / G. Ghirlanda / K. Hillenbrand / F. Imoda의 연구.
La formazione del presbitero diocesano. Linee educative del Seminario di Milano. Testi e commenti, Milano, 1995, oppure in *La Scuola Cattolica* 123(1995), pp.271~587; Les Évéques de France, *La formation des futures prêtre*, Préface de Mgr. E. Marcus, Paris, 1998.

1.1. '양성'[3)]

오늘날 교회에서 '양성'이라는 용어의 가치에 대해 이미 분명하고 폭넓은 동의가 이루어졌다고 생각한다면, 그것은 착각에 불과하다. 이는 다양한 요소에 의한 것이다. 다시 말해, 이론적 관점에서 보면, '양성' 문제는 서로 연관되는 다양한 신학적 및 인간학적 학문 분야에 따라 여러 관점에서 접근할 수 있다. 실존적 관점에서 보면, 다양할 뿐만 아니라, 때로는 조화될 수 없고, 심지어 상반되는 인간에 대한 관점에 의존하는 교육 모형이 구체적으로 구현되는 것을 쉽게 볼 수 있다. 한편으로 '양성'이라는 범주가 사회적 맥락과 '세속적' 문화의 압력 하에 있는 교회에서 발전했으며, 다른 한편으로 수 세기 동안 교회를 인도한 양성의 지혜와 심리학 및 교육학과 같은 인간학적 학문의 성찰과 기여를 통합해야 할 필요성이 최근에야 인식되기 시작했다는 점을 염두에 두면 이 모든 것이 매우 잘 이해될 것이다.[4)] 또한, 양성 행위

---

3) '양성'이라는 용어를 분석하면서, 이미 발표했던 논문에서 설명한 내용의 많은 부분을 다시 살펴볼 것이다. "I Soggetti della formazione spirituale dei Seminaristi. Parte Prima: Premesse a proposito della formazione spirituale sacerdotale", Periodica 86(1997), pp.421~429.

4) 「교회법」과 같은 엄격한 문서에서도 양성을 지칭하는 용어에 대한 명료성은 확보되지 않은 듯하다. 이는 공식 본문 수준에서 이미 복잡한 문제를 더욱 복잡하게 만드는 번역이라는 요소 때문만은 아니다. 실제로 교회법에서 '양성'(formazione)이라는 용어는 때로는 라틴어 formatio의 번역이고(「교회법」 제234조 1, 2항; 245조 1항; 244조; 245조 1항; 251조), 다른 곳에서는 라틴어 institutio의 번역이기도 한다(「교회법」 제235조 1항; 242조 1항; 251조; 252조 1항; 257조 1항과 「사제 양성의 기본 지침」(*Ratio fundamentalis* ***institutionis*** *sacerdotalis*)을 언급하는 모든 경우: 「교회법」 제241조 1항; 243조; 249조; 253조 3항; 260조; 261조 1항). 하지만, 교회법에서 이 두 용어 formatio와 institutio는 가끔 정확히 같은 뜻으로 사용하는 동의어이다. 예를 들면, 제234조의 1항과 2항은 "인문 및 과학 교육"이라는 같은 내용을 "institutio humanistica et scientifica"와 "humanistica et scientifica formatione"로

자체가 객관적으로 복잡하기 때문에, '양성'의 가치에 대한 명확하고 광범위한 동의를 구하기가 어렵다는 사실도 잊어서는 안 된다.[5)]

그러나 양성 문제에 관하여 교회 내에서 이루어낸 성찰과 성과가 인간 사회에 기여한 공헌을 인정하지 않는 것 또한 불공평할 것이다. 제2차 바티칸 공의회에 의해 촉발된 인간학적 전환과 금세기 마지막 30년 동안의 인격 중심성 회복은[6)] 현재 존재한다

다르게 표현한다. 또는 제234조 1항에서 같은 행위를 나타내기 위해 다른 대상을 병렬로 사용한다["종교 교육"(formatio religiosa)과 "인문 및 과학 교육"(institution humanistica et scientifica)]. 다른 때에는 이 용어가 "formatio"보다 더 넓은 의미로 사용되는데[예를 들어 "ad formationem spiritualem […] instituantur"(영적 양성 […] 교육되어야 한다), 제235조 1항], 그리고 교회법 제2권의 제1편 제3장 제1절의 제목인 "De clericorum institutione"(성직자의 육성)와 「사제 양성의 기본 지침」 문헌의 언급에서도 볼 수 있다. 그러나 드물기는 하지만, 용어 "formatio"는 사제직을 향해 나아가는 후보자들의 성숙 과정 전체를 의미하기도 한다(예를 들면 제255조). 반대로, 용어 "institutio"는 신학교 여정에서 돌보아야 하는 특정 측면을 의미한다. 예를 들어 "institutio doctrinalis"(학문 수업, 제244조; 248조), "institutio philosophica"(철학 수업, 제251조), "institutio teologica"(신학 수업, 제252조 1항), "institution humanistica et scientifica"(인문 및 과학 교육, 제234조 1항), "institio stricte pastoralis"(좁은 뜻의 사목 교육, 제255조). 다른 곳에서는 "formatio spiritualis"(영적 양성, 제24조 1항; 244조; 245조 1항, 2항)이나 "formatio relgiosa"(종교 교육, 제234조 1항)으로 말한다. 지금으로서는 「교회법」 제232~264조에 나타난 용어 사용에 대한 면밀한 분석을 통해, 공의회 시기부터 오늘날까지 "formatio"와 "institutio"라는 용어의 의미적 발전에 대한 정확하고 과학적 연구를 기다릴 수밖에 없다.

5) 양성 과정 속에서, 유일한 스승이시자 인도자이신 하느님의 주된 활동과, 양성되고 있는 사람에게 하느님께서 다가가시기 위해 사용하시는 여러 중개적 작용이 마치 한자리에 모이는 듯하다. 과거·현재·미래, 즉 삶 전체가 끊임없는 양성이지만, '강력한 시기'의 양성을 지속 양성과 동일시해서는 안 된다. 또한 양성을 받는 사람과 양성자, 양성자 개인과 양성 공동체, 통합해야 하는 다양한 내용과 다양한 영역 및 차원, 조성해야 하는 외적 환경과 드러나고 변화하도록 도와주어야 하는 내적 성품 등도 동일하게 볼 수 없다.

6) Cf. A. Cencini. "Un'istituzione a servizio della formazione", in F. Imoda, ed., *Antropologia interdisciplinare e formazione*, Bologna, 1997, pp.581~606. 첸치니 신부가 그의 논문 제목("양성을 위한 기관")에서 말하는 기관(istituzione)은 그레고리오 대학 산하 심리학 대학원을 뜻한다. 심리학 대학원 설립 25주년을 맞이하여 작

고 인정해야 하는 모든 모호함을 넘어, 교회에서 이루어지고 있는 변화의 가장 중요한 지표이며, 현대 세계를 향한 교회의 봉사에서 하나의 이정표가 된다. 이는 오늘날 인간이 살아가도록 불린 존재의 복잡성에 더욱 부합하는 양성 개념을 점점 더 정교하게 규정하는 데 유용하다.

교회의 양성 개념을 설명하는 데 근본적으로 중요한 것은, 특히 제2차 바티칸 공의회 이후 교회가 인식하게 된 인격의 중심성이다. 교회의 모든 유형의 양성은, 관념적 모형이나 전망이 아니라(하느님 계시에 근거를 두더라도), 신학-인간학적인 인격적 모형, 즉 '예수님의 인격'에 근거를 두고 있다. 양성에서 결정적이고 필수적인 것은, 문화적 모범(어떤 사상이나 원칙이나 가치와 같은 유산)도 아니고, 효과적으로 직무를 수행하는 모범, 심지어 사도적 모범도 아니며, 자아실현의 모범이나, 성인들의 모습에서 볼 수 있는 개인적인 영적 완전함의 모범도 아니다. 바로 예수님의 인격이다. 모두는 교회의 다양한 성소에 따라 매우 정확하고 특별한 방식으로 예수님의 인격을 본받고 따라야 한다. 그러나 축성 생활이나 직무 사제직과 같은 특별한 성소의 길을 가는 이들은 예수님의 인격을 옷 입는 것이다. 예수님께서 성부와 인간에게 전적으로 모든 것을 내어 주는 사랑으로, 자신을 온전히 바치신 모습을 본받으며, 자신과 자신의 온 삶을 온전히 내어 줌을 실천하는 것이다. 여기에서, 나중에 더 자세히 설명하겠지만, 양성 과정의 일반적이고 근본적인 전략으로 전체성의 법칙이 강력하게 등장한다.[7]

성되어 출판된 글이다.

[7] Cf. A. Cencini, *I sentimenti del Figlio*, Bologna, 1998, pp.30~33.

교회 의식에 점점 더 많이 나타나고, 사목적 및 영적 생활에 눈에 띄게 드러나는 긍정적 자료 중에 양성 과정의 근본적 역동도 기억해야 한다. 이는 흔히 동의어로 이해하는 세 동사, 즉 '양성하다'(formare), '교육하다'(educare), '성숙시키다'(maturare)를 통해 표현할 수 있다. 대부분, 일상에서 각각의 세 용어는 다른 두 용어의 의미를 포함한다. 그러나 더 정확히 말하자면, '교육' '양성' '성숙'은 질료적으로 인간의 진화 과정이라는 유일하고 동일한 실재를 의미하지만, 형상적으로는 차이가 있다는 점을 알아야 한다.

① '교육'(educazione)이라는 용어는 무엇보다 그 과정과 작업의 '출발점'(terminus a quo)을 가리키며, 구체적으로 이는 양성될 사람의 현실적 상황을 언급하는 것이다. 그 사람으로부터(e-ducere, 밖으로-이끄는), 즉 최선의 것을 밖으로 이끌어 내어 점점 더 자기 자신이 되고, 점점 더 완전한[8] 실현을 이루도록 돕는다.

② 엄격한 의미에서 이해하는 '양성'(formazione)이라는 용어는 오히려 '종결점'(terminus ad quem)을 뜻하며, 도착 지점 혹은 도달하고자 하는 목표와 관련한 행동과 수행을 말한다. 이 용어는 실제로 아직 주체가 소유하지 못했고, 점진적으로 획득해야 하며, 자신의 '실질적'[9] 이상으로서 다다르려고 노력해야 하는 명확한

---

8) "점점 더 완전한"은 언어적으로 잘못된 표현인가? 완전한 것이 더 완전해질 수 있는가? 아마도 몇몇 교수들은 학생이 이런 표현을 쓴다면 매우 부정적으로 평가할 것이다. 신학적 관점에서는 영적 체험의 역동성을 가능한 한 적절하게 표현하는 용어이기에 우리는 이 용어에 익숙해져야 한다.

9) '실질적'은 완전히 유토피아적이거나 순수하게 관념적인 것이 아닌, 구체적 인간 현

존재 방식, 곧 형상(forma)이 주어졌음을 전제한다.

③ 반면 '성숙'(maturazione)이라는 용어는 교육의 시작 순간부터 양성의 최종 순간 모두를 포함하기에 전체 진화 과정을 지칭한다. 이는 특히 한쪽에서 다른 쪽으로 이동을 뜻하며, 또 마침내 전 과정의 목적인 성숙에 도달한, 즉 전인격적으로 어느 정도 완성된 방식[10]으로 발전에 도달한 사람의 자질과 상태를 의미한다. 오늘날 '성숙'이라는 용어를 '삶의 일치'라는 범주로 표현하기도 한다. '삶의 일치'는 구체적인 사람의 모든 차원 조화롭게 통합된 상태를 강조하고(='일치'), 동시에, 역동적이고 무한한 발전할 수 있는 가능성을 지니기에(='삶의'), 도달해야 하는 목표는 다소 유토피아적이라는 것을 강조한다.[11]

이 연구에서 '교육'과 '성숙'이라는 용어와 형상적으로 구분되지 않는, 넓은 의미에서 '양성'이라는 용어를 사용할 것이다. 일반적으로 볼 때, 이들은 같은 의미를 지닌다. 그런데, 너무나 당연하지만, 구체적인 양성 과정에서 잊어버리기 쉬운 측면을 설명할 필요가 있다. '양성'을 말할 때, 축소적으로 이해해서는 안 된다는

실에 맞는 이상을 의미한다.

10) "어느 정도 완성된 방식"으로 발전이라고 표현했다. 왜냐하면 성숙은 "완성된"이라는 단순한 형용사가 제시하는 것처럼 정적인 방식이 아니라, 역동적이며, 이 땅에서 지속적으로 성장할 수 있는 가능성이 있는 실재로 보아야 하기 때문이다.

11) 요한 바오로 2세 교황의 흥미로운 종합적 텍스트는 「사제 생활 교령」과 「현대의 사제 양성」과 연속성 안에서, 양성 과제이자 목표로서 삶의 일치의 중요성을 강조한다. "중단 없는 양성은 사제적 사랑의 토대 위에서 다양한 양성 측면의 조각들을 조화롭게 통합하여, 사제에게 삶의 일치라는 고귀한 모자이크를 형성해야 한다"(「사제 생활 교령」 14항; 「현대의 사제 양성」 72항; "Allocuzione ai partecipanti al Simposio internazionale su *Pastores dabo vobis: Il sacerdote oggi*", *op. cit.*, n.11.

것이다. 따라서 인간 성장의 전 과정은, 방법과 내용이 결합하는 '단일한 진화 과정'일 뿐만 아니라, 전 인격이 점진적으로 나아가는 최종 목적으로서 '교육적 사건'이기도 한 점을 잊지 않아야 한다. 전 인격은 현재 구체적인 섭리의 질서 안에 있으며, 동시에 의식적이고 무의식적인 시간에 하나의 총체로 여겨진다. 총체로서의 인격 안에서 서로 다른 내적이고 관계적 차원과 구성 요소들이 점진적으로 서로 조화를 이루고 통합되는데, 공간적 차원뿐만이 아니라 시간적 차원에서도 그러하다.

양성 영역에서 총체의 법칙이 일반적 전략과 조건을 세우는데, 바로 이 때문에 축소주의와 진리에 대한 배신, 그래서 교육받고 양성받는 사람의 자유를 성숙하지 못하게 하는 위험은 언제나 일어날 수 있다. 한편으로 양성자가 양성 받는 이의 지성에 빛을 비추어 주고, 인지 능력을 구축해 준 것으로 자신의 임무를 다했다고 생각할 수 있다. 그러나 이것은 양성을 순수한 교육으로 축소하는 것이며, 이는 진리에 대한 배신이다. 또 규범 준수와 순전히 형식적인 외적 행동의 보장만으로 양성자들의 모든 임무가 완수되었다고 여길 수 있는데, 이것도 역시 양성의 축소적 이해이다. 결국 시간이 판단할 것인데, 얼마 지나지 않아 이러한 법률주의적이고 행동주의적인 양성 체계가 자유의 진정한 성숙을 가로막고 있음을 알게 될 것이다. 그러나 합리주의·법률주의·행동주의에 대한 두려움 때문에, 정서적 차원이나 즉흥성에 집중하면서, 그것을 자유와 혼동하는 양성도 그 대가를 치르게 될 것이다. 이는 자유방임적 교육 원칙이나 장 자크 루소에 뿌리를 둔 인본주의적 심리학의 특정 입장을 따른다. 훨씬 더 위험한 양성 유형은,

인간에 대한 유물론적 관점으로 육체-신체 차원과 기술적 가치만을 증진하는 데에만 만족하는 유형이나, 반대로 일방적으로 미학적·영성적·종교적 차원에만 집중하는 영성주의적(spiritualista) 형태의 교육 과정일 것이다. 환원주의적 형태는 또한 양성이 고립되고, 일방적이며 배타적인 방식으로 개인적 영역에만 영향을 미친다거나, 반대로 공동체적 차원에만 이루어진다고 생각하는 경우에도 나타난다. 또는 주체가 교육을 통해 단순히 자아를 실현하는 것으로 생각하는 경우에도 발생할 수 있다. 이러한 생각은 하느님의 은총과, 이 지상에서 그 은총에 참여하면서 하느님과 친교를 이루도록 창조된 인간의 근본적인 질서와 무관하다. 또한 양성을 오로지 하느님 은총의 도움으로, 그분이 허락하실 때 달성하는 단순한 자기 초월로 여기는 관점도 축소주의의 한 모습이다. 인간이 노력할 수 있고, 인간의 과학, 특히 심리학 및 교육학이 제공하는 기여를 통해서 하느님께 올바르고 적절하게 협력할 수 있다는 점을 무시하면 안 된다.[12)]

양성은 교육적 사건이기 때문에, 진정한 인간학, 즉 인격의 가치를 중심에 두는 인간에 대한 시각이 필수적이며, 따라서 항상 자유에 '대한' 양성으로 실현해야 한다. 자유라는 인격 구조 안의 핵심 내용은 존재의 측면에 있으며, 이는 선택의 '가능성'이 있을 때가 아니라, 올바르게 인격 실현을 증진하는 것을 구체적으로

12) 헤베네시(G. Hevenesi, *Scintillae Ignatianae*, Vienna, 1705, n.2)가 남긴 성 이냐시오의 유명한 문장은 이 문제를 잘 설명해 준다. "이것이 행동의 첫 번째 규칙이다. 하느님께 대한 믿음을 가지되, 마치 모든 일의 성공이 오직 너에게 달려 있고, 하느님께는 전혀 의존하지 않는 것처럼 행동하라. 그러나 동시에, 모든 일에 온 힘을 다하되, 마치 네가 아무것도 이루지 못하고, 오직 하느님만이 모든 것을 이루실 것처럼 행동하라"; 이에 대한 가장 훌륭한 주석은 G. Fessard, La dialectique des Exercices de Saint Ignace, Paris, 1956, pp.305~363.

'선택'할 때 실현된다.

양성은 양성을 받는 개인이 자유로워지도록 하는 것이다. 그런데 자유로워진다는 것은 진정으로 자기 자신이 되는 것이다. 이것이 자신이 가지고 있는 인간 모상과 함양하고자 하는 자유의 모상이 맺는 관계이다. 인간의 자유는 하느님 모상과 하느님 자유에 참여하는 가장 높은 수준의 표징이기 때문에, 거의 무한하다는 것을 높이 평가하면서, 그러나 동시에 그 자유가 창조된 것이고, 따라서 역사적 상황에 조건 지어졌기 때문에, 유한하다는 것을 받아들일 때만, 인간의 진실과 진정성을 지킬 수 있다. 인간과 다르지 않게, 자유는 '이미'와 '아직 아닌' 사이에 펼쳐진 살아있는 신비이며, 구체적인 역사 속에서 구현되는 현실 자아와, 완전하게 자신을 실현하기 열망하는 이상 자아 사이에서 끊임없이 발전하는 신비이다.

그래서 자유'의' 교육이나 자유'를 향한' 교육이 아니라 자유'에 대한' 교육이라고 말했던 것이다. 사실 진정한 양성은 자유'를 향한' 그리고 자유'의' 교육이 동시에 이루어져야 하며, 오로지 자유'를 향한' 교육이나, 오로지 자유'의' 교육으로 만드는 양극화를 거부해야 한다. 그럴 때, 자유에 대한 허용주의와 지나친 자기 확신이라는 위험을 피할 수 있을 것이다. 이 위험은 자유를 이미 완벽하게 소유한 것으로 전제하고, 그래서 양성을 일방적으로 자유의 교육으로 생각하는 오류이다. 또한 이것과 대척점에 있는 권위주의와 자유의 실재에 관한 비관적인 평가 절하의 위험도 피할 수 있을 것이다. 이 위험은 자유가 전혀 실재하지 않고, 아직은 없다고 여기고, 그래서 양성을 오직 자유를 향한 교육으로 생각하는 오류이다.

자유에 대한 논의를 심화하고 발전시키면서, 새로운 숙고를 시작하게 된다. 한편으로는 심리학 및 교육학과 같은 더 인간학적 측면, 인간 자유의 다양한 유형의 조건(생물학적 · 심리학적 – 특히 오래 지나지 않은 과거 가톨릭교회 안에서 정서적 영역을 다루던 사람들은 더욱 무시당했기 때문에 –, 사회학적 · 문화적 · 도덕적 등)에 대한 것이고, 다른 한편으로는 더욱 영성 신학적 수준에서, 영적 식별이 필요하다는 점이다. 영적 식별은 양성 과정의 방법과 최종 목표와 관련하여, 올바른 여정과 성숙한 사람에 대한 올바른 이해를 위한 토대이다.

양성을 '교육적 사건'으로 강조하는 것은, 양성이 상호 인격적 전달의 관계에 달려 있다는 점을 보여 준다. 이들 가운데 절대적 우선권을 누리는 것은 탁월한 교육자이자 양성자이신 하느님과의 관계이다. 인간의 유익을 위해 일하시는 하느님의 행동은 지상의 모든 양성과 교육 활동의 패러다임이며 토대이다. 하느님께서 당신 백성과 각 개인을 교육하시는 여정의 기준을 거룩한 성경을 묵상하며 얻은 통찰을 바탕으로 살펴볼 때, 진정한 양성 과정이란 동시에 개인적이면서도 공동체적이며, 점진적이고 단계적으로 이루어지는 과정임을 이해할 수 있다. 또한 단절과 질적 도약의 순간을 포함하며, 활기차면서도 자비로우며, 계획적이면서도 해방시키시고, 동시에 역사 속에 자리 잡고 있으며, 여러 협력자와 인간의 중재를 통해 이루어지며, 무엇보다도 예수님의 인격 안에서 모범적으로 완성되고, 성령의 활동을 통해 각 개인의 마음속에서 끊임없이 실현되고 있음을 깨닫는다.[13)]

더욱이, 양성을 교육적 사건으로 그리고 인간의 성숙 과정으로 이해한다면, 특히 신앙과 하느님의 구원 활동에 비추어 해석한다면, 양성에 관한 성찰에서 '경험' '일치' '역동성' '발달' '길' '여정' '시간' '기간' '단계'라는 범주는 특별히 중요한 의미를 얻게 된다. 따라서 진정한 양성을 위해서는 점진성의 원리가 중요해지고, 양성을 수행할 때 '최대'(최상급)보다는 '더'(비교급)를 향한 추진력과 지향성이 더 큰 의미를 갖게 된다. 이에 대한 망각은, 필연적으로 한계에 대한 감각의 상실이나 적어도 약화, '모든 것을 지금 당장'이라는 문화에 걸맞은 파괴적인 불안, 완벽주의, 합리적이고 이상주의적 설정을 의미할 것이다. 이는 초기에 금방은 긍정적인 결과를 약속하겠지만, 장기적으로는 결국 위험한 부메랑이 되어 돌아오는 결과를 낳을 것이다. 그러므로 인내심을 가지고 한계를 받아들이며 시행하는 양성이 중요하다. 결국 성숙한 사람을 자신의 모든 인간적·영성적 문제를 해결한 강한 사람으로 여겨서는 안 된다. 또한 모든 미성숙함이나 불일치를 이미 '뒤로 밀어 둔' 사람, 이미 완전함에 도달한 사람으로 생각해서도 안 된다. 그렇게 생각하는 것은 순진한 생각이다. 더욱이, 이 사람은 최소 끔찍하게 지루한 사람이 될 것이다! 오히려 성숙한 사람이란, 자신의 한계와 약점을 현명하게 관리할 줄 알고, 이를 인식하고 각각에 적절한 이름을 붙일 줄 알 뿐만 아니라, 무엇보다도 이를 받아들이고 통합하여 긍정적 의미와 중요성을 부여할 줄 아는 사람이다. 그래서 이러한 한계와 약점은 더 효과적인 사도적

13) Cf. C.M. Martini, *Dio educa il suo popolo*, Programma pastorale diocesano 1987-1988, Milano, 1987.

활동을 향한 힘의 원천이 되고, 하느님께 더욱 겸손하고 자신을 내맡기는 진정한 기도의 발판이 된다.[14)]

마지막으로, '종합적인 교육적 사건'으로서 양성은, 내면에서부터 "개인 일상생활의 모든 차원에서 발아하여, 신앙의 자유와 성소에 대한 응답으로 그를 고유하게 일치시키는 '영적 사건'"[15)] 이 되도록 열려 있다. 그러므로 영적 사건으로서의 양성은 역사에서 더욱 구체적으로 실현되는 만큼, 더욱 완벽하게 될 것이다. 그러나 '양성'이라는 명사에 덧붙여진 '영적'이라는 형용사의 정확한 의미는 현재로서는 모호하므로 명확하게 밝혀져야 한다.

'양성'이라는 용어에 관해서, 더 깊은 다른 분석과 연구를 더 확인할 수 있지만, 지금은 이 성찰을 통해 제시하는 목적을 위해서는 앞의 내용만으로도 충분할 것이다. 그러나 거의 종합적인 방식으로 그리고 총체의 법칙에 비추어, 교육 체험으로서 양성이 현상학적으로 분석하면 서로 다른 가치를 지닌 다양한 상호 작용 요소로 구성된 것처럼 보이는 방식을 이해하도록 초대한다. 이 요소들은 1) 행위, 2) 리듬, 3) 내용, 4) 사람, 5) 분위기/환경이다. 양성은 근본적으로 행위이며 활동이고(1), 길과 여정으로서 특정한 리듬을 가지고 구현되며(2), 양성을 받는 사람의 특정한 내적 내용을 중심으로 그리고 거기에서부터, 혹은 외부에서부터 제공된 내용으로 이루어진다(3). 양성 안에서 활동하는 능동적 주

---

14) Cf. A. Cencini, I sentimenti del Figlio, *op. cit.*, pp.100~101.

15) *La formazione del presbitero diocesano. Linee educative del Seminario di Milano*, I, 41, Milano, 1996, p.40, oppure in La Scuola Cattolica 123(1995), p. 295.

체인 다양한 인물들이 상호 작용하고(4), 이를 효과적으로 수행하기 위해서는 특정한 환경 조건이 필요하며, 무엇보다도 주체(4)의 특정한 내적 성품과 내적 환경(5)이 요구된다. 우리가 특히 숙고하고자 하는 바는, 바로 사람들에 관한 것이다.

1.2. '사제 양성'

지금까지 '양성'이라는 용어를 분석했으니 이제 양성 앞에 놓이는 형용사 '사제(적)'에 대해 숙고해 보자. 일반적인 양성에 관한 분석에서, 더 좁고 구체적인 영역으로 한정하여 분석하는 것이다. 즉, 성품성사를 향해 나아가고 있거나, 이미 성품성사를 받았기 때문에, 이 성사와 특별하고 개인적 관계를 맺고 있는 교회 내 구성원들의 양성으로 살펴볼 것이다.

이 연구의 제1부와 제2부는 이들 모두를 위한 양성 과정이 지향하는 목표를 제시한다. 앞에서 언급했듯이, 양성에서 교회의 다양한 성소에 따라 매우 정확하고 특별한 방식으로 따라야 할 예수님의 인격이 결정적이고 필수적으로 중요하다면, 사제가 따라야 하고, 자신 안에서 형성해야 할 예수님은 교회의 머리이시자 목자이시며 신랑이신 예수님이다. 그러므로 사제 양성은 아직 신학교에 있는 이들이나, 이미 서품을 받고 주님의 포도밭에 종사하는 이들 안에, 하느님과 인간들에게 전적이고 무력한 사랑으로 자신을 바칠 수 있는 능력을 점진적으로 일으켜야 한다. 그리고 그리스도를 모방하여 자신의 모든 삶을 내어 줄 준비되고 열린 태도를 형성하는 데 노력해야 한다. 사제는 성품성사를 통해 예수 그리스도를 존재론적으로 닮아야 하고, 이미 닮았으며, 인류의 구원과 하느님 아버지의 영광을 실현하기 위해 사람들 사이에서 그리스도의 살아 있는 성사가 되도록 불렸다.

이들 모두는 신학교에 입학한 순간부터 죽는 날까지 끊임없이 일치하는 여정을 걸어야 한다.

다음은 이미 앞 각주에서 인용한, 1993년 5월 28일 요한 바오로 2세 훈화의 본문이다.

> 중단 없는 양성은 사제적 사랑의 토대 위에서 다양한 양성 측면의 조각들을 조화롭게 통합하여, 사제에게 삶의 일치라는 고귀한 모자이크를 형성해야 한다(「사제 생활 교령」 14항; 「현대의 사제 양성」 72항).[16)]

이 본문은 한편으로 유일한 여정의 여러 단계로 볼 수 있는 사제 양성의 다양한 단계들 사이의 본질적인 연관성을 상기시키고,[17)] 다른 한편으로 이 경우에도 사제의 인격과 삶의 일치를 양성하는 데 공헌하는 다양한 "조각" 즉 다양한 측면을 만나게 될 것을 강조한다. 이러한 여러 요소와 내용은 시간적 발전의 축을 따라 통합하는 방식의 통시적 관점 혹은 동시대성 안에서 다양한 측면들을 통합하는 방식의 공시적 관점으로 분석할 수 있다.

---

16) Giovanni Paolo II, "Allocuzione ai partecipanti al Simposio internazionale su Pastores dabo vobis: Il sacerdote oggi", *op. cit.*, n.11.

17) 전 생애에 걸쳐 있는 양성 여정의 유일성에 대해서는 참조: 「현대의 사제 양성」 42, 71항.

1.2.1. 통시적 관점

'사제 양성'에 대하여 말할 때는, 한 인격의 성숙 과정과 그 여정을 의도한 것이다.

- 사제직을 향해 실현되는 여정: 초기 양성, 기본 양성, 기초 양성
- 사제직 안에서 실현되는 여정: 지속 양성, 평생 양성

여기서는 지속 양성의 필요성을 옹호하고, 초기 양성과 지속 양성 사이의 연속성/불연속성을 정당화하는 이유를 분석하지는 않을 것이다. 「현대의 사제 양성」은 이 주제에 대해 42항과 70~71항에서 폭넓고 명료하게 다루고 있으므로, 이를 참고하면 될 것이다.

여기서는 '시간'이라는 요소 안에서도 인격의 일치를 지키기 위해 초기 양성과 지속 양성의 통합과 이 둘의 구체적인 차이점을 인정하는 구별이 필요함을 언급하는 것으로 제한한다.[18] 둘 다 양성의 시기로서 성숙시키고 성장하고 심화하는 시기라는 점에서는 일치하지만, 초기 양성과 지속 양성은 시험과 식별이 실현되는 방식에서 다르다. 사제 후보자에게 있어서 양성의 시기는 사제적 가치를 처음 습득하는 시기이며, 동시에 성소의 '존재 방식'(quomodo sit?)에 관한 것뿐만 아니라, 성소가 '존재하는지'(an sit?)에 관해 식별하는 시기이다. 즉, 사제 후보자는 적어도 신학교 처음 몇 년 동안은 자신이 진정으로 주님의 사제직에 부르심을

18) 참조: 「현대의 사제 양성」 42, 71항.

받았다고 느끼는지 깊이 검증해야 하며, 양성자들은 성소의 진정성을 '면밀히' 살피고 검토해야 한다. 일반적으로 양성자와 신학생 사이의 상호 신뢰와 책임감 있는 대화가 가능한 분위기 속에서 양편의 식별을 서로 나누고 통합하는 것이 가능하며,[19] 서품 허가에 대한 주교의 최종 식별은 여기에서 흘러나오고 발전하는 것이다.[20] 반면 후보자가 성품성사를 받은 후에는, 성품성사의 타당성에 대해 매우 근거 있는 의문이 제기되지 않는 한, 직접적인 당사자나 장상 등 어느 누구도 그의 성소에 대해 의문을 제기할 수 없다. 사제 후보자나 그에게 성품을 허락한 직권자에게 불법성이나 경솔함이 있었다 하더라도, 다른 사제가 그의 사제직 성소가 존재하는지 식별하는 것은 정당하지 않다. 그보다는 사제직을 실제로 실현하고 실천해야 하는 방식에 대해서는 초기 양성의 전체 기간뿐만 아니라, 서품 후 죽을 때까지 계속해서 식별할 수 있다.

초기 양성은 시험의 시기이다.[21] 신학교 시기나 수련자 시기, 신학원 시기에 겪는 경험은 사제 지망생의 성소가 올바른지 확인하며, 동시에 성소를 성장시키고, 성숙을 촉진한다. 이는 매우 중요하고 결정적인 역할을 하는데, 신학생들이 이러한 경험으로 교육을 받게 되고, 미래에 사제가 되어서도, 경험을 통해 배우며,

---

19) Cf. G. Ghirlanada, "Aspetti della formazione sacerdotale nel dirrito canonico", in *IMS*, p.94.

20) 제3부 3.에서 두 가지 문제를 다룰 것이다. "초기 양성의 두 가지 목적을 위해서 불린 사람은 누구인가? 어떻게 수행할 수 있고, 수행해야 하는가?"

21) 성경에서 드러난 호된 시험의 모습을 떠올리면 좋을 것이다. 주로 긍정적인 면을 향상시키기 위한 정화의 도구이다. 참조: 1테살 5,19~21.

자신에게 맡겨진 사람들을 돕는 직무와 활동을 통해 거룩하게 될 수 있기 때문이다.

지속 양성은 "사제가 영적으로 그리고 예수님의 방식에 따라 '존재'하고 '활동'하게 도와주는 것"[22]과 "목자의 사랑에서 시작하여, 인격적, 영적, 지적, 사목적 차원을 심화하고, 이 네 차원이 내밀하고 생생하게 결합하면서 전반적이고 통합적인 지속 성숙을 유지하는 것"[23]을 목표로 한다. 따라서 지속 양성의 본질은 "사제 인격을 구조화하는 과정의 자연스럽고 절대적으로 필요한 지속성"[24]이다. 이 지속성은 초기 양성으로 시작되고, 새로운 상황에서 특수성을 얻게 된다. 이는 단지 이전 시기의 단순한 반복이나 연장이 아니고, 새로운 사목 기술을 배워 전문가가 되는 것을 목표로 하는 것도 아니다.

따라서 지속 양성은 초기 양성에 적합하고 특성화된 것[25]에 비하여, "비교적 새로운 내용과 특히 새로운 방법으로 발전한다."[26] 양성자의 입장이나 사제와 사제의 양성자 사이의 관계 또

---

22) 「현대의 사제 양성」 73항.

23) 같은 문헌, 71항.

24) 같은 곳.

25) 기를란다가 초기 양성이든 지속 양성이든 양성 주제에 대한 논의에서(G. Ghirlanda, "Aspetti della formazione sacerdotale nel diritto canonico", *op. cit.*, pp.89~90), 달성해야 할 목적과 수단에 대해 드러냈듯이, 그것들은 구체적이어야 한다. 구체적으로 "하나의 거룩한 직무는 추상적이 아니라, 특정 카리스마라는 구체성 안에 존재한다." 세속 교구성이라는 카리스마 외에도, 다양한 성직 수도회의 카리스마가 있다. 따라서 앞서 말한 대로, 성품성사에 달린 것을, 교구에 입적하는 것, 혹은 성직 축성 생활회에 소속하는 것에 달린 것과 정확히 구별할 필요가 있다. 「현대의 사제 양성」은 수도회의 양성 문제를 건드리지 않는다. 단지 교구 신학교의 양성만 다루고 있다. 하지만, 이것이 사제 직무를 교구 세속성의 카리스마와 동일시하는 오류를 정당화하지 못한다.

26) 「현대의 사제 양성」 71항.

한 달라진다. 사제가, 특히 1년 차 사제가 더는 양성 받을 필요가 없으며, 영적-문화적 차원의 교육이 더는 필요하지 않다고 여긴다면, 이것은 매우 어리석은 생각이며, 초기 양성이 제대로 수행되지 못했다는 표지이다. 독학은 위험하며, 적어도 오늘날에는 학생이 이미 사제인 경우에도 신중하지 못한 일이다. 이는 결국 어떠한 양성에도 폐쇄적이 되고, 초기 양성과 지속 양성, 곧 '집중하는 시기'와 '지속하는 시기' 양성의 수단과 목적 사이에 이어지는 연결을 끊어 버리게 된다. 그리하여 본질적으로 역사적 존재이자, 역사를 통해서 '누군가'가 되는 인간의 본성을 온전히 존중하지 못하고, 결국 자유의 성숙 과정은 극도로 어려워진다. 현실과 구체적인 경험에 나아가 거기에서부터 무언가를 배우지 않고, 기준의 역할을 하는 초기 양성에서 배운 것을 삶과 구체적 역사에 적용하지 못하며, 결국 내면을 풍요롭게 하지 못한다. 그저 초기 양성에서 교의적으로 배우고 동화한 것에 집착하기가 쉽다.

이러한 맥락에서 초기 양성은 양성의 '집중 시기'로서 스스로 양성하는 법을 양성하고, 배우는 법을 배우면서, 목자이시자 머리이시며 신랑이신 그리스도를 따라 점점 더 영적인 사람이 되기 위한 능력을 습득해야 한다. 그래서 자신의 은사와 직무 수행을 통해 자신을 점점 더 성화하는 능력을 갖추어야 한다. 초기 양성은 삶과 경험을 통해 배우는 시기라기보다는, 나중에 '활용'하고, '적용'해야 하는 관념과 가치, 올바른 행실을 쌓는 시기로 보아야 한다. 초기 양성과 삶의 관계에 대한 관점을, 먼저 이론적으로 배운 것을 현실에 전환하고 적용하는 것으로 해석한다면, "서품이나 종신 서원 후에 실질적으로 더 이상 어떠한 양성도 필요하지 않다고 생각하는 축성 생활자들에게서 수동적 태도, 천편일률적 모습, 이른 은퇴, 자족 등의 현상"이 널리 나타나는 것은 놀라운 일이 아니다. "이는 우리가 알고 있는 슬픈 결과를 가져온다. 즉 점점 이상으로부터 멀어져가는 삶과, 무의미와 무관심, 반복과 지루함을 향해 천천히 쇠퇴하기 시작한 사람"[27]이다.

지속 양성을 빠르게 변화하는 시대에 발생하는 위기에 대한 방어적인 태도나 인간의 역사적 현실에 대한 단순한 대응으로만 보는 것은 적절하지 못하다. 만약 그렇다면, 이는 경험을 통해 배우는 능력과 일상 속에서 끊임없이 개방적이고 순응적인 태도를 유지하는 필요성을 강조하지 않는 결과를 초래할 것이다. 이러한 맥락에서, 초기 양성이 오늘날 특히 더욱 중요하게 요청받는 사명, 즉, 양성 대상자가 '배우는 법을 배우는' 능력을 갖추도록 돕는 역할에 충실한가를 묻게 된다. 나아가, 사제의 구체적 삶에서 지속 양성이 실제로 이루어지는가는 신학교 또는 수도회 양성 과정(수련기 및 학생기)에서 양성의 성공을 평가하는 핵심 기준이 된다.

1.2.2. 공시적 관점

양성 과제가 그리스도를 따르고, 그분과 친교를 이루며, 성부의 뜻을 찾고 발견하면서, 양 떼를 위해 자신을 내어 줌으로써 이루는 삶의 일치라면,[28] 초기 양성과 지속 양성 사이를 연결하

27) A. Cencini, "Un'istituzione a servizio della formazione", in F. Imoda(ed.), *Antropologia interdisciplinare e formazione, op. cit.*, p.600.

28) 「사제 생활 교령」 14항.

는 통시적 관점뿐만이 아니라, 양성 과정의 다양한 측면과 차원 사이에 존재하는 공시적 관점에서도 깊은 통합이 필요하다. 다시 말해서, '내용'(=무엇을 양성할 것인가? 양성 '대상'), '사람'(=누가 양성하고, 누가 양성을 받을 것인가? 양성의 '주체'와 수혜자), 분위기/환경(=양성하고 양성 받는 데 필요한 외적 및 내적 조건)에 관한 것이다.

이 세 가지 요점은 「현대의 사제 양성」이 사제 후보자 양성에 대해 명확하게 언급한 제5장에서 구분하는 근본적 세 요소에 부합한다. 이 세 요소는 제3부의 2, 3, 4장[29]에서 다룰 것이다. 지금은 통일된 관점의 도식을 통해서, 복잡한 요인과 요소가 작용하여 적절하게 조화를 이루고 있음을 확인할 것이다.

- 차원, 측면, 내용(대상) 무엇으로 양성?
  - 인성 양성
  - 영성 양성
  - 지성 양성
  - 사목 양성
- 사람(주체) 누가 양성하는가?
  - 개인
    - 양성자
      - 주교
      - 양성에 임명된 자
    - 교육자
  - 공동체
    - 인간 공동체
    - 교회 공동체
- 분위기/환경(조건)
  - 내적 성품
  - 외적 조건

계획, 이념, 원칙, 전달하고 내면화해야 할 가치, 보장해야 할

29) 참조: 제3부 2~4장.

구조와 제도 등의 다양한 요소들은 양성 과정에서 중요하게 작용하는 것들이며, 더욱 발전하고 심화해야 할 것이다. 그러나, 이 요소들에 대한 인정과 적절한 관심이 양성의 주역들, 즉 양성을 담당하는 사람들의 우선적이고 조화로운 중재 역할을 잊거나 단순히 부차적인 요소로 전락시켜서는 안 된다. 마찬가지로 계획, 이념, 원칙, 구조, 가치 등보다, 이 요소들을 실행에 옮기고, 생동감 있게 작용하도록 만드는 유능한 여러 사람들의 존재가 우선한다고 해서, '인격적 돌봄'이나 '양성 대상자의 중심성'을 잊거나 단순히 부차적 요소로 전락시켜서도 안 된다.

동시에, 인간의 다양성이나 '육적'(soma), '영혼적'(psyche), '영적'(pneuma) 등과 같은 인간의 여러 차원을 인정한다고, 일치의 우선성을 잊으면 안 된다. 양성의 모든 요소는 조화롭게 통합되어야 하고, 이 통합은 항상 더욱 커져야 한다. 지식 습득과 가치 체계 형성으로서의 '문화'(지성), 배운 것을 실제 행동으로 옮기는 '실행'(의지), 적극적이고 책임 있는 참여로서의 '헌신'(자유), 이를 통해 체험하고 느끼는 '경험'(마음/정서)은 혼합되지 않고 구분되지만, 분리할 수 없는 가치이다. 인격의 일치로 '환원'하지 않을 때, 필연적으로 과도한 환원주의에 떨어지게 될 것이고, 이는 사제 양성에 장애가 된다.[30)]

또한 진정한 사제 양성은 통시적 관점(1.2.1.)과 공시적 관점(1.2.2.)에서 각각 분석한 다양한 요소나 측면들을 통합시켜야 할 뿐만 아니라, 통시적 고찰과 공시적 고찰 사이도 통합하기 위해 노력을 기울여야 한다.

---

30) 인격의 일치는 이모다(F. Imoda)의 연구 주제였으며, 그의 모든 생각의 핵심이다.

1.3. '사제의 영적 양성'

오늘날 훨씬 더 문제가 되는 것은 일반적인 양성, 특히 사제 양성에 '영적'이라는 형용사를 사용할 때, 이 용어의 의미가 무엇인지 명확하게 규정하는 것이다.

영적 양성에 대한 문제는 매우 광범위하고 지속적이라는 점을 인식해야 한다. 교회의 모든 사람, 특히 교도권 문헌과 사목 직무를 맡고 있는 주교들의 문헌에서는, 모든 그리스도인, 특별히 축성 생활자와 사제, 사제 지망자들의 양성에 있어서, 영적 양성이 '필수적'이고, '시급하며' 무엇보다도 '중심'에 있어야 한다고 단언한다. 그래서 '영적 양성'은 많은 영성 센터나 영성 연구소의 본질과 목표가 무엇인지 성찰하고 활동하는 데 특권적 기준이 된다.

진정한 '영성의 폭발적 성장'으로 보이는 영적 양성에 기뻐해야 하는가? 물론이다! 그러나 겉으로 '밝게 빛나는' 선한 '영적' 의도 뒤에 숨어 있는 모호함에 현혹되거나 속으면 안 된다. 이를 주의하고 경계해야 하며, 무엇보다도 정확하게 식별하기를 원해야 한다. 실제 영적 양성을 강조하는 많은 주장이 때로는 공허하고 수사학적 '명목주의'에 빠져 있다는 것을 부정할 수 없다. 또한 특정 문화권 내에서 그리고 심지어 같은 저술가의 작품 내에서도, 영적 양성을 이해하고 묘사하는 방식이 다양하여, 이 가치에 대한 '혼란'이 일어난다.[31] 그리고 영성을 요구하는 마음 뒤에는 그리고 그 바탕에는, 드물지 않게 가혹한 일상 현실을 피하려

---

31) 이것과 관련한 현상으로, 최근에 앤소니 드 멜로에 대한 신앙교리성의 판결에 대해서 많은 가톨릭 신자가 매우 당황스러운 반응을 보였다.

는 '도피 기제'와 자신의 불안과 두려움이 시험에 놓이지 않으려는 욕구가 숨어 있기도 하다.

더 폭넓은 영성 신학 안에서 신학적·교회법적·심리적·교육적 수준에서 질문을 제기하면서 이를 분석할 수 있지만, 그보다는 신학교와 신학원의 특정 양성으로 범위를 한정하고, 영적 양성 안에서 상호 작용하는 사람들의 역할과 책임에 대해서 명확하게 설명하면서 단지 몇 가지 요점들을 다루는 것으로 만족할 것이다.

1.3.1. '영적 양성'을 이해하는 두 가지 근본적인 방법

'영적 양성'에 대해 질문할 때, 이를 무엇으로 이해하고 싶은지 자신에게 물어보는 것은 매우 중요하다. 초월적으로 이해하는가 아니면 범주적으로 이해하는가? 모든 양성 활동에 색을 입히는 '차원'과 관점인가(='res interna' 내적) 아니면, 내용의 총체를 실천하게 하는 매개 활동인가(='res esterna' 외적)? '삶의 양식' 즉 머리이시고 목자이시며 신랑이신 그리스도를 닮고, 그리스도가 지닌 목자의 사랑과 더욱 깊은 일치를 이루며 자신을 성화하도록 부름을 받은 영적 인간의 삶의 양식을 형성하도록 양성하는 것인가, 아니면, '영적 수련' 즉 기도, 말씀 듣기, 렉시오 디비나, 성사거행과 참여, 덕, 복음적 권고, 침묵과 광야 시간을 자주 갖기, 금욕과 고행, 십자가의 의미, 주님 안에서 기뻐하기 등의 영적 수련을 시작하는 것인가?

이에 정확히 대답하기 위해서 몇 가지 명확한 구분이 필요하다. 이 논의가 영적 양성의 '중심성'에 초점을 맞춘다면, 차원의 관점에서 이해하는 방식을 말하는 것이지만, 이것이 매개 활동으로 이해하는 양성을 과소평가하거나, 심지어 배제하지 않도록 주의를 기울여야 한다. 반대로 영적 양성의 '필요성'에 초점을 맞춘다면, 매개 활동을 뜻하는 것이지만, 전제되는 삶의 양식의 차원을 벗어날 수 없다. 그래서 다음과 같이 말할 수 있다. 신학생과 사제는 자신이 받게 될, 혹은 이미 받은 성품성사로 인해서 머리이시며 목자이시고 신랑이신 그리스도를 닮으려고 하고, 그리스도의 목자의 사랑과 일치를 이루고, 특히 직무 수행으로 목자의 사랑에 참여하면서, 더욱 거룩하게 되도록 부르심을 받았다. 그러한 이들에게 영적 양성은 수덕·신비 생활의 수행과 경험을 교육하고, 실천하게 하는 것과 불가분의 관계로 연결되어 있다. 하나가 없이도 다른 하나가 올바르게 이루어진다고 생각하는 것은 아주 큰 착각일 것이다.

이는 '영적 양성'을 이해하는 첫 번째와 두 번째 방식의 관계를 어떻게 해석해야 하는지 성찰하도록 이끈다. 즉 신학생이나 사제의 양성에 특징을 부여하고 생기를 불어넣는 어떤 차원과 관점으로서, 포괄적이고 총체적인 방식으로 이해하는 '영적 양성'과, 구체적이고 세부적인 내용의 총체를 매개하는 행위로서 이해하는 "영적 양성" 사이의 관계를 해석해야 한다. 이 두 가지는 모두 자신의 삶에 내면화하고 실천해야 할 것들이다.

이 관계는 '내적 실재'와 '외적 실재'의 변증법에 비추어 해석할 때 더 잘 이해할 수 있다. 단순하게 말하면, '육-영'의 관계와 실재의 성사적 구조의 관계에 비추어 이해하는 것이며, 조금 더 심오하게 말하자면, 육화의 신비에 비추어 해석하는 것이다. 영과 모든 영적 실재(내적 실재)는 육신(외적 실재)을 통해서, 그리고 육신으로 자신을 표현하면서, 역사에 존재할 수 있다. 육신은 영을 둘러싸고, 영을 담으면서, 영을 드러내 보인다. 또한 육신은 영(spirito)으로 풍요로워지는데, 육신이 영혼(anima)으로부터 그러하듯이, 영으로부터 생명을 얻기 때문이다. 그래서 영이 육신을 필요로 하는 것이 사실이고, 또한 육신도 생명을 얻고, 최대한 발전하기 위해서 그리고 죽음에 머물지 않기 위해서, 다시 말해 죽어 있거나 무의미한 실재가 되지 않기 위해서, 영이 필요하다. 게다가 육신은 그 안에 현존하는 영적 실재의 표징이 된다. 마치 성사(=효과적 표징)처럼 그 실재를 드러내는 과정에서, 실재를 더욱 강화하고, 더욱 현존하게 하며, 성장시키는 역할을 한다.

그래서 '외적 실재' '물질적 실재' 혹은 '영혼적 실재'를 효과적이게 하는 것은 '내적 실재' '영적 실재' '성령 안에서 성령을 따르는 실재'이다. '내적 실재'와 '외적 실재' 사이에는 단순히 정적인 관점에서 가치 위계가 있는 것이 아니라, '내적 실재'가 '외적 실재'에 미치는 인과적 흐름이 있으며, 이 둘은 역동적 관점에서 같은 가치 수준에 있게 된다.

이 둘 사이에는 외부에서 내부로, 내부에서 외부로 향하는 두 가지 움직임의 변증법적 관계가 있다. 그러나 변증법의 첫 순간에는 긴장 상태에 있는 양단 사이에 시간적 순서를 둔다. 이 둘을 '수단-목적' 구조에 따라 배치하고, 이를 위해 사전에 준비되는 교육적 과정을 거쳐 궁극적으로 내면화되도록 이끈다. 반면에 두 번째 순간에는 시간적 순서가 없으며, 내면과 외면이라는 양단의 실재가 동시에 일어난다. 내면은 외면으로 육화되고 존재한다. 그러나 이는 한 실재가 다른 실재 안에 있는 것이 아니라, 육신 안에 영혼이 있는 것처럼, 그리고 외적 실재가 효과를 발휘하도록 하는 힘처럼 존재한다. 바로 그것 때문에, 외적 실재는 성사처럼 존재하는 것이다.

지금 '외면-내면-외면'의 변증법적 설명에 계속 머물러 있는 이유는, 이 설명이 구체적이고 특정한 내용 전체를 전달하는 영적 양성과 신학생과 사제의 전 인격에 스며들어 형성하는 초월적 차원의 영적 양성 간의 관계에 한 줄기 빛을 비출 수 있기 때문이다. 두 번째 영적 양성이 더욱 중요하고, 핵심적으로 보아야 하며, 목적으로 두어야 한다. 목적이기 때문에, 시간순으로 보면, 첫 번째 방식으로 이해되는 영적 양성에 비해 나중에 도달하게 된다. 물론 가치 질서에서, 첫 번째 영적 양성은 두 번째 영적 양성에 비해 부차적이지만, 사제직으로 나아가는 신학생들의 여정뿐만이 아니라, 사도직을 이미 수행하고 있는 사제들에게도 절대적으로 필수적인 수단이다. 더욱이 양성에 역사적 얼굴을 부여하고, 구체성을 뒷받침하는 데 '필수 불가결한 조건'이다. 그렇지 않으면, 양성이 관념주의적이고 합리주의적 형태로 떨어질 위험이 있으며, 이것은 결국 비일관성과 취약성을 초래할 수 있다. 이는 사제나 신학생 모두에게 훗날 드러날 수 있다.

1.3.2. 영적 양성의 중심성

영적 양성은 핵심적이고 근본적인 것으로 여겨진다. 영적 양성은 제2차 바티칸 공의회부터 오늘날에 이르기까지 교도권의 모든 가르침을 관통하는 중심 주제이다.[32] 우리는 언급한 바와

---

32) 참조: 「현대의 사제 양성」 45항; G. Ghirlanda, "Aspetti della formazione sacerdotale nel diritto canonico", *op. cit.*, pp.94~102.

같이,[33] 영적 양성의 중심성에 대해 말할 때, 주로 첫 번째 이해 방식, 즉 초월적이며 양성 활동 전체에 특성을 입히는 '차원'과 관점(='내적 실재')으로 말하지만, 이 둘 사이의 긴밀한 관계를 고려할 때 두 번째 이해 방식, 즉 범주적이며, 실천되어야 할 내용의 총체를 위한 수단의 활동(="외적 실재")으로서의 양성에 관한 것도 무시하거나 배제할 수 없다. 절대자이자 초월자에 열려 있는 인간 존재는 근본적이고 억제할 수 없는 종교적 차원과 종교적 욕구를 지니는데, 사제 양성 과정에서 이를 중심으로 둔다. 이는 "복음적 새로움"[34]에서 비롯하는 명백한 독창성에 따라 이루어지는데, 실로 "사제의 정체성과 직무에서 비롯한 의미와 특징에 따라 짜여 있도록 요청"[35]한다.

삶의 관상적 차원이 존재의 중심이 되기 위해서, 신학생의 전인적 양성에서 삶의 관상적 차원을 중심에 놓는다. 이는 신앙의 태도로 끊임없이 하느님께로 다시 나아가, 그분 말씀을 듣도록 하며, 결국 신앙의 성사, 특별히 사명과 파견의 원천인 성체성사로 이끌 것이며, 성부의 사랑과 목자이시며 머리이시고 신랑이신 예수님의 사랑, 진정한 목자의 사랑을 사람들에게 나누기 위해서, 그들의 이웃이 되도록 한다.

이러한 이유로 모든 양성 구조를 지탱하는 기둥은 근본적으로 예수님과의 인격적인 관계이며, 양성자는 이 인격적 관계의 첫 번째 증인이 되어야 한다. 그렇지 않으면, 그는 예수님의 교육을 드러내지 못하고, 그것을 드러내는 성사가 되지 못할 것이다.

---

33) 참조: 1.3.1.

34) 「현대의 사제 양성」 45항.

35) 같은 곳.

예수님께서는 양성자를 통해서 거의 2천 년 전에 세상 구원을 위해서 사용했던 방식과 같은 방식으로, 현재의 제자와 사도를 교육하고 양성하기를 원하신다.

예수님은 단계적으로 교육하신다. 다양한 단계가 연속하는데, 이것을 통합하는 원리는 바로 '예수님의 인격'이다. '예수님과 함께 머무르기'는 모든 것을 통합하고, 역동적이며, 모두에게, 그리고 온 세상에 열려 있는 진정한 핵심이다. 여기에서 강조되는 몇 가지가 있다.

① 진리보다 인격의 우선성: 예수님은 가르치시기 전에 당신에게로 초대하시며, 인격적인 관계를 시작하신다. 그리고 그들을 제자로 불러 당신을 따르게 하고, 벗으로 여기신다.

② 비유 언어의 사용: 일반적으로 비유는 이야기를 더 쉽게 이해하게 하고, 예시를 통해 메시지를 명료화하기 위해 사용한다고 생각하지만, 실제로는 그렇지 않다. 사실 "비유는 사물을 그 자체의 용어로 표현하고, 사물을 이름으로 부르는 대화 방식에 비해 열등하고, 모호한 유형"[36]이다. 그러나 이러한 한계에도 비유가 가진 부인할 수 없는 장점이 있는데, 비유 대상의 초월성을 더욱 잘 드러낸다는 것이다. 비유적 언어는 '저 너머'를 가리키기 때문에, 대상을 직접적으로 다루는 언어보다 훨씬 더 효과적으로 이 세계의 것이 아닌 실재, 즉 신앙과 초자연적인 세계와 같은

---

[36] J. Dupont, *Perché Gesù insegnava in parabole? Il metodo parabolico di Gesù*, Brescia, 1978, p.11.

눈에 보이거나 개념화할 수 없는 초월적 실재를 나타내고 설명하는 데 적합하다. 특히 표징에 대한 지식과 예술 세계의 지식이 밀접하게 연결되어 있기에, 비유적 방법은 육화하신 말씀 그리스도의 인격과, 그리스도의 가시적 성사이자 하느님과 인간 및 인간 사이의 친교인 교회에 접근하는 데 없어서는 안 될 필수적인 요소이다. 결국 이는 양성에서 기초적이고 필수적 방법이 된다. 무엇보다 신학생과 사제와 같은 특별한 성소를 가진 사람들에게 그러하다. 양성은 하느님의 교육법 안에서, 구약 체제에서 신약 체제로, 율법에 기초한 생활 방식에서 성령에 기초한, 그리고 결국 영적 식별에 기초한 생활 방식으로, 합리주의적이고 율법주의적인 그리스도교주의의 정적인 접근에서 역동적이고 인격적 접근으로 이행한다는 주요 기준을 찾는다.

③ 관상적 차원: 관상적 차원은 앞의 두 요점의 결과로 볼 수 있다. 그러나 이 차원은 다음의 여러 요소를 중요하게 여긴다. 행위에 대한 존재의 우선성, 하느님 앞에 존재함, 더 정확히는 하느님'으로부터 존재함'을 느낌, 정서를 포함하여 인간의 모든 능력으로 이루는 하느님과의 친밀하고 우정어린 친교의 관계, 자기 존재의 뿌리로 회귀, 즉 우리 존재, 우리의 전달, 다른 이들에게 자신을 내어 줌의 원천이 있는 내면으로 돌아가고, 하느님과의 관계, 우리 자신과의 관계, 다른 사람과의 관계가 분명해지는 바로 그 내면의 장소로 들어가는 것, 사람과 기도, 침묵, 사막의 의미 등을 중요하게 여기는 것에 주목해야 한다.[37] 그런데 특별히

---

37) Cf. C.M. Martini, *La dimensione contemplativa della vita*, Lettera Pastorale per

머리이시며 목자이시고 신랑이신 그리스도와 친밀하고 우정어린 친교의 관계에 집중해야 할 필요성을 강조해서 말하고 싶다.

④ 경험을 통한 교육: 예수님은 말씀과 설교로만 교육하시지 않고, 진정하고 기원이 되는 삶의 체험에 제자들을 들어오게 하시면서 교육하신다. 그래서 제자들에게 사명을 맡기고, 그들을 동료로 삼으셨으며, 양성을 양성자의 양성으로서 이해하셨다!

이 때문에 어떤 이들은 「현대의 사제 양성」의 제3장이 이 문헌의 나머지 모든 부분을 뒷받침하는 장으로 보았다. 게다가 예수 그리스도와 친밀하게 일치한 삶, 그리스도와의 우정, 그리스도를 찾기에 대해 다루는 45~46항은 우리가 설명한 두 가지 방법 중 두 번째 방법으로 이해되는 영적 양성의 요점을 다루는 47~50항의 내용을 정당화한다. 하느님 말씀을 묵상하고 기도하는 독서인 렉시오 디비나, 성사와 시간 전례의 원천이자 정점이라고 할 수 있는 성체성사, 고해성사, 십자가의 의미, 사랑의 실천, 순명, 정결, 청빈 등 복음적 권고의 교육, 독신에 대한 지식과 존중과 사랑이 47~50항에서 다뤄지고 있다.

영적 양성의 중심성은 「현대의 사제 양성」에서 언급한 네 가지 기본 차원, 즉 인성, 영성, 지성, 사목 차원의 통합에 관한 담론에서도 분명하게 드러난다. 이에 대해서는 나중에 더 자세히 다룰 것이다. 지금은 모두가 원하는 진정한 통합적 양성을 구축하기 위해서, 영적 양성을 중심에 두는 것, 곧 영적 관점이 이론

l'anno 1980-81, Milano, 1980.

적 관점과 일상의 실존적 관점에서 모든 양성을 종합하고, 통합한다는 사실을 기억하는 것으로 충분하다. 사실 중요한 것은 아직 신학교에 있든, 이미 성품을 받았든 교육받는 이의 내적 일치이며, 따라서 그것이 초기 양성이든, 지속 양성이든 양성의 주요 목표를 달성하는 것이다.

사제 양성의 통합 원리는 관념적 가설일 수 없다. 그렇지 않으면, 모든 양성 과정은 교육이 아니라, 지식 전달이 될 것이다. 교육을 위해서 지식 전달을 하는 것이 아니라, 지식 전달을 위해서 교육하게 될 것이다.

앞에서 강조했듯이 양성이 교육(즉 자신이 실현으로서 교육)의 문제라면, 양성의 통합 원리는 추상적인 신학생의 인격이 아니라, 개인적이고, 카리스마적 특성에 따른 그의 인격이 될 것이다.

그러나, 사제와 사제직을 지망하는 자 모두가 실제로 삶의 일치을 성숙시켜 나가기 위해서는, 직무를 통한 성화라는 요구에 집중해야 한다. 따라서 목자의 사랑의 요구와 더 나아가, 교회의 목자이자 머리이며 신랑이신 그리스도를 따르는 요구를 마음에 잘 새겨야 한다. 모든 양성의 통합 원리는 신학생의 인격과 양성자들의 인격 이전에, 예수 그리스도라는 인격이어야 한다. 영적 관점이란, 목자이시며 머리이시고 신랑이신 그리스도의 인격과 더 깊고 완전하게 닮아 가고, 친숙해지고 친교를 이루는 것, 모든 양성의 통합과 종합의 원천이신 성령에 순응하며 그리스도를 따르는 것이다. 이러한 영적 전망을 기반으로 하여 주요 영적 가치에 대한 교육의 필요성이 생겨나고, 체계적으로 확장된다. 곧, 예수님에 대한 끊임없는 추구, 하느님 말씀을 묵상하며 기도하는 독서(영적 독서), 전례 생활, 전례 생활의 정점인 성사, 그중에서도 성체성사, 자신의 생명을 바치신 예수님의 살아 있는 표징으로서 형제들에게 자신을 온전히 내어 주는 직무와 봉사, 복음에 뿌리를 내린 삶, 동정 성모님에 대한 자녀로서의 의탁과 신뢰, 사제직 후보자가 소속하게 될 개별 교회에 대한 헌신 등으로 표현된다.[38] 「현대의 사제 양성」은 이를 분명하고 종합적으로 강조하고 있는데, "모든 사제들에게 영적 양성은 사제로서의 자기 존재와 행동이 통일을 이루고 활기를 찾게 해 주는 핵심"[39]이라며, 신학생과 사제를 위한 양성에 영적 양성이 중심이 되고 일치시키는 힘이 있다고 역설한다.

그러면, 요한 바오로 2세는 영성의 중심성을 이야기하고 나서 조금 뒤에 왜 "사목적 목표를 가지고 있으면, 인성 교육과 영성 교육과 지성 교육이 각기 나름대로 일정한 내용과 명확한 특징을 갖도록 보장"하고 "미래의 사제를 위한 모든 양성을 통합하고 뚜렷한 성격을 갖게"[40] 한다고 말했는지 물을 수 있다. 이것을 어떻게 설명할 수 있을까? 요한 바오로 2세는 처음에 통합하고 종합하며 일치시키는 역할을 영성 양성에 부여했다가, 나중에는 사목 양성에 부여하는 것처럼 보이는데, 이는 모순이 아닌가? 이 모순은 단지 외관상 그러한데, '양성 대상자가 삶의 통합하고 일치하는 것'(「현대의 사제 양성」 45항에서 영적 양성에 대해 말하는 관점)과, '양성에 뚜렷한 성격을 갖게 하는 목적으로 양성을 통합하고 일치하는 것'(「현대의 사제 양성」 57항에서 사목 양성에 대해 말하는 관점)을 구분해야 하기 때문이다. 또한 교황이 시노드 교부들의 의안을

---

38) 「현대의 사제 양성」 45~50항 참조. 그리고 21~33, 72항도 함께 참조.
39) 같은 문헌, 45항.
40) 같은 문헌, 57항.

되풀이하면서 "'사목 양성을 하는 데 있어, 영성 양성이 빠진다면, 그것은 기초 없는 양성이나 다름없게 될 것'[41]이고, 따라서 영성 양성이 '사제 교육에서 가장 중요한 요소'[42]"[43]라고 확신하며 주장하는 것도 언제나 사실이다.

'양성' '사제 양성' '영적 양성'이라는 용어를 명료화하고, 직무 사제직 후보자와 이미 서품된 사제의 삶에서 '영적 양성'이 얼마나 특별한 의미와 중요성을 지니며, 중심적 위치를 차지하는지 살펴보았으니, 이제는 구체적으로 어떻게 실행하는지에 관한 질문을 던져야 한다. 근본적으로 사제 양성의 대상과 내용을 구성하는 다양한 요소들이 바람직한 통합을 이루려면 어떻게 해야 하는지, 이러한 통합은 누구에게 책임이 있는지, 즉 사제 양성에서 행위자와 운영자는 누구인지, 마지막으로 사제 영적 양성의 시간과 장소, 내용, 수단, 형태 등 구체적인 것에 대해 질문할 수 있다. 이제 이 세 가지 질문에 대해 차례로 분석할 것이다.

2. 통합적 사제 양성: 어떻게 실행하는가?

양성의 과제는 그리스도를 따르고 그분과의 친교 안에서, 아버지의 뜻을 찾고 발견하며 모든 사람을 위해 자신을 내어 주면서[44] 점점 삶을 일치시켜 나가는 것이기에, 초기 양성과 지속 양

---

41) Sinodo dei Vescovi, VIII Assemblea Genrale ordinaria, *Proposotio* 22.

42) *Ibid.*, 23.

43) 「현대의 사제 양성」 45항.

44) 참조: 「사제 생활 교령」 14항.

성으로 이어지는 통시적 관점뿐만 아니라, 인성 양성, 영성 양성, 지성 양성, 사목 양성과 같은 여러 측면과 다양한 차원 간의 공시적 관점에서도 깊은 통합이 필요하다는 사실을 이미 살펴보았다.[45] 그러나 이러한 통합이 구체적으로 어떻게 이루어져야 하는가 하는 문제는 여전히 남아 있다.

2.1. 두 가지 중요한 전제

해결책을 직접 찾기 전에 두 가지 전제가 필요하다.

1) 우리가 앞으로 말하고자 하는 것은 실행해야 할 법이기보다는, 헌신적으로 나아가고자 하는 이상으로 이해되고 받아들여져야 한다. 한편으로 양성 과정에는 거짓되고 순진한 낙관주의의 위험이 있다. 낙관주의는 악을 감추고 잠재적 부정성의 뿌리를 못 찾게 하며, 율법주의와 결합하여 위선으로 이어지고, 결국 가

---

45) 교회의 가장 최근 문헌에서 사제 양성 차원의 수가 변동이 있었음을 알 수 있다. 예를 들어 1990년 주교 시노드의 「건의안」에서는 영적 양성, 규율 양성 즉 참된 공동체의 생활에 대한 규율, 사목 양성, 지성 양성(25~31항) 등 네 가지 차원을 언급한다. 「현대의 사제 양성」도 네 차원을 나열하지만, 상당한 변화와 다른 강조점이 있다. 인성(전체 사제 양성의 기초), 영성(하느님과의 친교와 그리스도를 찾기), 지성(믿음을 이해하기), 사목(착한 목자이신 그리스도의 사랑과 친교를 이루기)이다(42, 43~ 44, 45~50, 51~56, 57~59항). 「사제의 직무와 생활 지침」은 네 가지를 나열하지만(「현대의 사제 양성」와 같은 요소들: 74~78항), 이는 체계적이어야 하고, 즉 구조화되어야 하며(79항) 개별화되어야 한다는 것(80항)이 명시(혹은 추가)되어 있다. 「축성 생활」은 네 가지 특성으로 표시되는 양성 또는 준비에 대해서 말한다. 인성 양성, 문화적 양성(단순히 지성적인 것이 아닌 더 넓은 의미이다!), 영성, 사도적-사목적(65, 67항)이다. 여기에 다섯 번째 차원인 공동체적 차원을 더욱 명확하게 표현한다(67항).

면을 쓰고 다른 이를 속이게 된다. 그 결과 지성주의가 쉽게 발휘되고, 양성을 단지 개념적으로만 받아들이게 하며, 결국 피상적이고 취약하게 만들면서, 비현실적 세계 속에 살게 한다. 다른 한편으로, 양성 대상자를 위해 이상을 제시하고, 넓은 전망을 열어 줄 필요가 있다. 이 과정에서 객관적 차원이 손상되지 않도록 해야 한다.

2) 포마(G.F. Poma)가 밀라노 신학교의 '교육 프로젝트'를 발표하면서 강조한 것처럼,[46] 특히 오늘날 주관주의가 만연한 분위기에서 교육 공동체 구성원들의 '주관적 요구'를 교회의 객관적인 신앙이라는 '보편적 요구'와 통합하는 것은 필요하다. 사제직 후보자와 양성자의 의식적 경험과, 말씀과 성사 거행과 권위의 인정에 근거하여 교도권이 제시하는 신앙 사이에 통합이 있어야 한다. 전달해야 할 신앙의 객관성은 올바른 교육학에 의해, 무엇보다도 진리와 진정성으로 받은 직무를 수행할 능력이 있는 사람(주교가 선택하고 요청한 양성자)에 의해 전수되어야 한다. 실제로 이것은 신앙의 객관성을 잘 보존하고, 원활한 소통 과정을 중요하게 여기는 관점에서 교육적 책임을 온전히 감당하는 이들만이 가능할 것이다. 그래야만, 두 가지 위험에서 벗어날 수 있다. 하나는 감상주의의 위험으로서, 심리적이고 감상적 협박, 공허하고 피상적인 느낌의 위험이며, 다른 하나는 도덕주의와 합리주의의 위험으로, 도덕적 가치와 추상적 원칙만 반복하고, 규율의 준수

[46] Cf. G.F. Poma, "La comunità degli educatori", in *La formazione del presbitero diocesano. Linee educative del Seminario di Milano. Testi e commenti*, in *La Scuola Cattolica* 123(1995), p.570.

를 무겁게 요구하며, 올바른 영적 신심이 아닌, 이상하고 미신적인 신심에 빠지는 위험이다.

2.2. 통합적 사제 양성을 위한 기준

건강하고 올바른 통합적 사제 양성에 필요한 다양한 기준 중에서 점진성과 단계적 발전의 원칙을 기억해야 한다. 하지만 단절이나 질적 도약을 배척하거나, 갈등 상황을 악마화하면 안 된다! 또한 연속성, 객관성, 계획성, 그리고 무엇보다도 통합성이라는 원칙을 고려해야 한다.

하지만, 특별히 구체성과 개인화라는 원칙과, 따라서 공동체적 요구에 대한 관심의 원칙을 강조하고 싶다.

통합은 각 개인의 특성에 따라 이루어져야 한다. 물론 통합은 통합하는 원칙이 수반되어야 한다. 어디서 그것을 찾을 수 있을까? 이미 앞에서 말했듯이,[47] 관념적 원칙에서 찾을 수 없다. 이는 위험한 추상주의로 이어질 수 있다. 그래서 논리적으로 보면, 원칙은 사제 또는 사제 후보자의 인격 안에서 확인되어야 한다. 하지만, 추상적으로 고려되는 인격이 아니라, '개별적'이고 '카리스마적'인 특성에 따른 인격 안에서이다.

① '**개별적**': 하지만 주관주의 함정에 빠지지 않아야 한다. 교육학자와 영성가들이 많이 권장하는 '인격적 돌봄'(cura personalis)

---

47) 제3부 1.3.1. ④

은 '개별적 돌봄'(cura individualis)과 동의어가 아니며, 이 둘을 혼동해서는 절대로 안 된다.

② '**카리스마적**': 세속 사제직은 진정하고 독창적인 그리스도인 삶의 형태 중 하나이기 때문에,[48] 신학생을 위한 양성의 네 가지 차원을 통합하는 것은, 사제를 위한 양성과 다른 방식으로 이루어지고, 수도 사제나 수도승 사제 및 관상 생활을 살아가는 사제에게 알맞은 것과는 다른 방식으로, 또 평신도 사목 봉사자에게 적합한 것과는 다른 방식으로 이루어질 것이다.

교구 사제와 신학생이 삶의 일치를 구체적으로 성숙시켜 나가기 위해서는 사제 영성의 두 가지 근본적인 측면, 즉 첫째로 직무를 통한 성화, 그리고 둘째로 목자의 사랑, 더욱 중요하고 결정적인 교회의 목자이시며 머리이시자 신랑이신 그리스도에 대한 추종과 함께하는 목자의 사랑에 특별히 잘 돌보고 관심을 기울이고 향상시켜야 한다. 모든 여정과 마찬가지로 양성은 그 목적과 목표에 따라 자기 특성을 갖는다. 그래서 영성적 요구와 사목적 요구를 네 가지 차원 중에서 특별히 중요하게 다루어야 한다. 지성 양성은 목적보다는 수단에 가깝고, 인성 양성의 경우, 그것을 '초월적'(=전인 교육)이 아니라 '범주적'(사람의 특정 부분에 대한 교육)으로 이해하는 경우에는 이와 마찬가지라고 말할 수 있다.

---

[48] 진정성의 이유는 그리스도인의 모든 기초적 가치를 그 안에 한데 모으기 때문이고, 독창적인 이유는 혼동할 수 없는 고유한 특수성과 형태에 따라 가치들을 통합하기 때문이다.

2.3. 통합 양성의 이해를 돕기 위한 인상적인 이미지

「현대의 사제 양성」에서 제시한 네 가지 차원의 통합과 일치에 대해 어떤 이들은 인상적인 이미지를 제시했다.

> 이 일치는 다음과 같이 묘사할 수 있다.
> 인성 차원은 기초이고(「현대의 사제 양성」 43항 참조),
> 영적 양성은 핵심이며(같은 책, 45항 참조),
> 지성 양성은 도구이다.
> 사목 양성은 다양한 차원에서 전체 양성 과정의 통일성을 결정하는 목표이다.[49]

이는 '삶의 일치'에 대해 앞에서 언급했던 내용을 다시 강조한다. 이러한 관점이나 이미지는 흥미롭고 인상적이지만, 잘못하면, 효과적 도움이 되지 않으며 오해를 불러일으킬 수 있다. 이러한 경우, 실제로 드러난 사실로도 입증되었듯이, 영성이 사목을 위한 도구로 전락할 위험이 존재한다. 영성과 사목은 수단-목적 도식에 따른 연속성 안에서 보면 안 된다. 특히 교구 사제들에게 그러하다. 영성과 사목의 통합은 더 깊은 수준에서 이루어지며, 오로지 성령의 빛과 힘으로 이해할 수 있고, 실현할 수 있는 변증법적 관계 안에서 수행된다. 명확한 비전과 정확한 아이디어

[49] C. Sepe, "Identità sponsale ed eucaristica del presbitero uomo di Dio che si offre alle anime", in *IMS*, p.239; cf. P. Laghi, "Pastores dabo vobis: presentazione", *op. cit.*, p.513; F. Londoño, "La formazione integrale al sacerdozio", *op. cit.*, p.69.

또는 이미지의 필요성에 현혹되지 않도록 주의해야 한다. 서로 다른 측면 사이를 통합하려는 영적 식별의 수고스러운 작업 없이도 통합이 가능하다고 생각하거나, 단번에 모든 것이 이루어지는 공식이나 규범이 있어서 그것을 '사용할 줄 알고' '실행'만 하면 충분하다고 생각하면 안 된다.

이는 양성자가 지성적일 뿐만 아니라, 선하고 거룩해야 하며, 어떤 계획, 어떤 생각, 어떤 원칙, 어떤 지침이나 규범, 어떤 교육적 노력도 양성자 인격의 중요성을 부수적인 것으로 치부할 수 없다는 사실을 재확인한다. '내적인 것으로부터 외적인 효과가 비롯한다.' 이 사실을 잊는다면, 교육 과정으로서 모든 양성은 항상 내적 전달을 수반한다는 사실을 알지 못할 것이다. 이러한 내면으로부터 전달 없이는 양성 대상자의 마음 깊은 곳을 절대로 건드릴 수 없을 것이다.

통합이 어떻게 이루어지는지 설명하는 이러한 정식은 문제에 접근하려는 의도에서 볼 때 매우 유용하다. 「현대의 사제 양성」에서 밝힌 바와 같이, 사제 후보자 양성의 목적을 사목에 두는 것을 강조하고, 종합적인 것으로 선언된 '영성적 관점'을 그것 없이는 영적 양성이 불완전해지는 '사목적 관점'과 연결해야 한다. 게다가, 인성 양성과 지성 양성은 다른 양성과 비교하여 고유한 특수성을 강조한다. 인성과 관련해서는 다른 세 요소가 '양성'이라는 용어를 사용하는 것과는 달리, 인성 '차원'이라고 말하며, 지성과 관련해서 '도구'라는 용어를 사용한 것은 다른 세 요소와는 비교하여 "~을 위한 수단"이라는 차원을 더욱 두드러지게 강조한다.

2.4. 통합 양성의 잘못된 형태 혹은 환원적 형태[50)]

통합 문제 혹은 통합 영성 문제를 설정하고 해결하는 데에 여러 다양한 오해나 오류가 있다. 그중에서 가장 심각하고 재발하는 것들을 분석해 볼 것이다.

2.4.1. 경험주의적 오류

경험주의적 오류란, 통합을 양성 과정의 다양한 구성 요소들(영적, 사목, 지성, 인격/정서) 사이에서 이루어지는 일련의 타협과 조정의 '정치적' 결과로 이해하는 것이다. 이는 구체적으로 다음과 같은 방식으로 드러난다.

① 다양한 양성자(영성 지도자, 교장, 교수, 부교장, 사목 양성 담당, 가족) 사이의 '불간섭 협정' '너는 너대로, 나는 나대로' 또는 '남의 집 잔치에 감 놔라 배 놔라 하지 마라'의 원칙에 따라 다른 이의 직권 영역을 건드리지 않음.

② 각 분야의 다양한 직권과 특성에 대한 존중.

③ 정확하고 기술적으로 완벽한 팀의 역할을 준수하지만, 서로 다른 영역(또는 분야, 측면, 차원)이 병렬적으로 배치되어 있음.

---

50) 이 절은 특별히 콜렉티의 연구에서 영감을 받았다. D. Coletti, "La formazione al sacerdozio: orientamenti e prospettive", in *IMS*, pp.78~85.

이는 매일 밀접하게 지내는 사람과 갈등을 빚는 것을 두려워하는 마음에서 유지되고, 그렇지 않더라도, 좋은 매너와 선의라는 접착제로 유지되는 형태이다.

이런 양성에서 어떤 사제가 나올 수 있을까? 이런 교육 방식을 받은 신학생은 분열되고 구획화된 사제가 되어, 거짓과 기만에 쉽게 기울어질 것이라는 것을 예측하는 것은 어렵지 않다. 이러한 양성은 조만간 매우 취약하다는 것이 확인될 것이다.

2.4.2. 합리주의적 오류

합리주의적 오류에 빠진 이들은 통합이 무엇보다도 책상에서 이루어진다고 여긴다. 깊은 논리적 성찰이 통합을 보장한다. 이러한 성찰에 따라, 모든 것을 미리 정해진 질서에 따라 배치하고, 적절하게 연결되고 구조화된 훌륭한 보편적 원칙으로 조화롭게 한다. 아이디어에서 출발하여 모든 일련의 계획된 문헌들, 반박할 수 없으며 주교나 주교회의의 승인을 얻지 못할 수 없는 큰 오류가 없는 문헌들에 다다른다. 하지만, 사실 이 문헌은 시간적 상황(작업이 시작되었을 때인 몇 년 전 상황을 표현하기 때문에, 항상 뒤처진 프로그램일 경우가 많다!)뿐만 아니라, 장소적 상황과 특히 사람들의 상황(이러한 프로그램은 교육 대상자의 주관성에 반대하는 잘못된 객관성의 표현으로서, 자유와 반비례하는 것으로 보인다)에서 움직일 수 있는 자유를 빼앗는 무거운 벽돌이다. 이런 프로그램과 프로젝트는 확실히 충실하고 정통적이지만, 끔찍하게 관료적이고, 양성자의 영적 식별이 추구하는 정신 혹은 열망과는 반대된다. 양성자는 교육자가 되기보다는 관리자나 강사로 되어 버리고, 심지어 가정교사가 될 수 있다.

이 교육에서 양성될 사제는 그들의 양성자와 다르지 않게, 충실하고 정통적이지만, 관료적인 사제가 될 것이다. 아마도 이 사제는 아이디어를 가지고 행동하며, 주도적으로 일하기는 하지만, 영성적이지는 않을 것이며, 활동주의에 쉽게 떨어질 것이다. 자신이 하는 일이 그리스도의 목자의 사랑에서 고양된 사목적 직무라고 생각하면서, 스스로 성화하고 있다고 착각할 것이다. 배운 대로 하지만, 마음에서 인격적 동화가 일어나지 않았고, 그래서 아는 만큼 살지 못한다. 그는 자신이 양성을 받던 시대에 사제에게 적합했던 것을 요구할 것이기 때문에, 조금은 시대에 뒤처진 사제가 될 것이다. 그는 '이미 모든 것을 알고 있다'고 생각하기 때문에 걸어가는 사람이기보다는 굳어져 버린 사람일 것이다.

더욱이, 이러한 유형의 양성에 내재한 관점은 '양성'과 '삶'의 관계에 관한 다소 고루하고 고정된 방식에 뿌리를 두고 있다. 즉 우리가 현재 경험하는 변화의 가속화가 존재하지 않았던 과거에 기반한 것으로, 그 당시 배운 것들은 제대로 수행되기만 하면 노년에 이르러 죽는 날까지 유효할 수 있었다. 이러한 관점은 진정한 통합의 역동성과 정반대에 서 있는 반복성을 초래한다. 진정한 통합은 매번 새롭게 재창조하고 발견해야 하는 무엇인가를 항상 포함하기 때문이다. 이러한 유형의 양성은 통합적이어야 하지만, 관념론적 혹은 바리사이적/관료주의적 자아를 지지하기 때문에, 식별의 여지를 남기지 않는다.

2.5. 일반적인 긍정적 지침

지금까지 논의에 비추어 우리가 제안할 수 있는 긍정적인 지침은 일반적인 수준에 머물 수밖에 없다. 진정한 통합은 각자가 스스로 이루어야 한다. 신학생이든 사제이든 마찬가지이며, 자신이 만나는 다양한 사람들과의 경청과 대화를 통해서, 그리고 자신이 들었거나, 현재 듣고 있거나, 앞으로 들을 다양한 강좌를 통해 이루어져야 한다. 또한 진정한 통합은 구체적이어야 하기에, 결코 결정적으로 도달할 수 있는 상태가 아니라, 마치 무한을 향해 움직이는 점과 같은 것이라는 사실을 잊어서도 안 된다.

하지만 몇 가지 일반적인 기준을 제시할 수 있다. 앞 절인 "통합적 사제 양성을 위한 기준"(2,2)에 더하여, 다음 조건을 더욱 만족시킬수록 통합은 더 올바르고 더 향상될 수 있다는 것은 진실에서 크게 벗어나지 않을 것이다.

① 성서적 인간학 맥락에서 관념, 법, 감정보다 인간이 우선한다는 올바른 관점에 동화한다.

② 사도들의 양성자이신 예수님의 교육학을 주의 깊게 활용하고, 공부, 기도, 관상을 통해 예수님의 가르침을 자기 안에 생생하게 동화하려고 노력한다.

③ 양성의 네 차원이 갖는 각각의 가치와 의미를 관통하고 파악한다. 각각의 본질을 깊이 파악할수록, 네 차원은 사제 후보자 양성이라는 유일한 대상으로 수렴하는 것이 드러날 것이다. 각각

은 점점 더 하나의 동일한 실재에 대한 다른 관점 또는 다른 형상적 대상으로 드러날 것이다.

④ 영적 양성이 중심이라고 올바르게 이해한 것은 이론뿐만 아니라 고유한 개인적 경험과 교육 공동체로 함께 모인 양성자들의 경험을 통해 실존적으로 확인된다.

⑤ 개별 양성자는 자신의 특수성을 인식하며 자신의 역할을 수행하지만, 동시에 다른 교육자가 수행하는 과제에 대해 자신의 사명이 보완할 수 있음을 확신하면서, 구획화된 영역이나 장벽 없는 하나의 양성을 함께 이루어 나간다.

3. 통합적 사제 양성: 누가 수행하는가?[51)]

이 시점에서 몇 가지 질문을 던질 수 있다. 누가 통합을 책임지는가? 더 명확하게 말하자면, 누가 사제 양성이라는 체험의 행위자이고 운영자인가? 논의의 폭이 광범위하기에 제한을 둘 수밖에 없다. 이 절의 제목에서 밝힌 바와 같이 특정 인물, 즉 영적 양성에 가장 직접적으로 책임이 있는 인물만 고찰할 것이다. 또한, 무엇보다도 초기 양성, 즉 '신학생'의 영적 양성 책임자에게

---

51) 이 내용은 논문 "I Soggeti della formazione spirituale dei Seminaristi. Parte II: identificazione delle persone, ruoli, compiti e reponsabilità"(신학생의 영적 양성에 관한 주체들. 제2부: 사람, 역할, 의무 및 책임의 식별)을 참고한다. 더 깊은 내용을 원하는 독자는 이를 참조하라.

관심을 집중할 것이다.[52)]

3.1. 하느님

하느님이 첫 번째 책임자라고 하는 것은, 마치 이 진리가 양성 행위 구조에 실질적으로 들어가지 않지만, 단지 존중해야 할 전통을 조용히 따르기 위해 관습적으로 선언한 것은 아니다. 오히려 사제 양성의 첫 번째 주체는 하느님이라는 사실을 반드시 기억해야 한다. 그럴 때 양성이 과제이기 이전에 하느님 사랑에서 터져 나오는 선물이라고 분명하게 확신하며 양성자의 사명을 수행할 수 있다. 하느님은 참된 첫 번째 교육자이시다. 교육하고 양성하는 일은 근본적으로 하느님의 일이며, 양성에 참여하는 인

52) 이러한 제한 때문에 요한 바오로 2세가 「현대의 사제 양성」에서 상기한 바와 같이, "사제직 지원자를 양성하는 일은 교회가 하는 성소 사목에 속한다"는 사실과 따라서 "교회야말로 주님께서 사제로 만들려고 부르시는 사람들을 동행할 은총과 책임을 진 공동체적인 주체"라는 사실을 잊지 말아야 한다(「현대의 사제 양성」 65항). "사제 후보자들을 양성하는 일을 맡고 있는 개인이든, 단체의 구성원이든, 다양한 구성원들이 차지하고 있는" 각자의 위치와 임무가 있다(「현대의 사제 양성」 65항). 따라서 교육 공동체인 신학교에 관한 다음 항의 결론에서 다음과 같이 분명하게 언급한 것은 놀라운 일이 아니다. "시노드의 교부들도 이 점에 대해서 언급했지만(「건의안」 23항), 사도적 권고 「평신도 그리스도인」과 사도적 서한 「여성의 존엄」에서 평신도들의 여성과 여성들이 하느님께로부터 받은 은사가 모든 교육 과정에 건전한 영향을 줄 수 있다는 것을 강조하고 있다. 이것을 생각해 볼 때, 미래의 사제들을 양성하는 데 있어 신중하게, 그리고 다양한 문화적 상황에 적응된 방법으로 남녀 평신도들의 협력을 받는 일도 적절하다. 〔…〕 협력한다면, 훌륭한 결실을, 즉 사제직 지원자들이 교회 감각을 더욱 균형 있게 발전시켜 나가고, 사제 정체성에 대하여 더욱 명확하게 인식할 수 있도록 하는 데 도움이 되는 훌륭한 결실을 기대할 수 있다"(「현대의 사제 양성」 66항). 특히 축성 생활에 관한 시노드와 사도적 권고 「축성 생활」 이후에는 사제 지원자 양성에 있어서 축성된 이들의 존재, 위치, 임무, 협력, 책임에 관한 논의가 동등하게 이루어질 수 있음이 분명하다.

간은 단순히 그분의 협력자이자 보조자이다.[53)]

이러한 인식은 양성자가 행해야 하는 실천 사항과 관련한 것이든, 자신의 직무에 수반되어야 하는 내적 태도와 관련한 것이든 어떤 결과를 가져올 것이다. 즉 양성자는 하느님의 말씀을 겸손하게 듣고 그리스도를 충실히 따르는 가운데 '전달할 메시지'를 하느님에게서 배워야 한다. '내적 태도'는 근본적으로 자신이 전달해야 하는 메시지의 첫 번째 수신자라고 느끼는 태도, 따라서 봉사와 도움의 정신으로 다른 이들과 관계를 맺는 행동의 수신자라고 느끼는 태도가 될 것이다. 이러한 급진적이고 심오한 태도는 교육자에게 자신감, 기쁨, 숨 쉬는 듯한 느낌, 평화 그리고 평온을 키워 주고, 이 과제를 참을 수 없이 힘들고, 때로는 불가능하다고 느끼는 이들의 낙담, 비관주의, 불평을 극복하게 해줄 것이다. 불평과 비판은 종종 교육이 효율적이고 자족적이어야 한다는 여기는 사고를 명백하고 실질적으로 드러내는 표지이며, 이는 가까운 미래에 일어날 실패의 전조가 될 것이다. 양성자들은 이 일이 자기 일이기 이전에 하느님의 일이고, 자신이 하느님의 협조자임을 안다면, 용기와 열정을 얻게 될 것이고, 동시에 운영하고 행동하고 수여하는 양성보다, 양성자 자신에 대해 먼저

---

53) 「현대의 사제 양성」 65항. "사람들을 사제직으로 부르는 일은 바로 예수 그리스도께서 구원을 위하여 현존하신다는 사실에 의거해서 하는 일이다. 사제직으로 부르는 일뿐만 아니라 부름을 받은 사람들이 주님의 은총을 깨닫고 거기에 사랑으로 자유롭게 응답할 수 있도록 도와주는 일도 마찬가지다. 그런데 성소를 분별하고 사제직의 길을 잘 갈 수 있도록 길을 밝혀 주시고 힘을 주시는 분은 바로 예수님의 성령이시다. 따라서 그리스도의 성령께서 주시는 도움 없이 사제직을 준비시키는 양성 작업을 참되게 할 수는 없을 것이다. 사제 양성을 맡고 있는 모든 사람은 이 점을 충분히 깨닫고 있어야 한다." 성령의 은사를 통한 그리스도의 행위가 성소의 진정성에 대한 식별과 신학생 여정에서 성숙과 발전이라는 초기 양성의 기초적인 두 측면에 도달한다.

성찰하기를 촉구할 것이다.

3.2. 사제 후보자

사람은 자유롭게 원하고 자유롭게 결정하지 않으면, 성장할 수 없다. 통합은 실제로 인간의 마음 깊은 곳에서만 일어난다. 「현대의 사제 양성」 69항에서는 신학생을 필수적이고 그 누구도 대신할 수 없는 양성 주체로 말하며, 그의 협력 없이는 양성자의 활동은 헛될 것이라 단언하면서, 양성은 결국 자기 자신이 스스로 하는 것임을 말한다. 사실 양성한다는 것은 교육하는 것이며, 교육한다는 것은 빈 그릇을 가치로 채우는 것이 아니라, 개인이나 공동체가 점점 더 진실로 자기 자신이 될 수 있도록 돕는 기예 중의 기예이다. 그러나 이러한 관점에서 볼 때, 자기 교육을 장려하는 것은 독학을 촉구하거나 권고하는 것은 아니다. 하느님이 계시고, 하느님께서 양성 대상자 주위에 안배하시는 조력자들이 있다. 사제 지원자들은 첫 번째이자 근본적 양성자인 성령의 활동을 받아들이고, 그분의 은사로 목자이시자 머리이시며 신랑이신 그리스도를 닮는 것은 "또한 〔…〕 성령이 사용하시는 인간적 중재를 받아들이는 것을 의미한다. 이러한 이유로 다양한 교육자의 행동은 미래의 사제가 인격적이고 호의에 차서 협조할 때만 진정으로 온전하게 효과적이 된다."[54)]

요한 바오로 2세의 「현대의 사제 양성」과 같은 교회 교도권

54) 「현대의 사제 양성」 69항.

문헌에서 신학생 자신이 사제 양성의 주인공으로 명시된 사실은 분명 매우 긍정적인 일이다. 하지만 이와 관련한 69항이 교육 공동체인 신학교에 속한 양성 주체를 나열하기 전, 제5장의 세 번째 부분인 "사제 양성의 주체들"의 시작인 65항에 먼저 배치되었다면 더 좋았을 것이다.

69항은 한편으로 사제 후보자 양성에서 성령 활동의 우선성을, 다른 한편으로는 교황이 "성령께서 도구로 사용하시는 사람들"[55]이라고 명시한 다양한 교육자들의 의미를 분명하고 명시적으로 언급하고 있는데, 만약 이를 앞쪽에 배치했다면, 이 내용을 본문의 구조 자체가 암묵적인 언어로 드러냈을 것이다. 게다가 더욱 명시적 방식으로는 신학교의 규칙과 규율, 다양한 지침보다 활동하는 사람들이 우선하며, 그들 중에서는 교육자보다 교육을 받는 주체가 우선하는 신학생 양성의 '교육적 특성'을 증명했을 것이다.

3.3. 교육자

「현대의 사제 양성」은 초기 양성에 대해 언급한 65~68항에서 교육자를 "사제 양성의 주인공"으로, 지속 양성을 다룬 78~79항에서 "지속 양성의 책임자"라고 명명한다. 이 문헌은 교육자들을 광범위하게 다루면서, 교회, 주교, 신학교의 교육 공동체(구체적으로 교장, 영적 지도자, 장상, 교수), 신학 교수들, 그리고 신학교에 속하

[55] 같은 곳.

지 않지만, 가정, 그들의 출신 교회 공동체, 어릴 적 몸담았던 교회 단체와 신심 운동을 나열한다. 오늘날에는 과거와 달리 양성자들이 공동으로 양성을 수행해야 한다고 주장한다. 이 방식만이 많은 문제가 관련된 공동체적 차원에서 세속 사제를 성숙시키는 데 도움을 줄 수 있다. 공동체적 차원은 수도 사제 양성과 관련해서 강조되었지만, 교구 사제와 관련하여 특별하게 주목받지 못했다. 그러나 교육 공동체 즉 공동으로 활동하는 양성자의 행위는 진정한 통합 양성을 촉진할 수 있는 주요 접합점 중 하나이다. 양성자들의 관계 맺는 역량과 상호 관계 안에서 그 역량을 효과적으로 구현하는 것은 신학생을 양성하는 데 가장 중요한 요소 중 하나일 것이다. 특히 더욱 다원주의적 문화가 강력해지는 오늘, 오로지 이 방식으로만 신학생들은 다른 차원들을 내적으로 종합하기 위한 확실한 지지점을 찾을 수 있으며, 제2차 바티칸 공의회의 교회론과 친교의 영성에 더욱 가시적으로 부합하는 사제 모범을 추구하도록 자극받을 것이다.

3.3.1. 주교

지금 여기에서 신학생의 영적 양성을 위한 주교의 역할과 책임에 대해 모든 측면을 완전히 분석할 수 있다고 생각하지 않는다. 다만 교도권의 최근 문헌에 비추어 경험을 다시 읽으면서 몇 가지 견해를 제시하고자 한다.

우선, 교회의 최근 문헌 중에 「현대의 사제 양성」[56]과 「신학

[56] 참조: 「현대의 사제 양성」 41, 50(「건의안」 24항을 인용), 65항; 지속 양성과 관련

교 양성자의 양성에 관한 지침」[57]에서만 신학생 양성과 관련한 주교의 역할과 책임을 명시적으로 제시하는 것을 볼 수 있다.

신학생 양성의 책임자인 주교는 세 가지 관계를 갖게 되는데, 첫째 그리스도와 관계, 둘째 사제직 후보자와 관계, 셋째 신학교의 교육자들과 관계이다.

'**그리스도와의 관계**': 주교는 "사제 양성에 있어서 그리스도의 첫 번째 대리자"[58]이다. 역사 속에서 끊임없이 당신의 교회를 세우시는 그리스도의 도구인 주교는 "안수를 통하여 사제단에 새로운 구성원을 데리고 오면서, 사제의 은사와 직무가 지속될 수 있도록 해 주어야 할 책임"이 있다. 따라서 "성소자들을 위한 다양한 의견이 나올 수 있도록 장려하고 그것들을 조정해 주는"[59] 것도 주교의 임무이다.

'**신학생과 관계**': 주교는 그리스도의 첫 번째 대리자일 뿐만 아니라, 신학생을 육성할 역할, 과제, 책임이 있다. 교육성 문헌 「신학교 양성자의 양성에 관한 지침」에서 말하듯이, 교회는 주교 안에서 그리고 주교를 통해서 "성직에 위임되는 이들을 육성할 고유하고 독점적인 의무와 권리"[60]를 행사한다. 주교는 수행하는 이 임무는 네 개의 중요한 동사로 표현할 수 있는데, '선택하다' '부르다' '양성하다' '성품성사를 주다'이며, 이는 시간적으로 연속

해서는 79항.

57) 참조: 가톨릭 교육성, 「신학교 양성자의 양성에 관한 지침」 18항.

58) 참조: 「현대의 사제 양성」 65항; 「신학교 양성자의 양성에 관한 지침」 18항.

59) 참조: 「현대의 사제 양성」 41항; 「교회법」 제233조 1~2항.

60) 「교회법」 제232조; 「신학교 양성자의 양성에 관한 지침」 18항.

하는 다른 유형의 개입이다.[61] 네 동사 모두는 영적 차원에서 양성에 이르는 의미를 지니고 있다. '양성하다' 외 다른 세 동사도 사제 후보자의 영적 양성의 의미를 지닌다는 사실을 잊지 않으면서, 제3부의 주제와 더 구체적으로 관련되는 '양성하다'라는 동사에 대해 간략하게 설명하려 한다.

주교는, 청년을 부르시고, 선택하시어 머리와 목자와 신랑으로서 당신의 성사로 삼고, 세상에 파견하시는 그리스도의 첫 번째 대리자이다. 어떤 의미에서 주교는 매우 직접적으로 양성 책임을 지고 있으며, 신학생의 신학교 입학부터 사제 서품에 이르기까지 모든 여정을 동반해야 함을 인식해야 한다. 예수님께서 사도들을 부르시고 "당신과 함께 지내게 하셨"(마르 3,14)기 때문에, 주교도 역시 신학생들과 "함께 지내고" 자주 방문해야 한다.[62] 신학생들에게 주교가 신학교에 존재하는 것은 중요한데, 그들에게 전달되어야 하는 양성의 사목적 차원과 직접적으로 관계한다. 주교의 존재 자체가 하나의 자극과 초대가 되어, 신학생들이 장차 자신들의 사명과 사목적 봉사를 수행하게 될 개별 교회에 대한 의식을 성숙하게 형성하도록 돕기 때문이다. 이러한 관점에서 볼 때, 주교의 존재는 여러 개의 교구가 모인 관구 신학교에서도 의미를 갖는다. 오히려 이러한 신학교에서는 주교가 자신이 맡은 신학생들과 교구의 여정과 삶을 공유하는 것이 더욱 중요하다. 이는 주교의 교구와 신학생들의 출신 교구이며 입적하게 될 교구와 결속하게 하는 끈이 되기 때문이다.

그런데, 주교의 현존에 대한 이러한 사목적 가치와 중요성이

---

61) 참조: 「신학교 양성자의 양성에 관한 지침」 18항.

62) 참조: 「현대의 사제 양성」 65항; 「신학교 양성자의 양성에 관한 지침」 18항.

실제로 젊은 후보자들의 영성 생활에 바람직한 양성적 의미를 지니게 하기 위해서, 또 그것이 순전히 관료적이거나 조직적인 방식 혹은 피상적인 영성적 관점으로 해석되지 않기 위해서는, 주교가 신학생과 함께 '머무름'이 단순히 전례 행사나 공동체 모임, 훈화에서만 이루어져서는 안 된다. 사제 후보자들과 깊은 인격적 대화도 필요하다. 이를 통해서 청년들은 자신들의 주교에게 자유롭게 마음을 열게 될 것이고, 이와 같은 방식으로 단순히 이해하고 의도하는 지성과 의지의 차원뿐만이 아니라, 진정 사랑받는 정서의 차원에서 권위자와 관계를 맺을 수 있게 된다. 자신의 성소를 실현하는 데 도울 줄 알고, 도울 수 있으며, 기꺼이 도와주고자 하는 아버지의 모습과 권위자의 모습이 연결된다. 이렇나 단순하고 진실한 인격적 대화를 통해서 신학생들은 마음 깊은 곳에서 은사와 제도 사이를 조화시키는 데 결정적인 도움을 받을 수 있고 받아야 한다. 이러한 도움은 권위의 정서적 통합을 위한 필수 전제 조건이며, 무엇보다도 오늘날 교회와 관련한 젊은이들의 가장 큰 어려움 중 하나인 질문, 즉 교계적이고 중앙 집중적인 구조에서 내적이고 영성적이며 복음적 가치의 우위를 어떻게 살아갈 수 있는지 대답하기 위한 필수적인 전제이다.

'**신학교 교육자와의 관계**': 주교는 "특별하게 준비가 되어 있는 협력자"와 "좋은 자질을 가진 모범적 생활을 하는 사제"를 신중하게 부르고 선택해야 하는 책임뿐만 아니라, 그들의 양성에 특별하게 관심을 갖고, 돌보며, 독려하는 책임이 있다. 실제로 "〔신학생들의〕 양성이 어느 정도로 효과를 거둘 수 있느냐 하는 것은 대부분 사제 양성에 책임진 사람들의 인격이 인간적인 관점에서나 복음적인 관점에서나 어느 정도 성숙되어 있고 강인하냐에 달려 있다."[63]

사제 양성의 첫 번째 책임자인 주교의 임무에 가장 직접적인 협력자[64]들 중에, 우선 신학교에서 봉사하도록 임명된 양성자들을 꼽을 수 있다. 그들은 주교와 일치를 이룰 뿐 아니라, 자기들 사이에서도 일치를 이루며 진정한 교육 공동체를 이루는데, 이 공동체는 적절하고 합의된 공동 행위를 위해 다양한 직분으로 나누어져 있다. 그들의 활동은 사적 활동이 아니라 공적 활동이며, 동시에 위계적이며 형제적 친교적인 교회의 봉사이다. 「현대의 사제 양성」은 시노드 교부들의 「건의안」 29항을 인용하면서, 주교의 선택에 대한 담론에 비추어 이 선택의 방식을 확인하며, 일반적인 양성자의 "몽타주 사진"을 추적한다. 모범적인 생활을 하는 사제는 인격적으로나 영성적으로 모두 성숙하며, 사목 경험이 있으며, 전문가로서 역량을 지녔을 뿐만 아니라, 자기 자신의 성소에 대해 흔들림이 없고, 다른 사람들과 함께 일할 수 있는 능력을 갖추고 있으며, 인문 과학(특히 심리학) 분야를 진지하게 준비하고, 그룹을 지어 함께 일할 수 있는 법을 잘 아는 다양한 자질을 지녀야 한다.[65]

이제는 신학생 양성을 위한 주교의 가장 직접적 협력자인 교육 공동체의 각 구성원에 관해서 살펴볼 것이다.

---

63) 「현대의 사제 양성」 66항; 「신학교 양성자의 양성에 관한 지침」 18항.

64) 가톨릭 교육성의 「신학교 양성자의 양성에 관한 지침」(18항)에서 신학교 양성자들의 협력의 특징을 설명하기 위해 사용된 최상급 형용사 "가장 직접적"은 의미심장하다. 사실상, 신학교 양성자들이 유일한 양성자들이 아니고, 따라서 다른 사람들이 교구의 성직자를 양성하는 주교의 임무를 도울 수 있다는 것을 표현하는 것이다.

65) 참조: 「현대의 사제 양성」 66항.

3.3.2. 신학교 교장

신학교 교육 공동체의 구성원 중 가장 중요한 인물은 단연 교장이다. 교장은 신학교 공동체 내에서 주교를 대리하고, 신학교 생활의 첫 번째 책임자이며, 교회 안에서나 일반 사회에서 신학교를 대표한다.[66] 사실, 교장의 직책은 아주 까다로운 자리인데, 자주 끔찍할 정도로 외로운 자리이면서, 동시에 영적 지도자나 고해 신부와는 달리 매우 드러나 있기 때문이다.

교장은 무엇보다도 교육 공동체의 다른 교육자와 함께 양성의 방향을 통합할 책임이 있다. 각 신학생의 생활과 양성이 가지고 있는 다양한 측면을 통합하고, 양성자 공동체가 조화를 이루고 연대하며, 신학교의 구체적인 교육 노선과 주교와 교회의 선택을 조율하는 것이 교장의 구체적인 사명에 속한다. 한편으로는 각 신학생의 상황을 정확히 파악하고, 신학교 공동체 전반의 삶

66) 참조: 「신학교 양성자의 양성에 관한 지침」 43항; 「교회법」 제238조 2항, 260조. 놀랍게도, 「현대의 사제 양성」에서 사제 양성의 주인공을 말할 때, 신학교 교장이라는 인물에 대한 강조가 전혀 없다. 신학교 교장의 특징에 대해서는 단지 세 문단에서만 매우 빠르고 거의 간접적으로 언급한다(참조: 「현대의 사제 양성」 60, 66항). 나머지는, 교육 공동체의 모든 구성원을 위해 일반적으로 언급된 내용과, 신학교의 다른 교육자들에게 적용되는 것이 똑같이 적용된다. 다른 문헌에서도 교장의 역할과 임무에 대해서는 간략하게 언급되어 있을 뿐 중요하게 다뤄지지 않고 있다(「사제 양성의 기본 지침」 29항; 1990년 주교 시노드 개요, 「현재 상황의 사제 양성」〔1989〕, nn.21~22; 「교회법」 제1051조 1항). 반면, 가톨릭 교육성 문헌인 「신학교 양성자의 양성 관한 지침」에서는 교장의 모습이 중요하게 여겨진다. 교장에 대해 언급한 두 개의 중요한 문단이 있다(43, 60항). 이 사실을 어떻게 해석해야 하는가? 교회 내 신학교의 양성 제안과 관련하여 교장의 대체 불가능한 책임과 영적 역할, 그리고 영적 차원에 대한 인식이 점차 높아지고 있는 것을 목격하는 것인가? 교회와 교도권의 성찰 속에서, 신학생들의 더욱 통합적이고 일관된 양성을 달성하기 위해 내적 법정과 외적 법정 사이의 지나치게 엄격하고 분명한 구분을 극복하려는 의식이 점점 형성되고 있는 것인가?

에 영향을 미치는 다양한 정신을 감지할 수 있는 민감성을 갖추고 있어야 하며, 다른 한편으로는 신학교를 교회 기관으로서 여기는 분명한 의식[67]과 올바른 영성적 교육법에 따라 신앙의 객관성을 제시할 수 있는 능력[68]이 요구된다.

특히 교장은 구체적인 임무로서 후보자의 "신학교 입학과, 단계별 양성, 성직에 대한 적합성 여부를 종합적으로 판단하여 주교에게 보고할"[69] 책임이 있다. 이를 위해 교장은 권위 있는 식별이라는 깊은 영적 활동을 수행해야 한다. 식별을 위해서 한편으로 성령에 대한 진정한 유순함과 진정한 교회적 감수성이 요구된다. 이는 '내적 실재에 대한 직관' 없이는 불가능하다. 다른 한편으로 신학생 개인에 대해 가능한 한 모든 것을 알 수 있는 폭넓은 지식이 요구된다. 이 중에는 개인적 사건 자료, 성격적 특징, 영성 지도나 '영적 지도자'와 관련한 엄격한 내적 법정에서 행해진 식별이 결정적이고 필수적인 요소일 것이다.

그러나 이 모든 것을 따르기 위해서 교장은 반드시 주교, 다른 교육자, 단체 면담과 개별 면담을 통해서 만나는 신학생, 사제, 전체 교회와의 방대한 관계망의 중심에 있어야 한다. 그리고 교장은 신학교 구성원들 사이, 신학생 개인과 주교 사이, 학생 개인과 인격적·규율적·지성적·사목적 차원에서 활동하는 다른 양성자와의 사이에서 친교의 인간, 즉 진정한 일치의 끈이 되어야 한다.

---

67) 참조: 「신학교 양성자의 양성에 관한 지침」 60항.

68) Cf. G. Poma, "La comunità degli educatori", in *La Scuola Cattolica* 123(1995), p.570; cfr. anche *La formazione del presbitero diocesano. Linee educative del seminario di Milano*, I, 4, Milano, 1995, p.20.

69) 「신학교 양성자의 양성에 관한 지침」 43항.

이 모든 것을 통해 신학교 교장은 삶의 일치를 이루는 진정한 교육자가 된다. 그는 모든 양성자 중에서도 특별히 조화를 이루는 자이며, "모든 측면에서 학생 양성"[70]을 돌보고, 증진하도록 부름을 받은 양성자이다. 그리고 더욱 영적인 지도를 위해서, 위계적-제도적 기능, 교육적 기능, 개인의 성소에 대한 권위 있는 식별을 통합하는 사람이다.

그렇다면, 만약 교장에게 신학생들의 가장 내밀하고 은밀한 내면, 즉 단순한 외적 법적 영역을 넘어서 양심을 열어 보일 때만 평가될 수 있는 차원에 대한 직접적인 권한이 인정되지 않는다면, 과연 그는 사제 후보자 각 개인을 위한 자신의 임무를 실질적으로 수행할 수 있는가에 대해 질문해 볼 수 있다.

삶이 복잡해지고, 많은 신학생이 내면을 명확하게 보지 못하는 오늘날, 공동체적인 외적 법정만 아는 것으로는 충분하지 않다.[71] 교장은 사제 후보자 개인에 대해서 잘 알아야 하고, 특히 성품을 위한 식별 시, 고해성사를 제외한 내적 법정의 요소도 다루어야 한다. 서품 허가를 단순한 행정 행위로 만들지 않으려면, 또 그의 활동을 단지 행정적 관리로 만들지 않으려면, 교장은 후보자의 내면에 대한 어느 정도의 지식을 습득할 가능성도 있어야 한다. 따라서 신학생들이 양심을 열어 보일 신뢰가 없다면 — 물론 교장이 그것을 요구할 수 없고, 강요는 더더욱 안 되지만 — 신학교 지도와 사제 양성을 위임받은 사람들은 관료적이고 영적이지 않은 양성만 하게 될 것이다.

70) 같은 곳.

71) 과거 신학교에서 이러한 외적 법정의 지식만이 적절하고 예리한 양성에 충분했던 시기가 있었는지 판단을 내리고 싶지는 않다.

이는 매우 민감한 문제인데, 제도와 정서의 통합과 은사와 제도의 관계라는 어렵고 중요한 문제를 해결하는 방법은, 나의 소견으로는, 바로 신학생과 교장이(신학생과 영적 지도자 사이뿐만 아니라) 마음을 열고, 영적으로 소통하는 것이기 때문이다. 이러한 정서적 통합 없이 사제라는 제도적 인물이 진정한 통합을 이룰 수 있는지, 그리고 무엇보다도 양성자들은 신학생들이 더욱 성숙하고 진정한 통합으로 나아갈 수 있도록 도움을 줄 수 있는지 물을 수 있다. 교장은 성품 승인을 위해서 자기 동료들의 의견을 잘 들어야 하는 것은 분명하다(물론 영성 지도자와 고백 신부는 제외한다). 하지만 무엇보다 신학생들의 말을 깊이 경청하고, 신중하게 영적 식별을 하면서 그들과 함께 성령의 여정과 세상 안에서 그들의 삶과 사명에 관한 하느님의 뜻을 읽을 줄 알아야 한다.

3.3.3. 영성 지도자 혹은 영성 지도 신부

최근 교도권 문헌과 신학적·영성적 문헌은 영적 지도자라는 인물에 대해 훨씬 더 많이 언급하고 있다. 그는 영적 양성에서 주요 참조점이 되어야 할 책임이 있는 것으로 보인다.[72]

---

72) "영성 양성은 교리 양성과 사목 양성과 직결되어야 하며 특히 영성 지도자의 도움으로, 신학생들이 성부와 깊은 친교를 이루며 살아가도록 가르쳐야 한다"(「사제 양성 교령」 8항); "신학생들의 영성 생활은 영성 지도자의 도움을 받아 모든 면에서 조화롭게 발전해야 한다"(「사제 양성의 기본 지침」 45항); "두 가지 역할이 특별히 중요하다. 하나는 교장의 역할이고, 다른 하나는 영성 지도자의 기능이다. 영성 지도자는 일반적으로 공동체의 영적 양성과 영적 활성화의 임무를 갖는다"(「건의안」 21항); "영성 지도 신부는 내적 법정에서 신학생들의 영적 여정을 이끌 책임이 있으며, 또한 다양한 신심 수련과 신학교의 전례 생활을 진행하고 조정할 책임도 있다"(「신학교 양성자의 양성에 관한 지침」 44항); "영적 지도라는 신뢰의 관계를 통해서 공동체와 개인에게 하느님의 뜻을 찾고 성소를 식별하는 데에 확실한 동반을 해 줄

그러나 '영성 지도자'라는 명칭 아래 서로 구별될 뿐만 아니라, 때로는 완전히 분리될 수도 있는 다양한 역할, 기능, 책임이 있는 사람들이 존재하며, 따라서 이러한 역할들은 서로 다른 사람들에게 맡겨질 수도 있음을 인정해야 한다. 혼동과 위험을 일으키는 오해를 피하기 위해 몇 가지 설명이 필요하다.

한편으로, '영성 지도자'는 교육 공동체의 일부이며, 신학교 제도에 포함된 사람이고,[73] 신학교의 지도를 보장해야 하는 책임자 중 한 명이며,[74] 교육 공동체의 구성원 중 한 명으로,[75] 가시적이고 조직적이며 외적인 방식으로 신학생 공동체에 영향을 미치는 역할[76]을 한다. 또한 주교에 의해 선택되고 임명된 인물로,[77] 사적인 활동에 국한되지 않고 공적인 활동을 수행하며,[78] 이것은 신학교에 거주하지 않는 사람들에게도 해당한다.[79] 다른 한편, '영성 지도자'는 은사적 관점에서 볼 수 있다. 영적 지도자는 특별히 내적 법정 영역에 대한 책임이 있다.[80] 더 구체적으로는 신학생 개인이 하느님 뜻을 찾고, 성소를 식별하고, 개인 기도를 발전시키고, 개인적인 양성에 동반한다.[81] 그래서 영성 지도

임무를 지닌 영적 지도자"(「신학교 양성자의 양성에 관한 지침」 61항).

73) 참조: 「현대의 사제 양성」 66항; 「신학교 양성자의 양성에 관한 지침」 44, 61항; 「교회법」 제239조 2항; 「사제 양성의 기본 지침」 27항.

74) 참조: 「사제 양성의 기본 지침」 27항; 「현대의 사제 양성」 66항.

75) 참조: 「건의안」 21항; 「현대의 사제 양성」 66항; 「신학교 양성자의 양성에 관한 지침」 41항.

76) 참조: 「건의안」 21항; 「현대의 사제 양성」 66항; 「신학교 양성자의 양성에 관한 지침」 44, 61항.

77) 참조: 「사제 양성의 기본 지침」 28, 30항; 「현대의 사제 양성」 66항; 「신학교 양성자의 양성에 관한 지침」 18항.

78) 참조: 「신학교 양성자의 양성에 관한 지침」 18항.

79) 참조: 「건의안」 21항; 「신학교 양성자의 양성에 관한 지침」 44항.

80) 참조: 같은 문헌, 14항.

81) 참조: 「건의안」 21항; 「현대의 사제 양성」 50, 66항〔81항도 참조. 여기에서 몬티니

자는 비밀 유지를 보호해야 하고,[82] 동시에 이 역할의 고유성과 다른 교육적 역할을 수행하는 이들과의 구체적인 차이를 명확히 해야 한다. 특히 개인에게 맞춤형 도움을 제공할 수 있는 심리학자와 같은 인물과의 관계에서도 그 차별성을 강조할 필요가 있다.[83]

이를 명확히 하기 위해 「교회법」에 따라[84] "영성 지도자" "영성 생활 지도자" "고해 신부"라는 세 역할을 구분할 필요가 있다.

1) **영성 지도자**(「교회법」 제239조 2항)

영성 지도자는 주교가 공식적으로 선택하고 위임한 인물인데, '신학생들과 관련하여' 두 수준에서 활동한다.

① '공동체 차원에서' 활동한다. 외적 영역에서 "다양한 신심 수련과 전례 생활의 진행 및 조정"[85]과 일반적으로는 영성 생활에 대해, 특별하게는 사제 생활에 대해 가르치면서, 신학교 전체

(G.B. Montini) 추기경(바오로 6세)의 도덕의식에 관한 사목 서한(1961)에서 영적 지도에 대해 언급한 내용을 인용한다]; 「신학교 양성자의 양성에 관한 지침」 61항.

82) 참조: 「교회법」 제240조 2항; 246조 4항; 「현대의 사제 양성」 66항.

83) 「현대의 사제 양성」 66항.

84) 「교회법」 제239조 2항; 240조; 246조 4항; 「교회법」 이후 발표된 「사제 양성의 기본 지침」(1985)은 이를 명확하게 제시하지 못한 것 같다. 실제로 "모든 사람은 자신의 영성 지도자가 있어야 한다"라고 말하면서, 교회법이 극복하려고 했던 불명확성으로 다시 후퇴한 듯 보인다. 기를란다의 연구를 참조하는 것이 유용하다. G. Ghirlanda, "Aspetti della formazione sacerdotale nel diritto canonico", *La Civiltà Cattolica* 144/3(1993), pp.224~237, oppure in *IMS*, pp.86~104(soprattutto 94~104); Cf. A. Favale, *La formazione iniziale dei candidati al sacerdozio*, Roma, 1995, pp.69~71.

85) 「신학교 양성자의 양성에 관한 지침」 44항; 「건의안」 21항.

의 영성 생활을 고취시키는 사람이다. 교장이 직접 하는 것이 아니라면, 신학생을 위한 영적 시간을 계획하거나, 혹은 다른 이들이 계획한 것을 확인해야 한다.

② '개인적인 차원에서' 활동한다. 모든 신학생은 (성사에서 일어난 것이 아닌) 내적 영역에서, 하느님의 뜻을 찾는데, 특히 자신의 성소가 진정성이 있는지 식별하기 위한 도움으로서 영성 지도자를 선택한다. 영성 지도자는 성령 안에서 신학생을 가르치는 스승이자 안내자의 역할을 하며,[86] 신학생들의 영적 지도/영적 동반자/영적 상담가가 된다. 신학생 개개인은 영성 지도 신부와의 개인적인 면담을 통해 객관적인 내용을 부분적·선택적·내밀주의적·자의적·주관주의적으로 고유화하여, 결과적으로 일반적인 가치의 지평, 특히 신학생의 삶에 부합하는 가치로부터 분리되는 위험에서 벗어나며, 개인적인 기도 방식을 찾고, 신앙을 개인화하는 데 도움을 받을 수 있다. 개인적 수준에서 이러한 역할을 수행하기 위해서 주교는 신학교 밖 다른 사제들을 지정할 수 있으며, 그렇게 하는 것이 좋다.[87] 이렇게 함으로써, 신학교가 나아갈 방향성의 통일을 보장하는 동시에 모든 사람에게 자신의 양심을 열어 보이고 표현할 수 있는 자유를 보장하고 보호할 수 있다. 전적인 신뢰를 받는 사람을 영성 지도자로 지명하는 것은 이러한 필요성에 더 잘 그리고 더 적합하게 응답하는 것이다. 때로는 타당하고 객관적인 이유로, 신학생이 공식적인 '영성 지도자'와의 관계에서 자신의 영적 양성을 위한 기본적인 자유를 누

86) 참조: 「신학교 양성자의 양성에 관한 지침」 44, 61항.

87) 참조: 「교회법」 제239조 2항.

리지 못하는 경우가 발생할 수 있다. 영성 지도자가 신학생이 자유롭게 선택하지 않은 사람이거나 선택할 수 없는 사람일 수 있으며, 더 나아가 공동체에서 활동하는 사람일 수도 있기 때문이다. 이러한 경우 신학생은 이 선택을 신학교 교장에게 알릴 의무가 있다. 그의 역할을 수행하는 과정에서 '영적 지도자'는 (공식적인 신학교의 영성 지도자이든, 주교에 의해 지정된 이들 가운데 신학생이 선택한 사람이든) 다음에 언급될 '영성 생활 지도자'와 마찬가지로 해당 신학생이 성품성사를 받을 자격이 있는지에 대한 의견을 개인적으로 당사자에게 제공한다.

구체적으로 '영성 지도자'(공식적인 지도자이든, 「교회법」 제239조 2항에 따라 선택한 지도자이든)는 자주 고해 신부로서 역할도 수행한다.

2) 영성 생활 지도자(「교회법」 제246조 4항)[88]

신학생의 영적 지도를 위해 주교가 지정한 사람 외에 신학생이 자신의 영성 양성을 위해 자유롭게 선택한 사람이다. 그가 누구인지 교장에게 알려야 하는데, 이는 신학생 양심의 자유 원칙이 모든 신학교의 바람직한 영성 지도를 훼손하는 것을 방지하기 위해서이다. 잘못하면 영적 양성의 무정부 상태로 전락할 수 있다. 또한 교장은 필요하다고 판단되는 경우, "영성 생활 지도자"

[88] 1981년 10월 20~29일에 있었던 법전 개혁을 위한 전체 회의 보고서에서 영성 생활 지도자의 모습은 신학교에 있는 영성 지도자의 모습과 법적으로 다르다고 선언되었다(Comunicationes 14〔1982〕 48; Cf. G. Ghirlanda, "Aspetti della formazione sacerdotale nei diritto canonico", *op. cit.*, in *IMS*, p.97).

에게 신학생에 대해 문의할 수 있다. 비성사적 내적 법정에 남아 있는 신학생과의 대화 내용은 물을 수 없지만, 신학생이 그와 관계를 유지하고 있는지 아니면 '이탈'하고 있는지에 대해서는 물을 수 있다. 영성 생활 지도자의 역할은 개인적 수준에서 "영성 지도자"와 같다(「교회법」 제239조 2항). 그러나 공적으로 임무를 부여받은 영성 지도자와 공식적으로 두 가지 점에서 다르다. 첫째 영성 생활 지도자는 오직 개인적 수준에서만 활동하지, 공동체 차원에서 활동하지 않는다. 둘째 영성 생활 지도자는 단지 선택될 뿐이지 주교에 의해 공식적으로 임명되지 않는다. 하지만, 영성 생활 지도자는 주교에게 공식적으로 임명되지 않았다는 점에서, 그리고 학생이 자신의 선택을 교장에게 통보하여 승인을 받아야 한다는 점[89)]에서 「교회법」 제239조 2항에서 언급한 신학생이 선택한 사제(신학교 밖 영성 지도자)와 다르다.

3) 고해 사제

고해 사제는 성사적 내적 법정에서 활동한다. 고해 신부를 선택할 수 있는 자유는 가장 높은 수준에서 보호되어야 한다. 「교회법」 제240조 1항에 따르면 신학교 안에서나 밖에서나 어느 고해 사제에게도 갈 자유가 있다. 실제로 이 경우에는 누구에게 고해할 것인지 교장에게 알릴 필요가 없다. 하지만 경험에 따르면, 신학생이 누구에게나 자유롭게 고해성사를 볼 수 있다는 지극히

89) 「교회법」 제239조 2항에서 언급한 사제의 경우, 주교가 임명했다는 사실 그 자체로 교장의 승인이 내재되어 있다.

당연한 규정은 시행되지만, 다른 한편으로 안타깝게도 성품 후보자들의 성품성사에 영향을 줄 수 있는 의무와 상황에 관한 내용을 교구의 모든 사제가 알 수 있도록 의무적으로 공유하는 적절한 조치는 부족한 실정이다.

더 효과적인 영적 양성과 전반적인 통합적 양성을 위해서, 같은 사람에게 여러 다른 역할을 맡기는 것이 적합하고 바람직한지, 아니면 다른 사람에게 맡겨야 하는지에 물을 수 있다. 둘 중 하나만 옳다고 대답할 수 없다. 너무나 당연하게도 교회는 다양한 선택의 여지가 있다. 역사적·장소적·문화-사회적 상황뿐만 아니라, 양성자와 신학생의 자연적인 심리적 구조와 그들이 받은 교육에 따라 다양한 결정을 내릴 수 있다.

영성 지도자 또는 영성 생활 지도자가 섬세하게 다루어야 할 가장 민감한 문제 중 몇 가지를 언급하자면, 신학생들의 성품 승인에 대한 판단, 신학교 교장 및 다른 양성자 또는 신학교 양성 공동체 구성원과의 관계, 심리학자 또는 심리치료사와의 관계와 관련한 것이다.

① 성품 승인 판단에 대한 영성 지도자의 자세

- 영성 지도자는 내적 법정에서 활동한다. 조언 차원에서 격려하고 설득하는 모든 방법을 사용할 수 있으나, 과도한 심리적 압박을 가하지 않도록 해야 한다. 특히 앞으로 나아가도록 격려할 때 그러하다.

- 신학생 당사자와 여러 차례 면담하고 성숙한 개인 식별을 한 뒤. 그가 사제직에 적합하지 않다는 것을 확인한 경우, 신학생에게 성품성사를 원하는 것이 그의 경우에는 지덕의 심각한 결핍

이라는 것을 알려 주어야 한다. 만약 고해 신부라면, 극단적 경우에 성사적 사면을 거부해야 할 수도 있다.

- 신학생들이 양심을 열고, 영성 지도자에 대한 신뢰를 북돋기 위해 영성 지도자는 비밀을 철저하게 잘 지켜야 한다. 그래서 영성 지도자는 신학생의 성품 승인 및 신학교 제적에 관한 결정에 정보 제공을 거부해야 한다. 교회법도 그러한 결정을 위해 영성 지도자와 고해 신부에게 의견을 묻는 것을 금지하고 있다.[90]

- 결론적으로 영성 지도자는 너무 쉽게 학생의 대리자가 되어 교장과 대화하지 않아야 한다. 그러고 나서 만약 신학생 양성에 있어 주요한 두 책임자 사이에 '협의'가 권고된다면, 먼저 신학생이 요청한 것을 바탕으로, 교장이 주도적으로 협의를 시작해야 한다.

② **교장과 양성자(부교장, 양성자, 당가, 교수 등)와의 관계**

영성 지도자는 양성을 받는 신학생을 위해서 그들의 비밀을 잘 유지해야 하는데, 이러한 비밀 유지의 보장을 위해 다음을 기억해야 한다.

- 공동체 차원에서 활동하는 공식적인 영성 지도자로서 외적 법정의 사안 중에 그에게 책임이 있거나 그와 관계가 있는 것은 양성자들과 양방향으로 소통을 할 수 있다.

- 개인과 관련된 사안에 대한 정보를 받을 수 있지만 줄 수는 없다.

- 신학생들이 직권자, 특히 교장과 주교에게 자신의 양심을

90) 참조: 「교회법」 제240조 2항.

열도록 항상 격려해야 한다. 하지만 절대로 강요해서는 안 된다.

③ **심리학자 또는 심리치료사와의 관계**[91)]

이 관계는 매우 특별하면서, 오늘날 특히 중요한 사안에 해당한다. 이 주제를 너무 철저하게 다룬다면 현재 연구 범위에서 너무 멀어질 것이다. 몇 가지 기초가 되는 기준과 원칙 및 태도를 염두에 두면서 이 논의의 범위를 제한하는 것이 불필요하고 비생산적인 논쟁에 휩쓸리지 않게 할 것이다. 특별히 다음 내용을 기억하는 것이 유용하다.

- 교회의 심리학에 대한 태도가 변화했다. 이제는 심리학을 그리스도인 양성과 사제 양성의 도구로 여긴다. 1961년 7월 교황청 경고(monitum)에서 사제와 남녀 수도자가 주교의 정규 허가 없이, 그리고 심각한 이유 없이 정신 분석가와 상담하는 것을 엄격히 금지했다.[92)] 하지만, 심리학을 강하게 촉구하는 제2차 바티칸 공의회를 지나,[93)] 가톨릭 교육성 문헌 「신학교 양성자의 양성에 관한 지침」(57~59항)에 이르기까지, 심리학에 대한 교회의 태도가 발전했다. 오랜 시간이 필요한 여정이었다.

- 교도권과 교회가 여전히 인간학 특히 심리학을 악마화한다

---

91) *Direzione spirituale e discernimento*(영적 지도와 식별), pp.42~44, 102~108에서, 신학교에서의 영적 지도 사례를 구체적으로 언급하지 않고도, 심리학자와 관련한 문제를 더욱 폭넓게 다루었다. 이 문제에 대한 보다 전반적이면서도 동시에 깊게 연구하기 위해서는 이모다의 다음 연구 참조: F. Imoda, “Aspetti del dialogo tra le scienze umane e pedagogiche e la dimensione teologica”, *Seminarium* 34(1994), pp.89~108.

92) Cf. *L'Osservatore Romano* del 16 luglio 1961.

93) 「사제 양성 교령」 2, 3, 11항; 「사목 헌장」 62, 54항. 제2차 바티칸 공의회는 이에 대해 개방성을 드러냈지만, 아마도 그때에 교회는 심리학을 완전히 활용하지 못했다.

고 주장하고 이에 대한 여론을 만들어 내며 불평하는 이들은 시대착오적이다.

- 오늘날 오히려 교회 교도권이 인문학과의 관계에서 영리한 개방적 태도를 촉구하고 있다. 반면, 어떤 이들은 겉으로는 교회를 옹호하려는 것처럼 보이지만, 실제로는 자신의 개인적 심리적 장애나 해결되지 않은 두려움을 감추기 위해 이미 오래되었거나 아무도 듣지 않는 사실을 내세우거나,[94] 교회 내 일부 심리학자들의 지나치게 단정적인 주장을 근거로 삼기도 한다.[95]

- 교회 문헌은 영적 지도와 심리 치료 및 심리학적 도움을 구별하는데,[96] 이는 칼케돈 공의회에서 정의한 그리스도의 신비에 비추어 읽어야 한다.

- 칼케돈 공의회에서 규정한 그리스도의 신비에 대한 유비로 심리학과 영성 사이의 혼돈을 극복하는 것이 필요하다. 심리학이나 영성 둘 중 하나에 특권을 부여하는 망상이나 이 둘을 분리하고 병치하는 위험한 이원론을 생성할 때, 잘못된 하향 또는 잘못된 상향 환원주의로 전락한다. 영성 지도자와 심리학자의 역량과 활동 차원의 차이를 보호하면서도, 동시에 신학생의 인격적 성숙과 그의 모든 힘과 능력의 통합을 가능케 하는 근본적이고 구조적 인격의 일치를 보장하기 위해서, 영성과 심리학은 구별은 하

---

94) 오늘날에도 심리학에 대한 불신을 주장하려고 할 때, 흔히 1960년대 초 쿠에르나바카(Cuernavaca)에서 정신분석을 받은 많은 수도승이 수도원을 떠났던 사건을 언급한다. 심리학이 비판 없이 사람들 사이에서 악마화되고 있다는 인상은, 이러한 주장을 하는 이들이 자주 구체적인 사례와 근거를 제시하지 못하며, 특히 심리학의 다양한 학파를 구별하지 못한다는 사실로 확인된다.

95) 이러한 주장의 전형은 드류버만(Drewermann)이다.

96) 참조: 「건의안」 21항; 「신학교 양성자의 양성에 관한 지침」 61항; "영성 지도는 본질적으로 신학적이고 교회적인 실재로서 심리 치료나 심리학적 보조와는 다르다."

되 분리해서는 안 된다.

– 순전히 임상을 목적으로 심리학을 요청하거나 혹은 신학교의 양성자가 '서품 탈락'을 결정하는 책임을 지고 싶지 않고, 이와 관련하여 받을 수 있는 미움을 감당하고 싶지 않은 '어려운 사건'을 해결하기 위해서 심리학을 요청하는 축소적 관점도 위험하다.

– 어떤 심리학자들은 편협한 연구 결과를 부당하게 일반화하거나, 영성과 신학에 대해 편협하고 배타적인 태도를 보이면서, 이념적으로 치우친 인간관을 제시하는 경우가 있다. 이러한 태도는 그리스도교적 인간관과 조화를 이루지 못하거나 때로는 정면으로 충돌하여, 결과적으로 일부 심리학자들이 영성 지도자의 필수적이고 대체할 수 없는 역할을 대신하려는 위험을 초래하고, 최소한 상당한 혼란을 야기한다.

– 교회 문헌에서 강력하게 권고하는 "신앙과 과거의 경험, 성인들의 모범, 신중하게 검토된 인문학의 결실 안에서 무르익은 교회의 교육적 경험을 바람직한 종합"[97]을 증진하도록 주의를 기울여야 한다. 또한 서로 다른 학문 분야 간에 상호 이해와 대화의 분위기를 조성하는 것은 중요하지만,[98] 그렇다고 해서 인류 과학의 한계를 간과해서는 안 된다. 특히 신학교의 일부 전문가들이 중립이라는 이름을 핑계로, 그리스도교적 및 사제 교육에 봉사하기를 거부하는 경우가 있다.[99]

– 영성 지도 사제가 원하든 원하지 않든 그리고 인식하든 인

97) 「신학교 양성자의 양성에 관한 지침」 58항.

98) 참조: 바오로 6세, 「팔십 주년」 40항; 「현대의 사제 양성」 52항; 「신학교 양성자의 양성에 관한 지침」 58~59항; F. Imoda, "Aspetti del dialogo tra le scienze umane e pedagogiche e la dimensione teologica", *op. cit.*, pp.89~108.

99) 「신학교 양성자의 양성에 관한 지침」 58항; 「사제 양성 교령」 2, 3, 11항.

식하지 못하든, 항상 심리학적 유형의 개입을 수행하게 되며, 이는 '지도받는 이'의 심리적 성숙에 부정적 혹은 긍정적 영향을 미침을 인정하지 않는 것은 위험한 착각이다. 마찬가지로 모든 심리학자는 그가 원하든 원하지 않든, 그가 인식하든 인식하지 못하든 항상 환자의 영성 생활에 긍정적 혹은 부정적 영향을 끼치지 않을 수 없다. 따라서 영성 지도 사제는 항상 심리학을 한다고 말할 수 있다. 그렇다면, 어떻게 수행하는가? 그의 활동에 어떤 심리학을 사용하는가? 마찬가지로 모든 심리치료사도 영적 지도를 한다고 볼 수 있다. 그렇다면, 심리치료사는 신학생의 초자연적 선익을 위해 실제로 어떻게 수행하고 어떤 열매를 맺는가?[100)]

3.3.4. 부교장, 교수, 생활 지도자

이제 신학생 양성을 위해 주교에게 직접적으로 협력하는 세 역할, 즉 부교장, 교수, 생활 지도자(aniamtore)를 다룰 것이다. 이들은 신학교의 양성 공동체에 들어가지만, 교장이나 영성 지도자와는 다르게, 영적 양성에 관한 직접적이고 즉각적인 책임은 없다. 부교장과 교수의 경우 외적 영역에서 수행하는 역할이 분명하지만, 생활 지도자의 위치는 아주 모호하고 혼란스러운데, 신학교 생활에서 아주 최근에 등장했기 때문이기도 하다.

신학생의 영적 양성을 위한 부교장, 교수, 생활 지도자 등 세

---

100) Cf. F. Imoda, "Troppa psicologia?", in *Consacrazione e Servizio* 46(1997), n.9, pp.35~46.

가지 역할이 제공하는 기여는, 단순히 신학교 내 모든 교육자와 연대적 공동체 책임을 지며 수행하는 양성 활동에만 국한될 수 없다. 양성자의 역할은 필연적으로 총체적인 차원을 가지며, 따라서 공동체적 차원을 포함한다. 이는 각자가 신학교 교장이 주관하고, 더 나아가 주교가 이끌고 있는 교육 공동체에 참여하는 데에서 비롯한다.

부교장과 교수는 주로 외적 영역에서 직접적으로 활동하는 이들일지라도, 신학생의 영적 양성에 구체적인 도움을 준다.

부교장

부교장의 역할은 불행하게도 신학생뿐만 아니라 주교와 교장에게도 자주 과소 평가되고 있다. 신학생들은 그를 훈육 담당 교역자나 큰형님과 다르지 않은 존재로 여기며,[101] 주교와 교장은 자신이나 다른 양성자들이 짊어지기에 어렵고 하기 싫은 문제들을 감수하는 임무 정도가 부교장의 역할이라 생각한다. 부교장의 역할은 신중하고 세심한 인격적 돌봄을 통해 신학생들이 구체적인 현실 속에서 올바르게 식별할 수 있도록 교육하고, 공동체에 대한 깊은 감수성을 길러 주는 특수한 임무이다. 하지만 안타깝게도 실제 신학교에서 이러한 부교장의 임무를 알지 못하는 경우가 많다.

부교장이 이러한 교육 임무를 잘 실행하기 위해서는 일상에

101) 이 마지막 가정이 현실로 드러난다면, 그때에는 부교장이 여전히 교회가 이해하는 바에 따라 진정한 양성자이자 교육자로 여겨질 수 있는지 의문을 제기해야 한다.

대한 상당한 통찰력이 필요하다. 이는 단순히 개인과 공동체의 모든 외적 활동과 행동이 드러내는 현상적 요소를 넘어, 그 안에 담긴 표징의 역할과 더욱 깊고 내적인 의미를 파악하는 능력이 필요하다.

경험에 따르면, 부교장의 영적 양성은 교장과 영적 지도자를 통해 이루어지는 양성보다 더 제한된 분야와 영역에 국한되지만, 특별히 예리하고, 어떤 경우에는 훨씬 더 결정적으로 실현되는 경우도 드물지 않다. 그의 활동이 암묵적 영역에서 이루어지고, 뚜렷하게 눈으로 보이는 것이 아니기 때문이다.

교수

언뜻 보기에 교수를 영적 양성의 주체로 보는 것은 이상할 수 있다. 교수들은 지적 양성의 책임자가 아닌가? 그러나 최근 교회 교도권은 이에 대해 단호하다. 「현대의 사제 양성」은 "신학 교육을 통해 미래의 사제들이 거룩한 가르침을 접할 수 있도록 인도해 주고 그들의 연구를 동반해 주는 사람들은 특별한 교육적 책임을 지고 있다. 왜냐하면, 그동안의 경험에 비추어 볼 때 흔히는 신학을 가르치는 사람이 다른 교육자보다 사제의 인격 발달에 더 결정적인 역할을 하는 경우가 많기 때문이다"[102]라고 단언한다. 또한 가톨릭 교육성 문헌 「신학교 양성자의 양성에 관한 지침」은 교수에 대해 다음과 같이 언급한다. "교수들은 그리스도교 신비를 깊이 내면화하도록 이끌어 줄 인문학과 철학, 신학에 대한

102) 「현대의 사제 양성」 67항.

충분하고 완전한 역량을 전반적으로 신장시켜 사목을 준비시킬 임무가 있다."[103]

신학생의 영적 양성에 교수의 책임이 정당화되는 이유는 단지 학생의 관점에만 있지 않다. 즉 공부에 매진하는 것이 학생에게 전인적인 영향을 미치며, "사제직을 준비하는 사람들이 인간으로서, 그리스도인으로서, 영적으로 성숙해지고, 성소를 키우는 데 결코 외적이고 부차적인 요소가 아니기"[104] 때문만은 아니다. 또한 교수들의 관점에서, 교수가 신학교 교육 공동체의 일원이라는 사실에 의한 것만도 아니다. 사실 교수는 "학술 기관이 신학교와 구분될 때에도"[105] 항상 진정한 교육자이다. 따라서 그는 단순히 지성적으로 계몽하는 것만을 목표로 삼으면 안 되며, 구체적인 한 인간의 총체적인 성숙을 첫 번째 목표로 삼아야 한다. 총체적인 성숙이란 초자연적 실재에 개방한 신앙의 주체와 관련하는 영적 차원과 욕구를 포함한 모든 차원과 모든 욕구의 성숙을 의미한다.

교수가 가르치면서 영성적 내용을 전달하는 것은 더 시급하고 더욱 본질적인 것이다. 그가 가르치는 신학생의 인격과 그리고 결과적으로 학생에게 유익한 신학 교육이나 다른 학문의 사목

---

103) 「신학교 양성자의 양성에 관한 지침」 46항.

104) 「현대의 사제 양성」 51항.

105) 「신학교 양성자의 양성에 관한 지침」 46항. 비록 그 문헌에 명시적으로 언급된 표현과는 무관하게, 사제 후보자를 가르치는 교수가 교육자로서의 정체성을 지닌다는 사실은 해당 문헌 전체에서 확인할 수 있다. 이 문헌은 특정한 몇몇 단락(46항과 62항)에서뿐만이 아니라, 전체에 걸쳐 교수를 향해있다. 이 문헌은 제목에서 명시한 바와 같이, 신학교 교육자의 준비에 관한 지침을 제공하려 하며, 사실 교수도 이 지침의 대상이다. 요한 바오로 2세의 시노드 후속 권고 「현대의 사제 양성」도 마찬가지이다. 즉, 교육자들에 대해 언급할 때마다, 교수들은 그 범주에 포함해야 한다.

적 성격을 고려한다면 더욱 그러하다. 사제 후보자는 가까운 미래에 하느님의 교회에서 사목자로 활동하도록 부름을 받은 사람이다. 따라서 신학교 혹은 미래의 사제들이 지적으로 준비되는 교육 기관의 모든 교수가 가르치는 신학과 가르침은 일반적으로 사목적 성격을 지녀야 한다. 교수의 가르침이 지향하는 사목은 신학교나 학문 기관에서 교리를 연구하는 것과 연결되는데, 영성의 매개 없이, 단순히 배운 것을 즉각 적용하는 것을 의미하는 것은 아니다. 사목적 성격을 지닌 신학은 건조하고 메말라 버린 진리를 가르치지 않는다. 이러한 진리는 학생이 교실에서 배운 것을 마음 깊은 곳까지 내면화하는 진실된 과정을 방해할 것이다. 내면성을 향한 이러한 여정이 부재하거나 혹은 잘 받아들여지지 않을 때, 신학을 익히는 것과 사목을 수행하는 것 사이에 영성이라는 매개가 결핍되었을 때, 미래의 사제는 영성 생활을, 실행해야 하는 외적 실천, 수행해야 하는 덕, 피해야 하는 악, 준수해야 하는 규칙, 실천해야 하는 금욕으로 축소해 버리기가 쉽고, 영성에 대한 편협하고 왜곡된 관점을 갖게 될 것이다. 삶의 방식, 태도, 내적 성품보다 방금 언급한 것들과 그것의 수행을 더 중요하게 여길 것이다. 그리고 이 사제의 직무 활동은 영성적이기가 어려워지고, 결국 자신과 자신의 직무에 맡겨진 사람들에게 부정적인 결과를 초래할 것이다.

교수가 학생들의 영적 차원에서도 양성의 책임을 다해야 할 동기와 근거는, 또한 교수의 가르침의 임무 수행에서 영적 관점에서 양성적인 영향을 보장하는 데 필요한 방식을 알게 한다. 교수는 진리를 선포해야 하지만 진리는 교수의 것도 아니며, 또한 교수의 유익을 위한 것이 아니다. 진리는 하느님의 것이며, 주로 그에게 맡겨진 학생들의 유익을 위한 것이다.

당연히 다른 모든 이들과 마찬가지로, 교수는 신학생의 영적 성숙과 내적 통일, 진정한 삶의 통합과 일치에 도움이 되기 위해서, 학문적이고 폭넓은 양성을 도모해야 하며, 그러기 위해서 먼저 양성을 받아야 한다. "말씀(로고스)의 종교는 본질적으로 이성적 종교이다. 철학적 차원과 역사적 차원도 여기에 속하며, 실제 삶과의 관계도 마찬가지이다. 그러나 이 모든 것은 진정한 신학적 핵심에서부터 출발하여 하나로 통합할 수 있다. 그런데 신학적 핵심은 교회라는 실재 없이 존재할 수 없다."[106] 오늘날은 구분되고 전문화되는 시대이기에 실제로 이를 통합하는 것은 어려운 문제이다. 그러나, 바로 그러하기에, 신학 교수는 신학의 일치에 관한 연구와, 지식을 결합하는 통합 원리인 신학의 중심성에 대해 연구하는 것은 필요하고 시급해 보인다. 이러한 연구는 삶의 일치에 도움이 될 것이다.

교수는 가르칠 때, 중요하고 근본적인 것과 주변적이고 부차적인 것을 명확하게 구분할 줄 알아, 첫 번째 것에 집중하고, 두 번째 것은 유보하여 개발하고 심화시킨다. 무엇보다도 교수는 '전체'의 유기적인 관점을 제시하고, 목적의 위계를 알려 줄 줄 알아야 하며, 더 나아가 신학생들이 스스로 양성할 수 있도록 도와주어야 한다. 이를테면, 신학생은 역사의 소용돌이 속에서, "전체"의 관점과 위계화된 목적의 관점으로 자신과 타인을 위해 더 가치 있는 것을 식별할 수 있어야 한다. 이는 새로운 메시지와 자극

106) J. Ratzinger, "Perspectives pour la formation sacerdotal aujourd'hui", in Ratzinger et al., *Mission et formation du prêtre*, Namur, 1990, pp.16~17.

이 끝없이 쏟아지는 오늘날 특히 더 중요한데, “전체”와 목적의 위계를 명확하게 알지 못한다면, 우리가 어디에 있어야 하는지, 어떤 수단을 사용해야 하는지 식별할 수 없게 될 것이다. 식별할 수 있는 능력을 갖추지 못하면, 그 자체로 진실하고 타당한 많은 멋진 의견들은 왜곡되고 쓸모없게 될 것이다. 식별 능력이 없다면, 이러한 의견은 골리앗 앞에서 다윗이 입었던 사울의 갑옷과 같이 될 위험이 있다. 곧 골리앗과 같은 기술과 대중 매체 앞에선, 다윗과 같은 오늘날의 인간에게, 식별 없는 의견은 마치 전혀 소용없고 불편하기만 했던 사울의 갑옷과 같은 것이다.

생활 지도자

신학교의 생활 지도자는 부교장이나 교수보다 훨씬 더 복잡한 논쟁거리이다. 이 역할에 대한 논의는 특히 최근 수십 년 동안, 제2차 바티칸 공의회 이후 첫 번째 시기의 분위기 속에 진전이 있었다. 생활 지도자의 역할은 주로 대규모 신학교에만 존재했는데, 오늘날에도 여전히 연구 단계에 머물러 있다. 다만 이 역할이 형성되기 시작했을 때인 68혁명 당시에, 이것이 전통적인 영성 지도자의 모습과 당시 일부 신학교에서 지나치게 일방적으로 강조되었던 규율의 가치에 대한 도전의 의미로 오해되었던 것은 이제 어느 정도 극복된 것처럼 보인다.

그러나 생활 지도자가 신학교에서 맡는 역할은 불분명해서 항상 애매하고 모호하기에, 신학생 양성에 심각한 문제를 낳는다. 사실 신학생 양성의 관점에서 볼 때 생활 지도자가 부교장의 조력자로 활동하거나, 공동체 담당, 학년 담당을 맡거나 영성 지도자가 맡고 있는 공동체 차원의 역할을 대신하고, 흡수하면서, 기도와 전례와 같은 외적 영역에서 활동하는 것이 더 나은지, 아니면 영적 여정 안에서 특별히 그의 성소를 식별하는 데에 특별한 방식으로 신학생들을 도와주고 동반하며, 보조 영성 지도자로서 (「교회법」 제239조 2항에 언급된 사제와 거의 비슷하게 활동하는) 내적 영역에서 역할을 수행하는 것이 더 도움이 되는지 정확히 알 수 없다. 생활 지도자가 자신의 역할을 변경하고, 외적 영역과 내적 영역 등 두 영역에서 역할을 하는 것은 드문 일이 아니다! 또 생활 지도자가 내적 영역에서 영성 지도 신부가 해야 할 임무를 수행하더라도, 교회법적으로 그들은 공식적인 영성 지도자나 고해 신부가 아니기 때문에(만약 그런 역할을 맡았다면, 비정규적 고해 사제로서 역할을 맡는다), 수품을 승인하는 결정을 내릴 때 의견을 말할 수 있다고 생각할 것이다. 「교회법」 제240조 2항은 영적 지도자나 고해 신부에게 의견을 묻는 것을 금지하지만, 자신은 여기에 저촉되지 않을 거로 생각한다. 애매함은 혼란을 조장하며, 잘 알듯이, 혼란 속에서 악마가 기승을 부린다. 실제로 신학생들 안에 유보적 태도나 거짓된 태도를 낳게 할 것이며, 드물지 않게 교육 공동체 내에 분열을 일으킬 것이다. 교장이나 주교에게 이 분열을 조정하고 해결하는 것이 항상 쉽지 않다. 이러한 방식으로 역할을 수행하는 것은 신학생들의 영적 어려움과 영적 죽음의 원인이 될 수 있다. 사실 생활 지도자는 원어로 아니마토레(animatore), 즉 생명을 불어넣는 자이기에 생명을 일으키고 촉진하는 역할을 해야 한다.

신학생의 영적 양성에 개입하는 교육자는 가족, 부모, 출신 본당의 주임신부, 신학교 입학 전에 소속되었던 단체, 모임 또는 운

동 등을 포함할 수 있다.[107)]

영적 역할과 직무를 분명하게 밝히기 위해, 신학교 양성과 관련하여 피할 수 없는 책임이 있는 사람들만 다루었다. 어렵고 무거운 책임이지만, 그렇다고 양성자들이 이를 피해서는 안 된다. 교육자의 임무를 타인, 즉 신학생을 위해 수행해야 하는 과제이기 이전에, 은총이며 하느님의 선물로 살아가는 것이 중요하다. 자신의 임무와 역할, 책임을 양성자에게 주어진 사명-은총으로 여기고 수행하며 살아가는 법을 배우기 위해서는, 일어나는 모든 일에 귀를 기울여야 한다. 즉 자신의 경험을 끊임없이 다시 성찰해야 한다는 것이다. 그래서 이 경험을 수용하고 확인하며 성찰과 식별의 대상으로 삼아야 한다. 하느님께서는 그렇게 양성자의 '자아'를 통해서 교육하시고 양성하시며 그를 당신의 내적 제자이자 아들로 다시 태어나게 하실 것이다.

4. 사제의 영적 양성의 특별한 시기, 내용, 도구, 형태

제3부의 마지막 장은 사제 후보자들의 영적 차원을 증진하기 위한 구체적인 교육 계획이나 이미 성직을 수행하는 사제들의 영적 양성을 위한 지속 양성의 대략적인 계획을 설계하려는 것이

107) 「현대의 사제 양성」 68항; 가족과의 관계는 M. Delpini, "Il contributo di laici, uomini e donne, alla formazione dei presbiteri", in *Seminarium* 34(1994), pp. 327~337을 참조하라. 교회 운동과 단체와의 관계는 M. Camisasca, "I seminaristi provenienti dalle nuove realtà aggregative(Riflessioni in margine al n.68 della *Pastores dabo vobis*)", in *Seminarium* 32(1992), pp.622~628; P. Laghi, "*Pastores dabo vobis,* Presentazione", *op. cit.*, pp.515~516.

아니다. 더욱 완전하고 철저한 논의를 위해서 우리는 앞에서 이미 언급했던[108] 교도권의 최근 문헌으로 다시 돌아갈 것이다. 지금은 더 단순하게, 몇 가지 실천적인 문제들에 대한 해결책을 제시하려고 한다. 양성자가 신학생들을 도와주는 일상 가운데 자주 접하는 것들을 중심으로 확인할 것이다. 이를 통해 신학생들은 자기 성소의 가장 깊은 영적 요구에 응답하거나 응답할 준비를 하고, 서품 직무의 본질이 그에게 권장하는 머리이시며 목자이시고 신랑이신 그리스도를 닮는 삶의 가치를 발전시키거나, 발전시킬 준비를 할 수 있을 것이다.

4.1. 구체적인 생활 계획

오늘날 사제는 모든 다른 사람들과 마찬가지로, 일상생활의 여러 문제로 산만해지기 쉬운 상황에 놓여 있다. 이러한 현실을 고려하여, 사제와 신학생은 정기적 영신 수련 기간에 자신의 생활을 위한 구체적인 개인 생활 계획을 작성하도록 초대받는 것이 매우 중요하다. 이 계획은 자신의 영성 지도자와 함께 조율하고 검토해야 한다. 이 계획에는 '인격 양성'에 더 직접적으로 관련된 몇 가지 요소가 포함될 수 있다. 예를 들어, 동료이자 형제 사제들과 적절한 휴식을 취하거나 친교의 시간을 보내는 것, 특히 교구 사제의 경우 가족과 관계 유지 등이 이에 해당한다. 또한 '지

108) 사제 영성의 영적 차원과 관련한 내용의 분석을 위해, 「현대의 사제 양성」의 26~32, 45~50항(초기 양성)과 72, 74, 80~81항(지속 양성)과 「사제의 직무와 생활 지침」의 제2장 전체(34~68항)와 76, 85~86항(지속 양성)을 참조하라.

적-문화적 양성'과 관련된 요소들도 포함된다. 예를 들어, 시사 문제, 과학, 인문학, 철학적 주제, 그리고 무엇보다도 신학 주제에 관한 독서 및 연구, 사회적 소통 수단에 대한 지식과 활용 등이 이에 속한다. '사목 양성'에 관한 요소로는 주요 사목 주제와 교구 사목 계획에 대한 성찰과 연구, 회의와 연구 모임에 참여, 교회와 자신이 속한 교구의 생활에 대한 관심, 그리고 수도자라면 자신이 속한 축성 생활회의 생활에 대한 관심 등이 있다. 그러나 이와 함께 바로 '영성 양성'과 관련된 핵심 요소들을 명확히 정할 필요가 있다. 신학생의 경우, 이러한 계획은 양성자와 신학교의 규정에 따라 정해져야 할 것이다.[109] 반면, 사제의 경우에는 무엇보다도 사제 자신이 직접 일별, 주별, 월별, 연간 계획을 수립하고 이를 실행해야 할 것이다.

구체적인 양성 수단과 도구로서 '일별 계획표'는 기본적 전례 행위(미사, 성무일도), 개인 기도(렉시오 디비나, 묵상, 양심 성찰, 영적 독서 등), 다른 신심 활동 또는 영신 수련(묵주기도)을 위한 시간과 방법을 정해야 한다. 수행 시간뿐 아니라, 수행할 정확한 시각도 설정하여 규칙적으로 수행하는 것이 중요하다.[110]

---

109) 반드시 그렇게 해야 할 것이다. 68정신이 시대에 뒤떨어진 것처럼 보임에도 불구하고, 여전히 오늘날에 일부 신학교에서 더욱 구체적인 영적 양성 활동을 선택하거나 이러한 순간을 일별, 주별, 월별, 연간 계획표에 배치하는 일을 전적으로 학생에게 맡기는 것을 드물지 않게 볼 수 있기 때문이다. 개인의 책임 원칙을 지나치게 강조하면서 이러한 관행을 정당화하는데, 이는 점진성의 원칙과 영성 생활의 첫걸음을 내디딘 사람들의 연약함을 간과하는 것이다.

110) 신학생의 경우 개인 기도 시간을 하루 중 같은 시간대로 정하는 것이 특히 중요하다. 물론, 갑자기 특별한 일이 생겨 시간을 조정해야 하는 상황이 있을 수도 있다. 하지만 기도 방법을 배우고 영성 생활의 첫걸음을 내딛는 신학생이 매일 기도 시간을 바꾸거나, 신학교로부터 적어도 30분의 개인 기도에 충실할 수 있는 매일의 리듬을 유지하는 데 도움을 받지 못하는 것은 전혀 양성적이지 않다. 개인 기도 시간을 두는 것은 이미 그 자체로 어려운 일이고, 특히 오늘날의 청년에게 더욱 그러하기

주별 계획표에는 적어도 기도하면서 주일 강론을 준비하는 시간과 고해성사[111](혹은 2주에 한 번) 시간을 넣어야 하고, 아직 초기 양성 단계에 있는 이들은 영성 교육과 영성 면담 시간을 포함해야 한다.

월별 계획표에는 신학생의 경우 최소한 영성 지도 신부(또는 교장)와 면담과 월 피정을 배정해야 한다. 사제의 경우에는 가까운 형제 사제들과 적어도 한 번은 만나야 하고,[112] 영혼에 봉사하는 직무를 수행하는 방식, 주교 혹은 가장 가까운 협력자와의 관계, 개인의 영적 여정을 검토하기 위한 충분한 시간(예를 들면 반나절 정도)을 가져야 한다. 지속 양성의 책임자는 매달 사제 영성 모임을 계획하는 것은 매우 적절할 것이다. 이러한 월례 모임을 통해서, 사제들은 초기 양성 때 교장이나 영성 지도 신부에게 영

에, 매일 같은 시간에 개인 기도를 하겠다는 결심을 하지 않으면 매우 어렵고 불가능하다는 것을 잘 알고 있다. 적어도 처음에는 그렇다. 경험으로 알 수 있듯이 매일 30분의 개인 기도라는 기준은 영혼을 돌보는 사제에게도 최소한으로 요구되는 것이다. 기도하는 사람으로서 자신의 소명에 충실하고, 또한 신자들이 그에게 기대하는 바에 충실해지고 싶다면 이를 실천해야 한다.

111) 어떤 이들에게는 매주 화해의 성사를 보는 것이 해로울 수 있다. 왜냐하면 위험할 정도로 자신에게 지나치게 몰입되고 세심증에 빠질 수 있기 때문이다. 화해의 성사를 보는 횟수는 영성 지도자나 고해 신부와 신중하게 상의해야 한다. 그러나 오늘날 사제들 사이에서도 영적으로 큰 도움을 주는 고해성사에 대해 위험할 정도로 무관심을 갖는 모습을 목격할 수 있다. 이 도움은 그리스도와 점점 더 완전히 닮고자 하는 사람과 성령께 점점 더 투명하게 순명하고자 하는 사람에게 꼭 필요한 것이다. 화해 성사의 위기는 아마도 직접적으로 초래된 것은 아닐지라도, 적어도 신학교와 축성 생활회의 양성소에서 책임을 맡고 있는 사제와 양성자들이 이 성사에 대해 무관심해져 버린 것에서 촉진된 것으로 보인다.

112) 이는 교구, 지역 또는 대리구(지역장) 수준에서 다양한 교구의 구조와 규정에 따라 계획될 수도 있고, 개별 사제의 자유로운 주도로 실행될 수도 있다. 어떤 경우든 중요한 것은, 우정과 우호와 같은 인간적 가치에 대한 관심은 올바르지만, 이것이 영적 가치의 양성을 질식시키면 안 된다. 신앙의 전달, 공동 기도 참여, 주님의 빛 속에서 영성 생활과 사목 생활의 주제에 대한 성찰에서 태어나는 영적 가치는 인간적 가치와 똑같이 소중하다.

적 가르침을 받고 영적 담화를 했던 것과 비슷하게, 경험이 많고 역량 있는 영성 지도자의 도움을 받을 수 있다. 또한 편안하게 기도할 수 있는 분위기에서 자기 존재의 뿌리와 직무의 근원으로 돌아갈 수 있으며, 이는 영적 성장의 기회가 될 것이다.

연간 계획표에는 최소 정확한 날짜에 영신 수련이나 다른 유형의 영적 모임을 배정해야 한다. 이 시간에는 신학-사목적 쇄신을 위한 지적-문화적 교육 연수이기보다는, 기도와 식별의 시간이 되어야 한다.[113] 또한 여름 방학 동안 사목 체험을 할 수 있는 장소와 방식에 대해서 정확하게 정해야 하는데, 영신 수련 동안 이것을 정하지 못했다면, 자신의 영성 생활의 개인적 계획을 성찰하고 점검하는 시간을 신중하게 마련하여, 다음 해를 위해 적절히 조정할 수 있도록 해야 한다.

---

113) 이것은 특히 초기 양성 시기에 중요하고 큰 의미가 있다. 진정한 하느님 체험과 그리스도와의 만남의 기회가 되는 영신 수련은 매년 정기적으로 실시해야 한다. 영신 수련을 계획하는 책임이 누구에게 있는지, 구체적으로 영신 수련의 지도자 선정, 수련의 장소, 운영 방식에 대해 논의할 수 있다. 일부 신학교에서는 교장이 이 일을 담당하고, 영신 수련 과정 중 내내 수련자들과 함께한다. 영성 지도 신부의 역할은 하루 정도 수련자들을 면담하는 것이다. 다른 신학교에서는 영신 수련의 계획을 영성 지도 사제에게 맡긴다. 교장은 잠깐 모습을 드러내는 정도로 하며, 모든 것을 영성 지도 사제와 영신 수련 지도자에게 맡기는 것을 선호한다. 다른 해결책도 가능하다. 신학교의 교장과 영성 지도 사제 둘 모두가 영신 수련 계획하고 수련 과정 내내 함께하는 것이다. 반대로, 두 사람 모두 참석하지 않고, 계획도 신학생에게 맡길 수 있다! 우리는 영성 지도 사제가 영신 수련을 계획하는 방식을 선호한다. 영성 생활의 시기와 순간에 대한 외적 영역을 다루는 영성 지도 사제의 역할과 부합하기 때문이다. 다만 전달할 내용, 일정, 영신 수련 중 조성할 분위기와 같은 구체적 운영 방식에 대해 영신 수련 지도자가 결정할 충분한 자유를 준다. 교장은 이 과정 중에 모습을 드러내지 않는 것이 좋으나, 이 양성 순간에 대해 존중을 보여 주는 것은 매우 중요하다. 더욱이 특히 주교(또는 장상)가 참여하는 것은 바람직하지 않다. 주교나 장상이 신학생의 열려 있는 마음을 이용하여 특정한 과업 수행이나 순명을 요구하려는 의도를 가질 가능성이 있기 때문이다.

4.2. 신학교 내 소통의 형태

신학생들은 미래 사제로서 삶의 영적 차원을 성숙시켜야 한다. 이러한 목적을 달성하기 위해서 가르침을 다양한 형태로 전달하게 되는데, 그 가운데 특별히 양성자가 눈여겨보아야 할 것이 있다. 일반적으로는 영적 가치를 '암시적이고 간접적'으로 전달하는 것이 더 효과적이지만, 초기 양성 과정에서는 '명시적이고 직접적'으로 전달하는 것이 필요하다.

일반적으로 양성자가 가장 많이 활용하는 전달 형태로는 미사와 여러 전례에 행하는 강론, 정기적인 영성 강화와 훈화, 그리고 특별히 중요한 개별 영성 면담이 있다.

모든 신학생은 사제에게 영성 생활의 기본이 되는 전례 영성을 전례적 강론을 통해서 쉽게 교육받을 수 있고,[114] 공동체 지도와 훈화를 통한 양성은 — 아마도 신학생들이 양성자와 함께, 그리고 신학생들끼리 공동으로 토론하고 성찰하는 방식으로 더욱 풍부해질 수 있다 — 이러한 영적 교육 시기에 책임을 맡은 영성 지도 신부나 교장이 더욱 큰 관심을 기울여야 할 것이다. 사전에 유기적이고 체계적인 방식으로 전달할 내용을 정확하게 계획하는 것은 어렵다. 그 이유 중 하나는 많은 신학교와 수련 기관에서 시행하는 교육이 학문 기관이 담당해야 할 문화적 결핍을 보완하는 역할을 해야 하기 때문이다. 따라서 신학교는 신학 교육 기관(신학대학)이 맡아야 할 지성 차원의 양성 역할까지 수행하게 되는 경우가 많다. 영성 지도 사제나 교장이 하는 공동체

[114] 가톨릭 교육성, 「신학교의 전례 교육에 관한 훈령」, 1979.

교육이나 훈화는 객관적 신앙의 영역에서 이루어지지만, 이 훈화가 단지 영성 학교로 축소될 수 없다. 공동체 내에서 계속 발생하는 요구, 공동체의 구체적 문제, 그리고 시대, 장소, 사람들과 같은 구체적인 상황 등에서 이뤄야 할 즉각적인 목표를 식별하고, 전달해야 하는 내용을 선택할 수 있을 것이다.

구체적인 상황을 고려한다고 해서, 공동체에 대한 정기적 영성 강화가 단편적이고 즉흥적이어야 하며, 유기적이고 체계적인 발전의 틀 안에서 메시지를 전달하려고 계획을 세우는 노력이 쓸모없는 것은 아니다. 양성자가 일관되지 않고 들쭉날쭉한 교육과정과, 탁상 계획에 얽매인 경직된 교육 과정 사이에서 올바른 중심점을 찾는 일은 쉽지 않다. 단편적이고 불안정한 교육 과정은 기준 없이 바람이 부는 곳으로 움직이는 사람을 양성할 것이고, 탁상에서 미리 조정된 계획에 엄격하게 매여 있는 교육은 합리주의와 율법주의적 양성이 될 위험이 있으며, 결국 유연하지 못하고 올바른 영적 식별에 무능한 사람을 양성할 것이다. 미래에 사제가 지녀야 할 역동성과 생명력에 대한 걱정이 진리를 희생시켜서는 안 된다. 그러나 동시에 진리를 보장하려는 노력이 생명의 숨을 막아 버리는 결과를 가져와서도 안 된다. 말씀과 성령은 각자가 고유한 특성과 상호 보완성을 통해서 신학생들의 영적 양성을 위한 메시지를 전달하도록 양성자들의 선택에 빛을 비추어 주실 것이다.

교장과 영성 지도 신부는 신학생을 위한 공동 강화와 훈화의 주제를 선택하고 준비할 때, 다음의 지침을 염두에 두는 것이 유용할 것이다.

① 첫째, 상호 보완성이다. 훈화 주제의 출처와 유형은 다양해야 하며, 서로 보완되어야 한다. 성서 모임은 전례 모임과 번갈아 진행해야 한다. 수덕과 신비와 같은 더 큰 주제(말씀 듣기, 성사생활, 회개, 기도, 영적 식별, 고행, 그리스도 따르기, 복음적 근본주의, 덕, 복음적 권고 등)에 관하여 훈화할 때, 사제 영성의 더 구체적인 주제(목자이시며 머리이시며 신랑이신 그리스도를 닮음, 목자의 사랑, 직무를 통한 성화, 성체성사의 중심성, 삼중 직무 영성 즉 말씀을 선포하고, 전례를 주재하고, 그리스도교적 삶, 특히 사랑의 삶으로 인도하는 영성, 교구 사제에게는 입적의 영성, 수도 사제에게는 자신의 수도회에 소속되고 연결되어 설립자의 카리스마에 따르는 영성, 이 둘 모두에게는 각자가 받은 은총의 고유한 방식에 따라서 개별 교회와 보편 교회에 헌신하는 영성 등)와 연결하여 가르쳐야 한다. 중요한 성인들에 대한 만남은 공동체 생활의 중요한 주제(교구 차원에서 주교와의 친교 및 동료 사제들과의 친교, 신학교 공동체에서 신학생들 사이의 관계 및 양성자와 신학생의 관계 문제, 그리고 신학교와 사목생활 사이의 관계 또는 성직자와 축성 생활회 구성원 사이의 관계, 사제와 평신도 봉사자 사이의 관계에서 드러나는 문제가 개인적 및 공동체적 영성 생활에 미치는 영향)에 대한 성찰로 이어질 수 있다.

② 전례 시기와 수직 및 수품 집행 일정에 적합한 훈화를 준비해야 한다.

③ 영성 지도자와 교장은 영성 면담을 통해서, 신학생들이 공통되고 객관적으로 선포된 진리를 개인 차원에서 내면화하고, 잘 받아들이도록 촉구해야 한다. 이는 지속적이고 반복적이어야 한다.

④ 경험을 인도하는 양성자들은 보편적이고 객관적인 내용을 전달하면서, 동시에 신학생들이 그 주제에 관한 과거의 체험을 되새기며 성찰하게끔 이끄는 것이 바람직하다. 공동체 차원의 체험이든 개인 차원의 체험이든 모두 가능하다. 과거에 대한 성찰은 현재 삶을 인식하면서, 미래로 나아가기 위한 결정과 방향 설정을 모색하게 이끈다. 이러한 내적 훈련을 통해 모든 신학생 각자는 과거를 돌아보며 확인하고, 이해하고, 깨닫고, 이를 표현하고 명명하는 능력을 기르며, 현재에 영향을 미치는 다양한 요소들을 평가하고 식별하면서, 미래의 사명에 대한 전망을 열어가는 과정에 참여하게 된다. 이러한 과정을 통해서 신학생들은 하느님께서 더욱 기뻐하시는 것, 영혼의 선익을 위한 것을 결정할 수 있게 양성될 것이다.

4.3. 영성 지도의 실제

양성자가 그들의 가르침을 신학생에게 전달하는 다양한 형태를 말할 때, 개별 영성 면담이 가장 확실하고 안정된 방식이라고 말하는데, 지금까지의 논의를 통해서, 독자들은 그 이유를 더 잘 이해할 수 있을 것이다. 사실 개별 영성 면담과 영성 지도는 초기 양성 때에만 필요한 것이 아니라, 지속 양성 때에도 역시 필요하며, 따라서 이미 성직과 사도 생활에 종사하는 사제들에게도 그러하다.

물론, 영성 지도는 역동적이기 때문에, 모두가 똑같을 수 없다. 그래서 사제 영성의 내적 영역에서도 지도를 받는 사람에 따라 달라질 것이다. 젊은 신학생을 영성 지도하는 것과 젊은 사제를 영성 지도하는 것은 같지 않다. 마찬가지로, 젊은 사제의 영성 지도와 성숙하고 연로한 사제의 영성 지도는 미묘하게 다른 특징과 의미가 있을 것이다.

많은 경우, 일반적인 영성 지도를 신학생이나 사제의 영성 지도에 적용할 수 있기 때문에, 여러 훌륭한 책과 연구가 이미 자세하게 언급한 내용을 여기에서 반복하지 않겠다.[115] 다만 사제를 위한 영성 지도의 구체적인 특징을 몇 가지만 강조하고자 한다.

첫 번째 특징은 영성 지도의 '필요성'에 관한 것이다. 일반적인 영적 지도는 영적 식별의 은사와 연결되어 있고, 반드시 성품성사를 받은 사람에게만 독점적으로 주어진 것은 아니기에, 엄격한 의미에서 사제만이 할 수 있는 일이라 말할 수 없다. 사제만이 영적 지도자 임무를 수행할 수 있고, 성직자가 아닌 사람이나

---

115) 영적 지도에 관해서 쉽게 접근할 수 있는 참조는 다음과 같다. "Direction spirituelle", in *Dictionnaire de spiritualité*, III, pp.1002~1214; L. Serenthà / G. Moioli / R. Corti, *La direzione spirituale oggi*, Atti della quattro Giorni per assistenti di A.C. di Milano, Milano, 1982; "La direzione spirituale", I Parte(art. di A. Bissoni, A. Manenti, A. Cencini, G. Tripani), in *Vita Consacrata* 31(1995), pp.132~193 e II Parte(art. di N. Dal Molin, C. Bresciani, P. Magna), in *Vita Consacrata* 31(1995), pp.278~312; Aa.Vv., (D. Bottino / O. Cantoni / A. Cencini / W. Magni / R. Martinelli / G. Sovernigo) *Direzione spirituale e accompagnamento vocazionale*, a cura del Centro Nazionale delle Vocazioni, Milano, 1996; Ch. A. Bernard, *L'aiuto spirituale personale*, Roma, [3]1985; M. Costa, *Direzione spirituale e discernimento*, Roma, [3]1996; J. Laplace, *La direction de conscience ou le dialogue spirituel*, Tours, 1965. (trad, it: *La direzione di coscienza o il dialogo spirituale*, Milano, 1968); A. Louf, *La grâce peut davantage*. L'accompagnement spirituel, Paris, 1992, (trad. it: *Generati dallo Spirito. L'accompagnamento spirituale*, Magnano, 1994; C.M. Martini, "La direzione spirituale nella vita e nel ministero del sacerdote", Conferenza al clero di Mantova del 31 marzo 1982, in Id., *Sia pace sulle tue mura*, Bologna, 1984, pp.17~36; A. Mercatali, "Padre Spirituale", in *NDSp*, pp.1116~1134; R. Frattallone, *La direzione spirituale oggi*, Torino, 1996.

평신도는 이를 수행할 수 없다고 말할 수 없다.[116] 하지만, 직무 사제직이 영적 지도와 특별한 관련을 맺고 있는 것도 사실이다. 사실 사목 직무는 사제들에게 이러한 봉사를 요구하며, 이를 통해 "교회의 모든 자녀들에게 온전히 의식적이고 사도적인 그리스도인 생활과 그 신분의 의무를 완수하도록 이끄는 양성"[117]을 실질적으로 제공할 수 있다. 따라서 「사제 양성 교령」에서 강조하듯이,[118] 사제 서품 후보자들에게 영혼을 인도하는 기술을 꼼꼼하게 가르칠 필요성이 강조되며, 더욱 중요한 것은 모든 사제 서품 후보자와 사제가 스스로를 영성 지도를 할 수 있도록 가르치는 것이다.[119]

두 번째는 영성 지도의 '제도적' 특징이다. 신앙 체험을 살아가도록 돕는 '제도적' 도움은 본질적으로 오직 사제만이 제공할 수 있으며, 이러한 사제의 영성 지도는 엄격한 의미로 서품 직무로서의 참된 사목 직무가 될 수 있다. 이러한 관점에서 신학생들이 초기 양성 기간에 행하는 영성 지도의 제도적 성격과 차원을 더 잘 이해할 수 있다. 이것은 신학교의 영성 지도 사제의 역할이 단순히 신학생이 선택하는 영성 생활 지도자의 역할과는 약간 다른 이유를 설명해 준다. 우선 영성 지도 사제는 신학교에서 고려 대상이 아니라, 반드시 있어야 한다.[120] 신학교의 경우, 그리고 마찬가지로 축성 생활회의 양성소의 경우에서도 앞에서 살펴

---

116) 이 문제를 심화하기 위해서는 Cf. M. Costa, *Direzione spirituale e discernimento, op. cit.*, pp.109~111.

117) 「사제 양성 교령」 19항. 참조: 「사제 생활 교령」 6, 9, 11항; 「현대의 사제 양성」 40, 50, 81항; 「사제의 직무와 생활 지침」 54항.

118) 「사제 양성 교령」 19항.

119) 「사제의 직무와 생활 지침」 54항; 「현대의 사제 양성」 81항.

120) 참조: 「교회법」 제239조 2항.

본 바와 같이 영성 지도자는 사제 지망자들의 선익을 위해 주교(또는 장상)가 공식적으로 임명(="영성 지도자")하거나, 적어도 지정해야 한다.[121] 신학생이 주교가 공식적으로 임명하거나, 지정한 사람 이외의 인물을 영성 지도자로 선택하고자 한다면, 영성 지도의 본질을 존중하기 위해서(즉, 자유롭게 지도자를 선택하여 마음 놓고 양심을 열어 보일 수 있게 하기 위해서), 혹은 다른 타당한 이유로 그의 자유를 존중하는 것이 바람직할 때,[122] 당사자는 교장에게 알릴 뿐만 아니라, 그 선택에 대한 교장의 허락을 받아야 한다. 신학교의 영성 지도가 이러한 제도적 특징을 지니는 것은 양성 방향을 일치시켜야 한다는 목적이 있기 때문이다. 하지만, 이것이 영성 지도의 본질 자체를 왜곡하지 않도록 주의를 기울여야 한다. 사제 후보자들은 사제로서 살아갈 미래에도 이 소중한 도구인 영성 지도를 성숙하게 활용할 수 있어야 한다. 구체적으로 말하자면, 현재의 신학생과 미래의 사제가 신학교에서 받은 영성 지도의 형태를 즉 아직 초기 양성 단계에 있는 사람들에게 교회가 원하는 영성 지도자라는 제도적 인물이 영성 지도를 행사하는 형태를 영성 지도의 본질이라고 생각하지 않아야 한다. 또한 일반적으로 신학교나 수련소의 영성 지도자가 수행하는 영성 지도를 가지고, 모든 사람을 위한 일반적인 영성 지도의 본질을 설명하는 것은 올바르지 않다! 영성 지도를 지나치게 성직화하고 제도화하는 위험이 있으며, 결국 신학생 양성과 평신도 양성에 대한 전망을 빈곤하게 만드는 결과를 초래할 것이다.

---

121) 참조: 같은 곳.
122) 참조: 「교회법」 제246조 4항.

사제의 영적 양성 도구로서 영성 지도를 논의하는데 강조해야 할 세 번째 요소는 지도받는 이의 관점에서 '영성 지도의 기간'이다. 일부 학자들은 영성 지도를 정의할 때, 지도자가 제공하는 도움의 영역을 뜻하는 '영성'이라는 용어 옆에 '일시적'이라는 형용사를 덧붙이기도 한다. 이는 심리학에서 기인하는데, 심리 치료와 비슷하게, 영성 지도도 '기한이 있는' 경험이라고 주장한다.[123)] 지도자가 수년 동안 같아서는 안 되며, 참된 영성 지도는 가정이나 학교에서 이루어지는 교육 과정이 그러한 것처럼, 반드시 마무리를 지어야 한다. 이것은 거의 원칙처럼 지켜져야 한다. 교육자는 교육을 통해 결국 자신을 불필요한 존재로 만들어야 한다. 그렇지 않으면, 자신이 제공한다고 믿는 도움의 진정성이 무너지고 그 교육은 실패하게 될 것이다. 이 명제는 몇 가지 중요한 진리를 올바르게 강조하고 있다. '지도받는 이'가 영성 지도자에게 과도하게 의존하면 위험하다는 것, 영성 지도는 교육적 성격을 지닌다는 것, 그리고 영성 지도자와 함께 해결했던 많은 문제를 시간이 지난 뒤에 '지도받는 이'가 스스로 풀어갈 수 있어야 한다는 것, 이것이 점진적으로 자율성이 달성되고 있다는 표지라는 것 등이다. 그러나 이는 "지도받는 이"의 영적 진보에 따라 영성 지도를 완화해야 한다는 뜻이지, 영성 지도를 반드시 중단하거나 영원히 끝내야 하는 것을 의미하는 것은 아니다.

영성 지도와 심리 치료 사이에 유사점이 있는 것은 사실이지만, 심리 치료 과정의 역동을 영성 지도에 똑같이 투영해서는 안

---

123) A. Bissoni, "Integrare 'divino' e 'umano'", in *Vita Consacrata* 31(1995), p.137; A. Manenti, "Avvicinare la persona a Cristo", in *Vita Consacrata* 31(1995), p.150.

된다. 성령의 감도를 받아 새롭게 태어난 피조물의 더욱 고유한 영적 영역에서, 거룩함을 향한 무한한 진보에 도움을 줄 수 있다. 이미 해결되었거나 처리하는 법을 배운 문제 뒤에는, 더욱 복잡하고 어려운 다른 새로운 문제가 뒤따를 수 있다. 이는 이 세상에서 삶이 끝날 때까지 계속될 것이다. 그럴 때, 더 경험이 많고 노련한 영성 지도자와 신앙으로 이 문제를 직면하는 것이 의무일 것이다. 게다가 우리 모두가 잘 알고 있듯이, 성령에 이끌리는 삶 안에서, 이미 지나왔다고 여겼던 단계로 다시 되돌아가는 어려움이 발생할 수 있다. 특히 영적 메마름이나 영적 실망과 같은 상황에서는, 혼자서 이를 극복하기란 쉽지 않고, 다른 사람의 도움이 반드시 필요하다.

이것은 모든 영성 지도에 일반적으로 해당하지만, 사제의 영성 지도의 경우에 더욱 특별하게 강조되는 것 같다. 그들은 특별한 방식으로 예수 그리스도께 자신의 삶을 거는 사람이고, 특별하게 의식적으로 거룩함으로 향하는 여정을 선택한 사람으로서, 삶의 문제와 선택에 직면하여 단순하게 "무엇이 악인가?"라는 질문에 만족해서는 안 된다. 그보다는 "어떻게 하는 것이 더 나은가?"라는 보다 참여적이고 역동적인 질문을 해야 한다. 사제들은 단순히 반복적인 율법 준수에 머무르지 않고, 성령의 바람에 점점 더 많이 자신을 맡기기 위해 끊임없이 회심하고 하느님의 뜻을 지속적으로 추구하는 만큼, 영성 지도의 필요성을 느끼게 될 것이다. 그러나 사제는 영성 지도를 자신의 책임으로부터 회피하기 위한 의지처로 여겨서는 안 되고, 오히려 주님을 더욱더 사랑하고, 특히 하느님께서 목자와 지도자의 보호에 맡기실 사람들을 더욱더 사랑하게 하는 도움으로 여겨야 한다. 이러한 이유로 우리는 사제들을 위한 영성 지도가 일정한 기간만 이루어지는 경험이라는 생각을 거부하고, 영성 지도의 필요성을 느끼지 않는 것이 성숙함의 표지일 수 있다는 주장에 동의하지 않는 것이다.

일부 신학교와 수도자 학생 공동체에서 특별한 문제가 제기되는데, 여성이 신학생의 영성 지도 역할을 수행할 수 있는가이다. 엄밀하게 교회법적 관점으로 볼 때, 「교회법」 제239조 2항에서 언급하는 공식적인 영성 지도자 또는 주교가 지정한 영성 생활 지도 사제의 경우에는 큰 논쟁거리가 없다. 「교회법」은 "학생들은 주교에 의하여 이 임무에 위탁된 '다른 사제'들에게도 갈 자유가 있다"라고 표현한다. 주교가 지정한 사람은 본문에 명시된 바와 같이, '사제'이어야 하고, 공식적인 영성 지도자 역시 사제여야 한다. 왜냐하면 영성 생활 지도자를 '다른 사제'라고 말한 것은 영성 지도자도 사제라는 것을 전제하기 때문이다. 문제는 이러한 해석이 자유롭게 영성 생활 지도자를 선택할 수 있다는 제246조 4항과 충돌할 수 있다는 것이다. 물론 영성 지도자는 사제이어야 한다고 명시되지 않지만, 사제 후보자가 마음 놓고, 양심을 열어 보일 수 있기 위해서 자유롭게 선택하고 신뢰할 수 있는 사람이라는 사실에서, 사제가 조건에 부합한다고 볼 수 있다.

영성신학적 관점으로 볼 때도, 이 질문에 대한 답은 부정적인 방향으로 기울어질 것이다. 여성 지도자를 거부하는 이유는 수도자의 영성 지도자로 같은 수도회의 수도자가 바람직하다는 생각과 같은 것이다. 같은 수도회의 수도자는 같은 카리스마에 참여하기 때문에, 그 수도회의 성소 정체성을 추구하는 청년들에게 기준이 되는 모범을 더 잘 제시할 수 있다. 또한 여성 수도회에서도 마찬가지로 같은 원칙이 적용된다. 영성 지도자가 '지도받는 이'와 같은 카리스마의 정체성을 가지고, 자신의 신앙과 카리스마적 경험을 더욱 효과적이고 의미 있게 내어놓을 수 있기에, 영성 생활을 이제 막 시작하는 '지도받는 이'에게 특별히 의미가 있다. 양성을 받는 수녀든, 이미 서원을 한 수녀든, 같은 수도회 회원에게 영적 지도를 받을 때 자신의 마음을 점점 더 열 수 있을 것이다. 축성 생활자이거나 매우 영성적인 사람임에도 불구하고, 여성을 신학교 영성 지도로 임명하지 않는 것을, 고집스러운 남성 우월주의의 표현으로 심판한다면, 이는 심각한 모욕이며 오류일 것이다. 그렇다면, 교회가 신학생의 영성 지도 신부로서 수도자나, 특히 사제이기는 하지만 수도승이 그 역할을 맡는 것을 일반적인 관행으로 여기지 않고, 오히려 예외적인 경우로 간주하는 이유를 이해하기 어려울 것이다. 또 교황이 「현대의 사제 양성」에서 "모든 교육 여정에서 평신도 영성과 여성성의 카리스마가 유용하다는 점을 강조하는" 「평신도 그리스도인」[124]과 「여성의 존엄」[125]의 가르침을 반복하면서, "미래의 사제들을 양성하는 데 있어 신중하게, 또한 다양한 문화적인 상황에 적응된 방법으로 남녀 평신도들의 협력을 받는 일도 중요"하다고 단언하고, "평신도들이 미래의 사제들을 양성하는 일을 맡은 사람들이 마땅히 쳐야 할 중요한 교육적 책임들과 잘 조화를 이루고 일치를 이루는 가운데 협력한다면 훌륭한 결실들을, 즉 사제직 지원자들이 교회의 의미에 대한 이해를 더욱 균형 있게 발전시켜 나가고 사제의 정체성에 대하여 좀 더 명확하게 인식할 수 있도록 하는 데

124) 참조: 요한 바오로 2세, 「평신도 그리스도인」 61, 63항.
125) 참조: 요한 바오로 2세, 「여성의 존엄」 29~31항.

도움이 되는 훌륭한 결실들을 많이 맺게 될 것"[126]이라고 강조하는 것을 이해하기 어려울 것이다.

신학교에서 영성 지도자의 역할로서 여성의 존재가 거부되는 것처럼 보이는데, 신학생의 양성 과정에서 여성성이 지닌 카리스마가 제대로 자리 잡고, 더 향상되기 위해서는 아직도 많은 길을 가야 할 것으로 보인다. 여성성에 대한 방어적이고 의심스러운 태도를 취하지 않아야 한다. 약간의 창의성과 용기를 발휘한다면, 신학교 생활 안에서도 여성의 건설적인 참여를 위한 공간을 생각보다 더 크고 넓게 마련할 수 있을 것이며, 이는 사제 성소를 준비하는 이들의 더욱 통합적이고 조화로운 양성에 기여할 것이다.

126) 「현대의 사제 양성」 66항.

/나/오/는/ /글/

최근 몇 년 동안 사제 영성에 관한 강좌를 진행하면서 분명히 깨달은 것이 하나 있다. 이 연구를 통해서도 객관적으로 제시하고자 한 이 주제에 대한 성찰의 여정이, 그 전체 흐름을 끝까지 따라온 이들의 모든 기대를 만족시킬 수 있는 결론에 도달하기 어렵다는 것이다. 실제로 시험 때 학생들에게 그들이 배운 내용을 잘 종합할 수 있는 제목을 지어 보라고 질문을 했었는데, 각양각색의 대답이 나왔다. 각각의 학생은 강의 내용 중에서 자신의 내적 여정 상태와 가장 잘 부합한다고 여겼던 것을 강조하여 대답했다. 누구는 사제 영성과 사제 정체성에 대한 교리적 기초를 가장 흥미로워했다. 다른 누구는 두 번째 장에서 제시한 사제 영성의 구성 요소가 자신의 기대와 바람에 가장 잘 부합한다고 느꼈다. 마지막으로 또 다른 누구는 사제의 영적 양성에 관한 성찰에 가장 많은 관심을 두었다. "받는 것은 받는 이의 방식에 따라

받는다"(Quidquid recipitur ad modum recipientis recipitur). 특히 사제 영성의 경우처럼 자신의 경험이 주요한 역할을 하고, 특별한 중요성을 지니는 주제에 있어서는 더욱 그러하다.

그럼에도 불구하고, 우리가 이 연구를 통해서 말하고자 했던 것은, 직무 사제직의 정체성, 영성, 양성 사이의 순환성과 통합성을 잘 파악하고, 이들의 통합을 숙고해야 한다는 것이다.

20세기 말, 2천 년을 마무리하는 오늘날의 급격한 변화는 교회와 사제 개인에게 쇄신의 과정 앞에서 어떤 태도를 취해야 하는지 묻고 있다. 새로운 사제상과 모범을 세우는 것은 피할 수 없는 요구이며, 그에 따른 새로운 사제 영성과 새로운 사제 양성도 요청된다. 이 주제에 관한 수많은 신학적·영성적·교육학적 문헌은 교회가 이 쇄신 작업에 얼마나 큰 노력을 기울이고 있는지 보여 주는 증거이다.

역사적 상황에 대해 사회학적 해석을 하는 것이 어려운 것이 아니라, 현대 세계와 대화하면서도, 하느님의 말씀에 배반하지 않고, 예수 그리스도께서 직무 사제직이라는 선물을 주시면서 교회에 맡기신 사명을 저버리지 않는 지혜로운 해석 능력이 진짜 어려운 것이다. 실제로 현대 세계와의 대화는 '새로운' 사제상과 모범을 요구하는데, 이는 바오로 6세의 회칙 「주님의 교회」가 우리에게 상기하는 바와 같이,[1] 모든 대화가 쇄신을 전제한다는 것

[1] 바오로 6세의 문헌의 제3부는 '대화'인데, 그에 앞에는 제2부 '쇄신'을, 또 그 앞에는 제1부 '자각'을 배치했다. 교회가 스스로에 대해 가져야 할 의식을 심화시키고, 그 다음 자신의 결함을 바로잡고 더욱 완전함을 향해 나아가며, 마지막으로 세상과 대화하는 것이 바오로 6세가 교회에 제시하는 세 가지 길이다. 앞엣것은 뒤엣것의 문을 열어 준다. 따라서 자기 정체성에 대한 의식 없이는 쇄신이 있을 수 없으며, 회심과 쇄신없이는 대화가 있을 수 없다.

과 다르지 않다. 그러나 '새로움'과 쇄신은 — 역시 바오로 6세의 회칙이 상기시켜 주는 것처럼 — 자신의 정체성에 대한 주의 깊은 자각을 전제한다. 사제의 경우, 이런 자각은 하느님 말씀과 전승 안에서 강력한 힘을 얻어서, 사제 개인이 세상에 속하지 않고 세상 속에 존재할 수 있는 능력을 주고, 세속적인 세상과 깊이 구별되는 삶을 살아가며, 또한 교회 내에서도 평신도와 축성 생활자와 구별되는 삶을 살아가게 한다. 물론 이는 분리나 무관심, 경멸, 반대로서의 구별이 아니라, 오히려 외적으로 드러나는 사랑의 선물이 되도록 하는 내적 충동의 근원으로서의 구별이다.

그러나 더 근본적으로, 사제 정체성에 대한 자각이 새로운 사제상의 쇄신의 원천이고 되고 창조력이 되기 위해서는 사제가 그리스도의 인격에 머물러야 한다. 그리스도와 결합하고, 그와 친밀하게 되고 그를 닮을 때만이, 사제는 현대 세계가 절박하게 교회에 요구하는 '새로운' 서품 직무자가 될 수 있을 것이다. 이러한 이유로, 사제에게 성령에 강렬하게 따르는 삶이 필요하고 핵심이 된다. 성령만이 성품성사를 통해 사제를 머리이시고 목자이시며 신랑이신 그리스도를 닮게 하시고, 사제가 세상 안에서 인류에 대한 그리스도의 사랑과 구원의 사랑을 드러낼 수 있도록 하시며, 직무 수행을 통해 자신을 성화할 수 있게 해 주신다. '새로운 복음화'가 '새로운 복음 선포자' 없이 이루어질 수 없듯이, '새로운 사제 직무'도 '새로운 사제' 없이 이루어질 수 없다. 즉 모두에게 새로움을 주시는 성령으로 표시되는 영성 생활에서 터져 나오는 그 새로움으로 새로운 사제가 되어야 한다. 이런 방식으로 사제에게 영성은, 현대 세계 속에서 자신의 사제상을 바르게 쇄신하고, 세속적이고 물질적인 사고방식에 휘둘리지 않으면서도, 세상과 대화할 수 있도록 하는 특권적인 길이 된다.

영성이란 성령의 이끄심에 자신을 맡기어, 내면의 중심인 마음까지 들어가는 것을 의미한다. 이 내면의 중심에는 충만한 참 자아가 있으며, 여기에서부터 모든 이들과의 친교를 가능하게 된다. 마음은 하느님과 만나는 장소이지만, 동시에 모든 문화적·역사적 차이를 넘어 모든 사람과의 친교를 이루는 장소이기 때문이다. 테크놀로지와 포스트 인더스트리얼을 특징으로 하는 현대 사회에서 인간 공동체는 언어와 문화로 파편화된 것처럼 보이는데, 이 심각한 문제는 교회 안에서도 일어난다. 이러한 현대 사회의 도전에 맞서서, 사제는 '친교의 사람'이자, '일치의 사람이자 교회적 보편성의 사람'으로서, 문화적 적응과 대화의 방식보다 더 깊은 내면성과 영성의 방식으로 효과적이고 설득력 있는 대응을 찾을 것이다. 사제는 자신 안에 들어가지만, 자기 안에만 매몰되지 않고, 성령의 활동 하에 이루어지는 내면화 과정을 통해, 하느님께 개방하고, 더욱 깊이 사랑하고 섬겨야 할 이웃에게 개방해야 한다. 그럴 때, 한편으로는 자기 삶의 일치를 위협하는 단편화의 위기와 맞설 수 있으며, 다른 한편으로는 그리스도께서 원하시는 영원하면서도 늘 새롭게 쇄신되는 사제상을 실현하고, 오늘날 인간의 가장 진실되고 참된 요구에 응답할 수 있을 것이다.

영성에 대한 새로운 사명, 즉 사제의 모든 삶을 통합하는 요소인 영성을 중심으로 삼아야 하는 사명은, 사제 양성을 위한 쇄신의 노력을 촉구한다. 새 포도주는 새 부대가 필요하다. 이는 지속 양성 차원에서뿐만이 아니라, 초기 양성 차원에서도 마찬가지이다. 급격하게 변화하는 이 시대에 미래의 사제들을 위한 새로운 교육과 양성의 밑그림을 그려야 하는 까다로운 과제가 교회에 주어졌다. 새로운 양성은 무엇보다 신학생들이 체험을 통해서 배우는 법을 익히게 해야 한다. 체험은 단순히 일어난 사실을 뜻하는 것이 아니라, 성령에 의한 내면의 움직임인 영적 체험을 의미한다. 이는 성령의 감도와 인도를 따르는 하느님의 자녀들의 영적 자유를 양성하지 않고는 불가능할 것이다. 개념과 규정에 대한 습득, 학교 수업과 사목 체험, 영성 훈화와 전례, 교육자와의 관계와 신학교 밖의 사람들과의 관계 등, 이 모든 것이 유용하고 필요하다. 그러나 이것들은 단순히 알아야 할 지식과 지켜야 할 규범에 머무를 수 있다. 그렇게 되지 않기 위해서 이 모든 것이 항상 기도 안에서 주님과 인격적인 만남을 통해 내면화되고 스며들게 해야 한다. 오직 그럴 때만이 합리주의적 또는 율법주의 유형의 양성에서 발생하는 문제를 극복할 수 있을 것이다. 이러한 양성 유형은 항상 환원적이고 시대착오적이었으며, 오늘날에는 그 어느 때보다도 그러하다. 그리고 내면화가 이루어질 때만이 사제는 지속적인 식별 속에서 살아갈 수 있을 것이다. 식별은 새롭고 영원한 계약의 사람인 사제의 전형적인 생활 방식이다.

「현대의 사제 양성」에서 요한 바오로 2세는 최근 삼십 년 동안 사제 직무에 관한 성찰의 관심이 '정체성에 관한 문제'에서 '양성에 관한 문제'로 옮겨졌음을 밝혔다.[2)] 이러한 관심의 이동이 세상과의 대화로 열매 맺게 하기 위해서는 영성이라는 매개가 필요하다. 즉 성령에 따르는 삶이 요구되는 것이다. 영성은 단지 그리스도와 전승이 사제 직무의 성소를 통해 사제에게 선사한 모든 것을 '기억하게' 하는 것뿐만이 아니라, 그것을 마음 깊은 곳

2) 참조: 「현대의 사제 양성」 3항.

에 새길 것이고, 그것은 교회와 세상의 선익을 위한 원동력이 될 것이다.

/참/고/문/헌/

교회 문헌

- Acta Synodalia Sacrosancti Concilii Oecumenici Vaticani II, vol. II, P. IV, 857(제2차 바티칸 공의회 공식 회의록).
- Caprile G.(ed.), *Il Sinodo dei Vescovi.* Ottava Assemblea Generale ordinaria(1990.09.30.~10.27.), Roma, 1991(세계주교시노드 제8차 정기총회).
- Conferenza Episcopale Italiana, *Seminari e vocazioni sacerdotali,* Programma pastorale per l'anno 1979-80(이탈리아 주교회의, 「신학교와 사제 성소」).
- Diocesi di Milano, *Sinodo 47°,* Milano, 1995(밀라노 교구, 「제47회 교구시노드」).
- Giovanni Paolo II(요한 바오로 2세), *Caro sacerdoti!* Le «Lettere del giovedì santo» e altri scritti sull'identià, la vita e la missione del prete, a cura di D. Coletti, Cinisello Balsamo, 1990(요한 바오로 2세, 「친애하는 사제들!」).
- Les Évéques de France, *La formation des futures prêtres,* Paris,

1998(프랑스 주교회의, 「미래의 사제 양성」).
- Sinodo dei Vescovi del 1971, Documento sul sacerdozio ministeriale *Ultimis Temporibus*(1971.11.30., 세계주교시노드 제2차 정기총회 사제 직무에 관한 문헌).
- 가톨릭 교육성, 「사제 양성의 기본 지침」(1985.03.19.).
- 가톨릭 교육성, 「신학교 양성자의 양성에 관한 지침」(1993.11.04.).
- 『가톨릭교회교리서』(1992.10.11.).
- 가톨릭 신앙교리성, 친교로서 이해되는 교회의 일부 측면에 관하여 가톨릭교회 주교들에게 보내는 서한 「친교의 개념」(*Communionis Notio*, 1992.05.28.).
- 「교회법」 제273~289조, 243~264조, 1008~1054조(1983.01.25.).
- 바오로 6세, 회칙 「사제 독신 생활」(1967.06.24.).
- 성직자성, 「사제의 직무와 생활 지침」(1994.01.31.).
- 요한 바오로 2세, 시노드 후속 사도적 권고 「현대의 사제 양성」(1992.03.25.).
- 제2차 바티칸 공의회, 교회에 관한 교의 헌장 「인류의 빛」(1964.11.21.).
- ———, 사제 양성에 관한 교령 「온 교회의 열망」(1964.11.21.).
- ———, 주교들의 사목 임무에 관한 교령 「주님이신 그리스도」(1965.10.28.).
- ———, 사제 생활과 교역에 관한 교령 「사제품」(1965.12.07.).

단행본 및 연구 논문

- Aranda, G., «Sacerdozio universale e sacerdozio ministeriale», in Pittau, G. / Sepe, C.(edd.), *IMS,* pp.37~61.
- Barruffo, A., «Movimenti sacerdotali e spiritualità dei presbiteri», in *Rassegna di teologia* 30(1989), pp.413~439.

- Bertola, C.G., *Formazione sacerdotale. Aspetti sacramentali, teologici ed esistenziali,* Roma, 1987.
- Bertola, C.G., *Fraternità sacerdotale,* Roma, 1987, 1990(ed. spagnola Madrid, 1992; ed. inglese New York, 1989).
- Bot, J.M-, *Prêtre pour le salut du monde,* Paris, 1993.
- Brovelli, E. / Citrini, T.(edd.), *La spiritualità del prete diocesano.* Atti dei seminari e dei convegni di studio 1979-1989, Milano, 1989.
- Bur, J., *La spiritualité des prêtres,* Paris, 1997.
- Campany, J., *Apóstolo y Testigo. Reflexión sobre la espiritualidad y la misión sacerdotales,* Barcelona, 1992.
- Caprile, G., «L'VIII Assemblea generale ordinaria del Sinodo dei Vescovi. I. I lavori. II. Gli argomenti affrontati», in *La Civiltà Cattolica* 141(1990), IV, pp.378~387.
- ————, «Il celibato sacerdotale al Sinodo dei Vescovi 1990», in *La Civiltà Cattolica* 143(1992), IV, pp.488~501.
- ————, «Un dono del Papa ai sacerdoti. L'esortazione apostolica postsinodale "Pastores dabo vobis"», in *la Civiltà Cattolica* 143 (1992), II, pp.284~292.
- ————, *Il Sinodo dei Vescovi 1971.* 2 voll., Roma, 1972.
- Caprioli, M., *Il decreto «Presbyterorum Ordinis». Storia-analisi-dottrina,* 2 voll., Roma, 1989-1990.
- Cecolin, R.(ed.), *Sacerdozio e mediazioni,* Padova, 1991.
- Cencini, A., *I sentimenti del Figlio,* Bologna, 1998.
- Cencini, A. / Molari C.(edd.), *Il prete nella Chiesa oggi,* Bologna, 1991.
- Chapelle, A., *Pour la vie du monde. Le sacrement de l'Ordre,* Bruxelles, 1978.

- Chauvet, P., *Pour une théologie du Sacerdoce*, Paris, 1992.
- Citrini, T., *Discorso sul sacramento dell'ordine*. Milano, 1975.
- Cochini, Ch., «Il celibato sacerdotale nella tradizione primitiva della Chiesa», in Pittau, G. / Sepe, C.(edd.), *IMS*, pp.166~189.
- ――――, *Origines Apostoliques du célibat sacerdotal, Lethielleux*-Namur-Paris, 1981.
- Coletti, D., *Il dono di essere preti,* Milano, 1990.
- ――――, *Vivere da prete,* Casale Monferrato, 1993.
- Colson, J., *Ministre de Jésus-Christ ou le sacerdoce de l'Evangile. Études sur la condition sacerdotal des ministres chrétiens dans l'Église primitive,* Paris, 1966.
- Congar, Y.M. / Frisquet, J., *«I preti». Formazione, ministero e vita,* Roma, 1970.
- Coppens, J.(ed.), *Le célibat et la continence dans l'Église primitive: leurs motivations,* Gembloux-Louvain, 1971.
- Dal Covolo, E. / Triacca, A.(edd.), *Sacerdoti per la nuova evangelizzazione,* Roma, 1993.
- Dianich, S., «Ministero pastorale» in *Nuovo Dizionario di Spiritualità,* Milano, 1985, pp.954~971.
- ――――, *Teologia del ministero ordinato. Un'interpretazione ecclesiologica,* Roma, 1984, Cinisello Balsamo, 1993.
- Donald, J.G., *Being a Priest today,* Collegeville, 1992.
- Esquerda Bifet, J., *Spiritualità e missione dei presbiteri,* Casale Monferrato, 1990.
- ――――, *Teologia de la espiritualidad sacerdotal*, Madrid, 1976.
- Fagiolo, V., *La spiritualità del prete diocesano,* Roma, 1994.
- Favale, A., *La formazione dei candidati al presbiterato,* Roma, 1995.

• ———, *Il ministero presbiterale: aspetti dottrinali, pastorali e spirituali,* Roma, 1989(ed. spagnola Madrid, 1989).
• Forde, W., *Adventuring in Priesthood,* Dublin, 1993.
• *La formazione del presbitero diocesano. Linee educative del Semiliario di Milano,* Milano, 1995(oppure: in *La Scuola Cattolica* 123〔1995〕 III-IV, pp.273~587).
• Gambino, V., *La carità pastorale,* Roma, 1996.
• ———, *Dimensioni della formazione presbiterale,* Leumann (Torino), 1993.
• Gerardi, R., *Il ministero presbiterale del presbitero,* Casale Monferrato, 1989.
• Ghirlanda, G.F., «Aspetti della formazione sacerdotale nel diritto canonico», in Pittau, G. / Sepe, C.(edd.), *IMS,* 86-104(oppure in *La Civiltà Cattolica* 144/3[1993], pp.224~237).
• Gonzalez, M., *Nuove vie di formazione sacerdotale,* Bologna, 1987.
• Greshake, G., *Essere preti. Teologia e spiritualita del ministero sacerdotale,* Brescia, 1984.
• Guidon, J., *La formation humaine intégrale des candidats au presbytérat,* Montréal, 1993.
• Häring, B., *Preti di oggi, preti di domani,* Brescia, 1995.
• Hillebrand, K., «Sacerdozio e celibato», in Pittau G. / Sepe C.(edd.), *IMS.* pp.155~165.
• Kasper, W., «Accents nouveaux dans la compréhension dogmatique du service sacerdotal», in *Concilium* 3(1969), pp.27~41.
• Küng, H., *Piêtre pour quoi faire?,* Paris, 1971.
• Imoda, F.(ed.), Antropologia interdisciplinare e formazione, Bologna, 1997.

• ———, «Aspetti del dialogo tra le scienze umane e pedagogiche e la dimensione teologica», in *Seminarium* 34(1994), pp.89~108.
• ———, *Sviluppo umano, psicologia e mistero,* Casale Monferrato, 1993.
• Laghi, P., «"Pastores dabo vobis": presentazione», in *Seminarium* 32(1992), pp.505~517.
• ———, «Sinodo '90: figura e formazione del prete del 2000», in *Rassegna di teologia* 32(1991), pp.5~16.
• Maciel M., *La formación integral del sacerdote,* Madrid, 1990(ed. italiana Roma, 1991).
• Manaranche, A., *Prêtre a la maniére des Apôtres,* Paris, 1967.
• ———, *Vouloir et former des Prêtres,* Paris, 1994.
• Martini, C.M., *Coenae Tuae. Itinerario sacerdotale,* Milano, 1988.
• Masseroni, E., *Decreto sulla formazione sacerdotale «Optatam Totius»,* Casale Monferrato, 1987.
• Mateo-Seco, E, *La formación de los sacerdotes en las circunstancias actuales.* XI Simposio internacional de la Universidad de Navarra, Pamplona, 1990.
• McGregor, B. / Norris, T., *The formation journey of the priest. Exploring «Pastores dabo vobis»,* Dublin, 1994.
• Moioli, G., *Scritti sul prete,* Milano, 1990.
• ———, «Sul ministero presbiterale come ideale di vita», in *Communio,* 4(1972), pp.3~11.
• Nicolas, M.J., *La grâce d'être Prêtre,* Paris, 1986.
• Nowak, D., *I consigli evangelici nel cammino spirituale proprio del sacerdote,* Excerpta ad dissertationem ad Doctoratum in Facultate Theologiae apud Inst. Spiritualitatis PUG, Roma, 1993.

- O'Donnel, J. / Rendina S., *Sacerdozio e spiritualità ignaziana,* Roma, 1993.
- Page, J.G., *Un métier sans avenir?,* Montréal, 1989.
- Parent, R., *Prêtres et Évêques: le service de la présidence ecclésiale,* Paris, 1992.
- Pittau, G. / Sepe, C.(edd.), *Identità e missione del sacerdote,* Roma. 1994(=*IMS*).
- Poulain, G., *Synode des Évêques. La formation des prêtre dans les circonstances actuelles. Les principaux documents,* Paris, 1991.
- Pozo, C., «Sacerdocio ministerial y radicalismo de los consejos evangélicos», in *Seminarium* 32(1992), pp.550~560.
- *Il prete. Identità del ministero e oggettività della fede,* Milano, 1990.
- Rahner, K., *La figura del prete moderno,* Roma, 1969.
- ――――――, *Lettera aperta sul celibato,* Brescia, 1967.
- Rambaldi, G., *Ordinazioni anglicane e sacramento dell'Ordine nella Chiesa,* Roma, 1995.
- Ratzinger, J., *Mission et formation du prêtre,* Namur, 1990.
- ――――――, «Commento alla lettera apostolica "Ordinario sacerdotalis"», in *Osservatore Romano,* 10 giugno 1994, 5.
- Sanchez, J.T., «Il sacerdote oggi», in Pittau, G. / Sepe, C.(edd.), *IMS.*
- Saraiva Martins, J., *Il sacerdozio ministeriale. Storia e teologia,* Roma, 1991.
- Sartori, L., «Considerazioni sulla mediazione ministeriale», in Cecolin, R.(ed.), *Sacerdozio e mediazioni,* Padova, 1991.
- Sesbouè, B., *N'ayez pas peur! Regard sur l'Église et les ministères aujourd'hui,* Paris, 1996.

- *Solo per amore,* Roma, 1993.
- *Teologia y Sacerdocio en la situación actual,* Madrid, 1991.
- Tura, R., «Ordine», in *Dizionario teologico Interdisciplinare,* Torino, 1977, pp.629~644.
- Vanhoye, A., *Cristo e il nostro sacerdote,* Torino, 1970.
- ————, *Sacerdoti antichi e nuovo sacerdote,* Leumann, 1985 (ed. or. Paris, 1980).
- ————, «Il sacerdozio nella Bibbia», in Pittau, G. / Sepe, C. (edd.), *IMS,* pp.13~25.
- ————, *Vivere nella Nuova Alleanza,* Roma, 1995.
- Vanni, U., «La figura del sacerdote-presbitero nel Nuovo Testamento», in Pittau G. / Sepe C.(edd.), *IMS,* pp.26~36.
- *Vi darò pastori secondo il mio cuore. Testi e commenti,* in Quaderni de «*L'Osservatore Romano*», 20, Città del Vaticano, 1992.

/옮/긴/이/의/ /글/

20대 중반, 사제가 되기로 결심하고 신학교에 첫발을 내디뎠을 때, 가장 궁금했던 것 중 하나는 신학교 안에서 '영성'이 어떻게 교육되고 양성되는가에 관한 것이었다. '신학'은 강의실에서 교수님과 책을 통해 배울 수 있을 것이다. 또 '사목'은 여러 신부님의 경험과 조언, 그리고 본당이라는 사목 현장에서 직접 부딪히며 배워 갈 것이다. 그러나 영성, 곧 믿음에 바탕을 둔 삶, 그러한 삶에 상응하는 태도와 생활 방식, 그리고 나와 하느님과의 관계는 어떻게 배워 갈 수 있을까? 이것은 곧 나라는 존재의 내적 성품을 형성하고 영적인 가치에 대한 민감성을 키워 가는 과제였다. 남이 대신해 줄 수 없는 이 과제를 어떻게 수행해야 할지, 또 어디에서 어떤 도움을 받을 수 있는지에 대한 호기심과 기대감이 내 안에 공존하고 있었던 것을 기억한다.

십수 년이 흐른 뒤, 지성 양성자로서 신학교에 다시 돌아오면서, 나는 처음 가졌던 그 질문들을 다시금 떠올리게 되었다. 영적 양성이란 무엇인가? 무엇을, 어떻게 양성해야 하는가? 이 질문은 곧 사제 양성이란 무엇인가라는 더욱 근본적인 질문으로 나를 이끌었다. 사제 양성을 구성하는 인성·지성·사목·영성 양성의 네 영역은 서로 어떤 관계를 맺고 있으며, 어떻게 통합되는가? 그리고 그 통합 안에서 영적 양성은 어떤 역할을 수행하는가? 양성자는 이 안에서 어떤 위치에 서 있어야 하는가? 이러한 물음에 대해 제대로 대답하기 위한 올바른 길잡이가 필요했다.

그러던 어느 날, 책장 한 편에서 한 권의 책을 발견했다. 언제부터 그 자리에 있었는지, 어떻게 손에 들어오게 되었는지 기억이 나지 않았다. 그러나 그 책은 내가 그토록 알고 싶었던 사제의 영적 양성에 관한 깊은 지혜와 통찰을 담고 있었다. 사제 양성의 중심으로서 영성 교육, 사제 영성의 원천과 요소, 방법과 주체들이 신학적이면서도 실천적인 관점에서 체계적으로 잘 정리되어 있었다. 경험을 통해서 어렴풋이 직관하고 있던 내용을 명확하게 설명해 주며, 사제 영성과 양성에 대한 여러 질문의 답을 찾을 수 있도록 도움을 주었다.

이 책은 인성·지성·사목·영성이라는 네 가지 양성 분야 안에서 영성의 핵심적인 위치를 분명히 밝혀 준다. 인성은 사제 양성의 기초이고, 지성은 도구이며, 사목은 목적이라면, 영성은 사제 양성의 중심이자 핵심이라는 것이다. 좋은 사제는 좋은 사람이라는 토대 위에 세워지고, 철학과 신학, 인문학과 과학의 지식은 좋은 사제가 되기 위한 수단이 된다. 이 모든 것은 사목 현장에서 열매를 맺을 수 있는 사목자를 양성하는 데 목적이 있다. 반면, 영성은 그러한 모든 활동과 삶에 방향을 제시하고, 색을 입히는 중심이다.

또한 코스타 신부님은 사제 삶을 교리-영성-사목이라는 세 요소로 설명하면서, 영성이 교리와 사목의 핵심적 연결 고리임을 강조한다. '교리적 역량을 키우는 일'과 '사목 직무를 수행하는 것'이 곧바로 이어지는 것이 아니다. 그사이에는 습득한 그리스도교적 진리를 내면화하고 그 진리에 깊이 동화하는 영적 양성의 작업이 필수적이다. 영성을 우회하는 길은 불완전하다. 진리에 동화되고 진리를 내면화하는 영적 양성은 사제의 삶을 더욱 완전하게 할 것이며, 이는 평생에 걸쳐 이루어져야 한다. 이 대목에서 김수환 추기경님의 말씀이 자연스럽게 떠오른다. "사랑이 머리에서 가슴으로 내려오는 데 70년이 걸렸다. 머리와 입으로 하는 사랑에는 향기가 없다." 사제가 그리스도의 향기를 내는 삶을 살아가기 위해서는, 머리로 배우고 입으로 외우는 진리를 가슴으로 품고, 그 진리와 동화되는 내면화의 과정이 반드시 필요하다. 바로 이 깊은 통합과 변화를 위한 영적 양성이 사제 양성의 핵심이 된다.

이 책은 마우리치오 코스타 신부의 오랜 사목적 경험과 깊은 신학적 성찰이 담긴 귀한 결실이다. 이 책은 착한 목자가 되기를 열망하며 이 여정에 들어선 신학생들뿐 아니라, 주님의 더욱 충실한 도구가 되기 위해 평생 자신을 끊임없이 양성하고자 하는 사제들에게도 작은 도움이 될 것이다. 아울러 신학교와 수도회 양성 공동체에서, 그리고 본당에서 미래의 사제를 양성하는 데 헌신하고 있는 모든 양성자에게도, 이 책이 그들에게 맡겨진 소명에 충실히 응답하는 데 든든한 길잡이가 되어 주길 희망한다.

번역 작업을 이어 가며 한 사람의 삶과 지혜가 그가 살았던 특정한 시공간적 울타리에 머무르지 않고, 책이라는 매개를 통해서 전혀 다른 시대와 환경 속 사람들에게까지 영향을 줄 수 있다는 사실에 놀라움과 감사를 느낀다. 마우리치오 코스타 신부님을 직접 만나 뵙거나 그분의 강의를 들은 적은 없지만, 이 책을 통해서 그분의 가르침을 접할 수 있었고, 양성자와 피양성자 모두에 대한 신부님의 진심 어린 사랑과 책임감을 간접적으로나마 느낄 수 있었다. 이 자리를 빌려 코스타 신부님께 깊은 존경과 감사를 드린다. 또한 이 책의 한국어 번역 및 출판을 흔쾌히 허락해 준 예수회의 레나토 콜리치(Renato Colizzi) 신부님께도 감사의 인사를 전한다.

2025년 7월

최정훈 바오로 신부